主權神話論

The Myth of Westphalia

李宇森 著

秩序和衝突

Unleashing the Possibilities of Popular Sovereignty

獻給所有為義受逼迫的人

我遇見一位來自古國的旅人
他說：有兩條巨大的石腿
半掩於沙漠之間
近旁的沙土中，有一張破碎的石臉
抿著嘴，蹙著眉，面孔依舊威嚴
想那雕刻者，必定深諳其人情感
那神態還留在石頭上
而斯人已逝，化作塵煙
看那石座上刻著字句：
「我是萬王之王，奧茲曼斯迪亞斯
功業蓋物，強者折服」
此外，蕩然無物
廢墟四周，唯餘黃沙莽莽
寂寞荒涼，伸展四方

——雪萊《奧西曼狄亞斯》

推薦序

王慧麟　倫敦大學亞非學院法律系哲學博士

國際公法作為壓迫的工具

想不到宇森的政治哲學的研究方向，居然踩到了我的研究範疇，連忙把原稿下載來看一遍。一看就欲罷不能，而且更說出了一個很重要的問題：殖民主義、國際公法、主權和民族國家的關係。

研究殖民主義，總不能離開國際公法。這一點，素來是香港人所忽略。一方面，香港研讀國際公法的人不多，另一方面，大學也沒有特別推動國際公法的教育。更重要的是，香港不是一個主權國，沒有任何國際公法的實務需要，因此，在香港，研究的學者很少，實際應用的議題及討論更少，更遑論參與國際社會的相關討論。例如，國際公法的一個重要討論話題，就是「以人道理由出兵他國」，有關何謂「人道理由」的爭論，香港社會的聲音一直都很少。

因為「出兵他國」本身就是觸動了聯合國的成立基礎，即是國家主權獨立，主權國不干涉別國內政。但是，翻開任何一本國際法的課本，就有大量「干涉別國內政」的例子。眾所周知，國際法的其中一個理論基礎，就是「主權」。一個國家尊重另一個國家的主權，背後亦是尊重一個國家的人民對於政權的選擇，其他國家又為何可以用種種理由去干預其他國家呢？

宇森不走「國際時事評論員」的路線，沒有只顧批判當下，而是走歷史路線，去找國公法開山祖師Grotius的著作，從國際法發展史的角度切入，直面國際公法的理論矛盾，即一方面口口聲聲支持自由、自主、主權、人民選擇，另一方面卻讓主權國拓展殖民地壓迫其他民族，提供了說辭，為殖民主義開脫。其實，國際公法的虛偽性，延續至今，不是無因，而是國際公法的原則，一直是大國經濟壓迫他國的利器。

宇森這本書，已經超越了他上一本書，看到他思想深度及廣度，越來越厲害，有一家之言之勢。我全力推薦！

二〇二二年一月

推薦序

周永康　加州大學柏克萊分校地理系博士生

光復香港，時代革命
——由「主權在民」看「前途自決」

自從二〇一九年反送中運動起，香港便進入了一個與別不同的年代。在一百七十年間先後經歷英國和中共雙重殖民的陰霾，香港人如今堅定地喊出「光復香港，時代革命」的自治訴求，呼應二〇一四年雨傘運動、二〇一六年魚蛋革命開始愈益浮現的「命運自主」、「民族自決」、「香港獨立」等政治訴求。在中共政權和香港政府大舉鎮壓抗爭者、政治領袖及參與者悉數判囚或迫令流亡、噤聲的時日，以香港人為首的新一波自決運動，如何在歐美諸國、中國和其餘現代民族國家之間遊走，既不違背「主權至上」的原則，同時提出「天賦人權」、「主權在民」的訴求，並在列強利益之間周旋，祭出香港人具有「自決權」的政治議程，以期在衝撞間擺脫被英國、中共先後「雙重殖民」的困境？

如《主權神話論：秩序和衝突》所言，這可能是香港人爭取「主權在民」的年代。香港人要正式宣告擺脫歷史的厄運，透由集體反抗，走出自己的解殖路向、走向命運自主，自決社群的政治前程。在本書中，李宇森多番叩問香港的抗爭運動如何體現革命精神，衝撞、革新、挑戰過往兩百年以帝國／國家為本位的國際秩序，在「主權國」、「殖民經驗」、「民族自決」、「歐美秩序」的相互衝擊下，成就了近代世界，也成就了現代中國和香港民主運動的國際政治經濟背景。

過去兩年，無疑是香港民主運動最為高低跌宕的時期。由二〇一九年反送中運動幾近全民奮起的街頭抗爭，到二〇二〇年立法會三五＋的選舉反制策略，及至海外國際線要求跨地政府聯手制裁中共，到全球離散港人因應中共政權的反擊和打壓，而需要轉向地下和海外重組分崩離析的公民社會。運動背後的歷史演變，都和二戰後美國主導的國際政治、經濟秩序正面臨中國共產黨的正面挑戰。

在一切看似有跡可尋，又幾近無理可依的年代，我們可以怎樣解讀家鄉的變化、生活的巨變、個人和集體的傷痕、政權的全面鎮壓和群眾奮起的意義？穿梭古今，在時間長河之中重新見證和證成香港公民運動的歷史和時代價值，是否有意義？當一切都近乎被推倒重來之際，香港的舊時路是否曾經存在過？未甘放棄的人，又可以如何解讀和重建在暴力和虛無面前的前路？在過去、現在和未來之間盤旋，我們可有一種重新把握時代精神的方法，將被政權奪去的時間觀念，重新架植回集體的生命決志和浪潮之中？如果香港必須「命運自決」，我們又可如何眺望遠方香港重光的一天到臨？

《主權神話論：秩序和衝突》的時代意義、思考背景和啟迪之處

李宇森的《主權神話論：秩序和衝突》，提供了一個極其重要的角度，回答上述問題。本書透由哲學、

政治經濟學、政治理論、歷史學等跨學科層面，銳利切入香港的故事，還原香港抗爭史在人類世界進程的意義。此書從全球層面剖析香港，尤其是國家／帝國的演變、主權的轉換、和主權在民的革命運動精神，解讀香港人所面對的困局和挑戰，在香港的歷史和抗爭運動之間，重新勾勒出「主權在民」的意涵，亦即香港人解殖自主、命運自決的路徑和出路。

這一脈相承的分析，都在在體現和緊扣二〇一九年反送中運動的攬炒倡議。同歸於盡的策略，多少反映普遍港人對現有政治現況、經濟困局、社會狀態的不滿、不安、不甘、沮喪、憤怒、怨恨和焦躁。這種複雜情緒的背後，正是對公義和公正社會的追求，對現有制度的不滿和反抗。此中包括香港的政制和經濟狀況、現代中國的國家系統壓迫，也包括國際線所牽動之近數百年以降構成的國際系統（international system）——在在構成香港殖民地的歷史緣起，也造就了現代中國名義上為一個多元民族國家，實際以現代漢族為主軸的中華帝國，對其餘民族和周邊地區，如香港、台灣、內蒙、圖博／西藏、東突厥／新疆／維吾爾族人，進行占領、剝削與壓迫。

當中錯綜複雜的脈絡與故事，若無人加以整理和爬梳，自會使被殖民者如我輩香港人的記憶處於長期模糊、痳痺的狀態，難以重新檢閱一些透由經年政治角力而成，於關鍵關頭形成的政治觀念、國家制度、跨國經濟分工的緣由或國際系統。若然我們無法從歷史博奕和演變的角度，去重新思考香港管治變天背後的動態推力，我們或較難看到香港革命運動背後所蘊含的政治創新、變化和縫隙。當中包括否想現代中國、抗拒專制國家系統、抵抗病態的中華民族論述、批判二戰後的經濟發展和國際系統分工如何促成現代中國的冒起。與此同時，《主權神話論：秩序和衝突》不失觀察這種國際經濟分工源起背下的遠因及歷史根源，既可上溯至鄂圖曼帝國封絕歐洲與中亞貿易，逼使天主教國家分別經海路往美洲和東南亞國家傳教，及至以軍事海炮貿易通關，推進政教合一的歐美殖民者進行全球帝國擴張。西風東來，東亞的舊帝國逐一倒下後，形成新興民族主義者渴望建立現代國家，以期擺脫亞洲人被歐洲白人殖民的命運和專制統治。

但被殖民者的獨立國家夢，一來不為歐洲殖民者所承認，二來亦具有恃強凌弱的趨勢。民國時期的中華民族論者，雖提出「五族共和」口號，拉攏各宗各派建立現代中國，但維持滿清帝國的對外征戰版圖，控制蒙古、西藏和新疆等地，亦構成現時的民族之爭，如全球鎂光燈下的「新疆再教育營」和種族文化清洗政策。新興現代國家的誕生既想對抗歐洲帝國，但在自身建立現代國家的過程亦不乏亞洲帝國遺風，透由封閉的國家系統造成新的內部族群壓迫。

《主權神話論：秩序和衝突》，正正是針對以上的歷史過程，重置香港民主運動於近代世界脈絡之中，從而勾勒港人所面對的政治挑戰。當香港的在地抗爭轉向另一種地下形式，而海外離散社群又要面對另一種壓力，既要支援在地香港社群，延續運動抗爭精神，又要拯救和安置流亡、走難的抗爭者，在異地療傷、重拾生活，保存和革新香港人的獨特身分和文化，各人當如何是好？英國、加拿大、台灣、澳洲和歐洲諸國的港人，都先起承擔起「安全港」的責任；各地的公民組織、政府和海外港人網絡，亦在重新嫁接大量的走難港人，讓其得到難民庇護、公民身分、法律保障、住屋支援、語言、教育、社群和就業援助，以助離散港人群體可在異地生活下去，維繫社群，伺機反攻。在國安法衝散在地運動之際，港人亦需重新討論香港人的未來政治訴求，當如何成為新的集體目標，以轉化「五大訴求，缺一不可」的政治能量。

如是之故，所謂國際線的戰役亦進入另一階段。二〇一九年的反送中運動，遇上了中國和美國進行貿易戰，轉瞬發展成為科技戰，牽涉國家安全、世界秩序之爭。歐美主導的二戰後國際體系，受中共一方的專制政權挑戰而帶來衝擊和危機感，發酵成新的大國對疊。在「救亡」與「反攻」之間，香港人又可作何打算，伺機反攻？香港人的攬炒路線苦要貫徹到底，就不能只面對在地抗爭的地下轉型和海外國際線的搖旗納喊，而要面對國際政治系統在崩解、維修、轉型之間，我們所能掌握的政治線索、隙縫、機會和挑戰，重定港人在全球政治中的政治議程和自治演練。

香港人的政治議程——自決權與主權在民？

香港人要在國安法年代提出自己的政治議程，就不能迴避一系列二〇一九年反送中運動間浮現的策略問題：誰會為香港人發聲或奮鬥？怎樣的國際環境才會造就香港人重拾自主和社群自決的可能？國際社會會否容許甚至支持港人祭出自決權（the right to self-determination）的主張？怎樣的離散港人公民社會和在地社會肌理，才能促成香港社群前途自決的歷史瞬間，包括由港人來主宰香港未來的政治制度、經濟安排、社會基建和文化特色？中共何時會對國際社會讓步，接納新規範，改造自身的政治體系？

若果說西風東漸，歐美白人菁英主導一戰、二戰期間和冷戰前後所形塑的國際系統，並引領全球政經模式，如今世界則在變天的邊緣。二戰結束、冷戰開啟，率先拉開了一系列辯論——包括民主代議選舉、資本主義市場經濟義抗共產主義經濟、殖民秩序所引申對於先進經濟國家（developed countries）和後進國家／發展中國家（latecomers/developing countries）的分野、學習和爭奪。戰後社會，全球南方和全球北方也在集體處理現代國家之間的興起、交流、協作和管治，轉化帝國版圖和治理文化的遺緒；亦牽涉國際組織如聯合國（United Nations）中民主陣營、共產陣營、第三世界國家之間的政治議程較勁；旁及美國主導的國際貨幣基金組織（IMF）、世界銀行（World Bank）、世界貿易組織（WTO）與由中國主導的新興國際組織和跨國倡議之間的爭議[1]。

如是之至，即當前香港及全球的政經局面，乃是在新舊之間搖曳。前方既是無數可能，包括諸國列強有機會對峙持續十數年不等的隆局，直至下個世界大變的轉捩點，迎來劇變；又或在百家爭鳴之時，列強諸國在周邊地區擦槍走火、意外開戰，令全球一夜變為惡托邦，觸發連環地緣戰爭和劇變。近年備受關注的「加速主義」到盡頭，是否會令眾人和平落岸，仍是未知之數。

無論變天的一剎關鍵為何，途中都經過無數仁人志士的思辯、倡議、蘊釀和奮鬥，開拓新路向。如《主權神話論：秩序和衝突》引述，早在一次大戰和二次大戰前後，亞洲、拉丁美洲、非洲等殖民地的政治倡議者，早已思考社群自決和獨立的可能，方在戰後會議力倡各方被殖民社群應在國際社會間占有一席。其時，「自決權」屬於民族／共同體的權利，而非個人權利，國際間的政治單位以國家為角力場，無國家無以保人權。但新興國家既要爭取外部列強認同，亦要對內聯合舊帝國或王國崩解後的社群諸方，方能建立新的現代國度。在一戰和二戰後，殖民地的政治行動者皆是以擺脫歐美殖民主義為目的，期望以新建現代國家「民族自決」，挽救舊帝國崩解而成的政治倡議。如是之故，香港民主運動的「自決權」，又當作如是觀？以香港人為首的新一波國際自決運動，將難免為要與歐美體系聯手，期望借力打力，援引歐美民主力量，亦與新興的民族國家如現代中國對疊，以期在衝撞間擺脫被雙重殖民的困境。

放諸香港，在「虛擬自由主義」已死的當下，「法治」第五層次「復和之法」欲踐未成的處境，「平等自由主義」[2]的社會經濟條件和實力遠遠未能抗擊外來政權暴力和殖民經驗內生的輕易妥協之際——海內外期望自主命運的香港人，又可有能耐集體排除萬難，復而提倡香港人被英國、中共和國際社會所無視、奪去、貶抑的「自決權」？而在自決未來的過程中，《主權神話論：秩序和衝突》所關懷的「主權在民」，又能如何體現在海內海外港人的公民陣地之中，由港人自主抉擇，開出一條屬於香港人的重光之路？

這系列的問題與線索，如若加以把握，皆能成為共同體繼續奮鬥的政治方向及原則。在港人與各國政權打交道的同時，既維繫社群的自主韌力，亦推進各國與中共的政治博弈，重塑一國之境內的民主實踐，包括穿越歐美白人主導的政治秩序與盲點、歐美殖民歷史所來的種族衝突的根源、多國戰爭和獨立運動後所形成的國家為單位的地緣政經角力，皆與港人抵抗中共主導的漢人沙文主義、黨國為先的政經秩序、現代專政國家體系的壓迫和習近平極欲重建的中華民族復興，息息相關，互為表裡。

在當前的十字路口，香港人既要面對大流散的別離之苦，旅居異地，又或要適應變得陌生的香港環境，亦要回顧香港來時路的歷史變遷、當下的政治暴力、謀殺和荒謬及至未來搖擺不定的國際政治前路。

其中，香港人如何演練一種自治文化，在政府缺席的年代，透由港人自救，開出一條自治共同體的路徑，接合未來重光的香港，尤其重要。

大哉問：如何由被殖民者走向命運自主的掌舵人？

我們從哪裡來？現時身處何方？未來往何處走？如何回答和理解這一系列的問題，都會主宰香港共同體的未來路徑，為香港人及其後的世代帶來極其深遠的影響。

香港的政治創傷，必需從政治傷痕中重新提煉。而政治的定義，既有盤點以往香港狹義的政制運作、崩壞的一國兩制、英國殖民歷史和被中共再殖民的意思，亦有香港人在忙亂中自救，於失去掌控和組成自己政府權力的當下，期望透由不同倡議和計畫，實踐自治（self-governance）的精神和操練。

與此同時，在推動自救和自治的政治行動中，港人亦難以避免不觸及各國、跨地的全球資訊戰。如何不被中共漂白歷史？又如何不讓各地人民遺忘現代中國的歷史緣起，以至中共所駕馭和操縱的國族論述，乃是緊貼兩百多年來全球縱橫交錯而成的國際系統的得益者和參與者，在重塑全球秩序，到底以什麼價值、制度、利益、聯盟來構成二十一世紀的人類文明？

由「被害者」、「被殖民者」轉化成為「命運自主／自決」的掌舵人，開創自己的歷史和命運，實踐「主權在民」，不能只仰賴周遭環境，亦需要港人自身提出一己倡議和立場，方能在被不斷殖民的環境，開出自己的未來。在國際環境不斷重塑「香港」的城鄉景觀、政經制度和文化意義之際，香港人能如何重新把握世界脈絡、七大洲的地緣演變、我城的反抗歷史，重掌香港抗爭運動所折射出來的我城、邦鄰與世界願景，乃屬不走下去則構成對當初運動的初衷和決志的背叛和離棄。重整全球脈絡、解讀殖民／帝國轉型的歷史、拼湊散落各地的人類記憶和對未來的憧憬，都貼合《主權神話論：秩序和衝突》整本書的格局和視野，穿梭不同的思考層次和領域，志在由切身處地的角度（situated knowledge）出發，去解答香港、香港人和人類命運的大哉問，掙脫奴役的枷鎖，重掌自由的權利。

天賦人權，住民自決，命運自主，主權在民，都是一系列息息相關的政治倡議，不容原本的國際政治制度當中。即使稍為提倡，亦可能被諸國政治菁英、經濟利益所摒棄。如上所言，由歐美殖民引起的傷痕、中華帝國內生的漢人沙文主義和族群壓迫，以及一戰、二戰、冷戰以來的國際組織對經濟發展模式、國際法自決權、人權體系的話語權的爭奪和角力，都成為香港人在國際間爭取自決、自主的背景、阻力和挑戰。

前瞻

當一套新的歷史和政治觀念——如《主權神話論：秩序和衝突》的革新性整合——能在港人社群和國際間普及，香港人才能在亦步亦趨的時代裡，承擔起被時代選中的使命，在這個時代，實踐這個時代應有的公義、平等和民主價值，為人類社會的政治革命和革新，盡己微力，進行「人權為本、主權在民」

的秩序重建。

願李宇森的嘗試，能為志在香港、環顧全球（或心在香港、志在全球）的同道手足，開出一波重整香港人抗爭運動意義的回顧、續寫和踐行。

感謝《主權神話論：秩序和衝突》的真知灼見，在黑暗時代裡，為眾人點起一曙光，繼續燃燈者的使命，促成路上的革命者，在風塵僕僕的路上繼續前行。

「光復香港，時代革命」，當有此情懷與決志。願與諸君共勉，直到彼此於香港再聚。

1 例如一帶一路計畫、亞洲基礎設施投資銀行，都是中國牽頭的國際經濟實驗平台，既處理二〇〇八年金融海嘯後的內需不振、生產過渡，而轉生產貨品和原料架接去一帶一路沿線國家的基礎建設，推動「中國模式」，形成與二戰後支援第三世界國家和發展中國家的歐美國際組織較量。

2 有關香港哲學、「虛擬自由主義」、「法治」第五層次「復和之法」、「平等自由主義」的討論，見本書第七章。

推薦序

區龍宇　工運教育工作者

二十一世紀帝國爭霸戰下的香城

二〇一九的香港反抗運動是一場偉大抗爭。即使它有瑕疵，但不能因此否定其反抗之正當，因為那是一場兩百萬人向不義政權討債的運動——還我普選權和自治權的運動，也是繼大陸八九民運之後、發生在中國版圖的又一次民運。它也像八九民運那樣失敗了，但並非因為這些瑕疵，而是因為實力太懸殊。且北京密謀控制、布置香港長達幾十年，在這個情況下，一九反抗和八九民運一樣，成功本來就很不容易。

國際線怎樣走

這本書並非討論一九反抗，但與它有關，與香港人追求自由有關。香港的反抗，從頭起就不只是香港人的事情。它也是中美爭霸戰的其中一個戰場。中共要消滅香港自治權，理由是香港示威者勾結外國。其實它這樣做，首先因為內政，因為自己的統治利益，國際因素居次。但香港也的確事關兩強爭霸。

從國際關係看，香港是中美之間、繼南海對峙和貿易戰之後的第三場戰役而已。

香港太小，無論是反抗北京，還是在中美爭霸中求存，本非容易。現在，香港淪陷了。曾經享有過相當自由的香港人，現在動輒得咎。流亡在外者，不知何日回家。待在老家的，不知何日重光。但很多人還在積極等待黎明，還在苦思出路。要從頭收拾舊山河，首先需要反思和總結經驗。那麼今天我們就反思一下當初的「國際線」。當時香港的反抗運動冒起一股熱潮，支持正在參選的特朗普（Donald Trump，一九四六－。編按：特朗普台灣譯名為川普，本書中人名、地名全數保留香港譯名），連美國民主黨也當成「左膠」來打。黃之鋒是很少數公開質疑挺普的人「完全唔符合爭取跨黨派，即 bipartisan 支持嘅（的）準則。……要爭取國際關注支持，無需要將自己身段放得咁（那麼）卑微，……香港人莊敬自強挺起胸堂（膛），更加會贏得國際社會敬重」。[1]

對錯先不論，跨黨派不過是很溫和的立場。但是當時流行一棍子打死，不容異議，所以黃之鋒也被罵得厲害（是罵，不是討論）。

當時美國共和黨議員在推動《香港人權與民主》法案，也令香港人高興不已。我當時提醒香港讀者，法案並非全關香港人權和民主，用這個名稱有點誤導。在第三節，法案開宗明義：美國在香港有重大利益，所以需要保衛這些「國家利益」，所以也把制裁伊朗和香港捆綁一起。但這為何符合香港民運的利益呢？不要以為，求助於人就必然要無條件接受對方意見。南非解放運動的經驗值得大家參考。

在他們的國際壓力下，美國終於在一九八六年制定《全面抵制種族隔離主義法》，宣布制裁南非種族隔離政權，但此法完全沒有提及什麼美國自己的國家和經濟利益。香港人有權利爭取任何一個國家支持我們的民主奮鬥，但應該莊敬自強，要有主見，應該要求《香港人權與民主法案》和《全面抵制種族隔離主義法》看齊，反對加入什麼美國的國家利益的說法。不過這個意見當時無人理會。

現代化：一元還是多元

香港人以較為現代化或者西化而自豪。但一九反抗發展出的國際線，顯露了反抗運動對於何謂現代化或西化，認識參差。在許多人的想像中，世界上只有一種現代化／西化路線，而特朗普就是代言人。他們就是憑這樣的認識，去攻擊民主黨的拜登。但更大的顯露，是這些人怎樣解讀「黑人之命命關天」的運動（Black Lives Matter）。二〇二〇年五月二十日，美國明尼亞波里斯市的一位黑人，George Floyd，被警察謀殺了。隨即在全國前後有超過一千萬人上街抗議，世界各地也有聲援。同時，特朗普卻威脅要派軍隊鎮壓示威。香港的特朗普粉絲此時或者沉默，或者站在特朗普一邊。網上隨即有人質疑：香港人正在被警察的黑暴力打壓，我們怎麼可能支持美國的警察這樣做？但那種聲音被挺普大音淹沒了。

這場《黑人之命命關天》運動還發展到針對美國內戰時期南方邦聯的種種象徵和人像，一直到各國示威者拉倒殖民主義者人像（Cecil Rhodes, Captain Cook, Christopher Columbus, King Leopold II 等等）。沒有殖民全世界的歷史，沒有奴役有色人種，西方崛起本來就不可想像。但從那時開始，不只被奴役者反抗，而且在白人世界，反對白人種族主義的白人進步派或者左翼都不斷挑戰自己的統治階級，反對其殖民主義。兩者的反抗甚至合流，史書不絕。當代香港人仰慕西方和現代化，但不大感知西方和現代化這些概念和歷史，背後也有陰暗面，而所謂西方人，也遠非鐵板一塊，有時更是南轅北轍。

這次「普通」的警暴殺黑人事件，實際上反映了三種現代化路線：

一、殖民主義的現代化，通常包含強烈保守主義；

二、反殖民主義的現代化，通常包含民主與平等主張；

三、表面上調和一和二的中間派。

大略而言，共和黨的特朗普派是第一種，美國示威者多少是第二種，民主黨的拜登是第三種。或者用國際政治光譜看，便是右派、左翼，和中間派。搞國際連線，就要搞清楚這個區別，自己是什麼就再配對什麼，否則找錯朋友結錯婚。[2]但當時究竟有幾多香港人是清楚自己的立場而去挺普？又有幾多是莫名其妙就去挺呢？

由於當時香港人挺普的聲音蠻大，令到國際上不少人對於香港一九大反抗不放心或者有保留。我不是指國際上的中共同路人，而是不同意第一類立場的外國人，他們人數也很多，誰如果清楚自己也不是第一類立場，那麼爭取他們就很重要。

這個問題非只涉及個人的立場配對。它更涉及一個根本問題：香港人不希望做一個大陸城市，想做一個國際城市，想加入西方現代化，但它根本不是鐵板一塊，而是七色八色彩霞。西方的崛起從頭起就和殖民世界（包括大陸和香港）分不開。我們是支持帝國主義、殖民主義的現代化，還是支持民主平等、反對帝國主義和殖民主義的現代化？還是做中間派？其實，彩霞不只多色，還不斷變化。同樣，這三派也在內外壓力下也不斷改變。香港人的政治光譜觀若停留在「專制還是民主」、「北京還是香港」的二分法，對於這種不斷變動的、多元的國際政治光譜沒有瞭解，對於西方殖民主義的罪惡又毫不敏感，以這種國際認知去發展國際線，恐怕沒有幫助。

「何須煩惱？加入主流不就容易嗎？」但何謂主流？它難道不會改變？像美國的 Proud Boy 這類種族主義者，早已不是主流了。更不用說，好多東西，今天是主流，可能不到十年就變成次流。歸根究底，對待主流，難道盲從就行？如果美國 Proud Boy 變成主流，我們也去跟從？

湊巧，一月五號，我快寫完此文，英國 Bristol 市法庭的陪審團裁定，四名白人參與推倒一名靠奴隸買賣致富的名人的銅像為無罪。這位歷史名人叫 Edward Colston，三百年前是英國皇家非洲公司的老闆之一。辯護律師在庭上向陪審團呼籲「站在歷史正確的一邊吧」。香港人在呼籲別人支持自己的同時，是否也需要在國際線上「站在歷史正確的一邊」呢？

香港那麼小，即使港人拿出最一流的對策，也無法保證成功，遑論拿出九流對策。國內線如此，國際線如此。想在國際線上做得好些，更加需要大家加深瞭解何謂現代化，何謂民主化，何謂帝國和殖民等等關鍵概念。

西方現代化從頭起就是和帝國的建設分不開，也就是和殖民世界、剝削後進國人民分不開。李宇森兄此書提供了有關帝國的基本論述，對於讀者瞭解西方現代化很有參考價值。他特別指出一個矛盾：一方面，主權論、主權在民論等，都首先來自西方，另一方面，西方崛起成大國之後，在向其餘世界推廣其論述之外，又到處殖民和侵略別國，否定他們應享的主權，包括中國大陸和香港。帝國就是帶著這種自相矛盾在全球發展起來，一時做老師，一時做打手。大半個世紀前，毛澤東也問過同樣的問題：我們不斷向西方學習，但為何老師總是打學生（諷刺的是，這位導師結果也總是打自己的學生。但那是後話）？

其實，到今天，歐美政府還是不支持台灣或者香港獨立的，雖然理由和當初殖民時期有點不同了，但基本理由還是一樣：這樣才符合他們的國家利益（至於獨立的對錯，亦非本文範圍）。這種考慮，凌駕於世界各地弱小民族的利益。所以李宇森說：

「看看近百年的（中國）殖民時代進入國際社會的挫敗，如何跟主權體系的虛偽有關，以尊重主權為名的國際法如何作為帝國支配全世界秩序的工具。」（第一章）

愈反惡魔，愈變惡魔？

更諷刺的是，曾是半殖民地的中國，現在也快冒起成新帝國了。反抗者自己也變成壓迫者，在世界反殖民運動（以至其他社會運動）都頗常見。而這種「越反惡魔越變惡魔」的現象，本來就植根於「國家主權」的概念和歷史之中。被剝奪民族尊嚴的民族，一旦獨立為民族國家，一方面是解放，另一方面，對更弱小的民族，也許是新的壓迫。李宇森提到，「前現代和現代政治的最大分別在於，前者主要是圍繞著王族或者王室的歷史和利益，即使國土再大人口再多，國家的利益都只是統治家族的利益，僅此而已。但後者則是以整個國族人口為依歸，當然更重要的是新的管治階層的安全」（第三章）。而這種內在需求，本身會促進國家機構對於全體公民和社會都施加空前的控制力。在中國，它更發展為國家資本主義，中共「始終將權力的核心放在黨國體制之中，由黨指揮一切，藉此捍衛其政治秩序。這種國家資本主義最終走向新型的帝國主義，且會跟美國帝國全球主權和資本全球秩序競逐權力和利益。」（第五章）

要改變這種惡性循環，更加需要我們深入瞭解何謂帝國主義，何謂國家主權，何謂主權在民，而中國的軌跡又是怎樣的等等。

二〇一九年前後，的確有香港人在討論「中國已成帝國主義」。但那像單純為了和大陸小粉紅的「勾結美帝」的指責唱唱對台。這種粗糙的「中帝」論漏洞很多，不加填補，恐怕令港人灰心喪志多於激勵士氣。試想，如果中共居然能夠令中國從半殖民地及一等窮國，發展為帝國，還能和美國爭霸，那豈不是說，中共治下的中國大有前途？真的大大崛起？北京的國際盟友所一直鼓吹的「想富學中共」論調，豈非真理？之前香港許多嘲諷中共是紙老虎之言，豈非盡皆妄言？香港淪陷，豈非必然？如此，香港之重光，豈有可待？

另一方面，歐美從右派、自由派到左翼，都分裂為支持和反對北京。但講到帝國主義論述，則左翼的討論似乎比較多。左翼裡面，有人認為中國已成帝國主義國家，而被稱為「坦克左派」[3]則反對這個論述，認為中國是「社會主義」國家，怎可能是資本主義和帝國主義？但也有些流派不屬於「坦克左派」，但比較同情中國，認為北京無論怎麼不好，都還是發展中國家，仍受美國這個超級大國所欺負，所以應該同情北京。

我不支持「坦克左派」的論述，但解說暫時從略。「中國已成帝國主義的左翼論述」比較有點道理，但同樣有漏洞。因為這樣說的話，即使提供了部分答案，但也接下了一個大挑戰——他們如何回答下述問題？從二十世紀初日本躋身帝國主義爭霸戰開始，一百年來再無其他曾被西方侵略的國家得以成長為帝國主義（成長為強國是有的，但不是帝國）。這些左翼一直講資本主義已經進入衰落晚期，但現在又認為中國已從窮國冒起成為高度工業化的帝國主義，豈非證明第三世界國家是能夠升級為足以爭霸的帝國主義國家，豈不與「資本主義衰落論」自相矛盾？豈非證明他們想用（歐洲意義上的）社會主義來取代腐朽的資本主義的志業，是一場烏托邦？除非中國是第三世界中的例外。這樣也許可以自圓其說。但這又帶來另一個新問題了——如何證明中國是特例？特在何處，使其崛起？我孤陋寡聞，希望有人指教。

低潮中牽起讀書高潮

我無法在這裡給出我的完整看法。眼下，我的目的比較簡單，就是要解釋，香港人的國際線，還有待提高水平，還需要多多認識關於帝國論述、帝國爭霸等等議題。這絕非單純學術議題。它們也是是重大的政治和社會議題，事關二十一世紀人類前途，任何稍有志於社會變革的朋友都需要討論。而我相信，李宇森這本書，是其中一本帶領大家跨過門檻，涉足這個知識領域的書。知識就是力量，就是權力。只有不斷加深認識，我們才能找到出路。共勉。

二〇二二年一月七日

1 黃之鋒臉書，二〇二〇年五月二十三日，https://www.facebook.com/1023721804/posts/10218804618959572/?d=n

2 〈你是誰？——港民運國際線〉，區龍宇，二〇一九年六月十四日，《明報》，https://reurl.cc/q5VogR

3 「坦克左派」此詞，原是英國那些不支持蘇聯在一九五六出兵匈牙利或一九六八年出兵捷克的左翼，去稱呼支持蘇聯出兵的左派——他們多數都是共產黨。在當代的中美爭霸中，「坦克左派」和其餘的左翼，也在互相爭論。

自序

「知識生產是帝國主義重要的操作場域之一，因此批判知識分子去帝國的工作必須首先在知識生產的場域中進行，改變當前去帝國計動不得有效啟動的知識生產狀況。」

——陳光興

「權力是有自性的，自性是內在於權力本質。任何政治或經濟的場所必會為自己而鬥爭，藉以保存自己。」

——韓炳哲

主權政治由始至終都是全球政治經濟秩序之衝突，權力和利益分配的永恆角力。

如果我以前曾經把《主權在民論》[1]稱作未來否想主權計畫的預備工作[2]，那麼這本書作為否想主權計畫的第二部分，正是要對於主權觀念所帶來的政治想像進行全盤反思，最終希望瓦解主權國家與世界和平的神話，藉此重構帝國權力與資本秩序，並在這種新高度下重新理解和把握主權所蘊含的自主和自足的理念，如何在當下政治經濟的支配壓迫條件下得以可能。換句話說，主權討論終究必須回到既有的脈絡之中，從而實質地分析，理解和批判，最終得以跟其他方式的政治行動對話和連結。

因此，如果談及這本書的具體政治處境和回應對象的話，那便是為了站在香港近十年抗爭運動的思潮之中，通過反省帶來理解抗爭意義的新語言，顛覆和改造「主權在民」作為政治觀念，線性地指向獨立主權國家的最終想像，並重新探索人民自決自治在二十一世紀東亞處境的條件和可能。

然而，《主權在民論》之所以理解為預備性的工作，因為它只針對於觀念史（history of ideas）的整理[3]，如作為理解「主權在民」在觀念發展上的複雜多變，如何在歷史中逐漸衍生出諸多不同的思考維度，如民族主義或者經濟剝削，都是在觀念史上跟不同時期，哲人對主權在民的思考有著密不可分的關係。然而觀念的形成終究離不開其物質的基礎，如教育體制、政策法律、傳播媒體、出版印刷等，使得觀念跟社群的具體生活形態和物質生活條件有著深刻的關係。這是我所理解的「非實在物的物質性」（materiality of the incorporeal）面向。雖然理念或者哲學觀是非實在的（virtual）、非形體（incorporeal）的存在物[4]，但觀念產生的內容跟其生產的制度和環境有著密切關係。觀念不能脫離語言，而語言不是中性，從天而降的工具，而是基於集體生產而出現的產物〔這點在第八章談及勞動角度（labour point of view）時會再詳述〕[5]。

但同時觀念也不完全受到生產條件的約束，單純作為物質世界的產物，由生產目的控制觀念的作用，一如語言最起初只作為命令或者規範的工具，卻也產生了不相應的抗爭思想。法國思想家德里達（Jacques Derrida，一九三〇－二〇〇四，另譯德希達）便會借用柏拉圖（Plato，四二七－三四七BCE）的「藥物」（φαρμακός / pharmakós）一詞，指涉語言內在的混雜性，「藥物」作為救人之物和作為毒物，都是包含在同一個字的意義[6]。

因此，觀念和現實之間並不存在直接應用或者全然二分的對立關係，現實終究是通過觀念作為媒介（mediation）而成，至少人沒有完全排除觀念，單純直觀現實的可能。而人的政治行動和想像是通過觀念的生產、傳播、再生產的作用，產生與不斷改造我們所理解的生活世界，以至國際社會和宇宙甚至宇宙之外的（非）空間意義，而觀念生產是源於這生活世界的政治經濟條件和相關的社群價值觀，但在再生產既有意義的同時，觀念生產也能產生出歧義，即超脫既有的政治想像，放射出新的知識空間和政治可能。

只是這不是單純在重複的觀念生產上出現歧義，而是觀念本身體現在生活世界的意義和可能的呈現上，直接結連著人的實踐行動，而實踐行動卻又會帶來新的條件與可能，倒過來質疑與反省既有的觀念內容和範圍，更新並改造觀念的內含意義並使人的現象世界的意義和可能性一併改造，從而產生新的行動可能（關於觀念與行動的多重關係，涉及到烏托邦辯證的理念操作，這會在第七章詳述）。

因此，拙作不會再單純著眼於思想史的發展演變，而是在新的框架和角度，重新把握「主權在民」

作為觀念和「主權國」的現實政治操作的關係和分野。換句話說，我會重新將主權和國家問題化（problematize），以帶出新的閱讀思考的可能。因此套用拙作的書名標題，我會以秩序和衝突作為貫穿政治結構的主要觀念工具，將政治、經濟，以至於主權或者支配剝削等拙作常用的觀念，通過這角度來加以組織和理解。最終，我希望能夠顛覆現代化框架的參考定點，即視現代史和當代政治作為從帝國到國家的線性演變，最終走向第 N 波民主的理想藍圖[7]。

帝國、主權國與國家之間有著動態而複雜的關係，不單秩序的基本意思是作為一種有形或者無形的階級體系（hierarchy），這些階級的形成也是基於不同的權力利益分配結果，其中階級的最上層擁有最大的權力利益，然後按著階級之等次逐層分配出去，形成分配的不平均關係，此即為秩序。韓炳哲（一九五九－）稱之為的「權力的自性」（ipseity），因為權力總是在某個場域中有著特定的向度（orientation），趨向某個核心的位置，而力量愈大的權力，其向度觸及的空間便愈大，「權力是有自性中心（ipsocentric）的，自性是內在於權力本質。任何政治或經濟的場所必會為自己而鬥爭，藉以保存自己」[8]。而這個自性所指涉的是種分配和累積的關係，那麼分配累積的是什麼對象呢？

權力與利益作為支配性力量的政治概念，其具體內容是開放的。借用英國社會學家盧克（Steven Lukes，一九四一－）的權力分析而言，權力的意思是 A 可以影響 B 來做可能有違 B 利益或者意願的選擇，便是 A 對 B 施行了權力[9]。因此在這書中，我將簡要地使用這權力的意義來理解秩序作為各種權力利益的結構關係。權力和利益可以設想為兩種可以互相兌換的貨幣，權力的累積可以換來更大的利益分配，而財富的積聚也可以變成巨大的政治權力。只是這兌換的權力和方式，往往是受制於不同的時空和歷史條件，同時兩者也會牽動不同維度的衝突和秩序重構。

至於何謂利益作為秩序分配對象的意義，拙作大體上借用左翼對資本的豐富討論，從而理解利益作為範疇的統稱，當中可包含經濟資本、文化資本（cultural capital）、社會資本（social capital）之類，作為不同形式種類的優勢與條件，使擁有資本的主體擁有更多的權力和控制力，有助其換取相應的目的。只是我在這理解上會偏向福柯式多重複合權力形態，多於傳統左翼的上下層建築理論框架（base-superstructure model），因為政治秩序不一定建基在經濟利益的服務上，也有其獨立於資本累積邏輯和資產階級利益的集權中心[10]。

「秩序與衝突」作為理解政治世界的結構的角度，其作用在於重新設想政治的動態性，因為秩序雖為權力利益的不平均分配關係，但秩序往往不全然是可見的，本質上也不可完全把握，反而總是在衝突之中，才能讓秩序內的人瞥見身處的秩序的分配不對等關係。因此，衝突帶來秩序的現形，而秩序總是陷入在秩序間的衝突之中，如果鄂蘭（Hannah Arendt，一九〇六－一九七五）認為政治性理應是多元的[11]，那麼我會更進一步地點明人的多元性帶來的是秩序的多元性和秩序衝突的永恆，一如英國哲學家以以撒・柏林（Isaiah Berlin，一九〇九－一九九七）所言的「多元價值的永恆衝突」（incommensurable pluralism）[12]。

因此，秩序之結構總是在變動，若比擬於古希臘哲人赫拉克利特（Heraclitus，五四四－四八三 BCE）的「萬變的河流」，複合的變動秩序才是政治的面貌。如果以政治知識論角度理解秩序，可以說從衝突中顯現的秩序是反基礎主義或者反結構主義，因此不可能總體地把握秩序的普遍性特質，即脫離脈絡抽象地思考秩序的普遍形式，尋求對應「絕對真實的世界結構或者基本原則」。如果借用施密特（Carl Schmitt，一八八八－一九八五）的講法，政治性衝突只能作為實質和存有性（concrete and existential）的存在[13]，意味著沒有具靜態與普遍性的衝突與秩序的意義，衝突總是在歷史不同條件脈絡中出現，令秩序的不同面貌顯現，在混沌中帶來不同秩序的變動，拉扯著權力和利益的分配關係。

但與此同時，我也不會循基進民主（radical democracy）的進路，全盤接受葛蘭西（Antonio Gramsci，一八九一－一九三七）提出的所謂「位置之戰」（war of position），即無產階級和資產階級始終存在於秩序的爭奪之中，不存在線性的歷史發展觀。[14]雖然這框架重新肯定了衝突在政治秩序間的常態，但葛蘭西的位置想像終究是以階級為主體，而且在不同地區也需要在所謂被動革命的位置之戰或者革命運動（war of maneuver）任擇其一，尤其當其政治環境缺乏理想的公民社會和民主政制時，後者便更為必要[15]。拙作所指向的秩序想像，並一定以既有的階級衝突作為主軸，可以包含更複合多元的利益權力分配關係，不再累贅。

但我必須要強調，這種動態政治觀只是理解政治結構的角度，藉此產生相應的政治意義和效果，而不是作為唯一的、排他的政治真理觀。我認為衝突秩序論不同於傳統理解的主權思想或者政治哲學，在於有效地否定政治存有論（political ontology）[16]中對於結構或者政治體作為觀念預設的基礎性理解，也便是政治思考所不能繞開的元點或者原點。如果跳脫地套用海德格（Martin Heidegger，一八八九－一九七六）的用語，這也可以說是對於政治思想中的存有神學（onto-theology）[17]的否定。

廣義來說，以神或者宗教的終極絕對是存有論的根本，曾經是世界的起點和終結，是一切活動，現象和意義的最終目的[18]。「現代國家理論的所有重要觀念，都是世俗化的神學觀念[19]」，施密特的政治神學主張，或許輕視了政治和神學間互相交雜借用的交互關係[20]，但依然深具洞見地表述了現代國家理論仍然帶有強烈的傳統神學基礎，這神學基礎又以國家－主權－國族作為新的三合一體，作為政治思想和實踐的元點。從盧梭視國家作為現代教堂，黑格爾（Georg Wilhelm Friedrich Hegel，一七七〇－一八三一）把現代國族共享的良知看成聖靈與信徒群體的新形態，施密特將主權的超然法學地位理解為世俗化的上帝權柄，都是神學－政治現代化過程的一部分，在世俗化過程中保存著舊有的存有論基礎。這也是為何當代自由主義一直強調合法性是極為重要的政治哲學議題，其背後的含意便是國家與主權政府是牢不可破的政治思考起點和終點，政治思想所服務的只是為這個永存的結構尋求合法的道德證成基礎，一如中世紀神學家努力為上帝存在的道德優先性提供論證而已。

民族主義研究權威班納迪克・安德森（Benedict Anderson，一九三六－二〇一五）也會從宗教政治的角度，把民族主義的政治想像看成「時間－權力－博愛」有機地連結的新形式，作為現代人尋索生命以及死亡的意義、讓指向終極的不安得以舒懷的救贖之道[21]。這種形式首先存在於宗教共同體（religious community），接著在王朝（dynastic realm）中承繼了，安德森認為必須要把這些宏大的文化體系跟民族主義放在一起來理解。「這些先於民族主義而出現的文化體系，在日後既孕生了民族主義，同時也變成民族主義形成的背景。只有將民族主義和這盤文化體系聯繫在一起，才能真正理解民族主義。」[22]不論是宗教共同體還是王朝，其吸引民眾忠誠服從的原因不僅是在於權力上，也是在於它們的時間連續性，好像人的有限性得以昇華至無限的存有中，人的生死才得以安頓。

如果列奧・施特勞斯（Leo Strauss，一八九九－一九七三）認為施密特終究沒有離開自由主義的範圍[23]，那也是因為施密特沒有從根本上克服自由主義預設的政治存有論。因此，列霍（Claude Lefort，一九二四－二〇一〇）在〈神學政治的永存?〉（The Permanence of the Theologico-Political?）一文進一步強烈質疑人民主權的真實存在性，改以拉康（Jacques Lacan，一九〇一－一九八一）式的象徵性（the symbolic）和真實性（the real）二分，理解現代憲政民主預設的主權意志統一的意義和真相，即民主立法所體現的意志統一只是象徵性的，背後的同一主體權力中心只是個虛位，不等於有著真實的同質民主主體[24]。然而，若果象徵性的主權論述和想像在政治世界有著巨大群體動員的號召力，則這象徵符號恐怕也是帶著無比的真實性，以至於生產著真實的政治世界。

這也是為何我會利用秩序衝突觀作為新的政治語言，重新闡述國家、主權和資本等觀念，還有觀念與世界，理論和實踐的複雜關係[25]。以秩序作為新框架或者理論語言，或許能有效克服傳統政治存有論中，視某些政治觀念和單位作為自有永有的政治思考和實踐的對象，在慣性中繼續重複和服從既有的政治觀念框架，忽視了這些觀念的生產和再生產也是有著其物質的基礎，為著某種權力利益的分配關係服務。畢竟觀念的生產，傳播和再生產，跟權力秩序的保存或重塑有著密不可分的關係。

假若秩序與衝突，政治觀念的意義都不能夠脫離歷史脈絡來抽空檢視，那麼歷史視野理應是政治思考的主要方法。若果戲仿地把「回到事物本身」（die Sache selbst）的現象學口號放在政治思考，應該變成「回到歷史本身」。通過從歷史上重新梳理種種秩序衝突的發展過程，帶來主權觀念在思想和實踐中的具體影響[26]。

這自然是抗拒著七十年代伊始的分析政治哲學傳統，單純視哲學作為純粹抽象價值的邏輯論證推演，而不受歷史環境條件影響的理想理論模態。但同一時間，我們也需慎重地以歷史維度作為方法論，避免自身倒過來成為另一種政治存有論的操作，即視歷史作為一種宏大線性的大歷史發展，因為這種歷史發展觀往往是通過普遍性的帝國視野理解世界歷史，也便是一種服務帝國利益的知識。強調普遍性的歷史視野，便是一套以西方主導的歷史政治視野。打倒了偶像，卻讓自身變成新的偶像。

這種理解政治思考跟解殖歷史和觀念史的關係，是深受台灣思想家陳光興的影響。借用他在《去帝國》的講法，「知識生產是帝國主義重要的操作場域之一，因此批判知識分子去帝國的工作必須首先在知識生產的場域中進行，改變當前去帝國計畫不得有效啟動的知識生產狀況。」[27]如何使得歷史敘述和秩序衝突得以合宜地結合，便是有機地結合地方視野的歷史經驗和「西方政治」觀念史和政治發展史，讓前者得以反映觀念和知識在生產和傳播上，其實帶有帝國殖民的權力不對等關係，讓接受知識觀念的特定詮釋和歷史的普遍性敘述時一併接受了帝國主導的世界觀和歷史觀，甚至會無視了自身作為政經和文化殖民地區的真實歷史經驗，使得帝國的秩序和權力操作得以延續下去[28]。

作為在東亞脈絡下思索主權在民和自主的可能，我們不能不面對近兩百年來西方主權觀念的發展，跟現實上主權國際社會與國際法體系在東亞實踐的巨大落差，尤其是背後操作的全球帝國秩序。其中我會至少從分析進路上區分開帝國全球主權和資本全球化（而不是客觀上把政經視作兩個徹底獨立的領域），作為至少兩種不同的世界性秩序，在不同的權力利益分配階級下互相衝突和合作，令全球大多數人都得不到主權理念所許諾的自主平等。

作為使用華文的作者和讀者，近兩百年由大清到共產中國的歷史經驗，對於我們重新理解主權觀念史的制度操作史的迷思與真相，有著十分重要的幫助。因此我在書中也會不斷回到中國和東亞的歷史經驗之中，回看主權理念和主權國制度的變化，在東亞如何延續其舊日帝國支配的秩序，使得主權國家變成抽空地區人民主權自主的工具。由此出發，我們才能對主權有著更堅實的認識，並在當前的歷史政經條件下重新活化觀念的潛在革命能量，重新塑造政治想像的可能性。

因此，拙作意圖通過解殖的視野，重新把握主權觀念、地方歷史經驗和權力管治性實踐等不同層面上的關係，重新理解帝國、民族國家與主權國家等政治概念在國際多重秩序衝突中的意義和角色。而在方法論上，後殖民的書寫方式有幾個重要特質，一是抗拒理論的普遍性傾向，重視在地的歷史經驗的殊別性，並視後者作為觀念在歷史世界帶有真實作用。例如討論主權在民的觀念史發展往往是以西歐的思想變化為中心，但在東亞如何傳播翻譯，理解和應用這些知識觀念，這些經驗如何反映知識生產的權力不對等，正是後殖民角度所能夠揭示的[29]。同時，殖民與跨國支配也不純然是軍事武力的產物，也會以各種論述，通過美學、學術、經濟、社會、歷史等研究學說或者知識生產的制度與條件之中，強化既有的不對等支配關係。從語言運用、品味培養、地理認知、科學世界觀[30]，建立與維護統貫性的「霸權統識」（hegemony）[31]。另外，後殖民視野也會著眼於權力和利益的關係，通過對於支配壓迫關係的批判，推動世界的改變，因此行動和理論之間並不割裂。「主權」作為觀念的生產與生產，跟特定的權力利益分配秩序有著密不可分的關係，而批判這些論述與重塑主權理念才能改造生產世界的意義網，帶來新的行動的可能。

在《主權在民論》出版後，友人曾瑞明在書評〈踏浪的政治哲學著作〉[32]中，引用政治哲學學者慈繼偉在新作《民主在中國》（*Democracy in China: The Coming Crisis*）其中一段，闡釋政治思想不能脫離脈絡的考察，作為重要的提醒，其中寫道：

> 中國目前道德和政治文化的支離破碎和雜亂無序，在很大程度上源自於此。對這種局面缺乏焦慮甚至覺察，而單一地致力於純規範性政治價值體系的建構，無異於沒有弄清地質結構就計畫大興土木，因此或者（如果計畫被採納）是一種危險的試驗，或者（如果計畫未被採納）是一種脫離實際的自娛。這當然不是說從事規範性的建構不是政治哲學的要務，而是說在中國目前的情況下，弄清我們是在什麼地質結構上從事這種建構，實在是不應越過的先決條件。[33]

立足於此，曾瑞明認為如果要開創一種研究在地的政治哲學思考，姑且以「香港哲學」命名之，那麼我們也應認真審視香港作為香港哲學的主體及其思考對象，其「道德和政治文化的地質結構是什麼？這可能就需要香港思想史的梳理和探究，而不是把歐洲思想『搬過來』。」[34]為此，我也曾在《立場新聞》撰文回應，嘗試為「香港哲學」重新打開一種新的視野。的確，即使是當下香港政治哲學的討論中，「西學東漸」的情況仍然是主流，我們關心的政治議題或者討論重心，都得圍繞著歐美學術界的主要關懷。當我們渴求著西方知識學界的認同時，卻只能被動地迎合人家的價值和視野，這便彷彿呼應著黑格爾在《精神現象學》（*Phänomenologie des Geistes*）所言的主奴辯證[35]。若果批判理論著重於政治問題的在地脈絡，強調地區的政經文化條件下產生的特殊權力結構和關係時，那麼我們想重建以香港為主體的政治哲學，到底又是在說什麼呢？談主權在民是否就只能將而不是把歐洲思想照搬過來，變成魯迅（一八八一－一九三六）不住地嘲諷的「拿來主義」[36]呢？我在〈試論香港哲學作為方法〉[37]提出了一些想法，如今在拙作中希望稍加闡述，作為這本書的思想方法討論。

在〈試論香港哲學作為方法〉中我提到兩個維度，首先是關於香港哲學作為在香港發展出來的（政治）哲學，那麼其中的問題當然在於香港哲學的界線，為何這兒生產出來的理念或者思想共享著同一個範疇分類，能夠共同建構到一個獨立的哲學分支，並且是有別於中國哲學或者傳統分析歐陸的哲學分類？更重要的是以香港作為知識體系的對象，這對於以普遍性為尚的當代哲學而言，非歐洲地區為中心的哲學研究自然成了一種等而下之的實踐。像台灣文化研究學者陳光興在《去帝國》所言，這會「不夠高級，不夠理論，不夠普遍」，但回過頭來意識到香港哲學的亞洲經驗，其實也是反映出所謂普遍性十足的哲學思想，「其實也都還沒能夠跨越自身歷史的限制，也都還在做本土研究」，西方大學者如「海德格、德里達、福柯（Michel Foucault，一九二六－一九八四，另譯傅柯）、布迪厄（Pierre Bourdieu，一九三〇－二〇〇二）也只是在做歐洲研究，因為歐洲經驗是他們論述最根本的參考系統。所謂理論的普遍主義聲稱，其實為時過早，必須先被去帝國化，也才可能認知到人的知識其實是極度有限的。」[38]當然，如今作為香港抗爭的政治社群，慢慢成為一個流散（diaspora）的群體，遍布世界的各地香港人既以各種方式連結，但同時又無法再共聚一地，如何將這新的政治形態化成國際主義的新方向，是一個急需思索的重要議題。拙作以超國界的政治秩序取代國家中心的思考框架，希望能作為其中一種可能的進路。

因此，當提出「主權在民」作為我近幾年的主權否想計畫的核心議題時，那是基於「主權在民」跟「命運自主」是這幾年香港政治運動中反覆出現的口號和觀念，且主導了萬千抗爭者的政治想像。這是觀念的物質性的表現，在群眾運動中使得觀念有了熾熱的生命力[39]。香港當前所需要理論工作，其實不是將群眾讀者拉回十八世紀的日內瓦或者二十世紀初的威瑪共和國，反而是要認真檢視這些理念如何在不同的脈絡和情景中，面對著不同的權力支配和政治經濟秩序的碰撞，在當時的社會產生到巨大的革命能量，使那些觀念擁有巨大的動員、傳播和再生產。

拙作將會站在東亞與中港的脈絡下，以理論作為政治實踐，思索理論或者觀念在當中發揮的作用，以此作為新形態的政治行動。鄂蘭曾言，「思考本身就很危險」，大概因為誰也無法完全控制理念的效果或者帶來的多重影響，同時自由思考總是挑戰著權威或者既定的印象想法[40]。因此，我會站在這方向上，重新閱讀主權理念及其內在的抗爭動能。如果這種知識累積能夠命名為香港哲學」，那是因為這哲學的進路並非以普遍理論為先，殊別個案為末，反而著重於從帝國邊陲的歷史經驗作為切入角度，而觀念的建立也是通過在地經驗作為參考，並以此重塑多重哲學觀的想像，一如多重宇宙（Pluriverse）一般。

另一方面，我認為曾瑞明主張香港哲學應該單純或者主要審視香港道德和政治文化的地質結構，將哲學反省框限在香港的地理範圍內各樣社會經濟和文化條件，無疑是過於狹隘[41]。以主權理念為例，香港過去所生產和想像的主權權力，恐怕仍然是打了折扣的西歐傳統老調，藉著建立國族與國家之間共享著意志同一性的政治體，國家的政權及其法律秩制能夠體現人民的政治意志，此之謂自由平等的體現。而作為現代政治體的想像，像是一個公共個體（persona publica），能夠跟其他主權國互相平等尊重地建立一個通向永久和平的國際體系中。說穿了，便是一種古老的羅馬治世（Pax Romana）的翻版貨。當妄想自己當了高貴的羅馬公民，活在四周都是大理石雕像的羅馬城內，卻忘了當下身處的其實是高盧的另一方，揮毫撰寫《沉思錄》的哲王奧勒留（Marcus Aurelius，一二一－一八〇）身在敵方戰線，準備揮軍猛攻，以鐵和血支配你所鍾愛的一切。

所以，如何從思想出發重建新的政治觀，把握政治秩序和衝突的關係，對應著東亞的歷史經驗和當下的流散政治形態，重新塑造自主和自足作為主權在民的精神在後國家時代的意義，更新國際主義和抗爭運動的目標和方式，我想是目前極為需要下苦功的工作。這也是書寫拙作的目的。因此總括而言，這本拙作希望能衝擊三個迷思，一是主權國作為自主的終極體現，二是主權作為一個靜態的歷史產品和政治形態，三是現代國際社會已經擺脫舊日跨國族帝國支配的結構，保障了不同擁有主權群體的平等地位，同時所有理應擁有主權群體都已或有合法途徑尋求主權地位。瓦解迷思後的真空，才是改變的契機，一如尼采談到積極義的虛無主義的重要性。命運自主與主權在民是真實的運動，是恆動的衝突狀況，為的是改造當下歷史條件所塑這的既有秩序，改造現有的權力關係。

最後分享幾句寫書的個人經歷。這個主權重塑計畫其實一直都是在摸索之中，畢竟受限於過去讀書的背景，概念分析和思想史進路似乎成了無可逃離的研究視野，而主權和國家作為思考的對象，似乎只能停留在以往的歐美思想家的著作理論重建之中。因此，我只好加把努力地學習，希望在哲學史中覓得新的政治出路。

像是我以前在約克的老師 Tom O'Shea 所言，得到紐約社會研究新學院（New School for Social Research）的博士學位和全額獎學金，不僅得到一個機會到大都會紐約深造的機會，更可說是人生的轉捩點。回想起在政治系，想當然能夠與當代最出色的批判理論學者與政治思想家如 Nancy Fraser、Jay Bernstein、Richard Bernstein、Andreas Kalyvas、Andrew Arato 等，學習當代最前沿的基進民主理論和批判理論討論。在跨校聯網之中，也有幸跟 David Harvey、Axel Honneth 和 Etienne Baliba 學習討論。他們都是當世極為出色的學者，能在他們的課堂交流，得見當前思想學界的關懷和境界，受益匪淺。

同時，基於政治系的要求，我需要多上些國際關係或者比較政治的課程，這倒是帶給我許多新的探索可能和視野。記得第一年其中一科是關於國際社會的形成，我們需要閱讀許多討論國際法、技術發展、條約和國家案例，最令我不惑的是，外交家和公法學者好似成了歷史舞台的中心，而我珍而重之的政治理論，倒是只顯得像歷史註腳。我一向十分在意的思想史，居然在幾百年的國際政治發展中，殘留著如此單薄的身影。我記得很多次下課後，天下著點點雪花，跟著教授走回辦公室。我很焦慮地告訴他這不是我過去熟悉的史觀，或者我所在意的討論。到底觀念扮演著什麼角色，忽然不再如此地澄明，那麼做政治思想還為了什麼呢？又想起哲學系時也曾跟老師談起，他說哲學家能在政經世界擔任要職高位的時代早已遠去，或許是時代逼哲學家退回書房，靜思著超越一時得失的真理與價值。但我既不認為只有哲王才能使哲學發揮作用，也不認同哲學本身失去了公共作用，或者只是因為批判不應停在理論層面，或許只是因為哲學過於劃地為牢，將哲學討論和哲學方法規限在空玄的概念雲霧之中。

這也是為何我在中大攻讀碩士論文時，特意揀選了柏拉圖的政治哲學作為題目。在回到母校升讀碩士前，我如常跟一眾好友在放工後舉辦讀書組，將《理想國》（*Politeia*）每一章仔細閱讀討論。每次我在咖啡廳分享該章的閱讀心得時，總是覺得柏拉圖不止是在說明理型（eidos）是什麼，公義與哲王制度是什麼的問題。他更像是示範著做哲學在做什麼，因此他不如阿里士多德（Aristotle，三八四－三二二BCE，另譯亞里斯多德）以學科的方式理解知識的關係，將哲學拆分成不同學科，跟自然科學有系統地連結。柏拉圖的著作，總是不同角色在生活中思考和對辯著公義社會的不同可能性，並以各種知識和經驗加以融合，不斷嘗試去回答幸福人生和理想國度的意思。我們不知道柏拉圖的答案，或許永遠也不知道，但這正是柏拉圖思想迷人的地方，在於其知性上的民主，在於討論的開放性，容許著全然不同的詮釋和理解。哲學跟智者之分別，正是在於哲學不過是愛哲，覺察到自己的無知，但是否真的能在追求中得著什麼，恐怕是哲人也無法回答。因此，當我帶著自身的困惑和視野，走進柏拉圖對話錄的雅典街道上，看到的自是一片全新的天空。

我帶著這些疑慮來到紐約求學，也希望跟讀者一起，在著述思考中得到新的啟發和力量。是為序。

二〇二一年十一月二十二日　記於紐約皇后區

1 李宇森，《主權在民論》，（香港：蜂鳥出版，二〇二二）。

2 李宇森，〈《主權在民論》：作為未來主權計畫前言的第一部分〉，《立場新聞》，二〇二〇年十二月二十八日。

3 如果借用法國哲學家福柯在晚期的方法論區分，觀念史只集中於觀念以語言方式出現和演變的發展，但另一種理解觀念作為問題意識的變化的考據方法是知識考古學，考察的是思想史（history of thought），兩者的分別在於後者會著眼於在什麼條件下使得這對象變得問題化，從而使提問者對之感到疑惑好奇，從而賦予其不同的意義、條件和目的。如果《主權在民論》較為接近福柯談的觀念史的話，那麼《主權神話論：秩序和衝突》會是偏向思想史的進路。詳看 Michel Foucault, "Polemics, Politics, and Problematizations," in Paul Rabinow (ed.), *Ethics: Subjectivity and Truth*, trans. Robert Hurley (New York: New Press, 1997) , 117. 另參 Michel Foucault, *Fearless Speech,* (Joseph Pearson ed.), (LA: Semiotext(e), 2001), 74.

4 Gilles Deleuze and Felix Guattari, *What Is Philosophy?*, trans. Hugh Tomlinson and Graham Burchell (New York: Columbia University Press, 1996), 159.

5 這是啟發自馬克思的《德意志意識形態》，以唯物論的角度理解觀念的生產和物質活動的關係，詳看 Eugene Kamenka (ed.), *The Portable Karl Marx* (London: Penguin, 1983), 169.

6 Jacques Derrida, "Plato's Pharmacy", In *Dissemination,* trans. Barbara Johnson, Chicago, (Chicago: University of Chicago Press, 1981), pp. 63-171.

7 在戰後的政治科學或者民主研究，不少都帶有類似的歷史政治觀，大概也可理解為在冷戰中，對抗蘇共階級唯物歷史觀的資本主義歷史觀，而在蘇聯倒台後迎來新一波的熱潮，認定了民主自由化是歷史的唯一道路。參看 Larry Diamond, *The Spirit of Democracy: The Struggle to Build Free Societies Throughout the World* (Times Books, 2008). Francis Fukuyama, *The End of History and the Last Man* (Free Press, 1992). Samuel P. Huntington, *The Third Wave: Democratization in the Late 20th Century* (Oklahoma: University of Oklahoma Press, 1991)。但在近十年，這股對民主化的信心逐漸受質疑，尤共是民主浪潮也會為獨裁者所模仿，讓民主化與威權化並行不悖。William J. Dobson, *The Dictator's Learning Curve: Inside the Global Battle for Democracy* (Doubleday, 2012). Steven Levitsky & Daniel Ziblatt, *How Democracies Die* (Crown, 2018).

8 Byung-Chul Han, *What is Power?* (Oxford: Polity, 2018), 82-3.

9 當然盧克的權力三維觀比這兒談的複雜多了，但為了簡化討論只抽取其中一點來加以發揮，Steven Lukes, *Power: A Radical View,* 2nd (London: Palgrave Macmillan, 2005), 37.

10 詳參 Louis Althusser, *On The Reproduction Of Capitalism: Ideology And Ideological State Apparatuses* (London: Verso, 2014). Pierre Bourdieu, *The Field of Cultural Production: Essays on Art and Literature* (New Jersey: Columbia University Press, 1994). Robert D. Putnam, *Bowling Alone: The*

Collapse and Revival of American Community (New York: Simon and Schuster, 2001).

11 Hannah Arendt, *The Promise of Politics* (New York: Schocken Books, 2005), 95-6.

12 Isaiah Berlin, *The Crooked Timber of Humanity: Chapters in the History of Ideas 2nd,* Henry Hardy (ed.) (New Jersey: Princeton University Press, 2013), 13, 87.

13 Carl Schmitt, *Concept of the Political,* trans. George Schwab (Chicago: Chicago University Press,2007), 27.

14 有關基進民主對於葛蘭西「位置之戰和政治的概念的吸收上」可參考 Chantal Mouffe, *On the Political,* (London: Routledge, 2011). Chantal Mouffe (ed.), *Gramsci and Marxist Theory,* (London: Routledge, 2015).

15 Antonio Gramsci, *Selections from the Prison Notebooks,* trans. Quintin Hoare & Geoffrey Nowell Smith, (New York: International Publishers Co, 1971), 108-110.

16 這概念借用了 Philip Pettit 的講法，詳看 Philip Pettit, "Rawls's political ontology," *Politics, Philosophy and Economics,* 4(2), 2005: 157-174.

17 Martin Heidegger, *Being and Time,* trans. John Macquarrie and Edward Robinson (New York: Harper Collins, 2008)58-9. 另參 Martin Heidegger, *What is Metaphysics?* (Jovian Press, 2018).

18 只是海德格不同於施密特的地方在於前者雖然將存有觀追溯至古希臘的用法，卻沒有從政治－神學角度，理解存有論的本源跟宗教－神學的緊密關係。存有－宗教秩序跟政治倫理秩序總是並行一致的，即使阿里士多德在《形上學》推論出「存有」（ousia）作為一切事物之存在共通特質，這超越性既是屬於神明的領域，也是古希臘政治世界（Politeia）的宗教本源。

19 Carl Schmitt, *Political Theology: Four Chapters on the Concept of Sovereignty,* trans. George Schwab (Chicago: Chicago University Press, 2005), 36.

20 另參 Rosamond McKitterick, *Rome and the Invention of the Papacy: The Liber Pontificalis* (Cambridge: Cambridge University Press, 2021).

21 班納迪克・安德森，《想像的共同體》，頁七二。

22 班納迪克・安德森，《想像的共同體》，頁四九。

23 Leo Strauss, "Notes on the Concept of the Political," in *The Concept of the Political* (Chicago: Chicago University Press, 2007), 101.

24 Claude Lefort, *Democracy and Political Theory,* trans. David Macey (Minnesota: University of Minnesota Press, 1988), 225.

25 Gilles Deleuze, *Bergsonism,* trans. Hugh Tomlinson et al. (Zone Books, 1991).

26 這也呼應了當代解殖主義者的想法，解殖閱讀便是歷史性的閱讀，通過重新呈現其歷史的維度，使得其權力結構和支配關係得以展開，讓批判和超越成為可能。詳看 Elizabeth Deloughrey and George Handley, "Introduction," in Elizabeth Deloughrey & George Handley (eds.), *Postcolonial Ecologies,* (New York: Oxford University Press, 2011), 4.

27 陳光興，《去帝國：亞洲作為方法》（台北：行人，二〇〇六），頁三三七。

28 Edward Said, *Culture and Imperialism* (London: Vintage, 1994).

29 Robert Young, *Postcolonialism: A Very Short Introduction* (Oxford: Oxford University Press, 2003), 6-7. 另參 Henrietta Harrison, *The Perils of Interpreting: The Extraordinary Lives of Two Translators between Qing China and the British Empire* (New Jersey: Princeton University Press, 2021).

30 Edward Said, *Orientalism*, (London: Vintage, 1979), 3-12.

31 這譯法來自羅永生和許寶強的建議，詳參許寶強、羅永生編，《解殖與民族主義》，（香港：牛津出版社，一九九八），頁二五八－二五九。

32 曾瑞明，〈踏浪的政治哲學著作——評《主權在民論》〉，《立場新聞》，二〇二一年二月三日。（立場新聞已經結業）

33 Jiwei Ci, *Democracy in China: The Coming Crisis* (Cambridge: Harvard University Press, 2019).

34 曾瑞明，〈踏浪的政治哲學著作——評《主權在民論》〉。

35 Georg Wilhelm Friedrich Hegel, *The Phenomenology of Spirit*, trans. Terry Pinkard (Cambridge: Harvard University Press, 2018), 112-6.

36 魯迅，〈拿來主義〉，《且介亭雜文》。

37 李宇森，〈試論香港哲學作為方法——兼覆曾瑞明兄書評「踏浪的政治哲學著作」〉，《立場新聞》，二〇二一年三月八日。（立場新聞已經結業）

38 陳光興，《去帝國》，頁五。

39 Eugene Kamenka (ed,)., *The Portable Karl Marx*, 192-3.

40 鄂蘭在訪問中無疑是更想突出無思的危險（ne pas réfléchir, c'est plus dangereux encor），只是這跟思考帶來的「危險」是完全不同意思了。Hannah Arendt, *Thinking Without a Banister Essays in Understanding, 1953-1975*, (New York: Schocken, 2018), 521.

41 香港思想史無疑是重要的，而羅永生近幾年所主導的「思想香港」計畫也是十分重要的貢獻，但我想作為政治理論研究的一分子，我也應該在其他更擅長的進路上回應和思考，例如在政治觀念的重構上。參看《思想香港》，https://commons.ln.edu.hk/thinkinghk/about.html。

目錄

主權的神話，東亞的現實

雖然公法一書，久共遵守，乃仍有不可盡守者。蓋國之強弱相等，則藉公法相維持；若太強太弱，公法未必能行也。

——鄭觀應

然所以用公法之柄，仍隱隱以強弱為衡。

——薛福成

在《主權在民論》，我談論了許多關於主權思想的發展和影響，彷彿觀念的興替可以自成一個獨立的王國，跟觀念外的物質世界可以分割開。當然，以簡化分析為目的進行切割並獨立處理觀念史是無可厚非的，但這單純的觀念史閱讀會衍生至少三個重要問題：其一，觀念的生產不是抽象於歷史時空的產物，哲人或者政治家、法學家思考與提倡某些理念和信念時，帶有其面對的歷史處境，有著特定的政治經濟或者社會問題，而且他們所能接觸到的思想史，甚至他們得以進行研究和著述的物質條件，都會影響他們生產什麼，如何與為何生產相關的觀念。

其二，即使相關觀念曾經生產出來而存在，可能連上帝都不能否定[1]，但是觀念的普及化，以至成為一種日常的價值、不假思索的意識，或曰葛蘭西所談的霸權與意識形態（hegemony），那便涉及到觀念的再生產，以及再生產背後的秩序與衝突，生產所需要的相關物質條件，如教科書、字典、學院、制度、儀式等面向上，一再通過權威進行觀念的再生產，作為權力展現的方式。因此，微細的主權思想重構，也會構成對這論述體系的挑戰，以至它所定義和呈現的世界觀。如果套用福柯的講法，這是觀念作為權力流動和操作的論述（discourse）[2]，而不單純是抽象的、知識性的思維存有物。因此，這也是觀念物質性的面向之一。第三，基於上述的生產與再生產結構，使得如今史書不斷回顧和述說的主權思想經典，都是在西歐一帶出現。這地理上的分配並不是偶然的。我會稱作帝國視野的觀念史，令主權討論缺乏了應有的解殖視覺，以至於產生了某種錯覺（以至於一種刻意營造出來的虛假意識），好像全世界都只能等待西方社會來啟蒙解魅，方能加入主權國際社會的大家庭。

要解殖在地的主權知識，則不應再走回觀念史的路徑，視主權思想發展作為一個普遍性的概念和理論，可以供應給全世界吸收、學習和應用。剛剛相反，「主權」作為觀念的生產和再生產，是有其歷史政經的具體目的，藉著這些政治理念呈現某種政治世界的理解，令社會、經濟和文化以某種秩序建立，從而使得某個既得利益的階層受惠。而先發展的現代性國家所提倡的主權觀及其觀念知識，以及據此建立的國際政治法律秩序，都有著既定的權力利益分配關係，作為支配著周邊地區的枷鎖，確保國際秩序都能繼續向著帝國中心傾斜。

知識論述所建立和強化的階級秩序，同時也是經濟政治上的支配。借用美國社會學家沃勒斯坦

（Immanuel Wallerstein，一九三〇－二〇一九）的「世界體系語言」（world system analysis），便是世界性帝國中心（core）通過支配半邊陲（semi-periphery）及邊陲地區（periphery），使得全球的剩餘價值都盡可能被帝國中心剝削。換句話說，即使全球南方的人民建立起符合現代意義的主權國家，充分認識「西方世界」認可的主權理念和理論知識，仍然無法平等地參與世界事務，與帝國平起平坐。因為傳統著重普遍性的主權知識，是西方知識體系的觀念結果，這些理念知識不是為了服務這秩序之外的人〔如今在學界泛稱全球南方（global south）〕，更加不會注意到知識的生產和帝國支配的關係，權力不對等的世界秩序如何通過主權國際體系建立出來。

因此，當站在東亞視角思索主權時，當我們意圖解殖所學習的主權知識時，最好的辦法或者是從東亞的主權歷史經驗出發，看看中國自滿清到民國看到「主權」從理念到經驗的巨大落差，當百年以來中國官民希望通過移植主權思想來建立現代化制度，從而獲得主權國的平等權益和尊重，結果得到的卻是叢林法則的弱肉強食待遇。這是從真實的本土經驗顛覆既有的主權神話，重新審視人民自主所應該追求的政治經濟方向。

所以這一章會先從《聯合國大會第一五一四號決議》中，對主權國際社會的想像出發，闡述這種理解世界政治和主權理念的觀念史由來。同時，這種想像如何塑造無數人對主權國的諸多空想，認為只要獨立建國，便能夠保障體現其追求的自主自由（在港台兩地均不難聽到類似的想法）。接著我們將會走進滿清到中國的歷史經驗，看看近百年的殖民時代進入國際社會的挫敗，如何跟主權體系的虛偽有關，以尊重主權為名的國際法如何作為帝國支配全世界秩序的工具。最後我們會回到國際法的秩序階級觀，看看所謂普世適用的國際法秩序，如何在世俗化後繼續延續以西歐為中心的帝國傾斜，藉以確保原有秩序的穩定，不管這秩序有多不公不義。最終我們會回到幾個極重要的問題，到底國家政治體、主權國家與帝國之間有什麼關係，當中的界線如何劃分，由誰來劃分，為的又是誰的利益[3]。

一、主權體系的神話

在一九六〇年十二月，聯合國大會正式決議通過一份影響世界深遠的國際宣言：《給予殖民地國家和人民獨立宣言》（*Declaration on the Granting of Independence to Colonial Countries and Peoples*），又稱作《一五一四號決議》。這決議不同於一九四八年頒布的《世界人權宣言》（*Universal Declaration of Human Rights*）的地方，在於前者代表著聯合國終於承認一個構成現代主權國際體系中的極重要的原則，也是前殖民地人民深盼的政治權利——民族自決權[4]。其中在宣言開首寫道，

宣言如下：

一、各民族之受異族奴役、統治與剝削，乃係否定基本人權，違反聯合國憲章，且系促進世界和平與合作之障礙。

二、所有民族均有自決權，且憑此權利自由決定其政治地位，自由從事其經濟、社會及文化發展。

三、絕對不得以政治、經濟、社會或教育上之準備不足為遲延獨立之藉口。

四、對未獨立民族之一切武裝行動過各種壓制措施概應停止，使彼等能和平自由行使完全獨立之權利，其國家領土之完整應受尊重。

五、在託管領土及非自治領土或其他尚未形成獨立之領土內立即採取步驟，不分種族、信仰或膚色，按照此等領土各民族自由表達之意志，將一切權力與條件無保留移交彼等，使能享受完全之獨立及自由。

六、凡以局部破壞或全部破壞國家統一及領土完整為目的之企圖，均與聯合國憲章之宗旨及原則不相容。

七、所有國家均應在平等及不干涉他國內政及尊重各民族之主權及其領土完整之基礎上，忠實嚴格遵行聯合國憲章，世界人權宣言及本宣言之規定[5]。

理想的國際社會，在國際法的框架下應該是由現代主權國家彼此分工和合作，在平等的基礎上互相尊重，在既有的國際法和人權的文明標準中締結永久和平與人類幸福的地球村。這是主權政治想像為全球人類的政治、經濟、和社會秩序勾勒出來的基本圖像。從荷蘭早期現代法學家格勞秀斯（Hugo Grotius，一五八三－一六四五）的國際法雛型，一直到德國啟蒙主義代表康德（Immanuel Kant，一七二四－一八〇四）的《論永久和平》（*Zum ewigen Frieden. Ein philosophischer Entwurf*）；從一七八九年法國大革命的《網球場宣言》（*Serment du Jeu de paume*）到聯合國頒布的《一五一四號決議》，似乎人類正在日益進步，從黑暗腐敗的封建秩序和宗教戰爭，走向現代共和主權國主導的、充滿和平理性的國際社會，尊重人的權利和自由的理想新時代。

共和國家的理念證成著國家作為政治形態的道德優越性，使強制服從變成守法責任，使暴力變成權力[6]。這是啟蒙主義時期的社會契約思想家共享的政治信念。如英國哲學家洛克（John Locke，一六三二－一七〇四）便會認為任何人的安全和生命財產，只要得到國家的保護，便會視為「默許同意」（tacit consent）國家的統治[7]，法國哲學家盧梭（Jean Jacques Rousseau，一七一二－一七七八）更指只有真正體現他在《社會契約論》（*Du contrat social ou Principes du droit politique*）中對於主權在民的理想，人人以公共人或者公民的身分為城邦和自我立法，人才能真正成為一個自由的平等公民，也是城邦的一分子[8]。德國哲學家康德雖然不認同盧梭的普遍意志論，但他也認為共和國家（*civitas*）是人自由和權利的最佳保障。只有符合自由和平等的條件，人才能進入政治世界，成為國家的一分子[9]。黑格爾（Georg Wilhelm Friedrich Hegel，一七七〇－一八三一）更在《法哲學原理》（*Grundlinien der Philosophie des Rechts*）中提出「國家是具體自由的現實，在其中個人的個別性與其特殊利益獲得完全的發展，同時個人的個別性的權利也受到足夠的承認，正如在家庭與市民社會一樣。」[10]換句話說，集體和個體，主觀和客觀的對立，只有在國家、社會和家庭的現代政治社會秩序下，才得到真正的融和契合，同時不會消解了其中一方。

若然共和國家是政治體的「最佳形態」（這是取自阿里士多德對於政體討論的用語但不是結論[11]），那麼通過不同共和國家的連結和合作，世界和平似乎終於有機會實現。其中一個最早提出永久和平想像的歐洲思想家，大概是法國作家聖皮埃爾（Charles-Irénée Castel de Saint-Pierre，一六五八－一七四三）。作為法王路易十四（Louis XIV，一六三八－一七一五）的官員，他曾當上烏特勒支

（Utrecht）議會一位議員的祕書，並在十八世紀的戰火與議和的經歷中，一瞥永久和平的可能性。因此，他認為若然國與國之間可以通過和議帶來和平，或者放諸整個歐洲也能如此。只要歐洲國家之間有著緊密的商業合作，且以地方議會的模式組建一個歐洲議會，由歐洲各國各自派一代表，在議會上解決紛爭，以外交商議取代戰爭，或許永久和平真的能在歐洲大陸實現[12]。

聖皮埃爾的歐洲議會想法十分前衛，使他吸引到哲學家盧梭的注意。自居為現實主義者的盧梭，一方面抱怨聖皮埃爾的想法過於理想[13]，但同時卻又不住地歌頌他，「沒有一個人比起構想起歐洲和平的計畫更加高尚，更加美麗和有用。沒有人比起提出如何實踐永久和平的作家更值得尊崇。」[14]因此，他在一篇題為〈如何通過歐洲聯邦達致永久和平〉（Projet De Paix Perpétuelle）的論文中，接著聖皮埃爾的問題思考下去。

盧梭認為，要實現永久和平至少要具備四種條件：一是建構一套跨國家的法律體系，以某種聯邦方式約束和規範國家之間的關係，使強國和弱國均必須遵守同一套法規。他認為，這套跨國家的法規看似是難以理解，但其實在古代並不罕見，例如古希臘的「近鄰同盟」（Ἀμφικτίων）、伊特拉斯坎文明（Etruscan）的十二城邦聯合統治者（lucumo）或者高盧的城邦聯盟等，只是要將這些古代的政治理想放到如今的大國政治之中，肯定是超乎尋常的困難。因此，盧梭認為聖皮埃爾以歐洲議會的理性討論來解決一切政治問題是過於樂觀。第二個元素是通過法制來彰顯平等的權利和責任，使得人與人之間不單存在恐懼和仇恨，也帶有公義和理性。這點是盧梭從西羅馬滅亡後的教訓得到領悟——信奉基督宗教的東羅馬帝國依靠完善的法典，如皇帝狄奧多西二世（Theodosius II，四〇一－四五〇）編纂的《狄奧多西法典》（*Codex Theodosianus*），以及查士丁尼大帝（Justinianus I，四八三－五六五）編纂的《查士丁尼法典》（*Codex Justinianus*），築構了一套平等公義的法律體系，使東羅馬得以在西羅馬滅亡上千年後，依然久存於世[15]。

但更重要的是第三點，那便是宗教。宗教的同一性才能使不同國家摒棄異見，共同連結成為一體。君不見在歐洲古代，曾經有幾多野蠻部落如高盧人、法蘭克人、倫巴底人等，這些在主後數百年一直入侵羅馬帝國的勢力，到最後卻也因為改宗耶教（作者按：香港通常會譯 protestant 為基督教，但因為這兒指涉的歷史時期還未有天主教基督教的區分，所以在此改稱為耶教，作為一個統稱）而臣服於教廷與帝國的秩序之中。在那年代，耶教仍然是歐洲的身分象徵，儘管教派間發生衝突，但大體上一神一教仍然是共通的語言。當然，盧梭撰寫這篇論文時只是四十四歲，還未開始寫《社會契約論》，因此這篇文仍然視耶教為歐洲的共同文化，公民宗教的想法似乎仍未成型[16]，但我們依然可以看到，盧梭始終認為政治與宗教是不能分開處理的，因為政治參與不僅僅是理性的決策，更是情感與認同的歸宿，因此宗教必然結合理想的政體，才能使公民和國家真正心悅誠服地服從秩序[17]。而第四點也有相關的，便是技術的發展帶來的傳播與吸收知識的便利，最終因為共同的文化和知識而走在一起，互相連結成為一個共同體[18]。因此，一個真正的共同體，都是依靠道德上、習俗上、宗教上與至法律上的深厚連結來建立和維持[19]。

至於德國哲學家康德在《道德形上學》（*Die Metaphysik der Sitten*）與《論永久和平》的觀點，則是站在道德規範和普遍人權的角度回應這個啟蒙時代的重要政治議題，並提出諸多實質的政策倡議，如廢除常規軍、國債不應用作政治鬥爭、不應採用破壞互信的戰術來獲取勝利，例如派人暗殺或者策動政變之類[20]。後來的海牙和平會議（Hague Peace Conferences）到聯合國的《世界人權宣言》，均不難看到康德思想的身影（下章會再詳述康德的永久和平觀）[21]。同代的英國效益主義（utilitarianism，又譯功利主義）先驅者邊沁（Jeremy Bentham，一七四八－一八三二）則提倡以國際法追求世界和平，一如其論文《國際法的原則》（*The Principles of International Law*）第四章的標題：「論普遍而永久的和平」。作為效益主義的代表人物，邊沁重視的無疑是要為最多的人帶來最大的幸福[22]，作為證成政治法律秩序的正當性來源。而永久和平對全人類而言都是無可比擬的幸福，因此他認為要提出一個可行的方案是至為必要的。除了一些實質的建議，如裁軍或者減少殖民地之外，邊沁更提出要建立一套新式的國際法體系，作為規範全世界所有國家的共同規則，並建立國際法庭來審理國家之間的法律爭議。

在邊沁以前，歐洲外交家和法學家所認識的公法體系，是國際法之父格勞秀斯的《論戰爭與和平法》（*De jure belli ac pacis*），及其影響下誕生的《西伐利亞和約》（*Westfälischer Friede*）。但是格勞秀斯所設想的是自然法體系下的政治體權益，因此並非專門指涉主權國家。例如戰爭法所區分的公戰、混合戰和私戰，其中的非國家與非國家單位進行的私戰都可以在某些特定情況下容許，且被理解為正義而合法的，例如面對行使自我防衛權的時候[23]。自然法建基在普世性的權利基礎上，而那種耶教倫理觀的預設，正正是邊沁所討厭的，這也是為何他會在《無政府的謬誤》（*Anarchical Fallacies*）中大力批評法國大革命所推崇的天賦人權與《人權和公民權宣言》（*Déclaration des Droits de l'Homme et du Citoyen*）是毫無法理基礎的，並應以公民權（civil right）來取代[24]。這也是為何他不沿著瑞士法學家瓦特爾（Emmerich de Vattel，一七一四－一七六七）在《萬國律例》（*Le Droit des gens*）的進路，以自然法來應用到主權國家為單位的國際社會，反而自創了「國際法」（international law）一詞，藉以建立一套以主權國家為中心的新式國際政法秩序，而當中的核心精神是主權國之上無權威。

邊沁的進路，啟發了後來的十九世紀的實證法學與國際法發展，其中又以英國法學家奧斯丁（John Austin，一七九〇－一八五九）和美國法學家亨利・惠頓（Henry Wheaton，一七八五－一八四八）為代表的法律實證學派，取道英國哲學霍布斯（Thomas Hobbes，一五八八－一六七九）的「法律由權威制定，不是真理」（Auctoritas, non veritas fecit legem）的想法，重建十九世紀後拿破崙時代的歐洲新政治法律秩序。這實證法學的進路，正是要取消自然法的道德普遍性地位，改以主權國家作為領土人口的政治代表，主權的權威是法律的絕對基礎，而權威的目的是為了該國人口的幸福著想。這也是為何效益主義和法律實證主義能夠共同建構出新的法律政治體系。實證主義將權威與命令理解為法律的本質，而法律的權威性不是來自神聖的秩序或者自然法則；效益主義則為法律與行政機構提供了倫理的目的，正是為了最多的人提供最大的利益，作為其世俗化的新規範性來源[25]。而權利則不應也不用預設一套形而上的超然天賦人權，而是應該從國家的範圍內建立公民權利。

這套國家與權利為中心的世界和平論，後來也成了晚清知識分子追求國家現代化的目標，如清末維新派領袖梁啟超（一八七三－一九二九）在《國家思想變遷異同論》便清楚道出建立現代民族國家的必要性與優越性：「民族主義者，世界最光明、正大、公平之主義也，不使他族侵我之自由，我亦毋侵他族之自由。其在於本國也，人之獨立；其在於世界也，國之獨立。使能率由此主義，各明其界限以及於未來永劫，豈非天地間一大快事！雖然，正理與時勢，亦常有不並容者。自有天演以來，即有競爭，有競爭則有優劣，有優劣則有勝敗，於是強權之義，雖非公理而不得不成為公理。民族主義發達之既極，其所以求增進本族之幸福者，無有厭足，內力既充，而不得不思伸之於外。」[26]

清末民國時期政治家高一涵（一八八五－一九六八）亦言，「人民之自由平等，得自天然，及相約為國，乃畫定權力，若者託諸政府，若者仍留於人民。國家之存，專以保護人民權利為職務，治權運行，終不能超民權而獨立。」因此，國家是作為保障民權而存在的體制，「今也，國家一視同仁，凡屬人類，均享人權。廢奴隸之階，視為不道，即附土農奴、世傳僕役，亦視為背乎人身天然之自由。」早期左翼學者領袖李大釗（一八八九－一九二七）也提及，「以盧梭孟德斯鳩烏爾泰（Voltaire）之流，揚其民權自由之聲，卒釀革命之風雲，而共和之基，卒以奠定，則理之力也。他如英之《大憲章》、《權利請願書》，美之《獨立宣言》，吾國之南京《約法》，乃至《雲南宣言》之四大政綱，莫非以理之力衝決法之力，而流露之民彝也。」[27]由此可見，當時早已盛行的西學，其中對於權利和主權的種種觀念和思考方式，都深深地影響到士人知識分子對於政治理想的追求，本土與國際秩序的構想。

二、由帝國到次主權的滿清

從主權政治所投射出來的國際社會政治想像，確實令不少人嚮往，特別是共同實現人類前所未有的人權自由的世界，永久和平的終極彼岸。只是這美好的幻想，終究跟現實相去甚遠。當主權政治放回東亞的脈絡中，我們會看到主權從不是有待實現的理想國度。主權的神話和現實有著巨大的張力，而這落差並不是偶然的，反而是主權想像和主權體系必然帶來的操作結果。這可以從晚清中國與歐美列強的接觸，一睹滿清作為東亞的大國，如何被新興的國際社會拒諸門外。通過主權不對等的待遇，為大清帶來國際支配壓迫關係，只是今次她是在被壓迫的那一邊。

在十九世紀初，大清仍然是東亞地區的大國，一舉一動都影響著整個東亞、南亞和內亞的局勢。雖然周邊地區如日本、韓國或者安南等地，早已不再單向服從於以中華為中心的朝貢體系，掙扎地發展自身的文化意識與政治自主，但主權國之間平等獨立交往的現代國際社會仍未出現[28]。當時滿人正支配著中原以漢人為主體的人民，建立起一個龐大的王國。這王國既包含了滿人和漢人，也有因為改土歸流而納入管治秩序的苗人、漠北的喀爾喀蒙古在康熙（一六五四－一七二二）治下投降，還有乾隆（一七一一－一七九九）十大武功之一的平定準噶爾，令天山附近的回族居民（即突厥系穆斯林）也歸入滿清的版圖之中，加上在西藏以金瓶掣籤冊封班禪、達賴，令藏民臣服，最終形成一個跨民族的「大帝國」[29]。換句話說，自努爾哈赤（一五五九－一六二六）在十六世紀末帶領女真族起兵抗明，兩、三百年來滿清的擴張從未止息。從滿洲地區、黃河長江的中原地區、三藩的華南各省、陝西、甘肅等地、台灣、蒙古、西藏、哈密、吐魯番、伊犁一帶的中亞領土，版圖遠超「承繼」的大明帝國。滿清的擴張主義，直至歐洲殖民力量來叩門才慢慢告終。

禁煙的故事，大概華文世界都很熟悉。一八三九年，正值滿清政府雷厲風行禁煙之時。當時道光皇帝（一七八二－一八五〇）派遣進士出身，曾多次出任地方總督的林則徐（一七八五－一八五〇），以欽差大臣身分南下廣東，處理禁煙事宜。為了迫使外商交出鴉片銷毀，林更親自揮毫致函當時上位不久的英國維多利亞女王（Queen Victoria，一八一九－一九〇一），要求英國王室出面制止鴉片買賣的生意。在信中，他提及在道光十九年皇帝親諭的法令《欽定嚴禁鴉片煙條例》[30]，扼要地總結如下：「任何攜帶鴉片或者到中國意圖出售鴉片的外國人，其主謀一律處斬，幫凶則會問吊；所有財產一律充公（在同一船上發現的）。而頒令後有年半的寬限期，在此期間，任何人誤帶鴉片而自願交出，可免除一切罪行的後果。」[31]

這封給女王的公函在行文之中，反映林則徐對於當時的中外政治形勢有一定了解，在書寫外交公文前也曾著助手兼翻譯袁德輝（一八五〇／五一－？）[32]，把當時國際外交上廣為流通的國際法文獻，十八世紀瑞士法學家瓦特爾（時人譯作滑達爾）的國際法名作 *Le Droit des gens* 部分篇章譯成中文[33]，作為林則徐在信中連結主權和禁煙關係時，得以參考歐洲國際法體系中高舉的主權國家司法管轄權[34]。袁德輝中譯的部分命名為《各國律例》，並於幾年後在魏源（一七九四－一八五七）的《海國圖志》中第八十二卷出版[35]，其中一段寫道，「嚐思各國皆有當禁外國貨物之例，其外國不得告訴委曲，而違此禁，亦不得以仁情推辭。若他告訴委曲，是不過欲利而已，該國必不以他得利，而違自己之禁，試思凡國有禁，皆有所謂而然也。」[36]林則徐試圖藉著西方的國際法「以夷制夷」，希望英女王及外國政府遵守自己的國際法原則[37]，尊重別國在國內執法的司法主權權利。

作為非國際社會承認的現代國家，以《各國律例》跟歐美國家作外交談判，藉以將本國放在主權體系的平等關係是無可厚非。林則徐也不是孤例，在地球另一端的阿爾及尼亞學者 Hamdan Khodja

（一七七三－一八四二），也曾於一八三〇年致函法王路易－菲利普一世（Louis-Philippe I，一七七三－一八五〇）。他參考了國際法文獻，控訴法國非法入侵阿爾及尼亞，有違主權平等的原則。畢竟在一八一五年的後拿破崙時代，以英國、普魯士、奧匈帝國和俄國為主導的《維也納和約》（*Frieden von Wien / Freden i Wien*），奠立了當代所理解的新國際秩序。其中由英國外相羅拔・史都華（Robert Stewart, Lord Castlereagh，一七六九－一八二二）和奧地利外交家梅特涅（Klemens Wenzel von Metternich，一七七三－一八五九）所推動的四國聯盟，通過鎮壓叛亂革命和互相尊重主權獨立，形成後帝國的新型權力平衡（balance of power），從而締造主權國之間互相制衡的區域和平[38]。這似乎使得國際法所呈現的主權平等的國際社會得以實現，也為歐洲以外的新政治體系帶來希望，以圖藉著遵守歐洲社會的遊戲規則，能得到國際社會的接納，在相互承認中享有國家應有的主權待遇和權益。但在林則徐致函英女王的時代，英國正努力解決全球貿易帶來的貿易赤字，避免令大量白銀繼續流入中國，損害英國的商業利益[39]。同時，執政的輝格黨（Whigs）在一八三九和四〇年正面臨巨大政治危機，在下議院內兩度遭在野的托利黨（Tories）彈劾，且票數近乎致命。因此，輝格黨的首相威廉・蘭姆（William Lamb, 2nd Viscount Melbourne，一七七九－一八四八）需要議會內一切選票來確保輝格黨的執政地位。當時少數激進派在中國的鴉片買賣上獲利甚豐，因此林則徐的銷煙行動對他們造成巨大財富損失，故此輝格黨以開戰作為籌碼，換取那些游離派對輝格黨在議會內的支持[40]。因此，滿清沒有獲得相應的主權國待遇，第一次鴉片戰爭也隨之爆發。

但黨派政治是一時的，國際法體系的主權觀作為權力操作的論述，它所具體呈現的政治秩序和利益分配才是真正值得我們注意。在十九世紀中後業，經歷過兩次鴉片戰爭和幾條不平等條約的簽訂，迫使清廷認真看待洋務運動與自強運動。長期在滿清從事教育的美國長老會（Presbyterian church）傳教士，有中國通之稱的丁韙良（William Alexander Parsons Martin，一八二七－一八一六），在總理各國事務衙門早期領導文祥（一八一八－一八七六）的支持下，於六十年代完整翻譯由美國國際法學家惠頓在一八三六年所著的《萬國公法》（*Elements of International Law*），並在官方支持下廣泛流通出版，派發給南北洋大臣和各個通關邊防，作為與外國交涉的國際法文本[41]。丁韙良亦是其中最早以「主權」這古老的用詞翻譯西方國際法的「sovereignty」概念[42]。

《萬國公法》對於內外主權的理解，主權特質的定義，可謂至今都沒有太大變化，例如在第一卷第二章第四節有關主權的定義，「主權分內外治國之上禮，謂之主權，此上權，或行於內，或行於外，行於內，則依各國之法度，或寓於民，或歸於君，論此者，嘗名之為內公法，但不如稱之為國法也，主權行於外者即本國自主，而不聽命於他國也，各國平戰，交際，皆憑此權，論此者，嘗名之為外公法，俗稱公法。」[43]這跟如今所理解的「外在主權」（external sovereignty）和「內在主權」（internal sovereignty）的區別若合符節[44]。因此丁韙良以優雅中文將其翻譯，對於主權理念在東亞的普及有著里程碑式的重要性。

甚至很快，以「主權」來翻譯「sovereign」的用法也被明治時期法學家所吸收和運用，例如日本明治時期的著名政治家津田真道（一八二九－一九〇三）的《泰西國法論》[45]。這些國際法的知識在六、七十年代後開始漸漸在外交舞台上多番應用，例如一八七七年大清駐日大使何如璋（一八三八－

一八九一）援引《萬國公法》向明治日本交涉琉球群島問題[46]；或者在普丹戰爭（Deutsch-Däniser Kreig）期間，普魯士在大沽口發現並沒收丹麥船隻，破壞中國水域的中立性，大清帝國也能通過國際法追討賠償[47]。

但初步掌握國際法的知識，仍然不足以使國際法的主權平等觀應用到中國外交的困境中。這對於當時清醒的知識分子早已十分明白，例如著名洋務運動思想家鄭觀應（一八四二－一九二二），觀察到十九世紀滿清學習國際法知識和對應西方列強的應用上，實際效果跟原來國際法精神完全截然不同，因此得出一個意味深遠的結論：「雖然公法一書，久共遵守，乃仍有不可盡守者。蓋國之強弱相等，則藉公法相維持；若太強太弱，公法未必能行也。」[48]早期清朝其實早已在平定東突厥時，與鄰邦俄國簽訂過《尼布楚條約》（一六八九年）和《恰克圖條約》（一七二七年），定明兩國之邊界互不侵犯，並保障了通商的權力與逃犯移交條款，這些外交條約甚至是以拉丁文作為官方版本，足見當時滿清已開始有跨國協議的意識，即國際社會的外交，即使華夷之辨在朝貢體系（或已混雜了互市機制）仍然作為主導思想。這是大清與歐洲國家之間履行主權權力的體現，但在十九世紀的實證國際法基礎所建立的國際社會面前，大清愈發淪為從屬政治體，任人魚肉。

其中一個明顯的例子便是治外法權（extra-territoriality）。《萬國公法》早已明言，「故出誥而後，各邦制律法，即是自主者之律法，而邦內之民，無不當遵行也，非言各邦早有之律法，不亦當遵行也。」[49]這正是所謂國際司法主權（international legal sovereignty），視各國為平等自由的單位，在國際社會中生活，一如個體和個體之間的關係。這國際間的平等並不應跟國力掛勾，即使是寡民小國也應跟大國擁有同樣的獨立司法管轄權，在其國土內擁有唯一的司法和執法權利，他國無從置喙。這是早在瓦特爾的《萬國律例》已經有清晰定義[50]。但這終究是教科書式的定義，現實情況自然複雜很多。有時大國會認受一些政府的司法主權，即使他們還未能完全控制邊界內的領土秩序，如一九三六年德、意所承認的西班牙佛朗哥（Francisco Franco，一八九二－一九七五）政權，或者美國承認朗諾（Lon Nol，一九一三－一九八五，另譯為龍諾）兵變的高棉共和國。有些時候，甚至當政權喪失大多所領土時仍然獲得承認其內在主權，如七十年代中美建交前的遷台國民政府[51]。若主權不獲承認，則其代表政府的主權權利都會被國際社會剝奪，淪為國際政治世界的幽靈。

而面對十九世紀的大清帝國，各國列強都不承認其司法主權。例如美國外交家凱萊布・顧盛（Caleb Cushing，一八〇〇－一八七九），曾代表美方與大清帝國簽署《清美望廈條約》（*Treaty of peace, amity, and commerce, between the United States of America and the Chinese Empire*），開了治外法權的先河。在簽訂條約的過程中，他提到「歐美各國得以組成一個大家族，彼此以文明和宗教作為紐帶所連繫，也受著國際法的約束……但耶教徒的交往，跟回教徒是截然不同的，需要另一種處理方式。耶教徒在回教世界只會受其母國治權所管轄……我的意見是，在回教世界的歐美公民特權應該應用到中國的案例上。」[52]這國際法的例外操作也是建基在惠頓《萬國公法》中有關耶教國家公民在回教國家不受該國司法管轄，只服從於領事管轄權的主張。而《清美望廈條約》的治外法權，後來也被國際法學者納入《萬國公法》第八版的相關引伸例外上[53]。

因此自鴉片戰爭後，英、美、法等列強先後在中國設立領事法庭（consular court），負責審理該國公民在中國的犯法行為。這些海外公民成了中國司法管轄範圍的例外狀態，完全不受大清律例所管轄。到了一八七一年，超過十個國家在中國領土內設置領事法庭，作為治外法權的實踐，凌駕中國的司法體制。除了上述三國外，還包括日本、葡萄牙、意大利、荷蘭、比利時、丹麥、瑞典和挪威[54]。這些治外法權不僅使得中國監控境內外國人行為和課稅的能力大減，而且更開了一個司法例外的空間，讓一些本地人也能透過歸化入籍，逃避政府的控制，大大削弱了政府的管治和稅收能力[55]。更重要的是，這些操作顯然是有違國際法對於主權國家的司法獨立權的保障。

難怪另一位清代外交家薛福成（一八三八－一八九四）感慨，「強盛之國，事事鈌軼乎公法，而人勉以公法繩之；雖稍自克以俯循乎公法，其取盈於公法之外者已不少矣；衰弱之國，事事求合公法，其受損於公法之外，已無窮矣。是同遵公法者其名，同遵公法而損益大有相者其實也。」因此，國際法似是不如其宣稱的平等而普遍，「然所以用公法之柄，仍隱隱以強弱為衡」[56]。這自然不是中國獨有的政治經驗，在近百年來無數國家民族都面對著來自公法體系、國際法與國際組織的支配壓迫，跟其高舉的主權平等觀可謂背道而馳。若然大清帝國仍然算是因為作為舊世界的古老帝國而不受國際社會承認，那麼一九一九年的巴黎和會則可算是現代共和國家在國際秩序中受宰制和支配的結果，後來引發的五四運動與中國共產主義的興起，也便其來有自了。

三、巴黎和會與主權政治

農曆辛亥年八月十九，宣統三年，西曆為公元一九一一年，辛亥革命爆發，亞洲第一個共和國家在中國成立，是為中華民國。中華民國依照西方憲政傳統，廢除帝制，改立總統制，頒布《中華民國臨時約法》。自從在一九一三年威爾遜（Woodrow Wilson，一八五六－一九二四）就職美國總統後，經袁世凱政府敦促後於同年四月二號正式承認中華民國政府的合法性。此後，巴西、墨西哥、秘魯、古巴等美洲國家陸續承認中華民國政府的合法性，而歐洲國家則待至中國政府保障僑民與當地財產的政策法例出爐，才承認中國政權的合法性。[57]到了一九一七年，中華民國參與第一次世界大戰，遂與德國斷交，在戰爭期間派遣數十萬華工趕赴歐洲戰場，以助協約國戰勝。戰爭結束後，中華民國作為戰勝國，受邀參與一九一九年一月的巴黎和會，商討解決戰爭後的秩序重建問題，同時威爾遜在一戰快將結束時的和平演說，使得戰後的歐洲帝國與非歐洲殖民地關係，同樣成為和談與會代表的主要關注議題之一。

要注意的是，在巴黎和會正式展開後，超過三十個國家代表出席。除了直接參戰的英、法、意、希臘、葡萄牙、保加利亞外，還有英國自治邦如加拿大、南非、澳洲、新西蘭、印度等，都獲英國邀請出席。除此之外，一些帝國崩潰後新出現的民族國家如捷克和波蘭或者拉美亞非地區的新興國家代表如中華民國、利比亞、暹羅等都獲邀出席。反而一戰中作為三國協約（Triple-Entente）的一員、在東線跟德國作戰的蘇聯，則沒有任何與會代表。戰敗國同樣沒有受邀出席。英、美甚至在巴黎和會期間，一直暗中支援在俄羅斯地區反抗的保皇派白軍，試圖把蘇維埃政權拉下馬[58]。因此列寧（Vladimir Leni，一八七〇－一九二四）在一九一九年於全俄社會教育第一次代表大會發表題為「關於用自由平等口號欺騙人民」的報告時，便提到一戰後蘇俄經歷十月革命並撤出一戰的戰場，但英、美、法的部隊從未停止對蘇俄的敵對戰爭行動。「同樣毫無疑問，正是謀求擺脫這種帝國主義的大廝殺、摧毀資產階級統治的行動引起了所有文明國家對俄國的進軍。因為法國、英國和美國的政治綱領就是這樣的，儘管它們堅決保證放棄武裝干涉。儘管勞合・喬治（David Lloyd George，一八六三－一九四五）、威爾遜、克列孟梭（Georges Clemenceau，一八四一－一九二九，另譯克里蒙梭）之流作了這樣的保證，儘管他們堅決保證放棄武裝干涉，但是我們大家知道，這是謊言。我們知道，從奧德薩（Odesa）和塞瓦斯托波爾（Sevastopol）撤走的而且是被迫撤走的協約國軍艦正封鎖著黑海沿岸一帶，甚至還向克里木半島（Crimean peninsula，另譯克里米亞半島）上有他們的志願兵活動的刻赤（Kerch）一帶進行轟擊。」[59]

巴黎和會終究沒有成為新興國家與小國的政治舞台，這場國際和談會議有著明顯的階級性，先是大會之上有個「十國會議」（Council of Ten），由歐美列強主導。到了三月，這列強小圈子再縮小到「四國會議」（Council of Four）的巨頭會議，由四個大國領袖主導整場和議。其中包括東道主法國首相克列孟梭以主席身分主持會議，英國首相勞合・喬治、美國新任總統威爾遜與意大利總統維托里奧・埃曼努爾・奧蘭多（Vittorio Emanuele Orlando，一八六〇－一九五二）。而意大利甚至因為亞得里亞海港阜姆（Fiume）領土主權爭議談判破裂而停暫離開和約，因此真正決策的只有三巨頭[60]。當時深受戰禍所累的法國，希望在和議中重創德國，以獲取巨大的賠償，甚至想把德國東邊劃出一個親法的獨立王國，大大削約德國的力量。但英國卻想著如何重建與德國的貿易關係，畢竟英德向來是重要貿易伙伴，若迫使德國破產甚至倒向蘇共，那絕非英國利益最大化的可能。只要德國放棄海外殖民地，毀其艦隊，英國願與德國重修舊好。相反，法蘭西帝國的壯大，跟德國一樣會成為大英帝國的威脅，如何保持歐洲的「權力平衡」才是至為重要。[61]

而作為首位任內到訪歐洲的美國總統，威爾遜是希望借主權在民的理念，重建一個新的國際關係體系，讓任何地方都能按著地方人民的意願，建立具有主權的政府。因此，他來參與巴黎和會的目的，為的是落實民族自決原則，以及尊重民族自決精神的國際聯盟（League of Nations），使不同的民族國家都能互相平等地參與國際事務，以便建立一個減少戰爭的世界秩序，甚至達致永久和平的可能[62]。所以早於一九一八年一月，戰爭還未正式結束時，威爾遜在美國國會的演說中已明確表達了十四條和平原則，作為美國的作戰目的，後來也成為跟德國停戰時的條件。這十四條重點包括無祕密外交、航海自由、消除國際貿易障礙等，而後幾條是關於不同國家的民族自主，如奧匈帝國和鄂圖曼帝國內的民族獨立、同盟國撤出羅馬尼亞、塞爾維亞和黑山（編按：即蒙特內哥羅），恢復波蘭獨立等。為了保護上述的民族自主新國際秩序，「必須根據專門公約成立一個普遍性的國際聯合組織，目的在於使大小各國同樣獲得政治獨立和領土完整的相互保證。就這些從根本上糾正錯誤和伸張公理的措施而言，我們覺得自己是所有聯合一致反對帝國主義者的各國政府及人民親密的合作者。我們在利害關係和目標上是分不開也拆不散的。我們應並肩合作到底。」[63]

當時全世界許多民族主義和反帝國殖民運動都在注視著巴黎和會與新國際秩序的可能，尤其在威爾遜發表《十四條原則》後更是抱予厚望，期望著一個擺脫帝國的新世界出現。因此，在巴黎和會中除了受邀與會的新興國家代表波蘭、捷克與塞爾維亞代表，無參戰但受邀參與商討一戰後世界格局的人物如伊拉克國王費薩爾一世（Faisal I of Iraq，一八八三－一九三三）或者猶太復國主義代表外，還有更多世界各地的抗爭組織或者殖民地的代表來到巴黎和會，希望能夠爭取歐美列強承認他們追求民族自主的權利，如歐洲的阿爾巴尼亞人、克羅地亞人、烏克蘭人、愛沙尼亞人；非歐洲地區的如伊朗總理穆斯圖菲・瑪瑪雷克（Mostowfi ol-Mamalek，一八七二－一九三二），還有代表格魯吉亞（編按：即喬治亞）人、阿美利亞人、敘利亞人、黎巴嫩人的代表等。至於其他未能親自前往巴黎而只能通過書信電報提出政治訴求的便更多了，例如越南或者突尼西亞的民族主義者之類[64]。可想而知，這場和約不僅是戰勝國和戰敗國的和約，更是全球受帝國主義侵害的地方和人民，渴求體現主權在民，實踐政治自主的新希望。

當時在中華民國，反應同樣十分巨大。當威爾遜發表了《十四條原則》後，演說內容迅即經路透社傳入中國，掀起遍地的迴響。數千人寫信給美國總統，感謝其對民族自主的支持。直系軍閥馮玉祥（一八八二－一九四二）購入五百本《十四點原則》中譯本，廣發給手下的軍隊作為參考。教會學校也以此雙語版作為教材。無數學生民眾更湧到美國大使館門外搖旗吶喊，高呼著「威爾遜萬歲」、「見義勇為」、「世界大同」、「為世界造和平，為人類謀幸福」的口號[65]，足見當時的中國民眾熱切期盼著威爾遜作為美國總統，推動其演說的美好承諾與希望，讓中國人民的自主和主權真正得到尊重和承認，其領土自主和治外法權等問題真正得到有效的處理。

民間知識分子如梁啟超、政治學者張君勱（一八八七－一九六九）、外交家劉崇傑（一八八〇－一九五六）、科學家丁文江（一八八七－一九三六）等人，更組成非官方考察團親身前往巴黎，跟威爾遜及隨行官員會面，表達訴求。梁回想起當時參與經歷的目的時曾言，「第一件是想自己求一點學問，而且看看這空前絕後的歷史劇怎樣收場，拓一拓眼界。第二件也因為正在做正義人道的外交夢，以為這次和會真是要把全世界不合理的國際關係根本改造，立個永久和平的基礎，想拿私人資格將我們的冤苦向全世界輿論申訴申訴，也算盡一二國民責任。」[66] 其恩師康有為（一八五八－一九二七）跟李大釗等人也曾經懷著滿滿的期許，將威爾遜的國際主義跟儒家的大同理想扣連起來。[67]

因此，當顧維均（一八八八－一九八五）等一團人代表中華民國全權處理巴黎和會事宜時，他們滿是希望能夠在國際外交舞台上有所作為。當時顧維均與施肇基（一八七七－一九五八）等人在前往巴黎的途上，擬定了七個主要議題，為的是在巴黎和會上，按照中國主權地位而爭取的民族利益，其中包括「一、二十一條和山東問題；二、歸還租借地；三、取消在華領事裁判權；四、歸還在華各地租界；五、撤走外國駐軍；六、取消外國在華設立的郵電機構；七、恢復中國關稅自主。」[68] 總括而言，陸徵祥（一八七一－一九四九）與顧維均等一行人想爭取的，也是萬千中國民眾當時所期盼的，不過是希望各國承認中華民國合法性，以平等看待主權國般看待中國，讓中國人民獲得應有的主權國待遇，在內部事務上享有絕對的自主性和權威。

當然，我們都知道歷史怎樣走。當正式進入巴黎和會時，威爾遜的《十四點原則》顯然為的是處理歐洲帝國崩塌後的新秩序，但對於歐洲以外的殖民地，他似乎沒有提到民族自主原則的實踐可能。後來美國國務卿蘭辛（Robert Lansing，一八六四－一九二八）更直言，民族自主的原則「並不適用於一些種族和社群，因為他們被野蠻與無知剝奪了基本能力去選擇政治制度」，因此，教育這些種族的人使用民族自主的概念是危險的，會帶來地區的不穩定甚至衝突和叛亂，為文明世界帶來動盪不安的局面。[69]

因此，不管中國印度還是韓國越南，殖民問題都不會在巴黎和會中得到民族自決的待遇，歐洲列強在海外的帝國版圖將不受影響（除了德奧的殖民地）[70]。

結果到了四月二號，「四國會議」的國家領袖跟中國代表團會面，傳達了歐美列強的共識。根據顧維均的回憶錄所記，

威爾遜首先講述和會面臨著眾多問題，而其中有些問題又是如何難以找到解決辦法，山東問題就是一個最困難的問題；接著，他說，法國和日本早有協議在先，在和會上支持日本關於山東問題的要求，由於這一情況，問題愈發難以解決了。他所代表的美國現在是唯一在山東問題上不受任何協議約束的國家。他說，現在提出的這個解決方案，最高會議希望能被中國接受，它也許不能令中國滿意，但是在目前情況下這已是所能尋求的最佳方案。然後，他便講述這一方案：日本將獲有膠州租借地和中德條約所規定的全部權利，然後再由日本把租借地歸還中國，但歸還之後仍享有全部經濟權利，包括膠濟鐵路在內。這就是最高會議所同意的方案內容。威爾遜說，這可能並不合乎中國的願望，但是，目前「會議」的其它成員國處境十分困難，最高會議所能求得的最佳結果也只能如此了．威爾遜所說的其它成員國是指法國、英國和意大利。法國和英國以前曾答應支持日本要求，意大利則已退出和會。[71]

及後，英國首相喬治提給中國代表的選擇是接受列強提出的條件，不然便得回到當初袁世凱（一八五九－一九一六）跟日本所簽的《二十一條要求》上。消息傳回中國後自然惹來民眾的巨大反彈，學生和工人上街遊行，是為五四運動的導火線。陳獨秀（一八七九－一九四二）在《每周評論》發表一篇署

名文章〈山東問題與國民覺悟〉，當中寫道，

我們國民因為山東問題，應該有兩種徹底的覺悟。

（一）不能單純依賴公理的覺悟；

（二）不能讓少數人壟斷政權的覺悟。

這回歐洲和會，只講強權不講公理，英、法、意、日各國硬用強權擁護他們的倫敦密約，硬把中國的青島送給日本交換他們的利益，另外還有種種不講公理的舉動，不但我們心中不平，就是威爾遜總統也未免有些納悶。但是經了這番教訓，我們應該覺悟公理不是能夠自己發揮，是要強力擁護的。[72]

最終的是結果大家都曉得，中國代表沒法在巴黎和會上爭取主權範圍的山東權益，也無法取消治外法權。中國作為戰勝國都無法在國際社會捍衛自身的主權，以平等自主為宗旨的戰後和談徒有虛名，最後也淪為帝國列強瓜分世界的工具。脅著廣大民意的支持下，顧維均最終決定不在巴黎和會上簽字，作為中國表達最微小而具代表性的反抗。其餘的都是歷史[73]。

四、公法體系與秩序邊界

即使現實上中國政府的確行使著實然的國家權力，從稅收到官僚體制，無一不反映出中國（泛指由滿清到新中國）是一個獨立的國家。但不獲國際社會所承認下，中國沒有辦法「成為一個平等的主權國」，在經濟、司法和政治上都飽受壓迫。當時的官員學者也深深感受到，公理放在東亞地區也是枉

然的，彷彿普世價值與權利越洋來到中國，便成了例外。美國國際法學者 Stephen Krasner 甚至會稱西伐利亞主權原則為集體的虛偽（organized hypocrisy），因為在主權精神和具體實踐也著太多衝突的案例，以至根本不能以前者作為理念來理解後者的操作[74]。國際法體系還應該視為普世適用的政治法律秩序嗎？主權國還是當代民眾爭取政治自主和公義自由的堡壘嗎？抑或，主權國只是新的國際政治俱樂部，由既得利益的列強繼續通過國際法與主權政治框架，支配著權力和利益的分配關係？

德國公法學家施密特在二戰後出版了一本名為《大地之法：歐洲公法的國際法中的大地法》（*Der Nomos der Erde im Völkerrecht des Jus Publicum Europaeum*）的鉅著，其中他提出一個極富洞見的想法：國際法應該理解成大地之法（*Der Nomos der Erde*），意謂公法必然有其地域性，地域內有著同質的秩序。同時，秩序意味著邊界的存在，而邊界和邊界外的失序，是秩序得以存在的必要元素。因此，日常和例外，秩序和失序是並存的。一如意大利哲學家阿甘本（Giorgio Agamben，一九四二－）所言，「存在於外，卻又屬於（gehört）其中，這是例外狀態的結構。」[75]更重要的是，秩序本是作為一道牆，阻隔內與外的空間，內在空間不僅是有序的，這秩序是著神聖性的安排與目的，使得整個生活世界的人和事都有著應有的位置和意義[76]。一如聖殿內外空間，以至整個地域都有著潔淨性的分野，這空間的異質性正是空間內與外的意義所在[77]。

施密特理解的這道公法之牆，不僅是作為國際法適用範圍之分，也是分隔開戰爭衝突的場域。若然秩序之外是混亂的世界，那麼只要將衝突隔絕於文明世界之外，那麼這文明神聖之場域便能獲享相對的和平穩定。在歐洲秩序內限制戰爭和衝突的方式，便是將衝突往非基督教轉移到化外之地進行。這大概是他借用德國哲學家胡塞爾（Edmund Husserl，一八五九－一九三八）在現象學上的術語——「懸置」或者「放進括弧」（epoché），將戰爭放進括弧便是施密特認為歐洲公法對歐洲地區最大的貢獻[78]，使得歐洲在十七至十九世紀不再出現可怕的全面戰爭或者屠殺行為，將戰爭收緊在規範式的戰爭法或者局部戰爭之中，令和平秩序得以在歐洲大陸長時間存在。施密特認為公法體系本質上是歐洲的國際法，也便是以西歐的耶教國家為中心所創建的社會政治秩序。這是承繼自中世紀以降的基督教世界（Christendom）的天下觀，藉以跟近東北非和中亞的伊斯蘭世界分割開，以耶教之在世代表將福音和相連的政治經濟秩序，擴張至整個世界。只是，當時「世界」的意思僅僅是指由西歐至中印一帶的歐亞大陸，一海相隔的美洲大陸還未被歐洲人「發現」。換句話說，由十七至十九世紀逐漸發展出來的國際法，對應著一個以主權國為主導的國際社會，是一個以西歐為中心的秩序版圖。這秩序主導了利益和權力的分配，必然是向著中心來傾斜，通過剝削秩序下層與及秩序外的世界，在量上和分配上增加中心階級的利益和權力。

因此，國家還是主權國，在這個意義下是全然不同。國家是一個流動的政治概念，既蘊含著一些基本元素，如相對統一的政治體、相對穩定的統治官僚體系或者政府、執行相應的政策或者法律，但同時其特質也是不斷在變化，例如領土或者疆界的地圖學式的定義、護照或者邊關系統的設立、國家貨幣系統的建立之類（這些會在第二章詳述）。至於主權國家則是西歐歷史中生產出來的政治秩序，藉以理解和管理一個後基督教世界的國際社會。這兒涉及由自然法的國際法體系過渡到實證法的體系，使得主權國家的標準有所改變（也包括秩序上的位階）。

追源溯始，要理解現代國際法的理論源起，不能繞開荷蘭公法學家，又稱為國際法之父格勞秀斯，他的著作對於《西伐利亞和約》有相當大的影響，因為他晚年正是在替參戰國之一的瑞典協商三十年戰爭和約，即使他活不到停戰那一年。格勞秀斯對於國際法的關注，自然是跟當時荷蘭興起，與傳統天主教國家的衝突有關。作為新興的強大新教海上帝國，荷蘭共和國漸漸跟遵照教廷諭令而宣教殖民四方的老帝國葡萄牙和西班牙發生衝突，荷蘭殖民商貿的足跡遍布亞洲，如日本的平戶、印尼的巴達維亞（今稱雅加達）或者安汶島（Ambon）。現在台灣台南市的安平古堡，當時稱作熱蘭遮城（Fort Zeelandia），正是荷蘭在東南亞一帶的重要貿易中心，直至鄭成功侵台為止[79]。作為一間擁有共和國特許證的企業，同時是現代第一間上市的股票公司[80]，荷屬東印度公司（Verenigde Nederlandsche Geoctroyeerde Oostindische Compagnie / VOC）獲授予部分主權國的權力，得以在遠東地區建立據點，開發遠洋貿易的路線來提供豐厚的利益報酬。

話說在十七世紀初，由荷蘭航海家范・黑姆斯克爾克（Jacob van Heemskerck，一五六七－一六〇七）帶領的荷屬東印度公司海軍，在新加坡水域一帶繳獲了一艘葡萄牙商船「聖塔卡塔林那號」（Santa Catarina），船上載著大批價值不菲的明代瓷器，范・黑姆斯克爾克把這些戰利品運回阿姆斯特丹販賣，賺了一大筆錢[81]。

格勞秀斯對於自然法在非耶教世界實施的設想（這部分會在第四章詳述），大概是受了西班牙天主教神學家，同時是國際法早期先驅法蘭西斯科・維多利亞（Francisco de Vitoria，一四八〇－一五四六）與及意大利國際法學者根蒂尼（Alberico Gentili，一五五二－一六〇八）的影響，因為當時前者正面對的難題，正是非歐洲政體如印第安人的社群算是擁有主權嗎？他們有權和法理擁有居住地的一切財產和權利嗎？還是只屬於未有文明的生物，那片土地和天然資源也成了荒地（terra nullius）任殖民者取用和占據？但維多利亞革命性的做法在於把財產權理解為自然法所保障的基本權利，是人之所以為人應當擁有的自由。而自然法若然能普世適用，則理應也適用在印第安人族群[82]。當然在同一時間，基於友愛的普世性，印第安人也不應阻礙西班牙在當地發展商貿和買賣，一如西班牙不應妨礙法國人一般[83]。至於後者也在國際法著作中多番表明，主權是根據普世適用的自然法原則，因此亞洲的主權者並不會比歐洲的君王低下，值得不一樣的看待[84]。

但在十九世紀後，實證法體系逐步取代上述的自然法體系，主導著往後的國際法秩序[85]。這可從瓦特爾的《萬國律例》到惠頓的《萬國公法》發展中看到端倪。前者仍然處於過渡的階段，故嘗試糅合自然法的普世權利思想和實證法的想法在其中[86]。例如瓦特爾會傾向實證主義的想法，認為一個民族能管理自身，不受其他外國勢力干預，即為主權國家。而每個主權國都是獨立而自足的，只會遵從地方的法律與權威。但同時他又會跟著普芬道夫（Samuel von Pufendorf，一六三二－一六九四）等自然權學派的想法，認為「一個自然社會的目的，自然是為了使公民之間能互相幫忙，使他們的生命更臻完滿。」而國家之間的互相合法，也能帶來人類整體的進步[87]。但是惠頓則已經全面揚棄自然法與自然權利的主張，並將國際法看成是文明國家之間的共同規範。雖然國家之上再無權威，而法律也只是政治權力的命令，但國際法作為耶教國家之間的合作關係，仍然有其重要的角色。

然而真正重要的問題在於，世俗化的國際法體系、重視國家為中心的國際社會而不是傳統的基督教世界，便能夠達致天下一家的普世主義嗎？一如前述，國際法本來仍然預設了歐美的基督教世界和非基督教世界的秩序二分，而國際法的權利秩序只適用於前者。因此，列強在大清帝國設立治外法權的領事法庭，憑藉的正是這種國際法秩序邊界的邏輯。只是在外交家和法學家主導的新公法秩序中，神學語言換成一套由「文明」、「進步」、「自由貿易」等政經語言的新標準，衡量一個國家是否符合成為現代國家的准則。例如在惠頓的《萬國公法》便提到「國際法在文明國家（civilized nations）的理解下，代表著符合公義的行為規範，從獨立國家的社會特性中通過理性推導出來的規定。」[88]

當然，這些標準不是那麼地客觀，文明是以歐洲文明作為標準，進步是以歐洲國家現代化的歷史作為評價方式[89]。因此，所謂文明國度仍然僅限於基督教世界的國家，這些符合資格的文明國家便能得享國際體系所尊重的司法和領土主權，可以平等參與國際事務和協商跨國契約，如軍事、外交或者商業協議。而國際社會大家庭以外的政治體，則由於不符合國家的標準，不會受到國際體系的保障，一切國家所應有的權益都不獲尊重。然而，誰決定一個國家是否合乎文明進步的指標呢？當然是西方列強自己了。

放回中國的脈絡，中國何時屬於國際社會的一分子，獲得主權國家的平等待遇呢？這個問題並無一刀切的答案。如果視設立總理各國事務衙門作為分水嶺，中國開始遵循西方外交傳統模式，依照歐洲國際法準則以外交對口機構與各國領事恆常來往，則早於一八五八至一八六一年，大清帝國已經成為國際社會大家庭的一員，並努力以國際法跟列強爭取國家權益，這點先前已有詳細談論，不再贅述。到了一八七五年至一八八〇年間，滿清已開始在海外設立領事館，用常駐大使在各國作為公使，例如首位駐英公使郭嵩燾（一八一八－一八九一），在動身前往倫敦之時途經新加坡，與當地華商會面後奏請朝廷在東南亞各地增設領使，源於「商民間有屈抑，常苦無所控訴，是以各處民商間聞有遣派公使之信，延首跂望，深盼得一領事與為維持，揆之民情，實所心願。」後來他到了英國後，也不斷向英方周旋在各殖民地設置中國領事館[90]。在一八八〇年後大清政府亦陸續加入不同國際組織，有分簽訂各樣國際合作框架和宣言。甚至在第一次世界大戰後，中華民國也是作為戰勝國代表，獲邀簽訂一九一九年的《巴黎和約》。在一戰後成立的國際聯盟理事會上（League of Nations Council），中華民國也有投票權[91]。根據傳統的契約法學精神，簽訂任何契約必要要求雙方作為平等參與的單位，在訂定契約為彼此利益著想時，契約才會生效[92]。若然如此，從滿清到中華民國，無數的契約外交關係不早就代表中國進入平等的國際社會了嗎？但為何存在於中國的治外法權卻一直延至二戰時期才真正結束呢？甚至在共產中國實質控制中國大陸數十年後，美國一直都不承認共產中國的權力合法性，一直至一九七九年。這不是對共產中國的主權地位的忽視嗎？

國際關係學者 Turan Kayaoğlu 的回應是，主權在十九世紀的面貌，一方面來自法律實證主義（legal positivism）的崛起，取代傳統自然法學派成為新的主權國家體系的支配性意識形態，且通過歷史的重溯來建立「西伐利亞神話」（Westphalia myth）[93]，從而試圖塑造悠久的主權傳統。因此實證法學迅即主導了法學的革命，也帶來了國際法的新面貌，其中一個結果是剝奪原來享有實然主權非歐洲國家的獨立主權的法律地位，使其淪為次等的政治單位〔次主權（semi-sovereign）或者非主權國家〕，近代中國或者土耳其（當時還是鄂圖曼）便是其中一個明顯例子。因為原本以格勞秀斯思想為核心的自然法國際法體系，即使是非主權，缺乏清晰領土範圍的政治單位如海盜或者企業，在這國際法框架下都擁有權益的保障。這是格勞秀斯基於宗教性的自然法的普世性原則，理解權利和責任的來源。但是，當國家作為領土內的唯一合法行使暴力的單位，而國家之上無權威的新國際格局下，主權的位置只能通過其他主權國家的承認來確立，一如國際社會俱樂部的會員制[94]。

另一方面，這國際社會的承認機制作為主權的資格認證，不是單純形式性的討論，而是基於原來歐洲社會能否通過「完善的」地方法律體制和權利保障，進入該國謀取龐大的市場和利益，實現資本主義的跨國操作。因為只有國家提供一套實證法學所承認的完整司法體系的元素，包括清楚的財產權利、版權和法律權利的保障、民事法和刑事法的確立、司法部門的執法有效性、各級法院有清楚的層級關係，以及司法人員享有西方的專業法學知識訓練等等，這些國內條件其實大大影響著跨國企業和政府在海外投資時所必須有的條件，使得資本流動得以順利進行，財富和版權得到充足的保障，這樣歐美國家才會撤去不平等的政治法律安排，例如治外法權的設置和取消[95]。換句話說，文明與否不過是個虛晃，更重要的是令外國企業和資本得以大舉進入各地市場技資和進行跨國消費生產的商業活動，且其財產和安全會受到當地政府的保護。這才是國際社會相互認可主權的最終目的。因此，這種國際社會上的司法操作，Turan Kayaoğlu 稱之為「法律帝國主義」（legal imperialism）。這兒指向的國際秩序，令主權權力不平等地分配到少數帝國權力中心與追求資本累積的核心階層之中，而邊陲世界和非既得利益階級則只能空盼著主權與自主的神話。

1 這兒是戲仿李天命所談的「事件實在論」，詳見戎子由、梁沛霖編，《李天命的思考藝術》（香港：明報出版社，2009），頁 33-4。

2 Michel Foucault, *The Archaeology of Knowledge: And the Discourse on Language*, (New York: Pantheon Books, 2010).

3 借用 Raymond Geuss 對列寧的政治性概念的演繹，當我們質問主權作為一個政治問題時，我們是通過類似現實主義的進路，詰問四個重要元素：「誰對誰做了什麼，又為了誰的利益？」（Who does what to whom for whose benefit）。Raymond Geuss, *Philosophy and Real Politics* (New Jersey: Princeton University Press, 2008), 25. 只是這個誰不一定是指某個人，也可以是一群人或者一個制度和機構。

4 對於這份決議如何跟非洲解殖運動的上十年抗爭有關，可參考 Adom Getachew, *Worldmaking after empire : The Rise and Fall of Self-Determination* (New Jersey: Princeton University Press, 2020).

5 《給予殖民地國家和人民獨立宣言》，https://undocs.org/zh/A/RES/1514(XV)。

6 Jean Jacques Rousseau, *The Social contract and other later political writings*, (Cambridge: Cambridge University Press, 1997), 43-4.

7 John Locke, *Two Treatises of Government*, Peter Laslett (ed.) (Cambridge: Cambridge University Press, 1988), 348.

8 Jean Jacques Rousseau, *The Social Contract and Other Later Political Writings* (Cambridge: Cambridge University Press, 1997), 49-50.

9 Immanuel Kant, *The Metaphysics of Morals* (Cambridge: Cambridge University Press, 1991), 125-6.

10 G. W. F. Hegel, *Elements of the Philosophy of Right*, trans. H. B. Nisbet (Cambridge: Cambridge University Press, 1991), 282.

11 詳參 Aristotle, *The Politics*, 1279a22-1279b10.

12 Casey Rentmeester, "Philosophies of Peace, 1750-1865," in *The Routledge History of World Peace Since 1750*, Christian Philip Peterson, William M. Knoblauch & Michael Loadenthal (eds.) (London: Routledge, 2018), 35.

13 Casey Rentmeester, "Philosophies of Peace, 1750-1865," 35.

14 Jean Jacques Rousseau, *A Lasting Peace through the Federation of Europe and The State of War*, trans. C. E. Vaughan. (London: Constable and Co., 1917), 36.

15 Jean Jacques Rousseau, *A Lasting Peace through the Federation of Europe and The State of War*, 42.

16 關於盧梭對公民宗教的想法，可參考《社會契約論》第四卷第八章，詳看 Jean Jacques Rousseau, *The Social Contract and Other Later Political Writings*, 142-151.

17 Simon Critchley（一九六〇－）對此有仔細的討論，詳看 Simon Critchley, *The Faith of the Faithless: Experiments in Political Theology*

(London: Verso, 2012), 21-26.

18 這點上或者跟二百年後安德森談想像的共同體的構成方式時，提及印刷技術的出現導致資訊接收的共時性，這帶給地域內的人有種共同的感覺，也有一定的相似性。當然，盧梭所談的或者是較為菁英主義的知識，「不學詩無以言」的希羅文化底蘊所帶來的知識分子共同體（Respublica literaria），而不是 Anderson 談的大眾文化。詳看 Benedict Anderson, *Imagined Communities: Reflections on the Origin and Spread of Nationalism* (New Edition) (London: Verso, 2006), 33-44.

19 Jean Jacques Rousseau, *A Lasting Peace through the Federation of Europe and The State of War*, 45. 但當然盧梭到底有多認同歐洲聯邦的可能性呢？至少他沒有在這篇論文上提供實踐的具體藍圖，一如《社會契約論》的做法。另外，他也在其他作品承認，有時戰爭是使得國家認識自己和締造和平的過程所不能避免的，因此永久和平似乎會變得難以實現。Patrick Riley, "Rousseau as a Theorist of National and International Federalism," *Publius*, vol. 3, no. 1, 1973, 15. *JSTOR*, www.jstor.org/stable/3329562. Accessed 28 July 2021.

20 但在後批判時期的康德，對於永久和平其實是頗為不樂觀的。儘管他判斷人類社會終會不斷進步，最終能擺脫戰爭的魔掌，但這時間需要多長呢？康德也沒有底。而在這段人類文明轉移的時期，戰爭仍會不斷發生。詳看 Immanuel Kant, *Kant: Political Writings*, Han Reiss (ed.) (Cambridge: Cambridge University Press, 1991), 232. 另 見 Richard Tuck, *The Rights of War and Peace: Political Thought and the International Order from Grotius to Kant* (Oxford: Oxford University Press, 2001), 216-9.

21 Casey Rentmeester, "Philosophies of Peace, 1750-1865," 38-9.

22 Jeremy Bentham, *An Introduction to the Principles of Morals and Legislation* (London: CreateSpace Independent Publishing, 2017), 144.

23 Hugo Grotius, *The Rights of War and Peace, Book II* (Indianapolis: Liberty Fund, 2005), 397.

24 詳看 Hugo Adam Bedau, "'Anarchical Fallacies': Bentham's Attack on Human Rights." *Human Rights Quarterly*, vol. 22, no. 1, 2000, pp. 261-279. JSTOR, www.jstor.org/stable/4489273. Accessed 28 July 2021.

25 Turan Kayaoğlu, *Legal Imperialism*, 23-26.

26 梁啟超，〈國家思想變遷異同論〉，《維基文庫》，於二〇二二年五月十七日擷取自 https://reurl.cc/YvEGYD

27 尹淑鉉，〈人權與民主的變奏－五四運動前後民權概念的演變〉，《二十一世紀》，一八〇期（二〇二〇／〇八／〇一），頁三六－七。

28 日本由足利、豐臣到德川家，都不再向明朝稱臣，甚至蔑視這朝貢體制，李氏朝鮮也早已起異心，發展以朱子學為中心的文化自信，安南自陳朝打敗蒙古軍隊，在黎朝建立後，又在十五世紀末將明朝軍隊打敗，政治獨立性愈發突出，與中原愈走愈遠。詳看葛兆光，《何為「中國」：疆域、民族、文化與歷史》（香港：牛津，二〇一四），頁七－八。另參葛兆光，《宅茲中國：重建有關「中國」的歷史論述》（北京：中華書局，二〇一一），頁一五一－二。

29 詳看葛兆光，《何為「中國」》，頁一〇－一一。許多清史學者都會直接套上帝國一詞來討論滿清，例如 Peter Perdue，Laura Hostetler 或者 John Herman。當然，滿清「帝國化」是西學概念的用詞，在漢語的處境，「帝國」一詞只是舶來品，一如「民族國家」或者「主權國家」都是中國很陌生的觀念，可能是嚴復所翻譯或者由留日學生帶回中國的用詞，但那是十九世紀末的事。所以當我們運用這些政治概念來理解滿清或以前，以至中華民國的政治狀況時，必須要區分開那些概念的意義變化，尤其對於歐洲政治發展跟中國或者東亞政治歷史，是可以有相當大的出入。如果是用作「帝國主義」來討論和批判便更後期了，梁啟超在一八九九年寫的《自由書》可能是最早的例子了。參看金觀濤、劉青峯，《觀念史研究：中國現代重要政治術語的形成》（法律出版社，二〇〇九），頁五三三－四。歐立德，〈傳統中國是帝國嗎？〉，《讀書》2014 年第 1 期。葛兆光，《歷史中國的內與外：有關「中國」與「周邊」概念的再澄清》（香港：香港中文大學出版社，二〇一七），頁八五－一二二。Peter C. Perdue, *China Marches West: The Qing Conquest of Central Eurasia* (Cambridge: Belknap Press, 2005). Laura Hostetler, *Qing Colonial Enterprise: Ethnography and Cartography in Early Modern China* (Chicago: University of Chicago Press, 2001). John Herman, *Amid the Clouds and Mist: China's Colonization of Guizhou*, 1200-1700 (Cambridge: Belknap Press, 2007).

30 Julia Lovell, *The Opium War: Drugs, Dreams and the Making of Modern China* (London: Picador, 2012).

31 Chinese Repository, Vol. 8 (February 1840), pp. 497-503; reprinted in William H. McNeil and Mitsuko Iriye, eds., *Modern Asia and Africa, Readings in World History Vol. 9* (New York: Oxford University Press, 1971), pp. 111-118.

32 譚樹林，〈袁德輝其人其事考論〉，《R C 文化雜誌》，第一〇七期（二〇一九年），頁一四六－七。

33 Maria Adele Carrai 提及，袁德輝對於 sovereign rights 一詞的翻譯沒有定案，分別曾經以「權」、「例」、「道理」來翻譯和理解國家權利，畢竟這是大清帝國前所未有的政治想像。Maria Adele Carrai, *Sovereignty in China*, (Cambridge: Cambridge University Press, 2021), 49.

34 只是學者 Immanuel Hsu 認為，林並無在致女王公函中沿用新式國際法的用語和邏輯，滿清對國際法真正感興趣是鴉片戰爭後成立總理各國事務衙門才開結。詳見 Phil Chan, "China's Approaches to International Law since the Opium War", *Leiden Journal of International Law*, 27(4): 2014, 865-66. doi:10.1017/S0922156514000399

35 Maria Adele Carrai, *Sovereignty in China*, 48-9.

36 魏源，《海國圖志》，《中國哲學書電子化計劃》，於二〇二二年五月十七日擷取自 https://ctext.org/library.pl?if=gb&file=26032&page=67

37 Jennifer Pitts, *Boundaries of the International: Law and Empire* (Cambridge: Harvard University Press, 2018), 119.

38 當然這講法也不完全準確，構成主權秩序頂多是存在於傳統中、西歐地區，或者受門羅主義保護而解殖獨立的南美洲國家，但同時這些主權國也是新一波帝國擴張的主要角色，殖民擴張也近了新一輪發展。這些都不會納入《維也納和約》的規管框架內。

39 John Carroll, *A Concise History of Hong Kong* (London: Rowman & Littlefield Publishers, 2007), 11-15.

40 Song-Chuan Chen, *Merchants of War and Peace: British Knowledge of China in the Making of the Opium War* (Hong Kong: University of Hong Kong Press, 2017), 7.

41 Dong Wang, *China's Unequal Treaties: Narrating National History* (London: Lexington Books, 2008), 116.

42 Maria Adele Carrai, *Sovereignty in China*, 60-1.「主權」一詞不是由丁韙良所自創的，而是他從古藉中抽取出來重新詮釋。如春秋時期《管子‧七臣七主五二》的「藏竭則主權衰，法傷則姦門闓。」、《新唐書列傳第三十二》的「今其徒矯托，皆云由佛，攘天理，竊主權。」，或者《明史‧陸昆傳》的「自古奸臣欲擅主權，必先蠱其心志。」等，都先後用上「主權」一詞，但主要指涉的是王權，跟《萬國公法》的國際法中對 sovereignty 的理解，並不一致。另見萬齊洲，〈近代「主權」概念在中國的傳播與影響〉，《武漢大學學報》第六四卷第六期，二〇一一年，頁四八－五一。

43 《萬國公法》，《中國哲學書電子化計畫》，於二〇二二年五月十七日擷取自 https://ctext.org/wiki.pl?if=gb&chapter=355712。

44 當然，外在主權跟內在主權有著緊密的關係，失去外在主權則難以保障內在主權，但粗略地區分，外在主權是關乎國與國之間的平等權利，如加入國際組織、宣戰和構結契約的平等地位。至於內在主權則是有關領土內擁有絕對凌駕性的政治司法權力，如擁有排他的司法拘捕和審議權之類，詳看 Dieter Grimm, *Sovereignty: The Origin and Future of a Political and Legal Concept*, trans. Belinda Cooper, (New York: Columbia University Press, 2015), 92-99.

45 蕭高彥，〈民約論在中國：一個比較史的考察〉，《思想史三：盧梭與早期中國共和》（台北：聯經，二〇一四），頁一二四。

46 陳明球，區志堅著，《中國與世界之多元歷史探論》（香港：香港城市大學出版社，二〇一八），頁一五七。

47 張衛明，〈晚清公法外交述論〉，《國際政治研究》，二〇〇七年第一期，頁五八－九。

48 Dong Wang, *China's Unequal Treaties*, 117.

49 《萬國公法》，《中國哲學書電子化計劃》，於二〇二二年五月十七日擷取自 https://ctext.org/library.pl?if=gb&file=103554&page=99

50 Stephen Krasner, *Sovereignty* (New Jersey: Princeton University Press, 1999), 14.

51 Stephen Krasner, *Sovereignty*, 15.

52 Maria Adele Carrai, *Sovereignty in China*, 52.

53 Henry Wheaton & Richard Henry Dana, *Elements of International Law*, 8th (London: Sampson Low, Son and company, 1866), 177-8.

54 Turan Kayaoğlu, *Legal Imperialism: Sovereignty and Extraterritoriality in Japan, the Ottoman Empire, and China* (Cambridge: Cambridge University Press, 2010), 151.

55 Turan Kayaoğlu, *Legal Imperialism*, 45.

56 張衛明，〈晚清公法外交述論〉，頁六四。

57 張忠紱，《中華民國外交史（一九一一－一九二一）》，（華文出版社，二〇一一），頁五〇。

58 Erez Manela, *The Wilsonian Moment: Self-Determination and the International Origins of Anticolonial Nationalism* (Oxford: Oxford University Press, 2009), 57.

59 列寧，〈關於用自由平等口號欺騙人民〉，《中文馬克思主義文庫》，於二〇二二年五月十八日擷取自 https://www.marxists.org/chinese/lenin/03.htm

60 Erez Manela, *The Wilsonian Moment*, 57-9.

61 但喬治在國內的選舉壓力，也使他在巴黎和會上左右為難，國內的保守派不僅要求巨額賠款，還要求審判和處死德皇。詳看羅伯・葛沃斯，馮奕達譯《不曾結束的一戰：帝國滅亡與中東歐民族國家興起》（台北：時報出版，二〇一八）。

62 羅伯・葛沃斯，馮奕達譯《不曾結束的一戰：帝國滅亡與中東歐民族國家興起》。

63 《美國歷史文獻選集》，於二〇二二年五月十八日擷取自 https://web-archive-2017.ait.org.tw/infousa/zhtw/PUBS/BasicReadings/51.htm。

64 Erez Manela, *The Wilsonian Moment*, 59-60.

65 Erez Manela, *The Wilsonian Moment*, 101-4.

66 葉曙明，《重返五四現場》（香港：中華書局，二〇一四），頁二二八。

67 羅志田，〈理想與現實——清季民初國際主義與民族主義的關聯互動〉，刊於《中國近代思想史的轉型時代》，王汎森編（台北：聯經，二〇〇七），頁二九一。

68 中國社會科學院近代史研究所，《顧維鈞回憶錄》（北京：中華書局，二〇一三）。

69 Erez Manela, *The Wilsonian Moment*, 24.

70 李敖曾在《陽痿美國》第二十七幕中大力嘲諷威爾遜和蘭辛的前後不一，自相矛盾的情況。自以為公義卻實質極為不堪，詳看李敖，《陽痿美國》（台北：李敖出版社，二〇一一）。

71 中國社會科學院近代史研究所，《顧維鈞回憶錄》。

72 陳獨秀，〈山東問題與國民覺悟〉，《中文馬克思主義文庫》，於二〇二二年五月十八日擷取自 http://www.marxists.info/chinese/chenduxiu/mia-chinese-chen-19190526.htm

73 周策縱，周子平譯，《五四運動：現代中國的思想革命》（江蘇人民出版社，一九九六），頁二二三－五。

74 Stephen D. Krasner, *Sovereignty: Organized Hypocrisy* (New Jersey: Princeton University Press, 1999), 40-41.

75 Giorgio Agamben, *State of Exception*, trans. Kevin Attell (Chicago: Chicago University Press, 2005), 35.

76 Carl Schmitt, *The Nomos of the Earth: In the International Law of the Jus Publicum Europaeum*, trans. G. L. Ulmen (New York: Telos Press, 2006), 70-1.

77 Mircea Eliade, *The Sacred and The Profane: The Nature of Religion*, trans. Willard R. Trask (New York: Harcourt Book, 1968), 20-1.

78 Carl Schmitt, *The Nomos of the Earth*, 246.

79 Timothy Brook, Vermeer's Hat: *The Seventeenth Century and the Dawn of the Global World* (London: Profile Books, 2009), 198.

80 只是到底現代荷英的企業是否算是人類最早的股票集資公司，則是學術界的大辯論。例如耶魯大學教授 William N. Goetzmann 便認為這類金融集資和分散風險的操作方式，其實早在古羅馬時代已經存在。商業股份公司或者責任有限投資的概念和財金操作出現，使得羅馬龐大的長距離貿易得以可能。William N. Goetzmann, *Money Changes Everything: How Finance Made Civilization Possible*, (New Jersey: Princeton University Press, 2017).

81 Benjamin Straumann, *Roman Law in the State of Nature: The Classical Foundations of Hugo Grotius' Natural Law* (Cambridge: Cambridge University Press, 2019), 25-6.

82 Anthony Anghie, *Imperialism, sovereignty and the making of international law* (Cambridge: Cambridge University Press, 2007), 20-21.

83 Carl Schmitt, *The Nomos of the Earth*, 107.

84 C. H. Alexandrowicz, *Law of nations in global history*, 74. 當然他也跟格勞秀斯不同的地方在於前者也會認同基督教世界和伊斯蘭世界有著不能化解的戰爭，只是不用產生相應的敵意，伊斯蘭國家也有著同樣的主權權利。另見 C. H. Alexandrowicz, *Law of nations in global history*, 138.

85 其中一個問題是從自然法到實證法所建立的國際法體系範式轉移，真的對國際法在亞洲的實踐有實質性的分別嗎？晚清民國的處境，只是因為國際法被實證主義主導下的結果嗎？還是國際秩序從古至今都有著牆一般的區隔，確保小部分人得益的秩序？C. H. Alexandrowicz 會認為非歐洲國家也曾經獲得主權地位，直至國際法由實證主義主導才變質。Jennifer Pitts 則認為國際法其實早在自然法時代已經存在著歐洲與非歐洲地區的差異對待。Anthony Anghie 同樣認為十九世紀國際法的文明化使命，其實跟十六、七世紀的自然主義有著密切的關係，而維多利亞等自然法國際法學者只是作為時代的另一種可能，但實證法並非剝奪非歐洲國家主權地位的元凶。詳看 Anthony Anghie, *Imperialism, sovereignty and the making of international law*, 113. Jennifer Pitts, *Boundaries of the International: Law and Empire* (Cambridge: Harvard University Press, 2018), 71-2.

86 Richard Tuck, *The Rights of War and Peace: Political Thought and the International Order from Grotius to Kant* (Oxford: Oxford University Press, 2001), 191.

87 Richard Tuck, *The Rights of War and Peace*, 192.

88 Henry Wheaton, *Elements of International Law, vol.2* (Lea and Blanchard, 1836), 46.

89 Carl Schmitt, *The Nomos of the Earth*, 228.

90 蔡佩蓉，《清季駐新加坡領事之探討（1877-1911）》（新加坡：新加坡國立大學中文系，二〇〇二），頁三四一五。

91 Turan Kayaoğlu, *Legal Imperialism*, 158-9.

92 William Blackstone, *Commentaries on the Laws of England in Four Books*. Notes selected from the editions of Archibold, Christian, Coleridge, Chitty, Stewart, Kerr, and others, Barron Field's *Analysis, and Additional Notes, and a Life of the Author* by George Sharswood. In Two Volumes (Philadelphia: J.B. Lippincott Co., 1893). Vol. 1 - Books I & II. https://oll.libertyfund.org/title/sharswood-commentaries-on-the-laws-of-england-in-four-books-vol-1#Blackstone_1387-01_2028

93 Teschke 和 Osiander 分別稱這過分強調《西伐利亞和約》的想像為「一六四八神話」或者「西伐利亞神話」。詳看 Andreas Osiander, "Sovereignty, International Relations, and the Westphalian Myth," *International Organization*, vol. 55, no. 2, 2001, pp. 251-287. JSTOR, www.jstor.org/stable/3078632. Accessed 29 July 2021. Benno Teschke, "Debating 'The Myth of 1648': State Formation, the Interstate System and the Emergence of Capitalism in Europe -- A Rejoinder," *International Politics*; Basingstoke Vol. 43, Iss. 5 (Nov 2006): 531-573.

94 Turan Kayaoğlu, *Legal Imperialism*, 28-9.

95 Turan Kayaoğlu, *Legal Imperialism*, 37.

現代國家的形成

國家始於一個名字和一面國旗，然後才成為國家，就好比人類落實他的命運一般。

——歌德

消滅某個民族的第一步就是把他們的記憶抹掉。

——米蘭・昆德拉

當我們平行地比較理念投射和現實操作的主權秩序與國際社會，便發現主權的理論和信念儘管承諾了許多的美好的幻想，但現實的實踐上卻全然走樣。尤其當站在非歐洲列強的角度，更是不難覺察到主權國際秩序如何作為一面牆，把世界上大多數人推出牆外，以保障牆內的少數人的利益和福祉。更甚的是，那堵牆所圍繞的範圍，其實比施密特想像的還要細小。不僅是非耶教世界或者亞非地區的平民，即使身在帝國中心的人，也隨時發現自己身在牆的另一面，只是這牆的名字會從主權秩序變成國家安全，一些學者會稱這現象為「全球北方中的全球南方」（Global South within the Global North）[1]。

或許，我們從不應把主權國和國際秩序這些政治理念，看成一個由歐美開始建立出來的政治傳統，再通過一波波的民主化擴散出去，像是把福音傳至地極的救世神話。相反，國家從不是固定的東西，它一直在變動，且變動不完全是來自歐美內的互動，也來自世界各地的秩序衝突中帶來的反饋和迴響。主權與國家的意義，不斷逾越其自身的字面意思。這意義的逾越（或可稱作普遍主義的特殊性）不只是來自抽象理念的反思活動本身，而是在政治衝突和鬥爭中產生新的條件和秩序，進而影響到知識分子對主權理念的理解和應用。

因此，當上一章討論過主權國的理解變化後，本章會改從系譜學（genealogy）的角度來理解現代國家的理念和實踐制度的關係[2]。系譜學的角度使得我們可以重新以歷程（becoming）的方式把握國家的形成，而不是一個絕對的存有性本質（ontological essence），像是靜態的標準，只待現世的政治體去符合國家的標準。許多我們認為國家所應該具備的元素或者特性，許多其實都是時代的偶然產物。而國家作為集體的政治想像物，更應該被理解為一個技術和裝置的集結（assemblage）[3]。這些技術和知識如製圖學、護照系統和歷史學研究，各自有著獨有的歷史發展軌跡，而國家的意義可說是隨著這些集結面向的變化而不斷改變。

因此，這一章最終要動搖和顛覆的是現代國家理念的穩定性，以至於主權國家的概念的同一性。主權如同國家都是虛構性的想像，其體現在現實的方式是不斷地變動中。現代國家從古至今都不是政治形態的唯一可能，它作為某種秩序，是從芸芸的社會經濟組織中脫穎而出，成為現代主流的政治形式。而國家從舊世界走出來，變成主導全球政治經濟的主要形態，以至成為現代化的主要推手，依靠的自然不單純是理念操作，更是軍事、技術和經濟力量的較量。這些面向卻又跟現代國家的基本特質息息相關，令國家成為現代政治的主要單位。

一、製圖學的領土想像

若然「普天之下莫非皇土」的時代已經過去，現代國家不再是君臨天下的普世主義，而是變成國際社會的一員，如同公共個體（persona pública）般在世界舞台上與其他成員互動，那麼國家之間便需要擁有清晰的疆界，劃分彼此的管理範圍。這個範圍便是如今所稱之為國家的領土。在這片領土內，獲得主權國際秩序認可的政權，理應可以獲得行政、立法和司法的獨立和最高管轄權，其他國家試圖侵犯或干涉即屬非法[4]。所有在這領土中流動的個體、商品、資金和資訊等，都會受到這國土的政府的相關政策或者法律所規管，以致影響到出入境的自由。

而領土的理解也不斷隨著技術發展而有所改變，套用一個學術名詞，我們也可以說領土的空間性（territoriality）不斷擴張，使得更多的空間納入可以領土化的範圍：最原始的領土意識著眼於土地空間的劃分，以占有某片土地作為領土，如中國、印度和巴基斯坦有關克什米爾（Kashmir）的領土爭議[5]。當海軍力量和相應通訊軍事技術發展至相當程度後，原先難以維護的近海區域也得以納入領土空間，領海也因而成為一個極重要的爭奪戰場[6]，近年的南海爭議和中國的九段線主張便是明顯的例子[7]。在二戰後，隨著航空技術的高速提升，令空軍成為戰爭中的主力，加上航空業發展一日千里，令大地之上的大氣層也被領土化，領空變成新的爭奪戰場。根據一九四七年正式實行的《國際民用航空公約》（*Chicago Convention on International Civil Aviation*）對於領空範圍的規管，領空一般是指在卡門線下（卡門線代表著太空和地表的分界線），領海加上領土以上的空間，跟國家自行設立的「防空識別區」（Air Defense Identification Zone）有所分別[8]。而最新式的空間領土，恐怕不是月球或者火星上的太空領土〔當然全球首富馬斯克（Elon Musk，一九七一－）旗下 SpaceX 火箭將撞向月球後，月球領土化和納入某種司法管轄區大概也將是可見之事[9]〕，而是在全球流竄的金融資本領土化[10]，還有在虛擬世界的領土管轄範圍（端看如今正在火熱發展的地皮買賣和土地發展權居然是在 meta 之類的虛擬空間發生，足可預見未來虛擬世界的主權領土爭奪和司法治權將會是重要的政治法律戰場[11]）。而對於虛擬世界的有效管治方式之一，自然是控制處於物理世界的通訊硬件，如伺服器或者光纖線路[12]。因此，這些領土的理解都離不開一個清楚的邊界，區分領土的位置。而地圖或者製圖學正是為了清楚地顯示這界線的分野。

從古代的《天圓地方圖》到今天的谷歌地圖，地圖都是十分有用而被廣泛使用的工具。不論在私人生活還是在政治外交上，地圖都是現代不可或缺的必需品。現代的地圖看似只是真實世界的平面影像反映（Google Earth 或者 VR 技術或者可以算是立體影像地圖），以科學化的量度方式呈現著客觀世界的模樣。然而，一如所有的工具一樣，地圖學的操作運用必然結連著相應的權力關係，即在製作地圖者跟使用地圖者之間，有著顯然的權力不對等關係，後者所能在地圖上獲得的資訊是由前者所決定的。同一時間，使用地圖者的政治社會空間觀，也會因習慣使用某地圖觀的工具，無意識地接受了這種理解世界的方式。而當一種空間觀成為社會的共識，也便等於是「真實」本身[13]。只是，這個所謂的「真實」，是科學量度方法所產生出來的某個表象（representation），它沒有講出來的是地圖所反映的是取捨——什麼應該在地圖上顯示（mappable），什麼不應該而隱沒了。這選擇產生某一種新的政治社會空間觀，帶來現代的空間意義。

更重要的是，地圖在現代國際政治、外交和軍事的層面上，起了極大的作用。因為主權國在現代國際社會作為一個擁有清晰疆土邊界的政治秩序，並在其中擁有絕對的政法自主性，那麼疆土邊界便成為當代主權衝突的重要議題之一。以當代中國為例，不論是在西藏自治區阿里地區的班公錯湖（Pangong Tso）及日喀則市的乃堆拉山口（Nathu La）一帶跟印度衝突、在釣魚台跟日本衝突、在南海跟東南亞諸國衝突，還有台海的衝突等，無一不是基於領土邊界範圍的主權衝突。而在現代商討領土邊界的重要工具便是地圖，因此地圖乃是國際談判時定立領土邊界的主要工具，因而具備跨地域的客觀性。

有關地圖、權力關係和空間觀的關係，可從當代常見的世界地圖談起。通俗的世界地圖「也便是麥卡托投影法（Mercator projection）的世界地圖」對當代讀者來說是毫不陌生的，因為世界地圖早已不止是作為地理學的普通教材而廣泛使用，或者作為印刷品讓任何顧客能以廉價購得。現今的世界地圖也早已成為流行文化的符號，印刷在不同的文化商品中以提升產品的價值，如地毯、牆紙、手機套、電腦鍵盤和滑鼠軟墊，甚至在名貴的手袋背包系列中都不難找到地圖的蹤跡，如意大利奢侈品名牌Alviero Martini 的地圖款式手袋產品自然極具代表性。

然而，這世界地圖正好如上述所言，以二維方式顯示某些製圖者認為重要的資訊，且在地圖中反映出來。世界地圖中往往把整個地表以主權國家方式分割開來，作為把同質地區分地理空間的方法。主權國家彷彿成了地球上唯一重要的政治單位，因而得以通過這種視覺壟斷的方式在世界地圖上呈現。由此出發，所有地理的空間，必然且只能屬於某一個政治體，也沒有任何其他性質和類別的政治秩序，在世界地圖中顯示出來。主權國家構成了世界。也因如此，讀者也只能以此粗暴地理解世界的空間，作為單純地理上的割裂區別，而沒有任何人文社會的特殊意義。任何的空間都是同質的，沒有差異，可以任意切割和分配[14]。

但是這種空間地圖觀，想當然不是從古至今都是如此。以傳統中國的地圖為例，早在東周戰國時期，即距今兩千三百年前，已經有繪畫地圖的記錄。其中在中山王的陵墓中找到那幅現名為《戰國中山王陵銅板兆域圖》，作為當時陵墓施工所用的地圖，其中的尺寸大小十分精細，可見當時工程之嚴密。另一幅《放馬灘戰國木板地圖》[15]也是出自戰國時期，此乃一幅木板刻上地圖的文物，注上各類山谷、溪流、關隘、道路、聚落和亭形建築等等，是為古代人對於秦國邽丘縣附近的詳細地理考測，也是中國古代繪圖學的先驅[16]。只是比較起差不多同時期在古希羅世界，由羅馬數學家托勒密（Κλαύδιος Πτολεμαῖος / Claudius. Ptolemaeus，一〇〇－一七〇）所書寫的《地理學指南》（Γεωγραφική Ὑφήγησις），其精密和普遍性便差距甚遠了。托勒密的著作劃時代之處，在於他如何運用傳統古希臘的數學科學知識，了解到地球作為一個球型的存在後，再以經度和緯度把球體的位置投射到平面的地圖上，形成普世適用的繪圖方式。而由於以經緯度畫圖，因此地圖的上方總是向北，這也是現代地圖的原理。後來在一六〇二年，耶穌會教士利瑪竇（Matteo Ricci，一五五二－一六一〇）來大明帝國傳教時，便利用其數學和繪圖學的知識，借用托勒密的繪圖法畫了一幅《坤輿萬國全圖》的地圖，獻給明神宗[17]。這幅地圖帶有完整的經緯，且是以大明為世界地圖的中心稍左位置，因而迅即受到皇室的重視。明神宗更下令摹繪多份，以示支持。只是《坤輿萬國全圖》主要是依仗當時歐洲既有的繪圖技術而製，真正由本土吸收這種繪圖技術而生產這現代世界地圖的成果，則要待到一百多年後的清代初葉，先有康熙帝下令繪製的《康熙皇輿全覽圖》、乾隆帝下令加以補充修正的《乾隆內府輿圖》，作為外交和內政管理之用；及至中葉以後，由魏源的《海國圖志》和徐繼畬（一七九五－一八七三）的《瀛寰志略》所繪製的世界和國家地圖。這些本土發展出來的製圖技術和新地理思維，對東亞各地影響甚大。

然而，上述的技術發展跟主權政治想像有什麼關係呢？那得回到中世紀歐洲的繪圖發展談起。托勒密的繪圖學和數學突破，在歐洲失落了一段很長的時間。在神權的世界觀主導下，當時的地理描述主要是通過文字來表述，地圖工具少之又少。而在這些少數的地圖中，也可見到當時中世紀獨有的空間觀。在耶教的世界觀下，世界的空間並不是同質的，而是帶有某種有指向性的秩序，即大多數世俗的土地是襯托著崇高的神聖之地，其神聖性便是異質的空間劃分，使得空間本身帶有無可置疑的意義[18]。在耶教的角度，這神聖領土至少有兩處，分別是耶路撒冷和羅馬。耶路撒冷固然是耶教的聖城，是耶穌出身和受難的地方，其宗教神聖性無可質疑；羅馬則是羅馬天主教會的所在地，也就是耶穌門徒彼得所建立的教會，因此也有著對耶教世界的超然地位。當然，若然從東正教的角度看，則君士坦丁堡也應理解為聖城，這是後話[19]。

然而，在舊世界的政治空間劃分或者國家的領土邊界想像中，地圖一直未扮演重要的政治角色。這是因為傳統以來，政治國家之間的領土總是通過傳統承繼、婚姻和戰爭不斷併吞和改變。土地的政治秩序也是複合含混的，包含著眾多不同層次的政治單位，從地主貴族、王室到教廷之類，因此理性和排他的邊界並不是歐洲政治的常態，地圖因而不那麼受歡迎[20]。相反，殖民的新世界則是處女地般的政治空白，可以通過新式的科學測量方式劃分空間，以數學和地圖作為方法來將空間領土化，把原有的山川大地和傳統習俗，統一地擠壓成地圖上的平面二維空間，方便新地主的殖民者瓜分和買賣土地與資源之用。新世界的政治操作，最終反過來影響著舊世界的政治意識，這被 Jordan Branch 稱為「殖民的反饋」（colonial reflection）[21]。

歐洲「舊世界」的主權政治想像革命，無疑是跟拿破崙（Napoleon Bonaparte，一七六九－一八二一）的歐洲殖民有關。法國大革命後，拿破崙的軍隊踏遍歐洲各地，把舊世界的軍隊打得落花流水，同時他消滅了神聖羅馬帝國，以《拿破崙法典》（*Code civil des Français*）取代上千年的習慣法和傳統，對於舊世界的帝國秩序和封建法制也有極大的衝擊。因此，即使拿破崙的法蘭西帝國並沒有千秋萬代，滑鐵盧一役成為千古奇談，但歐洲終究無法回到前拿破崙時代，中世紀封建神權秩序已經一去不返。因此，在維也納會上歐洲各國對於領土和主權的重建上，基本上都只能採納新式以地圖和客觀領土劃分作為新的國家概念想像[22]。故此，以客觀地圖為準的主權國家領土邊界，及其邊界內的一國一民的政治社會想像，大大刺激著十九世紀的民族主義發展，不同民族皆盼著主權獨立的方式得享自主。當然，在二十世紀的民族主義獨立運動中，許多所謂民族主導的主權建立，其領土範圍跟其舊日的殖民土地瓜分史根本分不開，因此國境內出現不同族群或者族群散落不同主權領土之內是常見之事，以致令民族國家產生諸多新的民族／或其他身分壓迫，從中東、非洲到東南亞，這些情況都是屢見不鮮。[23]

因此，國家地圖成為了主權領土想像客體化的方式。主權秩序得以有效地在整個領土內實踐，而領土邊界也自然形成了一個高度同質的社會，彼此是自己人，是同一個國族的人，有種特殊的親密性。這實際上是當初政治歷史的產物，畢竟人類的全球史向來都是移民史，人會不斷在不同地方遷居以找尋更理想的生活條件。而科學理性地劃開的國家領土邊界，產生不同國家守護邊界的需要，因而產生邊界衝突，產生難民的問題。難民是跟主權國林立的國際秩序互相排斥的，因為難民不屬於任何一個國家，因而失去屬於某國家公民的權利，而世上卻再沒有政治體是不含清晰的領土邊界和排外的自我防衛需要。

同時，領土範圍的理解是政治性和文化性的，繼承著的土地也代表文化道統的傳承，因此也是政權合法性的基礎[24]。因此即使政權失去了某些領土，仍然會在地理知識的生產上繼續維護既有的國土認知，例如自北洋政府至二戰後遷台的國民政府，仍然在一段長時間稱其中國版圖為「秋海棠」[25]，這「秋海棠」的版圖形狀包括了外蒙古、新疆等大清帝國的領土，往後繼續成為中華民國的遼闊版圖想像，以此來想像中華民族的國家和國民的身分。一直至二〇〇五年，台灣才改用台澎金馬地圖取代一直沿用和教育的「秋海棠」地圖。而「秋海棠」地圖所包含的，其實是大清帝國數百年西征得來的大片領土[26]，這帝國的版圖在二十世紀倒成為中華民族的政治想像來源，以便繼續證成這帝國版圖的統治正當性，即使當下的政權不再以帝國自居。

地圖學的重要，在於從地圖的視覺效果中建構一種新的政治想像：一個有著清楚疆界的政治體，作為某片領土的唯一合法政治權力秩序，而所有生活在那片領土內的人都成為了同一個國族，擁有某一種共同的身分和文化特性。「領土－政體－國族」三者，作為主權政治想像的神聖三角，便在地圖的真實再現中建構出來，並且令使用地圖的大眾慢慢習慣這種新的空間政治觀，視之為現實的必然，從而框限其政治行動和想像。這是地圖作為權力內化的操作方式。

二、護照的國家主權想像

伴隨著領土邊界的確立，便是對於出入領土邊界的管轄權力，以及這權力物質化的制度用具，具體地體現在護照制度的實踐中。如今，所有人要從一個國家去另一個國家，不管是為了旅遊、探親、工作，還是移民，均需要有合法的證件，向管理出入境的官員證明護照持有人的身分，才擁有相關的權利得以進出該國。這邊界的文件要求，確保政府官員得以控制什麼人士能進出邊境，尤其要區分開本國人士和外國人。外國人進入國家，往往需要遵守許多特殊的入境條件或者限制，例如居留有期限、居留期間的活動或者工作有限制、甚至需要額外花時間和金錢去申請辦理相關簽證，才能享有入境的權利。這代表政府作為擁有唯一合法正當的權力機關，控制人口的流動遷徙，也監控著進出國家的所有人的身分，方便政府去管治社會秩序，令國家安全得到有效保障。這國家安全不再如早期現代的理解，限於兩國交戰時的國防，更在於將國家理解為人口國族的整體，因此出入境的嚴格控制是為了照顧這個想像的共同體的安危[27]。

然而，假若我們設想主權國家的基本權力在於行政上能夠區分本國或外國人，以便維護本國人民的利益和安全，那麼主權國家恐怕是出現得比想像中遲得多。恆常的國際護照制度及其背後運作的官僚體系乃當代產物，直至二十世紀才變成國際社會的慣例，其演變的過程也並非順理成章，更多是出於歷史的變動和意外而漸漸發展出來的慣例。過程中，護照設立和取消，不論古今都在不斷的拉扯爭鬥之中，並無所謂歷史的終結。

有關現代護照制度的起源問題，眾說紛紜。護照（passport）一字最早可能源自於航運的管制，通過一些官方認可的文件，使得文件擁有人得以通過港口碼頭進出該國領土，這是從英文字面上看「pass」和「port」的來由。事實上，由於在十五、六世紀，法文才是當時歐洲的國際外交語言，因此需要追溯自法文字根來看。在法文中，「passer」的意思便是「途經」（pass），而法文的「port」跟英文的「port」也是相通的，意謂碼頭或者港口。但同時，護照文件在中世紀至現代歐洲也帶有進出城鎮時通關的需要，皆因當時在許多城鎮的慣例中，城牆的關口會在晚上關閉，任何不屬於該城鎮的居民如要在晚上出入，均需出示相關的護照文件，以作識別。而在法文中，「porte」便是解作關口（gate），因此護照也用於陸路出入通關[28]。

然而，若要細說護照或者出入境文件制度的發展史，實非容易，蓋因不同主權國家的相關制度發展均有相當的差異，難以一概而論。以法國為例，早在一六六九年，法王路易十四曾下旨禁止所有臣民離開法國境內，如需離開必須持有相關的護照許可。這禁令是為了阻止不受歡迎的人移居到城市生活，特別是巴黎[29]。到了一七八九年大革命爆發之前不久，限制法國公民出入的護照制度成為三級會議中一些與會代表質疑的對象。在其中的一位與會神父的陳情書（Cahiers de doléances）上，他提到護照及其他官方制度對於出入境的限制，是對自然權利和公民權的侵害，「任何人在上帝眼前都是平等的，所有暫居者的合法財產都是不容侵犯，尤其在暫居者的自然和政治生命中。這個議會期許所有法國人都能享有充分的個人自由，所以他們理應自由地進出國境，無須審批、護照或者其他官方證明文件來限制他的自由。」[30]

沒多久，法國大革命轟然爆發，憤怒的民眾圍攻巴士底監獄，三級會議代表在網球場發表宣言等革命事件隨之發生。其中，革命者對於護照制度十分不滿，當時一名署名珀謝（Peuchet）的作者在法國報章 *Le Moniteur* 寫了一篇題為〈護照的奴役〉的文章，指責護照根本是皇朝專政的一部分，是旨在限制自由的舊世界產物[31]。這講法十分符合當時革命者的共和世界主義精神，畢竟在「自由、平等、博愛」的革命精神中，只要認同這共和精神的，四海之內都是兄弟姐妹，不論其真實出身地何在，均不及其政治立場重要，因為這才是博愛（fraternité）的真諦。因此，當時歐洲各地都有無數政治難民為支持革命而來到法國，受到革命軍的歡迎。只是，在一七九一年六月，當時正被軟禁的法王路易十六（Louis XVI，一七五四－一七九三）試圖逃走，因此國民議會只得重新設立護照制度，以防出現類似事件[32]。雖然如此，但當時在法律有關護照對國民和外地人的區分依然十分模糊，像大革命時的思想家西耶斯（Emmanuel Joseph Sieyès，一七四八－一八三六）在小冊子《什麼是第三等級？》（*Qu'est-ce que le Tiers-État?*）所言，貴族階級視作外邦，不再屬於這國族，只因其沒有為這國族做過什麼[33]，因此當時對於外國人還是本國人，並不是看重出生地，反是其政治立場是否親革命。

當然，從法國大革命到拿破崙稱帝，法國能迅即發展出高度成熟的行政官僚制度，執行相關邊境控制的政令和文件安排，跟其重建社會政治秩序有著十分緊密的關係。自大革命伊始，革命所掃除的不僅是貴族和神職人員的特殊階級利益和特權，更把原來以封建主導的各行省秩序重新規劃，分別將原有波旁王朝（House of Bourbon）中的三十六個由皇家任命的地區總督（intendant）制度，改制而成八十三個全新的省（département），由民選的中央政府作為統一的政府架構核心，建立現代的官僚體制。從此，地方不再由獨立於宮廷王室的貴族或地方議會（Parlement）主理[34]，而是直接向中央政府效命，執行議會的法令，全國的稅收也會統一由中央政府分配。這樣，「法國便成為且應當成為一個整體的，統一的整體，所有地方都會服從於同一個立法機關和行政機關」，西耶斯在一七八九年自豪地說[35]。

而在德語地區[36]的情況則更為複雜。作為長期沒有政治統一的地區，德語地區的行政和政策更為分散和不同。大概自一五四八年起，一些德語地區如奧斯堡（Augsburg），已有記載神聖羅馬帝國的出入境諭令，進出那些帝國地區需要獲得帝國批出的旅遊證件[37]。在十八世紀初，普魯士君主腓特烈・威廉一世（Friedrich Wilhelm I，一六八八－一七四〇）為了控制乞丐或流浪漢的數目，下令要求所有外來者必須攜帶護照，方便在路途中的驛站為旅客發出不同的簽證，藉此監控境內的外地人的流動路線；國民則無須護照，只要帶著原有的通行證便可。但到了一七五三年，這法令伸延至所有人。凡是旅客或者單獨騎馬的人，均需要帶備護照以供官方人員審查，所有旅館職員也要按規定上報每晚入住的外地人數量，以助政府監測和執法[38]。至於英國，自一二一五年的《大憲章》（*Magna Carta*）頒布後，英國已經以法律條文保障往來的商人得以享有自由出入國境的權利，除非是在戰爭中同時該商人屬於敵方的交戰國，否則這自由是受到《大憲章》保障，英王也不得干預。到了一八三六年，英國才定立新的《限制外國人法令》，規定所有從外國港口進港的船主，需要向英國關口人員申報所有外國人的名稱、職位、外貌等資料，以便記錄在案[39]。

即使到了十九世紀，各國的護照制度還是鬆緊不一，而且端乎該國有多倚賴移民來發展經濟，進而影響其出入境政策。例如美國作為移民大國，在十八、九世紀一直倚仗大批從歐亞移居入境的人開發西部世界和從事各種貿易和工作[40]，因此遲至十九世紀中（除了美國內戰時期），美國也一直沒有任何入境限制，阻礙世界各地蜂湧進來的移民潮，直至一八八〇年跟清政府簽訂新的協議，才開始加入條款，容許美國可以在損害或者潛在地損害美國利益的前提下，禁止中國移民入境。這協議是跟一八六八年所簽訂的《中美天津條約續增條約》（*Burlingame Treaty*）有所衝突，當時美國授予大清帝國最惠國待遇，同時容許中國移民得以自由地移居到美國，無須歸化成為美國公民。時移世易，十多年後的美國已經從內戰中恢復，加上橫貫大陸鐵路（transcontinental railroad）已經完成通車，移民的需求開始減少，所以在一八八二年正式實行《美國排華法案》（*Chinese Exclusion Act*），暫時禁止所有華人移民入境達十年之久。及後，美國議會一再加長排華禁令，並且把亞洲其他族群也加入到禁制之中，如一八九四年實行的《中美會訂限制來美華工保護寓美華人條款》[41]，直至第二次世界大戰爆發[42]。當時也有華人循法律途徑上訴，試圖在法院上推翻政令，康有為等人也曾面見當時的老羅斯福總統（Theodore Roosevelt Jr.，一八五八－一九一九），要求取消排華法令但不果。

至於中國歷史中，護照或者出入的身分證明主要是用於國內通關，如符、傳、過所、公驗、度牒、路證、安全證書、通行證等，不一而足。但有關對外的護照中，則待到大清才開始出現，一如「護照」一詞，大概是在道光年間自法文傳入中文[43]。早期清政府是以「信函式集體護照」，形式是以文字描述赴海外中國人，作為官方授權相關人士流動的文件。但在一八四〇年後，隨著跟西方列強有愈來愈多的接觸，大清帝國開始授權國外的領事館或者關口人員，為出國之國民發放單一張紙的護照，如「華工護照」或者「內地遊歷護照」兩種。這措施一直延至民國才再度變更[44]。

真正影響當代國際社會全面擁抱護照制度的時期，其實是一戰之後。當時的歐洲滿目瘡痍，諸多個多民族帝國如奧匈帝國、哈布斯堡皇朝、鄂圖曼帝國（Ottoman Empire）等紛紛解體。在美國總統威爾遜在對德國停火後發表著名的《十四點和平原則》[45]，為民族自決背書後，東南歐迅即在戰後出現許多民族國家。當時歐美仍然抱有一點希望，寄望一戰後能重建理想的國際秩序，因此在建立「國際聯盟」以外，於一九二二年也把原來的「促進國際仲裁的各國議會聯盟」改組為「各國議會聯盟」（Inter-Parliamentary Union），促進國際和平與合作。其中在前一年在瑞典斯德哥爾摩舉行的會議上，與會代表共同表達對護照制度的批評，並追求國際間更深化的出入境自由[46]。只是，戰後的保護主義日漸升溫，各國在商貿外交中日漸加強壁壘，尤其因為自蘇聯銳變成共產國家，西班牙被獨裁者佛朗哥將軍全面控制，加上意大利和德國相繼落入法西斯政權手上，令西歐各國無不加以提防。同時，納粹上台後開始推動血統純正的民族主義，大舉壓迫原來地區的非日耳曼人，包括猶太人、吉卜賽人、斯拉夫人之類，以至於所謂不值得存在的生命（lebensunwertes Leben）如同性戀者，令中、東歐再次出現大規模逃難移民潮[47]。據統計，單是一九四五年的五、六月，便有超過五百萬人在歐洲逃離家園。如此龐大的移民人口，使得各國無不加強邊界控制，護照制度便是當中理想的法令。因此，護照制度在戰後繼續成為各國維持領土完整和安全的常用行政措施。

補充一點，看似護照制度如浩浩蕩蕩，順之者昌逆之者亡，但實質不然。世界各地都有取消護照關口制度的措施和嘗試，試圖體現聯合國於一九四八年發表的《世界人權宣言》第十三條：「一、人人在一[48]國境內享有自由遷徙和擇居之權。二、人人有權離去任何國家，連其本國在內，並有權歸返其本國。」例如早在一九五四年，丹麥、瑞典、挪威和芬蘭便決議取消四國間的邊界，國民可以自由進出各地區，到了一九五七年更取消邊關，連非國民都能任意在四國內自由遷徙。這影響到由英美澳加歐組成的「歐洲經濟合作組織」（Organization for European Economic Cooperation，即如今的「經濟合作暨發展組織」Organization for Economic Cooperation and Development, OECD）的旅遊小組，在宣言中提到取消護照制度並不是烏托邦的空想目的[49]。後來歐洲的《神根公約》（*Schengener Abkommen*，另譯申根公約）也是由此發展出來的去簽證經濟體，另外歐盟成員國的公民也可通過共同的歐盟護照，自由出入歐盟國家，享有出入境的自由。

這些制度化的區別也形成了個體的身分認同，即擁有同一種護照的，似乎都是屬於同一個族群；他們是同族的人，即使彼此是互不相識。香港的特區護照和英國國民（海外）護照（BNO），也產生著同樣的效果。基於其擁有不同於內地護照的出入境看待，擁有特區護照和BNO也因此有助形成了中港不同的香港人身分，且以此作為自豪的身分象徵。護照所帶來的，正是對於國族純粹的新想像。

通過護照的法律區分，始有國族和異邦的法律差異，進而形成社會文化的差異性，這反過來回饋本國族群的想像中，視之為一個純粹同質的想像共同體，而外地人則帶有天然的原罪感（guilt），彷彿會汙染族群原先的純潔特質[50]。這才需要區分開本國和外地人，以至於外地移民者也要帶著新移民的標籤，生怕成為異質的入侵者。同質的民族想像，推導出族群安全的需要，進而默許和支持著國家權力的無限擴張。這餵養著特殊的當代主權國家想像，與及其依附的同質民族情感和構想，儘管當中帶有諸多的失實和祕而不宣的利益支配關係。

三、歷史書寫的族群建構

領土的確立產生了國族和人口，而管理新式國族人口便定義現代國家的行政目的。歷史書寫和知識生產跟民族歷史和意識的重構，對於現代主權政治想像極為重要。「沒有歷史的民族是自相矛盾的概念。民族的形成在於其歷史，因此歷史學家便是生產民族的人」，英國左翼史家霍布斯邦（Eric Hobsbawm，一九一七－二〇一二）如是說[51]。法國思想家勒南（Ernest Renan，一八二三－一八九二）同樣有言，「遺忘，我甚至會說歷史性的有意誤記，是塑造民族的一個關鍵要素，這就是為何歷史研究的進步原則上會為任何民族的存在帶來威脅。」[52]歷史敘事如何作為民族建構的必需品，以至於作為現代性的現象，將是理解國家形成的重要一環[53]。

當年拿破崙帶著所向披靡的法國鐵騎，縱橫歐洲各地，把舊世界各國打到落花流水，不僅把古老的神聖羅馬帝國完全瓦解，更把中東歐以至北非地區，通通納入帝國的管治之下。只是帝國壽命十分短暫，在一八一五年後帝國潰敗，歐洲的封建秩序卻已一掃而空，當時普魯士、奧匈地區，以至沙皇的俄國，紛紛吸收啟蒙主義如盧梭或者西耶斯所推崇的國族自主思想，加上受到早期浪漫主義思想家如赫德（Johann Gottfried Herder，一七四四－一八〇三）等文化國族思想的影響，後起民族國家慢慢借助這些政治思想來對抗帝國（主要是法蘭西帝國）試圖統一歐洲的欲望，在思想上支持不同國族和地方擁有主權自治的自主權利。因此，民族主義思想在十九世紀開始在歐洲大行其道[54]。當然，十八、九世紀日漸頻繁而規模龐大的戰爭，成為歐洲國際間的日常，而戰爭也逼使大多數政治體走向民族國家，以便有利中央集權和集資建軍，在激烈的競爭中爭取最有利位置。一如社會學家 Charles Tilly（一九二九－二〇〇八）的名言，「戰爭鑄造了國家」（這點會在第四、五章詳述）。

在德語地區，費希特（Johann Gottlieb Fichte，一七六二－一八一四）在《致德意志國民的演講》（*Reden an die deutsche Nation*）提倡文化的內在邊界（innere Grenzen），劃分開德語和使用其他語言作為母語的民族，而使用德文及其文化的德意志國民，可說是上承自上千年的獨立自主歷史，同時德語文化仍然充滿活力，因此這民族是應當保持自主，免受帝國所支配。因此，文化民族作為一個可以個體化的單位，有著歷史的意識，也能以語言作高度理性抽象的反思批判，理應如啟蒙主義的個人般得享自主的權利，不應受任何在其之上的任意權力所支配。這顯然是承襲自早期現代哲學家洛克、康德和赫德的思想。

費希特的思想想當然對後世影響甚大，以至晚清維新派的梁啟超也深受影響，不僅撰寫《菲斯的人生天職論述評》直接歌頌費希特思想的重要，更在《中國史敘論》和《新史論》中多次以語言文化界定的民族論討論中華民族的生成，此乃是晚清有關中華民族論述的早期理論倡議，藉以學習西方思想來建立現代中國的主權國家[55]。

但這兒更希望針對歷史書寫研究（Historiography）的方向，而不純粹是作為歷史哲學的討論，畢竟知識需要社會條件才能在歷史發展中產生作用（the social conditioning of knowledge）[56]，不是純粹主觀意願地把哲學理念應用到世間[57]。哲學理念只是概念上的對抗性（polemical）工具[58]，是在面對當前的歷史條件中不同理念或者價值制度的衝突，重新梳理新的思考方式來建立新的政治秩序和想像。因此，哲學理念不是純然對應著世間的實相，沒有那種想當然的一致性（identity thinking）[59]。由此看來，政治哲學的討論跟歷史書寫之間，並無本質上的分別，分別只在於切入的角度和實質的效果和影響。

承上節所言，十九世紀上半業的歷史書寫發展，很大程度是受浪漫主義思想的影響，繼而把國家視作一個有精神的個體，如同活人一般。法國史學之父米什萊（Jules Michelet，一七九八－一八七四）可視作這種歷史書寫的典範。他在《法國史》（*Histoire de France*）中曾寫道，「在那些值得懷緬的日子中（一八三〇年法國革命），一道強光顯現，使我得以看見法國。它擁有編年史而不再是歷史……從來沒有人目睹過這自然和地理所組成的生命體，而它真的形成了。我是頭一個看見它擁有靈魂，如同一個人。」由此，德國諸多歷史學家都深感這種國族浪漫主義（national Romanticism）的著史方式影響，重新書寫自己國度的歷史，如生於柏林的德國史家 Wilhelm von Giesebrecht（一八一四－一八八九），便在其著作中強調國族意識的出現和歷史在德國地區作為獨立學科的關係。「全因為受到國族主義的激勵，因而只有用盡全力擁抱國族的原則，才能使歷史學建立起獨立於其他學科的獨有地位，成為一門專門的學科。」哥廷根的歷史學派（Göttingen school of history）便是其中的代表，歷史學家如Johann Friedrich Blumenbach（一七五二－一八四〇）或者Christoph Meiners（一七四七－一八一〇）均努力提倡科學化的歷史書寫，並且以此證成民族論[60]。

在德語地區以外的現代歐洲歷史書寫，其民族主義作為政治意識形態的操作便更加明顯。以比利時為例，十九世紀末為比利時撰寫國別史的皮雷納（Henri Pirenne，一八六二－一九三五），以法文寫成七大卷的巨著《比利時史》（*Histoire de Belgique*），因而成為比利時的民族英雄。撰寫《比利時史》時，皮雷納清楚發現其困難之所在，特別當他試圖追溯自中世紀或者更早的時代去尋索一個連續的歷史發展，以便建立比利時的國族特質（national character）時，便發現一個巨大的空白。他在序言中承認，這種同質性的歷史發展尋索是極其困難的，甚至是不可能，因為比利時根本「從沒有地理上或者種族上的統一。事實上比利時並無天然的邊界屏障，同時地區內有兩種語言並存。地區內自公元九世紀簽訂的《凡爾登條約》（*Treaty of Verdun*）把查理曼的神聖羅馬帝國一分為三後，比利時便自此分裂為兩部分，斯海爾德河（Schelde）左岸歸法文區控制，而右岸則屬於德語區範圍。」[61]

因此，所謂比利時的歷史，顯然是先有政治上的比利時主權想像，再回溯這當代出現的比利時的「千年歷史」，作為其存在的正當性所在。那麼，若然所謂的比利時史，是以書卷和貌似編年史方式生產民族的歷史，試圖將同一地區的活動串連成一個連綿不斷的歷史意識，以此印證比利時作為國家個體的存在，那是如何可能呢？皮雷納劃時代地提出，比利時的歷史性「實體」並不是一堆全不相干的事件的刻意串連堆砌，「因為比利時的統一性不是來自德國般的民族社群，也不是如英、法般倚靠世襲皇朝的由上而下的統一性所致，而是來自社會生活（social life）的統一性」。所謂社會生活，便是指這片土地上的活動，如交易、通勤交通和貿易，這些社會活動本身，構成了比利時的長久歷史[62]。以社會、經濟以至文化、宗教的轉變理解中世紀到現代的國家生成，是皮雷納對於歐洲歷史研究的重要觀點，因而被稱為皮雷納命題（Pirenne Thesis），這大大影響到後來二十世紀的法國年鑑學派（French Annales School）史家如中世紀史家布洛克（Marc Bloch，一八八六－一九四四）的著史方式。

另一個殊別的例子是愛爾蘭。愛爾蘭的民族歷史書寫和知識生產時所面對的困難和挑戰，跟德語地區或者比利時是相當不同的。愛爾蘭屬於西歐最邊陲的小島之一，跟歐洲傳統文化無甚交雜，最重要是歐洲文化歷史的標準源頭，即羅馬帝國的輝煌跟愛爾蘭沒有絲毫關係，即使自凱撒大帝（Gaius Iulius Caesar，一〇〇－四四 BCE）遠征後，羅馬版圖擴張至英格蘭地區，令如今的英國也開始納入到所謂「歐洲文明長河」的進程中[63]，然而羅馬軍隊和體制終究沒有踏上愛爾蘭這片「化外之地」，其間接的文化影響也難以訴說得清。因此，不少思想家如德國哲學家萊布尼茲（Gottfried Wilhelm Leibniz，一六四六－一七一六）早已提出，基於愛爾蘭這地區一直未受歐洲印加語言的影響，愛爾蘭盛行的塞爾特（Celtic）語言和文化比較起其他歐洲語言，例如英國的威爾斯語（Welsh）[64]，也許更為原始和古老[65]。

在中世紀的神話混雜的歷史意識中，愛爾蘭一直被理解為米列希安人（Milesians），這名字可能是來自拉丁文的 Miles Hispaniae（西班牙兵士），即愛爾蘭人是西班牙而來的人，帶著天主教信仰征服愛爾蘭北面的領土[66]。甚至，「Milesians」的字根「míl」，可能意味著愛爾蘭來自東方民族的後代，如腓尼基人（Phoenicians）、迦太基人（Carthaginians）或者更早的伊特拉斯坎人（Etruscans），經海路途經西班牙而來到這小島[67]。但是，通過一七八〇到一八二〇年的比較語言學研究，愛爾蘭的蓋爾人（Gaels）逐漸理解為塞爾特民族語言的其中一個分支，跟歐洲大陸的高盧人（Gauls）或布立吞人（Briton）相似，都是自鐵器時代起從歐洲大陸逐步遷徙自歐洲的西端地區。

這種嘗試擺脫了中世紀耶教神話式敘事的新式愛爾蘭史觀，深深影響了十九世紀的歷史書寫。但是，愛爾蘭並不像德語地區般擁有豐富的原始歷史文獻，可以重新書寫世俗化的歷史發展，愛爾蘭的上古文獻是充滿英雄神話或者神怪傳說。英國詩人拜倫（Lord Byron，一七八八－一八二四）的朋友摩爾（Thomas Moore，一七七九－一八五二）在撰寫其四大冊的巨著《愛爾蘭史》（*History of Ireland*），正是面對著這重大的困難。摩爾發現如果要是將任何神話式文獻完全排除在科學式歷史書寫中，他基本上找不到其他原始文獻來佐證上古的愛爾蘭歷史文化。與此同時，歐洲自人文時期到浪漫主義，也重新重視和研究神話的意義。著名思想家如維柯（Giambattista Vico，一六六八－一七四四）[68]、謝林（Friedrich Wilhelm Joseph Schelling，一七七五－一八五四）[69]或者黑格爾[70]，都不再視神話為單純天真而毫無真實意義的人類幻想。因此，摩爾也嘗試批判地借用神話作為歷史敘述的一部分，以神話傳說來透視先民的生活方式和社會形態。

由此而起，愛爾蘭的歷史書寫不再只是作為對抗英國霸權統治的抗爭的工具，更是如何吸收中世紀的神話史觀，重新建構以愛爾蘭為本位的歷史視野[71]。當然，亦有其他史家選擇把愛爾蘭史的起點放在

「較晚近」的時期，例如中世紀中後期，那麼便可以相對可以找到更多不含神話傳說的歷史佐證來建立現代民族歷史，如史家喬伊斯（Patrick Weston Joyce，一八二七－一九一四）在《愛爾蘭簡史》（*A Short History of Ireland*）或者《愛爾蘭略史》（*A Concise History of Ireland*）便是如此著史[72]。通過歷史著述，愛爾蘭跟比利時一般，逐漸建立起民族的歷史意識，作為民族自主的歷史根據和正當性之所在。而歷史研究正是為民族主義及其主權政治的想像提供取之不竭的豐富原材料[73]。

值得注意的是，民族歷史書寫除了是出版歷史著作之外，還有其他重要而相關的範疇，例如建立博物館和文獻檔案學，或是歷史學系在大學的建立和發展等。這些發展趨勢既使得現代科學化的歷史研究發展一日千里，同時也令主權政治想像和民族自決成為歐美以至於世界的新潮流，通過知識生產的專門化、科學化和制度化，使得主權國家得以塑造其所需的國族歷史，並再生產至國內外的民眾學習，從而培養相應的政治史觀。

以歷史學系的發展為例，早在十八世紀中後業，歐洲的現代大學已開始出現專門教授和研究歷史的教席，如前述的德國哥廷根大學或者丹麥的大學，英國的牛津劍橋、瑞典的隆德大學（Lunds universitet）或者烏普薩拉大學（Uppsala University）甚至早在十七世紀已經開始教授歷史。即使在天主教的王朝如哈布斯堡皇朝的治下，維也納或者布拉格的大學也早有教授普世史、法律史、教會史等課程。即使在高等教育不那麼發達的波蘭和沙俄，也早在一八〇〇年前已經在大學教授歷史學[74]。

但是，真正使得現代歷史學改頭換面時，當數到一八〇〇年至一八一二年的時期，即拿破崙雄霸歐洲，將帝國幅員擴張至前所未見的廣闊時，大學制度在法國內全面改革，傳統的古老天主教大學制度被解體，新式的帝國大學（Université Impériale）將歷史系常態化，並且以研究法國國族史而不是教會史為主導。因此，法國地區由過去只得一個歷史系主任，迅即增加至二十三個。不僅如此，拿破崙的鐵騎也一併把新大學形式帶到整個歐洲的占領區，如意大利和德國地區的大學歷史系都急促增加，以便背書法國在歐洲支配秩序上的霸權。在柏林、海德堡或者哥尼斯堡等擁有悠久大學傳統的地方，歷史學系的增長均十分驚人。意大利的比薩也建立了一所類近巴黎高等師範學院（Ecole normale supérieure）的學校，研究現代歷史學。即使一八一五年《維也納和約》後，法國在歐洲支配力消失，許多親法國意識形態的歷史系也隨之而倒閉，但那些民族國家都同樣效法法國的文化方略，大量建立歷史學系來建構不同國家的國別史，以便支撐著民族自主的主權政治想像。

大學研究和教育，固然對於國族歷史知識的生產和傳授有極重要的功用，但針對普羅大眾如何接受這種新的政治想像，從而改造其原有的世界觀和社會政治價值，把民族自主和主權在民作為其自主的終極體現，開放予平民參觀的博物館便扮演著重要的角色。大革命前的舊歐洲，免費開放給平民享用的博物館少之又少，甚至連平等開放國家的寶物古蹟予平民觀賞這概念大概也是過於前衛的想法，畢竟舊世界都是階級森嚴的王朝天下。如今在倫敦布盧姆茨伯里區（Bloomsbury）的大英博物館〔當時仍然是蒙塔古樓（Montagu House）〕算是少數的例外。然而，法國大革命的爆發，創造了新式的博物館形式，通過展示文化國族的傳統，蒐集和展示文物、古蹟、文件、工藝品等歷史遺跡，表現民族歷史發展的悠久和輝煌，從而使得民眾與有榮焉，增強民族的自豪和認同感。

因此，打從十九世紀初開始，現代意義的博物館便徐徐誕生。以法國為例，大革命後不久國家檔案博物館（Musée des Archives nationales）和羅浮宮博物館（Musée du Louvre）便先後成立，用以收藏和公開展出法國長久的民族歷史，還有王室過去收藏的諸多文藝精品。歐洲其他地方爭相效法，如早在一八〇六年，哥本哈根便計劃成立國立博物館，展示丹麥歷史、語言和文化的歷史傳承，同時也是作為國力的展示。最終博物館在一八三二年正式開放。同一時期，比利時剛剛獨立建國不久，同樣希望建立國家博物館，彰顯新興國家的文化歷史和政治軍事史，以便確立其存在的正當性根據。還有瑞典、巴伐利亞、奧地利帝國等，都在十九世紀上半業紛紛建立起國家級的博物館[75]。至於一個海峽之隔的英國，自然也爭相效法。大英博物館的館藏泰半來自攻掠殖民地之所得，以彰日不落帝國之威武，而在十九世紀中成立的國家國家肖像館（National Portrait Gallery），起初便是專門擺放眾多名人偉人的肖像，作為高舉英國文化歷史，讓既得利益階級耀武揚威的理想場地。

除了建立民族的歷史意識和身分自豪之外，大國的博物館還會因為軍事優勢而在世界各地搜掠諸多其他文化文明的歷史文物，在自己國家展出。通過對非帝國文化的周邊地區使用的文物，以散件式放在展覽廳陳列，讓旅客和帝國公民只「看到」一件件奇珍異物，而不是生活上有活力有意義的用具或者生活方式，進而感覺到文化的高低差別。能夠掠奪他人文物者，自然是現代化中的文明優秀者，是較為先進和理性的民族，因而得享著支配落後文化的權力[76]。這種歷史進步發展觀，實質上也是現代性和主權政治想像有著千絲萬縷的關係。一如下節討論的西伐里亞神話，正正也是現代進步論的神話史（mythistory）[77]，把現代主權國家視之為歷史發展的最高峰，以此來回溯和評價過去的歷史發展。

四、一六四八主權神話

如此大花周章地顛覆和瓦解主權的神聖性和國家的永恆同一性，是因為國家的存在在現代政治思想中彷彿成了一個時空的參考點，成了不能動搖甚至質疑的思考框架。如果美國左翼文學批評家詹明信（Fredric Jameson，一九三四－）的名言是「資本主義的滅亡比世界滅亡還要難想像」[78]，我想今天也可以改寫成「國家的消失比地球消失還要難想像」。即使約翰・連儂（John Lennon，一九四〇－一九八〇，另譯藍儂）的名曲〈想像〉（Imagine）再膾炙人口，人們仍然難以想像沒有國家的世界。近百年來主權國家的神話是從何而來？為何能夠主宰著當代無數人對於政治的想像和可能？主權的神話，不能不提一六四八的《西伐利亞和約》及其發展出來的西伐利亞體系，跟歐洲政治秩序的關係。即使在前作《主權在民論》的序言中，周保松同樣提及這個當代國際政治學被視為現代政治分水嶺的一六四八和約，「這個和約不僅結束了延綿多年的宗教戰爭，也確立了獨立主權國家為基本單位的國際政治格局」[79]，這似乎伴隨現代國家理論的思想家先後出現，開創了現代進步的政治歷史發展。香港另一位評論國際政治著名的意見領袖沈旭暉，同樣不時提及一六四八年西伐利亞體系的重要性[80]。這個國家起源和現代性開端的神話，或許正是偶像黃昏所需要拆解的對象。

西伐利亞體系離不開三十年戰爭的歷史。在十七世紀的歐洲，宗教衝突帶來災難地的區域大混戰，死傷枕藉，其中有分參戰的國家包括信奉天主教的神聖羅馬帝國、哈布斯堡王朝、匈牙利、丹麥－挪威，信奉新教的法國、瑞典、英格蘭、蘇格蘭、普魯士、薩克森等，遍布整個歐洲[81]。經歷幾十年混戰後，在《西伐利亞和約》中，天主教各國不僅正式承認荷蘭聯省共和國和瑞士的獨立主權國地位，而且在會議上認可了宗教自主的原則，不同主權國家均有自由去選擇自身的國教，不再受天主教廷的約束。政教分離，成了國家自主的體現。在國際會議和國際法的體制下，耶教共同體（res publica christiana）的世界秩序正式落幕，變成一個以無政府和多極（multipolar）作為新的國際社會常態，權力平衡才是現代制衡國家的新標準[82]。主權國家從此成為國際社會的唯一正當的政治單位，一直至今。至少主權國家神話是這樣告訴我們。

過去學界一直認定一六四八年《西伐利亞和約》作為主權國國際秩序的開端，以至於作為政治現代性的起源[83]，但到了今天，這「普遍共識」已經過去。在近二十年，愈來愈多政治學和歷史學的研究深刻地反省現今對《西伐利亞和約》的理解是如何脫離歷史現實，當中帶有幾多的誤解和幻想，一些批判國際關係學者不約而同稱其為「西伐利亞神話」[84]。

但這神話至少有幾個不符史實的地方。首先是關於《西伐利亞和約》和現代主權和國際社會理念的關係。在一六四八的神話下，國際社會再沒有一個超然的權威，只有國家之間的互動[85]。現代以疆界劃分的主權理念，互相尊重彼此的政治和司法自主性，在一國之疆界內，政府代表著最高的權威和政治意志，可以代表一國之民與他國談判和立約，從而形成所謂的國家主權的平等關係。這種主權國互動所構成的國際社會，形成今日的世界政治格局。但是，只要仔細考查當時《西伐利亞和約》的法律文件，都會發現實際上在和約中並未處理關於現代主權的國際共識，甚至連主權一詞都極少出現，更遑論是對疆界作出規範性劃分[86]。以清晰疆界來區別的現代主權國家，似乎並不在《西伐利亞和約》之中。因此，雖然三十年戰爭在一六四八年後告終，但歐洲仍然未有清晰邊界的國家出現。

神聖羅馬帝國和哈布斯堡王朝雖然戰敗，但遠遠還沒有崩塌，前者一直維持至拿破崙入侵後，建立萊茵邦聯（Confederation of the Rhine）和頒布《拿破崙法典》後才正式消亡，後者更以奧匈帝國的面貌，一直存活至第一次世界大戰完結才解體。所以，兩個帝國的滅亡之年距一六四八年分別相差一百五十八年和兩百六十九年！更值得注意的是，在《西伐利亞和約》中，不管是法國還是瑞典均無要求從帝國行省中獨立出去，成為一個完全自主的新型現代主權國家，它們僅僅要求傳統天主教帝國重新尊重它們長久享受著的政治自主性，也便是對傳統的再次認同[87]。這自有其歐洲歷史的獨特發展。

過去，在中世紀的神權位分上，神聖羅馬帝國的皇帝仍然比一般的王位分更高，擁有更高的世俗地位，但這位分在新教改革時代受到極大的挑戰和衝擊，也帶來了百年以來的動盪和戰爭，最終使得宗教寬容的權利得以出現。因此，許多參戰國家希望在《西伐利亞和約》承諾的，不過是這舊日的政治自由：帝國不應對屬下諸侯國的宗教取向干涉太多[88]。《西伐利亞和約》依舊是中世紀王權神權結合的單一政治等級制的產物，遠遠還未成為現代主權國家的體系。同時，帝國秩序的延續，也是在本質上牴觸現代主權國為中心的國際秩序[89]。

另外，傳統以來認定《西伐利亞和約》促成瑞士和荷蘭共和國的獨立，使其主權得到歐洲國際法體系的認受，從而作為主權國浪潮的先聲，這想法同樣是充滿了誤解。瑞士對神聖羅馬帝國的抵抗其實早至十四世紀已經出現，到了十六世紀其獨立自主早已成了實然（de facto）的政治狀態，不管是否擁有主權的國際法地位（de jure）。而在三十年戰爭中，瑞士一直不願參與戰事，也跟後來的和談進程保持距離。反而當中的關鍵源自萊茵河畔的小城巴塞爾（Basel）。這城邦一直聲稱自己在一四九九年已經加入瑞士邦聯體，但是帝國樞密院（Reichskammergericht）作為神聖羅馬帝國的最高法律機關一直否定這主張，始終堅持巴塞爾仍從屬於帝國的司法管轄範圍內。因此，在《西伐利亞和約》中，巴塞爾終究能夠免除（exemptio）神聖羅馬帝國的司法管轄，並擁有充分的自主性（plena libertad）[90]。但因為巴塞爾同時是作為瑞士邦聯的一分子，因此這司法自主性的重申也一併應用到整個瑞士上，彷彿瑞士邦聯都是因為這場三十年戰爭才得以在神聖羅馬帝國的支配中解放出來。

荷蘭共和國在帝國的獨立性同樣在戰爭前後早已無可質疑，因此她也沒有在《西伐利亞和約》中提出相關的認同要求，和約最終也沒有任何安排。反而，荷蘭重視的是西班牙哈布斯堡王朝放棄她對低地地區的政治支配。荷西之間最終在《明斯特和約》（*Vrede van Münster*）而不是在《西伐利亞和約》得到形式上的外交協定。還未算上那些德語地區和意大利地區的城邦或者諸侯國，在《西伐利亞和約》後並無迅即發展出現代主權國家的模樣，德國和意大利的統一都是三百年後的事。

與此同時，後世對《西伐利亞和約》的意義的理解，也跟當年大為不同。事實上，在三十年戰爭後發生後很長時期，人們對《西伐利亞和約》的理解都是停留在政教分離和宗教自由上。不同的政治國家有權選擇自己所歸屬的宗教教派，而不受教廷或者仗著教廷權威的帝國管束。但這宗教自由實質上也不是由《西伐利亞和約》開始。早在差不多一百年前的一五五五年，當時的神聖羅馬帝國跟其國內，由信奉路德宗新教的諸侯所組成的「施馬爾卡爾登聯盟」（Schmalkaldischer Bund）發生多次衝突，最終在一五五五年彼此簽訂和約，也便是著名的《奧格斯堡和約》（*The Peace of Augsburg*），其中最重要的條文之一便是容許神聖羅馬帝國的諸侯國有權自由選擇羅馬天主教或者路德宗（加爾文宗則不在此列）而不會遭受宗教迫害。這便是所謂「一國之領土，一國之宗教」（Cuius regio, eius religio）的宗教寬容原則。但是，後來這自由受到干預，《奧格斯堡和約》的原則被破壞，引發新教地區的強烈反彈。所以，除了加爾文宗在一六四八年才成為帝國諸侯國可以選擇的宗派，《西伐利亞和約》的宗教寬容原則不過是令歐洲回到一五五五年時的光景而已[91]。

五、主權國際社會的再魅化

但既然帝國秩序並未受致命的打擊，《西伐利亞和約》也尚未建立現代國家為中心的國際社會體系，那麼為何後世仍然會如此理解西伐利亞和主權國家出現的關係呢？又或者站遠一點，為何找尋一個現代國家的原點，一個政治現代性的「大爆炸時刻」是如此重要呢？我的推斷是國家在宗教退場的年代，接棒成為新的上帝，因此也需要新的時空敘述。因此，我們必須把《西伐利亞和約》放在一個更宏大的歷史重塑計畫來看待，通過政治神學的稜鏡，揭示國家神話化如何作為重新書寫現代化進程的開端。因此，今天對《西伐利亞和約》的種種誤解或者偏見其實透露了很重要的訊息[92]，因為這正好反映了現代性如何影響政治知識的生產和再生產，使得當代人不假思索地以某種角度來想像和理解現代世界的線性發展，以此把握自己和世界的意義，並加入政治想像再生產的行列。

在這現代化的想像中，主權國家作為國際社會的唯一擁有正當性的行動主體，自一六四八年的歐洲和約中逐漸建立國際法的雛型，並把主權國的觀念和標準從歐洲輻射至美國和全世界，以便將全世界納入主權國的國際政治想像秩序之中。這線性的發展理解，遮掩主權政治在冒起過程中的長期拉扯碰撞，尤其涉及帝國和周邊國家，還有國家內外的人民的支配與抗爭關係，以致這種新政治經濟秩序如何帶來新的權力利益安排和支配關係。因為一六四八主權國家神話，內藏歐洲中心觀和歷史進步論[93]，同時無視進步之風背後的歷史廢墟。而神話觀不論是否需要設想具有人格化的神，最終都是同為對符號世界（symbolic world）形成一種壟斷性的重構，藉以主導著人去理解和想像政治、經濟、自然和社會的關係和意義。這秩序的投射想像，為的是使政治經濟上的結構得享其正當性，不管是誰真正獲得最大的利益。

要意識到一六四八主權國家神話跟理性啟蒙的現代化想像如何契合，必先重新整理後者的主權國際政治想像跟永久和平的關係。在一七九五年，當時法國早經歷波瀾壯闊的大革命，凡爾賽宮被占，法王路易十六及其皇后瑪麗・安東尼（Marie Antoinette，一七五五－一七九三）均已身首異處。雅各賓黨的恐怖統治過後，革命黨人被開始遭受保皇派的反撲。在同一時期的柯尼斯堡（Königsberg），德國哲學家康德剛寫了一本傳世的小書《論永久和平》。比較起他在三大批判中，以先驗的哲學方式討論的理性和知識的邊界，或者道德與實踐理性跟自由的關係不同，《論永久和平》更像是一本給管治階層的說明書，討論在實際的政策執行上，共和政府如何帶來國際社會的永久和平的問題。

事實上，這不是康德才開始的學術政治討論。一如上章所言，打從十八世紀初開始，這主題已經吸引無數哲人參與其中，如萊布尼茲、伏爾泰（Voltaire，一六九四－一七七八）、盧梭等，早已分別提出過關於永久和平的不同設想。到了康德的時代，正值歐洲爆發第一次反法同盟（Guerre de la Première

Coalition），各個仍然在行君主制的歐洲國家如普魯士、哈布斯堡王朝、英國等聯合組成軍事聯盟，試圖打敗法國的共和力量，維護歐洲的君主制度。一直在家鄉支持法國大革命精神的康德，便在普魯士國王腓特烈・威廉二世（Frederick William II，一七四四－一七九七）在一七九五年退出反法同盟的那年，揮毫討論永久和平與共和國家的關係[94]。

康德在書中提出，和平的狀況是必須建立出來，而不能在自然狀態（status naturalis）中自然地發展出來。人與人之間在自然狀態是衝突狀態而不是和平的，這頗為合乎霍布斯對未進入政治前的自然狀態的設想，也證成著國家之必要。因此，當一個國家不把和平通過法律的方式許諾給它的鄰國，那麼鄰國便會把其視作敵人[95]。所以，所有國家都必先要建立起共和政體（Res publica），即是會尊重三權分立的政治體制，同時體現人民自治的平等原則，即社會契約的主權在民精神。康德特別在書中點明共和政體和民主政體是有所分別的，著重說明前者是基於主權誰屬問題（forma imperii），後者則是管治的形式問題（forma regiminis）。共和政體意味著擁有最高主權權力者，是公民全體還是君主的問題，因此所有當世的國家均只有共和及專政兩種[96]。

全體公民的政治意願，都能以代議方式參與政府的立法過程中，形成自我立法的過程，這原則自然是深受盧梭的《社會契約論》影響。康德認為，共和政體是所有政體中最容易帶來和平的政治秩序，因為國家參戰與否需要考慮到人民的意願，而那些參與決定是否宣戰的公民必然要考慮戰爭帶給所有人的種種代價，例如打仗的士兵要冒著被傷害殺死的風險、戰爭的高昂開支、戰場在事後的重建費用和人力物力，還有為了重新締結和平而需要付出的沉重債務等等。不同於君主制或者貴族制，共和政體的立法者都是受戰爭影響極大的公民，因此他們都會分外謹慎，不輕易動用戰爭作為手段[97]。另一個同樣重要的前題，是理性的國際法，必須建立在共和國家的聯邦制度（federalism），使得所有國家及其背後的主權人民都是平等的，共享著這個世界，並得以共同建立世界的政治秩序，維護所有人的自由和權利。因此，這是一個整體地為普世公民的自由權利而建立的「和平聯盟」（foedus pacificum）[98]。假如世界上所有國家都通過革命成為共和國家，那麼永久和平或許真的有可能實現的。

康德在此提倡的政治層面的永久和平，跟其道德哲學所追求的「目的王國」（Reich der Zwecke）理想是分不開的，彼此是緊緊相連，為的是實現一個在地的宗教秩序（earthly religious order），安立整個人類的幸福、理性和自由之所在[99]。畢竟在永久和平的設想中，人類是可以放下一切的暴力和衝突，彼此純然以友愛建立關係，不再有敵友之區別。而在這政治永久和平計畫中，共和國家是作為最重要的政治單位。只有所有人通過理性和平等自由的精神建立共和政府，這些共和國家才能建立起一個以反戰為宗的和平主義國際聯盟，一勞永逸地解決一切戰爭，實現人間樂土。若借用當代德國批判理論家哈貝馬斯（Jürgen Habermas，一九二九－，另譯哈伯瑪斯）的講法，康德投射的最高善無疑是將基督教世界的形上概念，猶如「上帝之國度」（Reich Gottes），並借用到他的理性批判計畫所指向的目的。因此，通過這種人類歷史發展的彌賽亞論述，康德建立了所謂「不可見的教會」（Invisible church），這教會的救贖許諾便是最高善，永久和平即為其中之一的表現方式[100]。這亦跟盧梭以「國家比作教會」的說法不謀而合[101]。

儘管康德沒有在文中仔細討論國家主權，但假若實行共和的主權國家是通往最高善（das höchste Gut）

和永久和平，實現人間救贖的唯一門路，那麼主權國家地位自然是至高無上，是神聖和超然的，宛如教會一般。「除我以外，別無拯救」（徒四：一二），如今成了國家主義的基礎；「凱撒的歸凱撒，上帝的歸上帝」（太二二：二一）也不再是兩難，因為上帝的國降臨，是通過共和國家之間的連結而體現[102]。這也意味著共和國家是走向反奧古斯丁（Augustine of Hippo，三五四－四三〇）的神話政治設想，地上之城與天上之城連結成一，而不再視前者作為有待救恩的次等位階（其內蘊也可設想為抗拒柏拉圖主義的肉身復活與信仰體合一）。

因此，現代國家的起源，也便是人類救贖的起點，是永久和平的神話終結的第一章。康德或者由始至終都把信仰放在純粹理性以外的空間，把上帝看成單純實踐道德上的「設定」（postulate），但那套終末論式（eschatological）的永久和平論，卻是一套如假包換的神話故事。畢竟，神話觀的目的不在於訴說超自然的神怪，而在於塑造空間時間的線性觀，讓太初與終末得以明瞭，也便是意義和目的的彰顯，時間空間的質性隨之重新劃分，令某些事件或者地方變得神聖而有著超然的價值，並藉此證成某一種宗教和政治權力秩序，因為「神聖的便是有權力的」[103]。

施密特認為現在政治發展的演變，是從中世紀的基督教共同體（res publica Christiana）走向世俗化的過程，國家變成法理上的「人」（magnum homo），一個擁有獨立主體性和主權自主性的政治意志，可以平等地與其他國家商議和戰爭[104]。這種韋伯式（Max Weber，一八六四－一九二〇）的現代性觀點，視現代作為神學世界解魅化（disenchantment）的政治文化結果，或者能把握到現代政治法律概念的神學性來源[105]，但卻無可避免地忽視理性國家主義的再魅化發展（re-enchantment）。若如伏爾泰的詩句，「假使世上沒有上帝，我們也必須創造一個」（Si Dieu n'existait pas, il faudrait l'inventer），理性主義不過是取以代之，成為新世代的神話來源。「神話早已啟蒙，而啟蒙也回復至神話」[106]，是德國法蘭克福學派的霍克海默（Max Horkheimer，一八九五－一九七三）和阿多諾（Theodor Ludwig Wiesengrund Adorno，一九〇三－一九六九）在《啟蒙的辯證》（*Dialektik der Aufklärung*）提出的精彩觀察。

有別於維柯至卡西勒（Ernst Cassirer，一八七四－一九四五）對神話和理性的想法，即神話作為理性主義以前的世界觀，或者作為某種完整的符號系統，直至另一套符號系統所取代[107]，或者費爾巴哈（Ludwig Feuerbach，一八〇四－一八七二）的人本宗教觀，視基督上帝作為人的本質的異化（alienation）和否定，霍克海默和阿多諾完全放棄神話和理性啟蒙的排中式清晰二分，兩者是處於緊密的辯證關係：在現代，神話是作為啟蒙現代化的他者，因為理性啟蒙高度重視工具理性中可計量和實用性的，並把一切不符這些標準的，均貶為迷信而不科學，即神話的領域[108]。同時，凡是人可以理性認知的，都是可以操縱的，而啟蒙的結果正正是要把人放在自然世界的主宰之上，人要成為新的神祇，而啟蒙理性則是作為支配的操作方式[109]。破除神話的理性國家，自身卻成了新的神話對象。或者這也呼應了歌德（Johann Wolfgang von Goethe，一七四九－一八三二）的名句，「只有上帝能與上帝爭戰」（nemo contra deum nisi deus ipse）[110]。當博丹（Jean Bodin，一五三〇－一五九六，另譯布丹）在古老的羅馬法喚回超越性的神聖主權位分，讓國家得以取代教會秩序，成為世俗王國的獨一權威時，現代國家早已坐上新的祭壇之上[111]。

先前在西伐利亞的國際主權秩序的起源探問中，一直懸而未決的問題是為何需要找到一個清晰的起源，那固然是基於其預設的歐洲中心歷史進步論，但這歷史觀實質上也是現代性的神話化操作。這傳統而來便是逆向的操作，不是先有遠古神話再一代傳一代，而是在後世借神話來「回憶」某些歷史事件，將之串連成一個完整的歷史記憶，並且繼承下去。所以集體的記憶總是歷史性的，是集體共享著對舊日的一些事件的詮釋和敘述[112]。而接受這一套神話史觀的人，便會相信自己作為歷史的主體，是由這神話描繪的歷史起源中線性地發展出來，個人的定位和意義便得到安立。跟傳統意義的中世紀「黑暗時代」完全割裂[113]，西伐利亞的國際主權秩序，正是提出一套主權國體系誕成的時間元點，恍如宇宙大爆發的一刻，往後產生和變化的一切，都能追溯至宇宙起源的一瞬間，若如上帝創世的那刻。由此，主權國家以歷史潮流的姿勢一個接著一個地建立起來，民主化一浪接一接，彷彿人類總是向著主權國國際秩序所應許的永久和平發展。這是國家的時間起源的神話化。同時，國家也盡然承繼和吸收了宗教的種種圖像、符號、用具、儀式、理念，使得自身的存在也變得神聖化[114]。

這神話化的主權發展史，為的是訴說著主權作為現代化中的政治世界核心，也是歷史的必然潮流，因此國家之存在是無可置疑，亦是不能繞過的。這種敘述方式實質上正是對現代性中，以國家－民族－資本為中心的世界帝國秩序的正當性背書[115]，為的是令所有接受這套意識形態的人無法逃脫以主權國為中心的政治想像。即政治之理想只能通過共和主權國家來實現，而國際社會的全球公義和平等，則是由主權國共建的聯盟組織來實踐。

值得注意的是，英國思想家邊沁重新回到普遍而永久的和平的討論時，他特別點出永久和平必須包含殖民宗主國放棄殖民地統治[116]。這不免使人質疑西伐利亞神話到國際社會的永久和平設想，有多大意識到主權國體系和帝國的關係，後者如何構成一個跨國的政治經濟支配體系，使得大多數地方的人都得不到應有的自主和幸福？當人們汲汲於主權國發展的神話，以至於希望不斷再生產在地的主權意識時，卻沒有覺察到其政治想像早已牢牢地困在現代性的再生產時，西伐利亞神話只是作為新的枷鎖，把人封鎖在主權國秩序的想像之中。

1 Annette Trefzer, Jeffrey T. Jackson, Kathryn McKee, Kirsten Dellinger, "The Global South and/in the Global North: Interdisciplinary Investigations," *The Global South*, Volume 8, Number 2, Fall 2014, 1-15.

2 系譜學作為方法，是取自尼采和福柯的進路，套用 Brian Lightbody 的解釋，「系譜學是一門學科，為的是去研究該理念價值的起源，演變和發展。這理念可以是道德性的，存有性的或者知識性的，而通過系譜學的追溯，最終是為了找尋其歷史演變的源頭，令這理念價值失去原有的無可置疑的價值。」Brian Lightbody, *Philosophical genealogy : an epistemological reconstruction of Nietzsche and Foucault's genealogical method* (New York: Peter Lang, 2011), 1. 另參 Michel Foucault, *Discipline and Punish* (New York: Random House, 1995). Friedrich Nietzsche, *On the Genealogy of Morals*, trans. Douglas Smith (Oxford: Oxford University Press, 2009).

3 集結性作為政治觀念是取自 Deleuze 和 Guattari 的想法，詳參 Gilles Deleuze and Felix Guattari, *A Thousand Plateaus: Capitalism and Schizophrenia* (Minnesota: University of Minnesota Press, 1987), 119.

4 這是原則性上的講法，但例如國際法或者加入國際組織與約章的立法義務，聯邦政府與治下州分或者歐盟與成員國之間的政治法律關係是遠為複雜，甚至爭議不斷，因此暫且不再深究。

5 Victoria Schofield, *Kashmir in the Crossfire* (London: I. B. Tauris, 1996).

6 Carl Schmitt, *Land and Sea: A World-Historical Meditation*, trans. Samuel Garrett Zeitlin (New York: Telos Press Publishing, 2015). 另參 Carl Schmitt, *Dialogues on Power and Space* (Oxford: Polity, 2015).

7 Bill Hayton, *The South China Sea: The Struggle for Power in Asia* (New Haven: Yale University Press, 2015).

8 Stuart Banner, *Who owns the sky?: the struggle to control airspace from the Wright brothers on* (Cambridge: Harvard University Press, 2008). 關於新的空中技術如何改造了空間和戰爭的形態，可參考 Peter Adey, Mark Whitehead and Alison Williams (eds.), *From Above: War, Violence, and Verticality* (Oxford: Oxford University Press, 2014).

9 Georgina Rannard, "Elon Musk SpaceX rocket on collision course with moon," *BBC*, Jan 26, 2022.

10 這兒不僅涉及離岸公司或者避稅天堂的操作，還包括了如今愈發普及的虛擬貨幣，當中的全球性跟管治所需的在地性有著明顯的衝突。詳參 David Harvey, *A Brief History of Neoliberalism* (Oxford: Oxford University Press, 2007). Ronen Palan and Richard Murphy, et al., *Tax Havens: How Globalization Really Works* (Ithaca: Cornell University Press, 2010). Malcolm Campbell-Verduyn (ed.), *Bitcoin and Beyond: Cryptocurrencies, Blockchains, and Global Governance* (London: Routledge, 2019).

11 James Cooper, "Why we need 'meta jurisdiction' for the metaverse," *The Hill*, 2 Dec, 2021.

12 Saskia Sassen, *Territory, Authority, Rights: From Medieval to Global Assemblages* (New Jersey: Princeton University Press, 2008), 328-377.

13 Jordan Branch 把製作地圖來服務政治軍事目的的，稱為地圖的外在權力關係，而使用地圖而潛移默化地接受地圖觀中的空間政治感，則稱作地圖的內在權力關係。Jordan Branch, *The Cartographic State: Maps, Territory and the Origins of Sovereignty* (Cambridge: Cambridge University Press, 2015), 38-9. Jordan Branch, "Mapping the Sovereign State: Technology, Authority, and Systemic Change," *International organization,* Volume 65, Issue 1, 2011, 1-36.

14 Jordan Branch, *The Cartographic State,* 55.

15 劉來成：《戰國時期中山王兆域圖銅版釋析》，《文物春秋》一九九二年第 S 1 期。

16 廖七，《中國地圖學發展的回顧與展望》，測繪學報，二〇一七，四六（一〇）：一五一七—一五二五。

17 Jonathan D. Spence, *The Memory Palace of Matteo Ricci* (London: Penguin Books, 1985), 149.

18 Mircea Eliade, *The Sacred and The Profane: The Nature of Religion,* trans. Willard R. Trask (New York: Harcourt, 1987), 63-5.

19 因此，在一些著名的中世紀地圖，如英國的赫里福德地圖（Hereford Mappa Mundi）或者德國的埃布斯托夫地圖（Ebstorf Map），都是十分有名的中世紀世界地圖（Mappa Mundi），兩者都是以地圖來呈現當時所理解的歐、亞、非三大洲的地理分布，只是不論大小形狀還是地理描劃都不太十分合乎現實的認識，更重要的是地圖是以聖城為中心的，如埃布斯托夫地圖的中心便是耶路撒冷，再把世界放在聖城的周邊，形成中心和邊陲的關係。萬國之中心便是上天之城，因此世俗的世界總是次等的，位格上比較低的，映襯著神聖之城的高度，一如中世紀獨有的宗教政治階級。同時，這些地圖也往往把現實和神話混在一起，例如赫里福德地圖的最上方有一個圓圈，那圓圈是指向東方的，意味著《創世記》中所提及的伊甸園。把神話元素和俗世的地理繪畫在一起，是中世紀地圖的特色之一。除此之外，中世紀還流行另外兩種地圖，一種名為行程地圖（itinerary map），另一種是航海圖，又名為波特蘭型海圖（portolan chart），起源於十三世紀。

20 前者在古羅馬稱為 Itinerarium，用作描繪長途旅程的路線，以配合羅馬帝國的長距離道路和海路的行旅指引上。後者則是在地中海或者在不同海域上航行時，船長所倚仗的相關航海指南地圖。詳看 Jordan Branch, *The Cartographic State,* 43-4. 在十五世紀為例，在意大利地區只得威尼斯會以城邦政府的公費資助城邦進行繪圖，以便使得管治和防衛更有效率。其他城邦和地區基本上都沒有重視製圖學。在德語地區，神聖羅馬帝國是完全沒有官方的帝國版圖地圖的，其他德語地區的地圖全都是由私人製作和擁有的，因此也不是為了政治的用途。直至十八世紀末，波蘭遭到普魯士、奧地利和俄國三國瓜分時，地圖才首次成為歐洲列強劃分土地的重要工具。另見 Jordan Branch, *The Cartographic State,* 72-3, 93.

21 Jordan Branch, *The Cartographic State,* 101.

22 Jordan Branch, *The Cartographic State,* 115.

23 Benedict Anderson, *The Spectre of Comparisons: Nationalism, Southeast Asia, and the World* (London: Verso, 1998), 318-332.

24 David Delaney, *Territory: A Short Introduction* (London: Wiley-Blackwell, 2005), 15. 關於中國的文化道統論，從康有為到近年的蔣慶都有類似的主張，詳參康有為，《中華救國論》、《孔教會序》，或者當代學者蔣慶，《政治儒學——當代儒學的轉向、特質與發展》（福建教育出版社，二〇一四）。另參姚中秋，《儒家憲政論》（香港：香港城市大學出版社，二〇一六），頁一五一－二。李宣侚，〈「道統」與「政統」之間〉，《二十一世紀雙月刊》，二〇〇一年六月號，六十五期，頁一三七－一四二。

25 楊岩崎，《中華民國秋海棠地圖》（金時代文化，二〇〇八）。

26 濮德培，《中國西征：大清征服中央歐亞與蒙古帝國的最後輓歌》（台北：衛城出版，二〇二一）。

27 Frederic Gros, *The Security Principle: From Serenity to Regulation*, trans. David Broder (London: Verso, 2019).

28 Martin Lloyd, *The Passport: The History of Man's Most Travelled Document* (Queen Anne's Fan: Canterbury, 2008), 21.

29 John C. Torpey, *The Invention of the Passport: Surveillance, Citizenship and the State* (Cambridge: Cambridge University Press, 2019), 27.

30 John C. Torpey, *The Invention of the Passport*, 28.

31 John C. Torpey, *The Invention of the Passport*, 30.

32 John C. Torpey, *The Invention of the Passport*, 31.

33 George Lefebvre, *The French Revolution*, (London: Routledge, 2005), 101.

34 Perry Anderson 則認為，法國集權化的傾向，早在波旁王朝中業已經出現，當時的形態是以地方的封建力量跟中央的王朝權力的角力，在地方上則是 intendants 和 parlament 之爭，這後來亦誘發了十七世紀的地方叛亂事件，詳見 Perry Anderson, *Lineages of the Absolute State* (London: Verso, 2013), 96-101. 這跟托克維爾所論，王室在波旁王朝對地方貴族的削弱，而貴族和資產階級的利益對立使得兩者難以並存，因此當資產階級起來反抗時，王室難以倚仗貴族力量抗衡的觀點，觀點是相近的。另見 Alexis de Tocqueville, *The Ancien Régime and the French Revolution*, trans. Arthur Goldhammer (Cambridge: Cambridge University press, 2011)

35 John C. Torpey, *The Invention of the Passport*, 35.

36 有鑑於現代德國最早在一八七一年後才完成最早的統一政體，因此在此前的相關地區一律統稱德語地區，以免出現混淆。

37 John C. Torpey, *The Invention of the Passport*, 71.

38 John C. Torpey, *The Invention of the Passport*, 72.

39 John C. Torpey, *The Invention of the Passport*, 85.

40 按學者估算，在一八二〇年後的一百年，單是歐洲有超過六千萬人遠渡新世界，其中有五分三人是去美國的。Kevin H. O'Rourke and Jeffrey G. Williamson, *Globalization and History: The Evolution of a Nineteenth-Century Atlantic Economy* (Cambridge: The MIT Press, 2001), 119.

41 張豈之，陳振江，江沛著，《晚清民國史》（台北：五南，二〇〇二），頁一六二。

42 John C. Torpey, *The Invention of the Passport*, 118-9.

43 范振水，《中國護照》（香港：三聯，二〇〇四）。

44 國家移民管理局，《我國護照的歷史變遷》，二〇一九年三月二十七日，於二〇二二年五月十七日擷取自 https://www.nia.gov.cn/n741435/n907688/n932715/n962249/n962305/n962894/c972683/content.html。

45 Erez Manela, *The Wilsonian Moment: Self-Determination and the International Origins of Anticolonial Nationalism* (Oxford: Oxford University Press, 2009).

46 John C. Torpey, *The Invention of the Passport*, 157.

47 John C. Torpey, *Invention of the Passport*, 152-3.

48 〈大會第三屆會議通過的決議〉，《聯合國》，於二〇二二年五月十七日擷取自 https://www.un.org/chinese/aboutun/prinorgs/ga/3/3all1.htm。

49 John C. Torpey, *The Invention of the Passport*, 179.

50 John C. Torpey, *The Invention of the Passport*, 41.

51 David J. Kertzer and E. J. Hobsbawm, "Ethnicity and Nationalism in Europe Today," *Anthropology today*, 2/1/1992, ISSN: 0268-540X, Volume 8, Issue 1, 3.

52 Ernest Renan, *What Is a Nation? and Other Political Writings*, trans. M. F. N. Giglioli (New York: Columbia University Press, 2018), 251.

53 Carlton J. H. Hayes, "Nationalism as a Religion," in *Essays on Nationalism* (New York: Russell, 1966), 92-125.

54 Shlomo Sand, *The Invention of Jewish People* (London: Verso, 2008), 42-3. 當然，不同學者對這民族主義的發展差異有相當不同的分析，如 Liah Greenfeld（一九五四－）便是從社會學角度比較不同歐洲國家的現代化進路跟其民族主義發展的關係，如西方是基於社會階層的形同而塑造出來，如英國是來自議會菁英和城市的識字人口、美國是來自有識之歐洲移民、法國則是龐大的資產階級，至於在東方則是倚靠一小撮人的引入而生成，如俄國是少數貴族菁英，德國則是文化菁英對民族思想的引入所致。這跟霍布斯邦理解的兩波民族主義化浪潮大為不同，後者認為第一波是英美為代表的自由民主主義的民族化浪潮，後者則帶有強烈的語言民族主義和種族主義的傾向，結果導致法西斯的出現。Ernest Gellner（一九二五－一九九五）跟霍布斯邦的想法類似，同樣認為民族主義的浪潮有東西歐之異，西方基於擁有悠久的高雅文化，因而順理成章地形成民族的邊界，而中、東歐則長時期處於政治亂局，沒有產生高雅文化，因此更需要強調文化同質主義，結果走向民族甚至種族主義的方向。只是 Liah Greenfeld 的討論並無歷史發展的宏觀視野，社會學角度也限制了她推想民族主義思想背後的哲學意涵，而 Sand 也批評霍布斯邦或者 Ernest Gellner 的討論忽視了中、東歐各國的差異性，例如德國地區的啟蒙高雅文化無可置疑，但依然產生了語言文化國族主義，至於波蘭的天主教共同體、希臘的共和精神式獨立戰爭，以及意大利統一時的高度公民政治中心，也是霍布斯邦的後進民族主義發展難以解釋的。詳看 Ernest Gellner, *Nations and Nationalism* (Ithaca: Cornell University Press, 2009). Liah Greenfeld, *Nationalism: Five Roads to Modernity* (Cambridge: Harvard University Press, 2007). Eric Hobsbawm, *Nations and Nationalism Since 1780* (Cambridge: Cambridge University Press, 1997). Shlomo Sand, *The Invention of Jewish People*, 52-3.

55 梁啟超，《飲冰室全集》（北京：中華書局，二〇一五）。

56 Karl Mannheim, *Essays on the Sociology of Knowledge* (Forgotten Books, 2012).

57 John Breuilly 便認為費希特演說所針對主要是少數的文化菁英階層，如士官或者受教育的官僚文人，但民族主義作為大眾的意識，可能更加受一些大眾文化生產如 Father Jahn（一七七八－一八五二）的作品或者 Ernst Moritz Arndt（一七六九－一八六〇）的詩歌所影響，還未算上當時一八一四年維也納和議後，普魯士、奧匈帝國等國家的管治菁英階層如何借用文化國族主義思想來進行軍事動員，或者吸引原來由法國占領的地區加入德意志的國家，不同因素的影響下均使得後拿破崙時期的德語地區繼續大力提倡民族主義，而這些原因早已跟費希特的自由主義傾向相去甚遠。詳看 John Breuilly, "The Response to Napoleon and German Nationalism," in *The Bee and the Eagle: Napoleonic France and the End of the Holy Roman Empire*, Alan Forrest, Peter H. Wilson (eds.) (London: Palgrave Macmillan, 2009), 256-284.

58 Carl Schmitt, *The Concept of the Political*, 30.

59 這兒採用了德國哲學家阿多諾對於思維概念和世間真實相之間存在一致性對應的假像的講法，以提出其對於 nonidentity 的想法或者對 identity thinking 的批判。詳見 Theodor W. Adorno, *Negative Dialectics* (London: Continuum, 1997). Theodor W. Adorno, *Lectures on Negative Dialectics : Fragments of a Lecture Course 1965/1966* (Oxford: Polity Press, 2008). Brian O'Connor, *Adorno* (London: Routledge, 2012), 100-6. Alison Stone, "Adorno and Logic," in *Theodor Adorno: Key Concepts*, Deborah Cook (ed.) (Durham: Acumen Publishing, 2013).

60 Stefan Berger and Christoph Conrad, *The Past as History: National Identity and Historical Consciousness in Modern Europe* (London: Palgrave Macmillan, 2014) 81-3.

61 Joep Leerssen, "Setting the Scene for National History," in *Nationalizing the Past: Historians as Nation Builders in Modern Europe*, Stefan Berger and Christoph Lorenz (eds.) (London: Palgrave MacMillan, 2014), 76-7.

62 Joep Leerssen, "Setting the Scene for National History," 77.

63 若希望了解凱撒大帝如何自述其英國遠征之旅，可參考 Julius Caesar, *The Conquest of Gaul*, trans. Jane Gardner and S. Handford (London: Penguin, 1983), 97-114. 另外關於羅馬軍隊在英國遺留的諸多足跡，可參考 Mary Beard, *SPQR: A History of Ancient Rome* (Liveright, 2016), 66, 75, 485.

64 近年在華語世界的出版翻譯中，關於塞爾特人研究較為代表性的是原聖的作品。原聖（はら　きよし），《凱爾特・最初的歐洲：被羅馬與基督教覆蓋的文化水脈》（台北：八旗文化，二〇一九）。

65 Joep Leerssen, "Setting the Scene for National History," 78.

66 這故事記載於半神話式的中世紀史書《愛爾蘭征服記》（*Lebor Gabála Érenn*）中，其史實並不可信。

67 Joep Leerssen, "Setting the Scene for National History," 79.

68 Giambattista Vico, *The New Science*, trans. Jason Taylor & Robert C. Miner (New Haven: Yale University Press, 2020)

69 Friedrich Wilhelm Joseph Schelling, *Historical-Critical Introduction to the Philosophy of Mythology*, trans. Mason Richey and Markus Zisselsberger (New York: State University of New York Press, 2008).

70 Georg Wilhelm Friedrich Hegel, *The Phenomenology of Spirit*, trans. Terry Pinkard (Cambridge: Cambridge University Press, 2019).

71 例如一八八四年出版的合集 *The pictorial history of Ireland, from the landing of the Milesians to the present time* 便是結合了十八、九世紀不同愛爾蘭史家的類似歷史書寫的嘗試。Joep Leerssen, "Setting the Scene for National History," 82.

72 Joep Leerssen, "Setting the Scene for National History," 84.

73 David J. Kertzer and E. J. Hobsbawm, "Ethnicity and Nationalism in Europe Today," 3.

74 Mauro Moretti, "A Taste of History, " in *Atlas of European Historiography: The Making of a Profession 1800-2005*, Ilaria Porciani & Lutz Raphael (eds.) (London: Palgrave MacMillan, 2010), 3.

75 Ilaria Porciani, "Setting Frames for the Discipline," in *Atlas of European Historiography: The Making of a Profession 1800-2005*, Ilaria Porciani and Lutz Raphael (eds.) (London: Palgrave MacMillan, 2010), 7.

76 Ariella Azoulay, *Potential History: Unlearning Imperialism* (London: Verso, 2019). 另參班納迪克・安德森，《想像的共同體》，頁 246-253。

77 這兒借用了 Shlomo Sand 所自創的用詞，藉以把歷史的神話性表現出來的概念。詳見 Shlomo Sand, *The Invention of the Jewish People*, 64-129. 另參考 Shlomo Sand, *Twilight of History* (London: Verso, 2017).

78 Fredric Jameson, *The Seeds of Time* (New York: Columbia University Press, 1994), xii; 另參 Fredric Jameson, "Future City," New Left Review 21 (May/June 2003), 76.

79 李宇森，《主權在民論》，頁六。

80 沈旭暉，《國際政治夢工場：看電影學國際關係 vol. V》，（台北：秀威，二〇二二），頁八六。

81 Peter H. Wilson, *The Thirty Years War: Europe's Tragedy* (Cambridge: Harvard University Press, 2011).

82 Benno Teschke, *The Myth of 1648*, 3.

83 Hans J. Morgenthau, *Politics Among Nations: The Struggle for Power and Peace* (New York: McGraw-Hill, 1985), 210. Michael Sheehan, *The Balance of Power* (London: Routledge, 1996), 37-8. Hendrik Spruyt, *The Sovereign State and Its Competitors: An Analysis of Systems Change* (New Jersey: Princeton University Press, 1996). 另見 Andreas Osiander, "Sovereignty, International Relations, and the Westphalian Myth", *International organization*, 2001, Volume 55, Issue 2, 261.

84 Benno Teschke, "Debating 'The Myth of 1648': State Formation, the Interstate System and the Emergence of Capitalism in Europe -- A Rejoinder," *International Politics; Basingstoke* Vol. 43, Iss. 5, (Nov 2006): 531-573. Andreas Osiander,"Sovereignty, International Relations, and the Westphalian Myth".

85 現實主義的國際主義理論學者會稱之為無政府的國際政治，國家無須先天地服從於任何世俗或者宗教權威，因此新的政治世界變成國家之間合作與衝突的舞台。詳看 Hedley Bull, *The Anarchical Society (3rd)* (New York: Columbia University Press, 2002). 另參 Edward Keene, *Beyond the Anarchical Society: Grotius, Colonialism and Order in World Politics* (Cambridge: Cambridge University Press, 2002). John J. Mearsheimer, *The Tragedy of Great Power Politics* (London: W. W. Norton & Company, 2014). Kenneth N. Waltz, *Theory of International Politics* (Waveland Press, 2010).

86 Andreas Osiander,"Sovereignty, International Relations, and the Westphalian Myth", 267.

87 Derek Croxton, *Westphalia: The Last Christian Peace* (New York: Palgrave Macmillan, 2015), 356.

88 Derek Croxton, *Westphalia: The Last Christian Peace*, 357.

89 Derek Croxton, "The Peace of Westphalia of 1648 and the Origins of Sovereignty," *The International History Review*, Sep., 1999, Vol. 21, No. 3, 574.

90 Andreas Osiander,"Sovereignty, International Relations, and the Westphalian Myth", 267.

91 Andreas Osiander,"Sovereignty, International Relations, and the Westphalian Myth", 270.

92 這兒所稱作的偏見是取自詮釋學的進路，即人理解始終需要從某個角度切入，因此理解免不了偏見，並不是完全負面的意思。另參 Hans-Georg Gadamer, *Truth and Method* (London: Bloomsbury, 2013), 289-90.

93 Bardo Fassbender and Anne Peters, "Introduction: Towards A Global History Of International Law," in Bardo Fassbender and Anne Peters (eds.), *The Oxford Handbook of the History of International Law* (Oxford: Oxford University Press, 2012), DOI: 10.1093/law/9780199599752.003.0001.

94 Manfred Kuehn, *Kant: A Biography* (Cambridge: Cambridge University Press, 2002), 383.

95 Immanuel Kant, *Toward Perpetual Peace and Other Writings on Politics, Peace, and History*, trans. David L. Colclasure (New Haven, Yale University Press, 2006), 72-3.

96 Immanuel Kant, *Toward Perpetual Peace and Other Writings on Politics*, Peace, *and History*, 76.

97 Immanuel Kant, *Toward Perpetual Peace and Other Writings on Politics, Peace, and History*, 75.

98 Immanuel Kant, *Toward Perpetual Peace and Other Writings on Politics, Peace, and History*, 80.

99 Robert S. Taylor, "Kant's Political Religion: The Transparency of Perpetual Peace and the Highest Good," *The Review of Politics*, Vol. 72, No. 1 (winter 2010), 2-3. 當然也有康德學者不同意的，如 Allen Wood，另見 Allen Wood, *Kant's Ethical Thought* (Cambridge: Cambridge University Press, 1999).

100 Miguel Vatter, *Divine Democracy: Political Theology after Carl Schmitt* (Oxford: Oxford University Press, 2021), 200-201.

101 詳見《主權在民論》頁四九－五三的詳細討論，另參考 Jean-Jacques Rousseau, *The Social Contract and Other Later Political Writings*, trans. Victor Gourevitch (Cambridge: Cambridge University Press, 1997), 150-1.

102 神學政治上來說，視政治世界作為救贖的可能，變相是令上帝的恩寵變得可有可無，人可以通過建立理想的政治社會，以個人的理性選擇獲得幸福的人生，這接近神學上的新伯拉糾主義（Neo-Pelagianism），也是對奧古斯丁的原罪論與人類之城的缺欠的否定。詳看 Eric Nelson, *The Theology of Liberalism: Political Philosophy and The Justice of God* (Cambridge: Harvard University Press, 2019), 19-20.

103 Mircea Eliade, *The Sacred and the Profane: The Nature of Religion*, trans. Willard R. Trask (Orlando: Harcourt Inc, 1957), 12.

104 Carl Schmitt, *Nomos of the Earth*, 145.

105 Carl Schmitt, *Political Theology: Four Chapters on the Concept of Sovereignty*, trans. George Schwab (Chicago: University of Chicago Press, 2006), 36.

106 Max Horkheimer and Theodor W. Adorno, *Dialectic of Enlightenment*, trans. Edmund Jephcott (Palo Alto: Stanford University Press, 2007), xviii.

107 卡西勒以《國家的神話》（*The Myth of the State*）作為現代理性國家和神話化的結合作深入討論。但他希望反思的是其祖國淪為納粹極權的條件，乃是神話力量過分支配政治，缺乏制衡的理性力量，這是所謂浪漫主義到海德格哲學所帶來的非理性神話浪潮所致。但是卡西勒只是從德國思想史發展推導他對德國國家神話化的批判，而不是從整體的現代性對主權國家的膜拜出發，思索現代政治世界的再魅化問題。詳看 Ernst Cassirer, *The Myth of the State* (New Haven: Yale University Press, 2009).

108 Max Horkheimer and Theodor W. Adorno, *Dialectic of Enlightenment*, 3.

109 Max Horkheimer and Theodor W. Adorno, *Dialectic of Enlightenment*, 34.

110 Miguel Vatter, *Divine Democracy*, 242.

111 Jean Bodin, *On Sovereignty : Six Books Of The Commonwealth* (Cambridge: Cambridge University Press, 2009).

112 Maurice Halbwachs, *On Collective Memory*, (Chicago: Chicago University Press, 1992), 38-9.

113 最早以黑暗時代理解歐洲中世紀歷史的，可追溯至十四世紀人文主義的文學家彼特拉克（Francesco Petrarch，一三〇四－一三七四），他是歐洲早期文藝復興的領袖之一。作為最早一批重新接觸希羅文化的歐洲思想家，他哀嘆羅馬帝國的後代對羅馬史和文化一無所知，這是一種歷史的墮落，此為黑暗時代的開端。因此他所理解的黑暗時代，是從公元四七六年的西羅馬陷落作為開端，一直至他所身處的早期文藝復興。但值得注意的是，彼特拉克對歷史的哀悼是帶有其強烈的主觀價值，若參考同代的另一位偉大劇作家但丁（Dante Alighieri，一二六五－一三二一），在《神曲》（*Divina Commedia*）中便毫無古典與暗黑時代的區別，在〈天堂篇〉（Paradiso）的行善立功者位列中，便不乏中世紀學者教士和皇帝的身影，例如阿奎那（St. Thomas Aquinas，一二二五－一二七四）或者查士丁尼大帝（Justinianus I，四八三－五六五）。誰料到在現代，黑暗時代已經成了中世紀的同義詞，如十九世紀英國著名史家梅特蘭（Samuel Roffey Maitland，一七九二－一八六六）便在名作《黑暗時代》（*The Dark Age*）中提到，十二、三世紀才是黑暗時代中世紀的高峰。到了一九一一年第十一版的《大英百科全書》，同樣稱呼公元五至十世紀為黑暗時代，而十一至十五世紀則是中世紀，並且標明這是事實（reality）的描述。從歷史詮釋變成史實記錄，再以此產生相應的政治、社會和文化效果，「所有歷史都是當代史」，當代富有洞見的歷史學家貝羅齊（Benedetto Croce，一八六六－一九五二）如是說。

114 Wendell C. Beane and William G. Doty (eds.), *Myths, Rites, Symbols-A Mircea Eliade Reader* (Harper Colophon, 1976), 105-6. 宗教政治之間帶有極為複雜的互相借用交涉的關係，並不如 Carl Schmitt 所陳述的歷史，即政治作為單向的世俗化神學的發展路徑，神學同樣從政治演變和操作上有所吸收和轉化。另參 Carl Schmitt, *Political Theology*, 36.

[115] 柄谷行人著，林暉鈞譯，《世界史的結構》（台北：心靈工坊，二〇一三）。

[116] Tomas Baum, "A Quest for Inspiration in the Liberal Peace Paradigm: Back to Bentham?", *European Journal of International Relations.* 2008; 14(3): 431-453. doi:10.1177/1354066108092306

曖昧的中國政治秩序

自古帝王臨御天下，皆中國居內以制夷狄，夷狄居外以奉中國，未聞以夷狄居中國而制天下也。

——宋濂

道統之竊，沐猴而冠，教猱而升木，尸名以徼利，為夷狄盜賊之羽翼，以文致之為聖賢，而恣為妖妄，方且施施然謂守先王之道以化成天下；而受罰於天，不旋踵而亡。

——王夫之

在頭兩章，我先從主權的理想出發，看看現代共和民主與主權在民的理念如何指向永久和平國際秩序想像，但同時在殘酷的現實中，後起政治體（不論是否屬於主權國家的行列）都同樣經驗到截然不同的國際社會位階。這國際主權權力的不對等，如何通過列強國家的跨國軍事經濟支配，或是國際政治秩序的不同裝置，像是國際組織或者國際法等機制和政治體所造成。由此可見，主權和公法體系並不是對等的權力關係，不是殖民地擁有相關的政治自主的理念和知識，便能夠實現當中的自由自主精神。另一方面，我也嘗試點明現代主權國中的「國家」觀念，其實也不是一個常存既定的觀念，而是通過歷史中的各樣權力拉扯和偶然發展產生出來的特質集合體，在歷史的演變中不斷重新定義和豐富「主權國家」作為政治體的理解。因此，通過對主權國家種種特質的歷史重塑，可以看到「主權國家」這個觀念不過是一個歷史上某種透過制度、管治技術，將人和事物作特定安排的政治集結體（constellation）。換句話說，這是要顛覆和否想「國家」作為固定的政治體想像。

重新將「國家」觀念視為動態的變化是十分重要，因為現代帝國主義的形成，跟「現代國家」作為政治技術、知識、制度的權力裝置運作機制有著深刻的關係。其中，啟發自法國年鑑學派與法國哲學家福柯從管治術（Gouvernementalité）歷史進程的角度，我嘗試重新理解主權權力和國家發展軌跡，並藉此來剖析中國現代化過程中有關文化、政治和經濟這幾層的不平均發展，如何複節奏（polyrhythm）地結合，令現代主權國家得以在這片東亞的廣闊土地上出現。這個政治體如何通過人口控制為經，政治經濟的手段為緯，編織成了一個愈發深化和總體化的權力運作體系，深深嵌入社會生活的不同維度和層面之中。一如上章所講，西方國家現代化的種種特質，也是在跌宕中發展出來，中國同樣是歷經數百年的現代化，在不同層次的交互和碰撞中慢慢變化而產生如今主權國家的模樣。

為了方便分析，我會簡單將這極複合的過程分成三個維度——文化、政治和經濟。文化指的是一種意識的建立，即理解國家不再是帝王家族的私人財產，廣大平民不再是服務帝王家的奴婢。相反，國家是眾人的國家，是國民組成的國家，因此國家之利益便是社會之根本利益，這自然以近代中國極為重視的國族意識和國家安全作為主要的表徵。這觀念史有其千年的發展軌跡，但其中的物質化卻不能脫離濃厚的政治經濟脈絡[1]，由知識分子直接「教化」群眾來產生。由國民國家，解放無產階級到中華民族的復興，當中需要經濟和政治上的制度變遷，使中央政府有著高度有效的資源分配、人民監控與動員的能力，這權力不止是通過法令和執法體系，而且需要深入到黨校、工作單位、社會組織、日常生活的生產消費之中，讓整個所謂私人領域和關係組織，全都成為權力支配和規訓的工具。因此，如何重新把握新式管治性的特質和操作方式，理解到當前支配、規訓和剝削絕大多數人的政治經濟體系[2]，對於我們如何把握新型帝國化的政經形態，以至否想出後國族－主權的自主政治想像，有著極關鍵的作用。

一、國家安全與民族復興夢

習近平（一九五三－）在二〇一二年中共十八屆一中全會中接替前任主席胡錦濤（一九四二－），成為新任的中央委員會總書記和中共中央軍委會主席，正式掌握了軍政實權，並在二〇一三年三月在第十二屆人大會議上循例在形式上高票當選國家主席，自此中國進入了「以習近平同志為核心的黨中央」時代。這時代的特點之一，是將「國家安全」放到前所未有的重要位置。根據中共中央文獻黨史和文獻研究院出版的《習近平關於總體國家安全觀論述摘編》所記載，習近平早在二〇一二年十一月起發表的講話報告中，已經十分重視和強調國家安全的問題。

例如發表在二〇一三年的《關於〈中共中央關於全面深化改革若干重大問題的決定〉的說明》，習近平已提到：

國家安全和社會穩定是改革發展的前提。只有國家安全和社會穩定，改革發展才能不斷推進。當前，我國面臨對外維護國家主權、安全、發展利益，對內維護政治安全和社會穩定的雙重壓力，各種可以預見和難以預見的風險因素明顯增多。而我們的安全工作體制機制還不能適應維護國家安全的需要，需要搭建一個強有力的平台統籌國家安全工作。設立國家安全委員會，加強對國家安全工作的集中統一領導，已是當務之急。[3]

此後，國家安全成為習近平在不同講話、報告、指示、談話的重點關鍵詞。如根據二〇一四年《人民日報》的報導，習近平在中央國家安全委員會發表講話，

必須堅持總體國家安全觀，以人民安全為宗旨，以政治安全為根本，以經濟安全為基礎，以軍事、文化、社會安全為保障，以促進國際安全為依託，走出一條中國特色國家安全道路。貫徹落實總體國家安全觀，必須既重視外部安全，又重視內部安全，對內求發展、求變革、求穩定、建設平安中國，對外求和平、求合作、求共贏、建設和諧世界；既重視國土安全，又重視國民安全，堅持以民為本、以人為本，堅持國家安全一切為了人民、一切依靠人民，真正夯實國家安全的群眾基礎；既重視傳統安全，又重視非傳統安全，構建集政治安全、國土安全、軍事安全、經濟安全、文化安全、社會安全、科技安全、信息安全、生態安全、資源安全、核安全等於一體的國家安全體系；既重視發展問題，又

重視安全問題，發展是安全的基礎，安全是發展的條件，富國才能強兵，強兵才能衛國；既重視自身安全，又重視共同安全，打造命運共同體，推動各方朝著互利互惠、共同安全的目標相向而行[4]。

到了二〇一五年七月一日，第十二屆全國人大常委會第十五次會議通過《中華人民共和國國家安全法》。這法案後來在二〇二〇年以列入《基本法》附件三的方式，繞開香港立法程序而正式在香港實施[5]。所以在香港《國安法》生效後，每年的四月十五日都是「全民國家安全教育日」，宣揚上述的十六種國家安全概念[6]。同時，「中央政府將在香港公開派駐安全官員，以壓制那裡反對共產黨統治的聲音。該法授權這些派駐人員調查案件、收集情報，以及幫助監督國安法在學校、新聞媒體和社會組織中的執行情況。」[7]而在首宗國安法案件中，唐英傑在指定法官和沒有陪審團的新式國安法庭下，被裁定「煽動他人分裂國家罪」及「恐怖活動罪」兩罪罪成，重判九年[8]。許多中外學者也提出《國安法》帶來的法治黑洞，將對人權和自由帶來極壞的影響[9]。英國政府在唐英傑審訊期間發表第四十八份《香港半年報告書》（*The Six-monthly Report on Hong Kong 1 July to 31 December, 2020*），指出國安局在近半年實施以來對《蘋果日報》凍結資產，長時間關押十二港人在內地司法機關；還有《立場新聞》被國安法查封，一眾前董事和編輯被捕至今等等[10]，都充分反映了國安秩序對於香港人權自由的肆意侵犯[11]。最近香港前電台主持兼政黨人民力量的副主席譚得志（快必），因為在街站叫了幾句口號，被國安法庭裁定「發表煽動文字」罪名成立，以言入罪重判三年多，也不過是為國安恥辱柱多添一筆血債而已[12]。

毫無疑問，從中國國家安全委員會到香港的《國安法》，所謂保護國家安全和秩序是將「集體利益」

放在個體的權利自由之上，而這「集體利益」的意義自然是由權威所詮釋。但當繼續追問，這「集體」指的是誰呢？答案大概是呼之欲出，那便是全國人民。

一如習迎平在二〇一六年第一個全民國家安全教育日的講話，

> 國泰民安是人民群眾最基本、最普遍的願望。實現中華民族偉大復興的中國夢，保證人民安居樂業，國家安全是頭等大事……要堅持國家安全一切為了人民、一切依靠人民，動員全黨全社會共同努力，匯聚起維護國家安全的強大力量，夯實國家安全的社會基礎，防範化解各類安全風險，不斷提高人民群眾的安全感、幸福感。」[13] 因此，中華民族作為全體人民的利益，便是國家安全聲稱要保護的對象。一如中共在二〇二一年公布建黨以來第三份歷史決議，即《中共中央關於黨的百年奮鬥重大成就和歷史經驗的決議》所言，「黨把安全發展貫穿國家發展各領域全過程……嚴密防範和嚴厲打擊敵對勢力滲透、破壞、顛覆、分裂活動，頂住和反擊外部極端打壓遏制，開展涉港、涉台、涉疆、涉藏、涉海等鬥爭，加快建設海洋強國，有效維護國家安全[14]。

以國家安全作為政治法律秩序的新核心精神，其實暗合了數百年來中國的現代化進程，從傳統農業主導的經濟體，倚仗古老的官僚體制和稅收系統的大清帝國，蛻變成掌握現代治理術和政治經濟管治力量的新式帝國。近十年中國的非形式帝國化傾向，便是這種政治權力操作路徑的極致表現。法國哲學家福柯曾提到，現代政治的出現，可以理解為治理術演變化政治科學的過程。在第二章所討論的現代主權國家技術和知識的累積，用福柯的講法便是治理性的歷史。前現代和現代政治的最大分別在於，前者主要是圍繞著王族或者王室的歷史和利益，即使國土再大人口再多，國家的利益都只是統治家族的利益，僅此而已。但後者則是以整個國族人口為依歸，當然更重要的是新的管治階層的安全[15]。

這種以人口為對象，政治經濟學作為知識，通過各式各樣的制度、程序、分析、計算和策略來保障這個國族整體的安全，國家僅為了維護自身的存在，那便是現代政治的本質[16]。例如現代歐洲經濟學和統計學的出現，便對於德國統一和建立高效官僚體制有著直接的關係[17]。盧梭為《百科全書》（*Encyclopédie*）所寫的文章〈論政治經濟學〉（Discours sur l'oeconomie politique）更直接地點明政治範式的轉移，他認為在前現代的政治經濟體系，一如經濟學的詞的希臘文字源「Oikonomos」，由兩個字組成：「Oikos」（房屋）及「nomos」（法），因此合起來便是對家庭的正當管理。這正是傳統的政治經濟模式，視城邦、國家或帝國作為管治家族的財產，任其差遣調配。但現代政治則是視主權作為國家和整體公民的體現，因此國家的利益即全體的利益，也便是國家要追求和保障的目標，這便是公共經濟跟私有經濟的差異的開端[18]。

這種轉化為的不只是政權合法性的保障，更是在國際日漸劇烈的政經軍事衝突之中，增強鞏固國力最有利的方式。愈有效支配和驅動國土內的廣大民眾，擔當國家所需要的位置，愈有效地在生產消費鏈中，抽取稅收作為中央調配，便愈能在國際衝突上獲得優勢[19]。而治理性正正是新式的權力操作方式，通過對人口知識的掌握，結合了法律的禁制，制度的規訓（discipline）和安全的追求[20]，形成主權權力的現代政治結構[21]。

現代管治者在施行主權權力以前，需要持續對這社會的資訊和知識有充足的把握，那便催生了統計學和社會科學的發展，使得管治者得以整體地把握社會狀況。人口數據的系統蒐集彷彿令整個國家像個有機體，帶有天然的出生率、死亡率、平均收入、就業指數、平均歲數之類的數據，並且可以逐年反映其中的變化。社會資訊是現代管治者所必須的管治工具，不然政府很難進行深入到社會各個層面的控制。例如要控制國家的未來人口，可能便會通過生育令、家庭計畫或各項稅務福利優惠等政策來操縱全國整個人口的生育和移民情況，換句話說是要控制整國所有男女性行房的結果，這種對生命的支配力，便是他所稱之為生命權力（biopolitics）。

因此，知識即權力，知識的生產和累積主要都是為了國家和政治權力秩序服務，直接連繫著所擁有的權力。若盧梭把經濟學理念追溯至古希臘時代的原意，福柯同樣認為早在荷馬的時代，知識和真理便是深嵌在主權的法律體系內，作為權力施展的正當性基礎[22]。這大概是英國作家培根（Francis Bacon，一五六一－一六二六）高呼「知識即力量」（scientia potentia est）時，未及思索的現代意義。福柯重視的並非政府或者國家，相反現代國家其實正是治理性通過政治裝置（dispositif）和各樣知識累積生產出來的當代管治結構，並稱之為「國家」的現象。因此，「這不是國家取代了社會，而是我會稱之為國家的『管治化』（governmentalization）過程。」[23]

但是要發展出以人口治理為中心的新型政治科學觀，作為現代治理性的開端，必先要從觀念上印證，國家是作為人口的整體而不是王室家族的財產，這正是為何要追溯至早期社會契約的哲學思考[24]。例如英國哲學家霍布斯便通過傳統羅馬契約法精神，論證國家和全體人民的關係。霍布斯認為一個國家

（common-wealth）的形成，是當一群人同意通過契約方式，共同將本身享有的權利轉讓予一個人或者一個議會，並授權他作為所有人的代表。而這個擁有整個國家所有人授權的代表，便是國家的主權者。這個社會契約的目的，在於給予一個主權者絕對且正當的權力，換取人生和財產的安全[25]。所有人的安全，或曰國家安全，是作為全體公民服從於國家政治法律體制的目的，也是證成法律暴力的正當性基礎。洛克更是在這論說上更進一步，點明只有一個擁有財產的人，靜靜在國家下生活而獲得相應的財產制度及其他法律保障，那麼該受保護的公民便已默許同意（tacit consent）了國家對其管治的合法性[26]。

概要地說，這些早期社會契約思想不再跟隨傳統經院哲學對於國家宗教責任的重視，或者人文主義對共同體的道德寄託，國家現在單純作為一個保護安全和秩序的機器。而幸福的追求變成是私人領域的活動，與政治活動無關。因此，國家提供安全和秩序，為的只是不斷確保這種秩序的永續性，並無更高的價值。這重新定義了管治的目的性。而福柯也留意到這些社會契約討論，後來也成了公法體系的重要觀點，重新構作著新式的主權國際體系，這體系同樣是為了世界的安全和秩序，使得每個公民在享有充分的權利自由下，各自追求自己的理想生活[27]。

當然，政治權力的操作邏輯並不完全跟隨這些思想家的進路，國家通過人口的控制和規訓後獲得龐大財富和人力資源，自然不可能不擴張領土範圍和支配區域，使得國力可以加倍增長，令國家能在國際政治舞台上雄霸天下，因此管治性指向的必然是帝國化的傾向，把政治支配力擴張至全球的權力網，作為徹底地保護「國家安全」與「民族安全」，也便是統治階層安全和利益的方式。但這些社會契約的觀念依然扮演著一定的位置，助產了現代政治國家的出現。這是以論述的方式在政治經濟世界中發生作用，因而觀念作為論述被福柯稱為「外延事物的物質性」（materialism of the incorporeal）[28]。觀念跟外在事物一般，同樣在歷史的權力體現和衝突上發揮作用，這也是觀念不斷被生產和再生產的目的。

因此，借用福柯的政治分析框架，我們可以基本上把握到國家安全作為國家存在的主要目的，是一場政治範式轉移的結果，從王室家族為中心的政治經濟觀（可理解為大清愛新覺羅的皇族天下觀）[29]，銳變為以管治整個國族為中心[30]，並以國族利益為國家利益的新政治想像（以中華民族取代無產階級為中心的政治主體觀），並使得政治從制度、程序到社會科學知識上不斷累積，逐步使得國家管治術化，愈發有效地通過不同政治裝置和制度，工具和技術，展現主權的權力支配，為的是不斷鞏固管治階層既有的利益和權力關係。

如果從管治性歷史來重看中國政治現代化的進程，可以理解到從元末明初到現代中國的發展過程中，其實是通過不同的制度設置、知識累積、觀念改造、秩序更替下慢慢建立起強大的官僚體制、無孔不入的社會控制、高效的資源運用與人民的高度向心力，使中國從被列強瓜分的日落帝國，變成二十一世紀的新型超級大國，足以跟歐美傳統列強拼一日之長短，以致迫使美國外交戰略的重心轉移，由奧巴馬（Barack Obama，一九六一－，另譯歐巴馬）的「重返亞洲」計畫到特朗普的「印太戰略」[31]，還有新任總統拜登（Joe Biden，一九四二－）的「南海政策」[32]，無不是衝著二十一世紀中國崛起而來。只是管治性歷史的陳述並不代表線性的史觀，或者跟著宏觀政治藍圖一步步建立的現代化路線。與此相反，不同裝置制度和知識秩序的發展並非同步的，各自都是在不同權力拉扯和衝突中出現和變化，在各種偶然和跌宕中，慢慢使得中國現代化的條件逐步產生出來，為八、九十年代改革和發展做好的準備，從而一躍而成一個大帝國。在往後幾節，我會從幾個進路簡述中國近幾百年來，政治經濟現代化發展的幾個面向，分別是國民國家、財富流動和黨國政治秩序，這三層剛好對應著文化、經濟和政治在中國的複節奏發展。

二、民族國家

出自《左傳》的「非我族類，其心必異」，固然是千載以來的共通想法，但註是同族卻又是有理說不清的難題。在春秋的世界，連華南地區的楚國也算不上同族[33]。而在現當代，則是以國民國家的概念取代傳統的跨民族帝國，作為現代國家管治的新文化意識主體。在這面向上，政治體便不再是單純作為外族或王族進占了權力的中心，然後以強權奴役大多數臣民，或者非我族類的平民，作為帝國征伐立國的結果。反而國家能夠有效成為連結領土內的人，成為同一個政治體，擁有共同的利益和安全。而政權的合法性正是通過保護這共同利益作為自身的利益，服務國家全體利益成了管治者理解自身角色和統治基礎。我們可以看到這轉變經歷了數百年的漫長發展過程，甚至能夠接上千年來儒家、法家政治思想。為方便討論，本節僅提供一個簡略的梳理，尤其自元末至當代中國的政治思想發展，一瞥國民國家的理念如何一步步成形，帶動各式的制度和知識的出現，將政治體轉化成總體國家，有效地控制和規訓全國公民，建立一個高效驅動人口和財富的現代管治機器，作為新型帝國化的必需條件。

不論是元末明初或者明末清初，政治動盪，禮壞樂崩，連帶傳統的「專制」思想和體制也一併動搖，現代政治思想史大家蕭公權（一八九七－一九八一）認為「明代政論特點之一即為注意於民本、民族之觀念，上復先秦古學，下開近世風氣。明初之劉基（一三一一－一三七五）、方孝孺（一三五七－一四〇二），與明末清初之黃宗羲（一六一〇－一六九五）、王夫之（一六一九－一六九二）分別代表這兩種趨勢，皆對專制天下之弊政加以嚴重之攻擊。」[34]蕭公權認為中國士人產生這種有別於傳統三綱五常的君臣絕對階級秩序，主要是因為外族入侵和建立歧視性的社會體制，加劇族群衝突，社會紛爭和暴力無日無之，對這傳統士人階層帶來徹底震撼的經歷，「蒙古人既以征服者自居，對漢人遂大施陵虐。舉其尤甚者如漢人不得為庶官之長……田地既多為蒙古、色目所占奪，租稅則仍為漢人所承擔。國家常課以外，復須供奉領主。民不聊生，至於自殺」、「元末則群雄鋒起，大都迫於饑寒，出身微賤。切齒於異族之暴政，遂奮起而傾覆之。劉、方之政論則此反抗異族專制政治運動思想上之反映也。」[35]

方孝孺言及「天之立君，所以為民。」、「人君之職，為天養民者也。」、「天之意以為位乎民上者當養民，德高眾人者當輔眾人之不至。固其職宜然耳，奚可以為功哉？後世人君知民之職在乎奉上而不知君之職在乎養民，是以求於民者致其詳而盡於己者卒怠而不修。」[36]這兒當然帶有強烈的孟子式民本之義，認為君臣各有其分，為君者應該待民為尊，努力在政事中使民的生活改善，生活富足。但不同於傳統儒學甚至劉基，方孝孺存有文化民族之意識，作為國民國家先驅的想法。這早在其先師宋濂（一三一〇－一三八一）[37]的思想早見端倪。朱元璋在順天府北伐時，宋濂寫的討元檄詞《檄諭齊魯河洛燕薊秦晉之人》已經明言，「自古帝王臨御天下，皆中國居內以制夷狄，夷狄居外以奉中國，未聞以夷狄居中國而制天下也。自宋祚傾移，元以北狄入主中國，四海以內，罔不臣服，此豈人力，實乃天授……當此之時，天運循環，中原氣盛，億兆之中，當降生聖人，驅逐胡虜，恢復中華，立綱陳紀，救濟斯民。」[38]這高舉華夷之別和中華民族中心的口號，在五百多年後在孫文（一八六六－一九二五）的中國興中會成立時借了過來，改寫為「驅除韃虜，恢復中國，創立合眾政府。倘有貳心，神明鑑察」作為入會誓詞。後來一九〇五年成立同盟會時，綱領也定為「驅除韃虜，恢復中華，創立民國，平均地權」，同樣清楚見到孫文如何引入宋濂在檄文的用詞，以至其背後的文化國族之意識。

方孝孺在《後正統論》更進一步發揮檄文之意，尤其著重道統之說。「夷狄而潛中國，女后而據天位，治如符堅，才如武氏，亦不可繼統也。」因為取位之根本分為兩大法則，一是君臣之分，二為華夷之別，而後者是方孝孺尤其強調的面向。「夷狄之不可為統，何其本也。曰：書曰蠻夷猾夏，寇賊姦宄，而光晃以為陰陽不和，姦臣盜賊皆元之咎，誠非其理。」[39]這不是基於血統之別，而是在於人倫社會之關係，帶來文化甚至文明上的差異，這使得外族即使成為侵襲，甚至據得高位，仍然無法得到正統的政治權力，令漢人心悅誠服。「夫所貴乎中國者以其有人倫也，以其有禮文之美，衣冠之制，可以入先王之道也。彼篡臣賊后者乘其君之間，弒而奪其位，人倫亡也，而可以主天下乎？苟從而主之，是率天下之民無父無君也。」[40]文化的正統先於政治的正當性，而中國本有著同一的文化身分，由禮儀習俗、風土人情到倫理價值，無不與外族相違。當然，這文化同一性到底有多大程度為真，還是作為想像共同體的共同特質設想，這是可以置疑的。

到了明末清初的亂世，同樣是政治思想活躍繽紛之時，王夫之作為當時一流的思想家，同樣對政制提出精闢的見解，「其論種族，尤為透闢精警，直可前無古人。」[41]不同於方孝孺理解的華夷之別正統論主要在於文化道德上的分野，王夫之直指這是來自於自然秩序，一如山川萬物，昆蟲動物皆有其類，人類也不例外。「今夫玄駒之有君也，長其穴壤，而赤蚍、飛蚼之窺其門者，必部其族以噬殺之，終遠其垤，無相干雜，則役眾蠢者，必有以護之也。」

過去宋、明儒般即使不走心性之學，講氣也會重視理學為道德論，如程頤（一〇三三－一一〇七）或者朱熹（一一三〇－一二〇〇）的「性即理」。但王夫之不取這進路，更強調「氣」的意義，以至從「氣」的基礎出發闡釋國家與民族的關係[42]。因此，他以各類動物昆蟲所共有的自然法質，推導出同類的人會相聚成國，不容異族所侵。「民之初生，自紀成群。遠其沴害，擯其夷狄，建統惟君。故仁以自愛其類，義以自制其倫。強幹自輔，所以凝黃中之絪縕也。」[43]因此，仁義作為道德秩序的基礎，是首先基於族群的相似性，人總是愛其類，然後可以共建一個共享的社會道德群體，這正是民族之大義。

民族之義既立，便可取長補短，互相補足，使民族日漸強大，故此他在《黃書》所言，「智小一身，力舉天下，保其類者為之長，衛其群者為之君。」、「然後植其弱，掖其長，揚其潔，傾其滓，冠昏飲射以文之。哭踊虞祔以哀之，堂廉級次以序之，刑殺征伐以整之」、「族類之不能自固，而何他仁義之云云也哉。」[44]而王夫之認為中國不容夷狄侵犯，有兩個不同而相關的意義。一是將中國理解為一個地域上的統一地區，這地區因為氣候環境相似，故孕育出價值倫理觀相近的群族，可聚居而成一個獨特的國族[45]。例如他在《讀通鑑論》卷十三所言：

> 天以洪鈞一氣生長萬族，而地限之以其域，天氣亦隨之而變，天命亦隨之而殊。中國之形如箕，坤維其膺也，山兩分而兩迤，北自賀蘭，東垂於碣石，南自岷山，東垂於五嶺，而中為奧區，為神皋焉。故裔夷者，如衣之裔垂於邊幅，而因山阻漢以自立，地形之異，即天氣之分；為其性情之所便，即其生理之所存。濫而進宅乎神皋焉，非不歆其美利也，地之所不宜，天之所不佑，性之所不順，命之所不安。是故拓拔氏遷雒而敗，完顏氏遷蔡而亡，游鱗於沙渚，嘯狐於平原，將安歸哉？待盡而已矣[46]。

這點上跟孟德斯鳩（Montesquieu，一六八九－一七五五）所談的環境決定論出奇的相似。孟德斯鳩認為地理之別會帶來天氣環境之異，在不同自然環境下會影響到人的品性，從而帶來不同的特質，造就了各種不同的族群。這些族群之間基於其品性之分別，適合實行的政治體制和法律秩序都會截然不同[47]。而王夫之正正以為這個中華之境有其地限，地限之內有著相近的天氣和環境，故此孕育著相近氣性的民族。而地域以外者則是成長不同環境的外族，若進入中華領域統治必然會跟原來領地的人發生激烈的衝突，不管是政治社會還是文化道德上，注定彼此是難以並存。然而，相對於方孝孺的文化差異論帶有相對強烈的文化優越觀，王夫之的自然主義進路，以物質差異訴說人以群分，算是有著一定的眾生平等進路。

有趣的是，清初的帝王同樣意識到在帝國管治異族的困難，尤其以少數的滿人管理一個跨民族的大版圖國度，民族的衝突往往是政治秩序的重大危機之一。「漢人心不齊。如滿州、蒙古，數十萬人皆一心。朕臨御多年，每以漢人為難治，以其不能一心如故。」在《清實錄》中記錄了康熙帝的感慨[48]。後來雍正帝（一六七八－一七三五）編著《大義覺迷錄》，同樣高度重視跨種族的管治問題。「且夷狄之名，本朝所不諱。孟子云：『舜東夷之人也，文王西夷之人也。』本其所生而言，猶今人之籍貫耳。況滿洲人皆恥附於漢人之列，準噶爾呼滿洲為蠻子，滿洲聞之，莫不忿恨之，而逆賊以夷狄為誚，誠醉生夢死之禽獸矣。」只是雍正認為只要管之有道，四海昇平，即使不同種族者皆會俯首臣服，萬民同心[49]。只是，雍正帝這部奇書在乾隆上台後卻被禁止發行和刊印，由此可見滿族皇族對多民族國家的管治理念也出現相當大的搖擺。

另一點王夫之對中國的理解，自然是文化上的不容侵犯。這點上王夫之也跟隨著類似方孝孺的道統之說，「天下所極重而不可竊者二：天子之位也，是謂治統。聖人之教也，是謂道統。」因此認為外族即使一時三刻獲得政治軍事上的優勢，得以霸占了中華的權力之首，但他們終究無法獲享聖人教誨的啟迪，無法以仁德教化萬物，故曰必亡。「道統之竊，沐猴而冠，教猱而升木，屍名以徼利，為夷狄盜賊之羽翼，以文致之為聖賢，而恣為妖妄，方且施施然謂守先王之道以化成天下；而受罰於天，不旋踵而亡。」蕭公權對王夫之民族本位的政治觀的高舉，在政治思想史中並非孤例。

清末維新派領袖梁啟超被喻為中華民族的「發明者」，努力推動國家以國族化方式實現現代化[50]。他同樣對王夫之欽佩不已，在《中國近三百年學術史》，他提及「船山學問之博大……船山學術，兩百多年沒有傳人。到咸、同間，羅羅山澤南像稍得著一點。後來我的畏友譚壯飛嗣同研究得很深。我讀船山書，都是壯飛教我。但船山的復活，只怕還在今日之後哩！」[51]梁啟超沒有想錯，自從清代中業起，王夫之的作品開始整理和刊出，隨即大大影響了當時的知識分子，湘軍集體領袖如曾國藩（一八一一－一八七二）、左宗棠或者郭嵩燾俱是王船山的重要讀者。譚嗣同曾言，「五百年來，真通天人之故者，船山一人而已。」[52]

當然，同為後繼船山的思想發展，章太炎（一八六九－一九三六）或者劉師培（一八八四－一九一九）等人的革命派跟梁啟超和楊度（一八七五－一九三一）的立憲派，進路還是有所不同。章太炎高舉的是排滿主導的漢族中心主義，畢竟滿人漢人非同族，不應共建國家，同負一軛。如果反清旨在重定道統，乃應建立以漢族為中心的民族國家，這便是革命派所理解的民族國家意義，國家應為一個同質群體所建的政治秩序。但立憲派則對國族的想法比較開放，這也是建立在清代以來多族共生的政治情形，使得五族共和不是空想的結果，而是數百年實踐的經驗所得[53]。而孫文的革命觀也曾在兩派之間出現過相當大的搖擺：在興中會或者同盟會成立時，他一直都主張以「驅除韃虜，恢復中華」為綱領，其中「韃虜」一詞顯然是中原漢人對北方滿、蒙人外族的蔑視，一如岳飛（一一〇三－一一四二）的名句，「壯志飢餐胡虜肉，笑談渴飲匈奴血」，都是充滿對北方部族的排拒。但到了一九一二年孫文發表《中華民國臨時大總統宣言書》，便改為主張立憲派的五族共和論，其中提到「國家之本，在於人民。合漢、滿、蒙、回、藏諸地方為一國，即合漢、滿、蒙、回、藏諸族為一人。是曰民族之統一。」[54]這跟楊度所提的「五族君憲論」十分接近，卻遠離了原初的漢族中心論[55]。

方孝孺或者王夫之的思想更跨越晚清和民國，一直影響到共產中國的出現。可以說，即使在中國興起的共產主義，也是跟民族國家有著極深的關係。這一方面是因為一九一九年巴黎和會中，美國總統威爾遜的民族自主承諾，在東亞的脈絡中全然落空，這歷史教訓使得許多當時滿心熱血，希望能以平等主權國身分加入國際社會的知識青年大感失望，轉而投向共產主義的民族革命之中[56]。另一方面，也是因為共產蘇聯改變原有對民族革命的抗拒，轉移支持前殖民地地區進行民族獨立運動。如列寧在一九二〇年的共產國際第二次大會上，發表關於民族和殖民地的報告初稿中提到，「共產國際在民族和殖民地問題上的全部政策，主要應該是使各民族和各國的無產者和勞動群眾為共同進行革命鬥爭、打倒地主和資產階級而彼此接近起來。因為只有這種接近，才能保證戰勝資本主義，如果沒有這一勝利，便不能消滅民族壓迫和不平等的現象。」[57]

因此中國早期共產黨領袖陳獨秀便曾說到，「被壓迫民族是資本帝國主義的產物，被壓迫的勞動者為他生產商品，被壓迫的落後民族為他推銷商品和生產原料，這是資本帝國主義的兩個支柱。被壓迫的民族反抗資本帝國主義的壓迫，以至走到戰爭，都是天經地義，無可非難，這樣為民族自由而戰的大鬥爭，無論為何人所領導，民族中一切進步分子都應該擁護；因為不但為資產階級所領導，即令是封建王公所領導的民族解放戰爭，也有打擊資本帝國主義的進步意義。」[58]因此，共產革命跟民族自立的反抗戰爭是一致的，共產運動成了復興民族國家的新戰線。

至於毛澤東（一八九三－一九七六）更是早在湖南第一師範就讀時，已經從老師楊昌濟（一八七一－一九二〇）的講課中了解王船山的思想[59]，及後寓居於長沙船山學社時也不斷研究王船山的思想。因此，民族論也早就滲進他的論述中，先不論早期抗日的民族自立論述，在立國後，民族論繼續成為他言論思想的核心部分。例如他代表中共中央，在全國戰鬥英雄代表會議和全國工農兵勞動模範代表會議上致的祝詞中提到，「你們在消滅敵人的鬥爭中，在恢復和發展工農業生產的鬥爭中，克服了很多的艱難困苦，表現了極大的勇敢、智慧和積極性。你們是全中華民族的模範人物，是推動各方面人民事業勝利前進的骨幹，是人民政府的可靠支柱和人民政府聯繫廣大群眾的橋樑。」[60]

不難想像，力圖建立大國復興夢的習近平，當然也不斷引用王夫之的想法。例如在二〇一四年九月，習近平在慶祝中國政協成立六十五周年的大會上講話，引用王夫之的「名非天造，必從其實」，藉此強調實踐在共產黨管治過程中的重要，也是政治協商會議一直扮演的重要角色，比單純的紙上談兵更為有效。翌年五月第十八屆五中全會閉幕時，習近平再次引用王夫之的「理者，物之固然，事之所以然也」，討論理氣互通的想法，作為其推動國家十三五宏觀規劃時的重要思想原則，通過研究具體經濟規律來定立國家發展的藍圖，借助改革開放的發展經驗來推動將來的重大經濟計劃。在二〇一六年新年前夕，習近平又一次引用王船山的「新故相推，日生不滯」，表達對未來的願景[61]。

同時，習近平也吸收了王船山的民族思想，不斷通過中華民族復興夢來彰顯共產中國的成功和偉大。例如早在二〇一三年，習近平在印尼議會講話中，便多次談到他上任後一直在談的復興「中國夢」，新中國成立六十年實現特別是改革開放三十年，中國開闢了一條成功的發展道路，實現了舉世願景的發展成就。中國未來發展實現了戰略發展，明確了目標，即到二〇二〇年實現國內生產糧食和農村人口收入比二〇一〇年翻一番，全面建成小康社會；到本世紀中葉建成富強民主文明社會主義現代化國家，實現中華民族偉大復興。百年夙願，也是中國為人類形成的必要條件[62]。

這是他往後幾年一直在公開場合的講話與報告中反覆提及的主題，以至於納入習近平時代的新社會主義指導思想[63]。在二〇二一年的中共中央委員會頒布的歷史決議中，毫不意外地出現類似的講法：

> 黨中央號召，全黨全軍全國各族人民要更加緊密地團結在以習近平同志為核心的黨中央周圍，全面貫徹習近平新時代中國特色社會主義思想，大力弘揚偉大建黨精神，勿忘昨天的苦難輝煌，無愧今天的使命擔當，不負明天的偉大夢想，以史為鑑、開創未來，埋頭苦幹、勇毅前行，為實現第二個百年奮鬥目標、實現中華民族偉大復興的中國夢而不懈奮鬥[64]。

這兒已不難看到毛澤東或者習近平如何將中華民族、人民政府、中國共產黨和中國放在同一個籃子，彷彿它們是同義詞似的。這實質上便是體現了國族國家的理念，不再視國家作為愛新覺羅或者其他皇族家族的財產，而是作為整個國族所共享的政治體，共享著同樣的利益和榮譽，而國家政府則是作為守護這國家利益的重要一員，為的是所有人的利益，可以從百年屈辱史中抬起頭來[65]。

但這當然只是個神話或者虛假意識，現代國家機器服務的只是管治階層，或者「紅二、三代貴族」。但現代政治確實是需要這種文化和意識，使得政權可以正當地控制社會和國民，搾取國家發展所需要的資源。同時，民間也能以民族主義作為新式的國民宗教，作為某種超然的意義來源，令其可以獲得投入奉獻和犧牲的對象[66]。只是，現代國家並不能單純倚靠廣泛認受的文化意識而存在。剛好相反，「中華民族偉大復興」的觀念得以在當代不斷被生產，正是因為當代才出現支持大國崛起的種種政治經濟條件。儘管那些條件的出現是有多殘酷，是經歷幾多逼害殘殺和不幸意外，才慢慢建立起來的新政經秩序。

三、財政秩序的發展

通過國族凝聚而成一個緊密的國家，追求國家安全和利益至上，是現代國家發展的新範式。但是政治想像不純是意識的活動產物，套用馬克思（Karl Marx，一八一八－一八八三）的講法，便是物質條件決定意識，而不是意識決定物質[67]。要理解中國國族意識的生產和流動，則不能不繞開其賴以存在的物質條件。不能單純從文化理念出發構想，而要思考管治性如何通過知識、制度和組織，高效地從領地的人口中蒐集或者調動所需要的人力或者剩餘價值，作為國家機器的驅動力。這是對國力發展無比重要的事，也是現代大國所必需的管治技術。所以這節會重點梳理中國現代化跟財金發展的關係，下一節再去討論政治社會組織和動員能力，以全面地看中國現代化作為管治性歷史下，財金、政治和文化如何不均衡地發展，最後帶來八十年代改革開放後的強大社會政治力量，成為今日所見證的「中國復興夢」。

中國傳統以來，一直是個以農業和手工藝主導的經濟體。這意味著絕大多數的勞動人口及其勞動產出的成果，主要都是來自農業而非工商業的生產。所以大清政府，以至於歷朝歷代的共同課題，便是如何有效地從廣大的農耕鄉村收稅，作為皇族開支、文官系統日常運作，以及其他軍事社會用途。根據美國漢學家孔飛力（Philip A. Kuhn，一九三三－二〇一六）的研究，清代初期的稅收系統，主要承襲自明代的登錄系統，「一種是土地清冊，記錄了所有應納稅土地的數量、質量以及擁有者。另一種是戶口清冊，記錄了包括田賦和勞役服務在內的應納稅額。在明代早期的里甲制度之下，地方上的里甲長要輪班承擔的一種義務，便是收稅。」[68]但是這登錄隨著明清交替時代的內亂戰禍與人口遷移而變得不可靠。於是早在順治年間，刑科左給事中魏象樞上書朝廷，要求將戶部職能常規化，各省各部的財政需要由戶口統計審查[69]。到了康熙帝上任初期，朝廷便索性將土地徵收稅款的數字劃一，鑄刻在石板上並在縣衙門公布出來，方便地方官差收稅[70]。並且要求上報到戶部的總數必須和實質的稅收數目、原額、上報總數和上報細目一致。這便成為早期清代財政監督體系的「奏銷制度」，使得人丁稅和土地稅收更加容易控制，也更容易發現虧空或者多報漏報的情況[71]。

但是這種固定的稅收系統，在人口大幅膨脹的社會秩序下，逐漸脫節。這得從中國的人口發展史來看。自從明末歷經張獻忠（一六〇六－一六四七）、李自成（一六〇六－一六四五）舉兵抗明、滿清入關、嘉定三屠、揚州十日、平定三藩後，中原算是迎來兩百年久違的和平。從一六五〇年一直到一八五〇年間，也是現代中國國內相對和平時期，中國人口或者已開墾田地面積都高速增加。根據一些學者的估算，在清兵入關的頭幾年，中國人口大約是一億至一億五千萬人，但到了道光年間已增加了四倍，達到四億多人，而開墾的田地的面積也翻了一倍[72]。

因此，對於新開發的耕作土地，朝廷並無足夠人手記錄；而稅收比率劃一，也無法令鄉縣官府有足夠的資源，應付地方上日漸增長的勞動人口和產出。這是因為地方將地丁錢糧上繳中央後，僅餘若莫五分一作為存留錢糧，且得分給役食、祭祀、軍需、驛站，因此有時甚至連收稅的成本也難以負擔[73]。這自然造成諸多問題，例如官府因為沒有足夠人員到各村各鄉收稅，因而需要大量非官府的中介掮官幫忙。這些名為「里書」或者「里差」的人，不屬常規編制的稅收人員，但卻能依仗著官府力量，到各村各鄉以收稅之名敲詐勒索，報官也沒法制止。雍正時代已經實行「攤丁入地」政策，即將丁稅也收入田稅之中，以簡化稅制，打破了上千年的中國丁稅傳統[74]。但現實上依然難以杜絕逃稅或者貪腐，或者地方官府和中介濫收雜稅的情況。同時，各地鄉村的地方鄉紳，需要同鄉的生員代表納稅和與官府打交道。這些生員本是全國數百萬試圖從科舉制度中考取功名，藉以出人頭地成為朝廷命官的士人。但只是僧多而粥少，絕大多數舉人或者讀書人一生也沒有機會在殿試中舉，這些地方的讀書人於是借用其知識和社會身分，為鄉里處理稅款上繳的事宜，抵擋稅收人員的高利貸剝削。這種「包攬付款」雖然違反《大清律例》，但卻是地方鄉村與崩壞稅收制度的周旋方式。有些生員甚至能完全截斷稅收活動，仗著地方鄉紳支持下在鄉下稱霸，而在「山高皇帝遠」的客觀情況下，使得主要依靠田稅的國家實質收益大打折扣[75]。

除了田地稅收之外，大清政府還有另外幾項財政來源，如關稅和鹽政。一般省級行政機關大官可以通過兩種方式獲取豐厚利潤，一是稅規，二是贏餘。稅規是指在上下級的共識中，由下級以特定金額上呈給省級官員的獻金，這些獻金主要來自正額關稅以外額外多收的金錢，在廣東獻金叫「掛號」或者「堂規」。例如在來往主要城市的路上設立多個稅口、或者收取高於戶部頒令的關稅則例，如騾馱綢緞的既定稅率為六錢，但實質在地方收的卻是一兩二錢；棉花一馱應收六分，實際卻是收八分，所得的額外收益會上繳不同上司。如山東的正額稅收七千多兩，但在膠州關口還得呈送巡撫三千六百多兩，還有督撫等人也會按比例分帳。而廣東地區因為與外商進行大量貿易，收受各種利益的程度就更高了。例如關員會收取檢查的開艙費、驗艙費、卸貨費還有買辦、通事都是付銀，停泊在黃埔港的船隻，每隻盛惠四十至一百兩。因此，粵海關每年上繳巡撫等省級官員的金額高達六、七萬兩[76]。至於贏餘，顧名思義是貿易增長超出原先政府定的貿易額，剩下的貿易量可以隱而不報，從而帶來龐大的隱形收益，且不會在數簿出現。「一旦完成官方的正額，官員可以通過繼續依照法定的稅率徵稅就輕易獲得大筆款項。」而這些贏餘的金款因為完全不會存在於官員或者地方財政紀錄之中，因此無法估計到底數額有多大，有幾多落在稅關官員或者省級大員口袋中[77]。

至於鹽政作為國家專利擁有的壟斷生意，非正式收入更是層出不窮。例如在河東，正額鹽稅是一萬七千一百兩，但超額鹽稅可達十萬四千三百兩[78]。而且因為地方官員薪俸偏低，大多數稅收都得上繳，因此由省到縣市，向官員呈上非正式鹽規作個人開支也是十分普遍的事[79]。由此可見，在農業生產上的課稅，大多難以收入中央的經濟監管秩序之中，因此在效率偏低下，中央政府很難有效調配資本作為社會或者軍事經濟用途，令到國力得以提升。尤其是康乾時代，戰事一直未有平息，其中在平定三藩後大清一直在內亞地區，跟準噶爾帝國反覆地打仗七十年，才征服了如今的蒙古、新疆等地區[80]。在長期作戰又缺乏穩健的稅收系統下，乾隆末年的財政早已搖搖欲墜，還出現了和珅（一七五〇－一七九九）為首的貪腐體系，便更是令財政危機難以回天。

後來爆發的白蓮教叛亂到太平天國內戰，其中的成因之一都是因為低下層對於稅捐壓力的反彈[81]，而清朝政府也顯然愈發無力鎮壓，尤其是面對以洪秀全（一八一四－一八六四）為首的太平軍來犯時，原有軍隊更是無力應對，只得倚靠地方兵團的武裝力量，其中著名的地方軍團領袖如湖南湘軍的曾國藩、合肥淮軍的李鴻章（一八二三－一九〇一）等，組成不同親朝廷的軍力，各自在地方招兵買馬，在擁軍的地區收取各種雜稅，作為養軍的軍費。在跟太平軍的激戰上，為了應付軍事上的沉重負擔，地方民團各自以自己方式籌集軍餉，其中也以稅務改革最為影響甚遠，如孔飛力以當時湖北巡撫胡林翼（一八一二－一八六一）的稅務改革為例，剖析太平天國時期的清朝財政史發展，例如減輕賦稅來鼓勵全額繳納，又採用新式的登錄體系來確定納稅者身分，並將各類商業化的稅費設立上限之類[82]。然而，這些終究都沒法挽回大清的敗象。而到了蔣介石（一八八七－一九七五）的民國政府，中央政府念茲在茲的仍然是農村的稅收問題[83]。南京政府提出的行政辦法之一，是在縣和村莊之間多設一層行政單位——鄉，以加強鄉村的控收體系[84]。農業稅收貿與利益分配的問題，一直延至共產中國成立後，仍然是中國農業現代化的重大困難之一。

毛澤東在國共內戰時期開始在解放區推行土地改革，沒收地主土地分發給佃農或窮農耕作。到了一九五二年，土地改革大致上開始在全國推行[85]。在土改之中，窮農獲共產黨提拔，成為新的農村代理人，而他們獲得的恩惠能換來他們對新政權的絕對忠誠。然而早期的合作化跟新富農秩序的形成，慢慢產生了衝突，到底應該繼續走前者的路，加強土改來強化中央的鄉村控制，還是容許富農的出現帶來產出的高效產出，即使會同時產生新的階級分歧跟衝突。當時的毛澤東選擇走上加強集體化，抗拒農村生產提升帶來新的富農結構，加強中央集權的權力分配。這是出於政治控制理過一切的總路線，走回大清帝國以行政監控壓過生產效能的政治選擇。這也使得中國經濟和生產力一直無法有效地提升（關於集體化與新民主主義的拉扯，會在下一節詳述）。

早期共產中國通過實行農產品和糧食的統購統銷，低價從農民手上買得糧食再轉賣城市的居民，累積起巨大資本來實行工業化。在改革開放前的二十多年，政府單是收取農業稅和統一專賣的差價總額達至六千億以上，這意味著接近四分一的農民生產所得都成了政府挪用，作為國家投資的資本[86]。著名歷史學家徐中約（一九二三－二〇〇五）也引述研究指出，中國自五十年代大力投放資源在工業化發展中，也取得相得驚人的經濟回報。國民生產總值由一九五二年的七百三十八億人民幣大幅增至一九五九年的一千二百三十四億，增長比率差不多百分之七十。雖然到了六十年代後，經濟開始放緩，在下一個十年國民生產總值只增長百分之三十，但總體而言，中國經濟在戰後快速復甦，尤其是重工業的發展更是一日千里[87]。只是由於外貿極為有限（尤其在韓戰被歐美世界實施禁運制裁），外匯仍然極少，外貿投資也是十分少，這到了改革開放的年代才開始改善。

另一方面，新政權上台後也要忙著應付國民黨留下的公共財政問題，尤其因為後者大幅增加貨幣發行量來應付抗日戰爭的開支，令通貨膨脹十分嚴重[88]。同時，國民政府對地方官員的控制力度過弱，使農業稅也大多流入地方政府的帳簿中，同時令中央政府的稅收和財政分配力量十分薄弱。因此共產政權成立後馬上將農業稅和工商業稅重新收歸中央政府手上，同時取消貨幣自由浮動，將人民幣官方價格定在一美元：二點六人民幣的價格，用作穩定物價和控制信用膨脹的方式。套用政治金融學的「不可能三位一體」（impossible trinity）框架，共產中國是透過放棄貨幣價格自由浮動和資金自由流動來換取貨幣主權的自主性。另一邊廂，共產政權也比國民政府更善用公債來填補巨額赤字，只是前者的公債價值不是在自由債券市場上買賣浮動，而是直接和生活物價掛勾，「在兌現時與四種一定數量的主要商品（米、面粉、棉布和煤）等值。」

因此，在戰後相對穩定的社會秩序，行政效率上升和稅基擴闊下，早期中國的收入迅即增加。從一九五〇年的六十五億，大幅增至翌年的一百三十三億[89]。這財政收益意味著軍費可以大幅上揚，特別是為了支援北韓和平定西藏。當時中國人民解放軍的軍費支出，在一九五二年是二十八億，翌年隨著韓戰加劇而急升至七十五億，並占該年政府預算支出達百分之三十五至四十五。韓戰結束後，在一九五四年至六〇年，軍費回落至平均六十億，占政府預算支出降至約莫百分之十至二十[90]。自此，解放軍的軍費一直維持平穩，直至七十年代末的中越戰爭爆發才再度急遽增加。

但我們會留意到，不同於英、美等現代國家，多是依靠沿海關稅作為重要收入來源，中國直至清末的主要貿易市場仍然集在在國內，因此田賦仍是主要收入來源，因此貿易活動的利潤則較多落在沿海地方官員的手上[91]。甚至到了一九三三年，中國早已經歷數十年洋務運動，大城市的工業化發展如日中天，上海等租界變得喧鬧繁華[92]，中國仍然有八成人口是從事農業工作，農產品仍然占了國內生產總值百分之六十五[93]。更不用說在清代中業的中國並沒有私人金融資本主義的發展[94]。相比起來，同時期的西歐國家，開始借用傳統銀行系統和金融知識，在金融市場發行國債向民間集資，新式的資本流動方式大大方便國家在短時間內借到大量的資本，並得以投放到基建或者軍事行動上，獲取龐大的收益。例如英屬東印度公司和荷蘭東印度公司分別在一六〇〇年和〇二年成立，這兩間公司在往後的兩、三個世紀，在亞洲帶來翻天覆地的大衝擊，這其中倚靠的正是新型的金融集資方法[95]（下章會再詳述）。

最後補充一點，中國雖然在清末至民國主要都是以農業的銀糧稅收主導，但也不完全是絕緣於金融財政的概念世界。早在洋務運動前的明清時期，民間早已出現許多類金融的融資信貸方式，協助民企蒐集資金進行商業買賣。但跟同時期西方興起的金融資本主義不同的地方，在於中國民企的合股方式一般只會出現在同族間的合作上，因此也會受商業利益外的種種慣例和家族傳統影響，發股合資也不會廣泛在商業世界出現[96]。到了洋務運動時期，隨著種種條約令五口開放給外商經商，歐美輪船業大幅搶奪原有市場，令本地船隻無力競爭，於是李鴻章等推動「官督商辦」，提倡利權競爭觀，以發股方式成立「輪船招商局」，是為早期中國商業集資活動的開端。及後連番開設的上海織布總局或者北洋電報總局，也是以此方式集資開辦。

正如李鴻章的重要幕僚，中國實業之父盛宣懷（一八四四－一九一六）所言，「泰西官與商合，商力有不逮處，國家恆以全力佐之，故能經營獨盛。中國惟官督商辦乃能聯為一氣，至於流弊所至，乃辦理之不善，非官商之不可合一也。」[97]洋務派重要人物鄭應觀也有類似觀點，「全恃官力則巨費難籌，兼集商貲則眾擎易舉。然全歸商辦則土棍或至阻撓，兼倚官威則吏役又多需索。必官督商辦，各有責成。商招服以興工，不得有心隱漏；官稽查以徵稅，亦不得分外誅求；則上下相維，二弊俱去。」[98]然而，這集資建企在中國始終規模不大，畢竟在王朝之下，由上而下的主導力量仍然強大，商業力量無法抗衡或者爭得政治自主的空間，私人市場難以發展，大清政府終究也沒有發展出現代金融的思維，或是像奧地利經濟學家波蘭尼（Karl Polanyi，一八八六－一九六四）所描述的西方現代化進路，國家以法律政策逐步把勞動力、土地資源和貨幣商品市場全面建立起來[99]，以國家力量推動各種市場和基建投資，作為改變資本流動和財政秩序的契機[100]。因此，金融始終未有在中國發展，一直到八十年代改革開放後才真正生根（第六章會詳加述之）。

四、黨國管治秩序

先回到十八世紀的光景。話說當時中國人口大幅上升，人丁增加超過田地的增幅，想當然帶來就業困難。很多人因而遷移到不同地區發展和開墾荒地，不然難以養活多了出來的勞動人口。例如重慶作為移民大城，在雍、乾時期有大量來自江西、江南、湖廣、福建等移民遷入，從事買賣等商業行業。他們也各自設置自己的同鄉會館，各有其商幫或商號[101]。有不少廣東人則選擇下南洋謀生，在東南亞一帶的眾多礦場或種植園工作。

在現代的印尼婆羅州的加里曼丹（Kalimantan）一帶，當地華僑不時受到荷蘭東印度公司的侵襲攻擊，因此組織團練，合力建起緊密的村社，慢慢形成一些華僑為主體的海外政治體，其中一個便是蘭芳公司。這些海外社群在晚清名臣徐繼畬的《瀛寰志略》或者魏源的《海國圖志》也有提及[102]。而荷蘭人對蘭芳公司的研究更深，他們認為蘭芳公司是個共和國，因為荷蘭人覺得「蘭芳公司的制度源自於中國村社，而中國村社是民主而獨立的『小共和國』，在中國村社找不到朝廷任命的人員，政府通過公眾選舉出來的村社首腦進行統治。」[103]

長期研究鄉土社會的社會學家費孝通（一九一〇－二〇〇五）提出異議，他認為單純以西方共和民主理解中國鄉土社會是不完整的。他在《鄉土中國》中提出，應該命名那底層社會秩序為「長老統治」，因為在講求同意（consent）的選舉民主秩序以外，還有禮治和教化等社會權力，故「長老統治」是比較恰當地形容中國道地的鄉土秩序[104]。但費孝通終究也沒有否定荷蘭人的想法，即認為中國底層政治結構是存在著一定程度的民主成分。這不禁令人想到幾年前在廣東烏坎村的一次村主民主選舉，掀起全國關注的事件，當時烏坎村長選舉也被喻為「中國基層民主選舉典範」，最終卻發展成中共派人攻入鎮內，大舉抓捕的悲劇結局[105]。這一古一今的鄉土政治正好反映著帝國控制如何落力地深入到城鄉之中，使得每個人每件東西都不會溢出帝國支配網外。

一個國家的國力和秩序穩定，主要視乎行政機關對於地方鄉村的監測和支配動員的網絡有多大多深。這當然不獨是近代中國的問題，而是千百年來，中央集權的帝王家為了建立一個長治久安的王朝，必需建立高效的控制體系，盡可能使得權力和利益集中在最上層的政治階層之中。因此，鄉村的控制便是無比重要的事。

不同於人口集中，便於規劃和管理的城市或市鎮，鄉村幅員廣闊，人口稀疏，而且文化習俗和價值觀盡不相同。在通訊和交通極不發達的古代，管治的難度恐怕是難以估量。例如蕭公權在名作《中國鄉村》提到，一個清初的州縣要管理的範圍大約是一千平方英里，即接近兩千六百平方公里，而香港的陸地面積不過是一千一百多平方公里。而在這偌大的地域範圍內，州縣要管理的丁口只有若十萬至二十五萬人（分別來自一七四九年和者一八一九年的官方數據）[106]。

因此，歷朝歷代都以不同方式，盡可能將政治經濟的支配力伸展至疆界的每個角落，讓「普天之下莫非皇土」的傳統觀念不致淪為空話，讓王朝的管治核心能真正主宰著整個王國，向著某個在上者制定的方向發展。而在清朝的康乾盛世至今，作為中國人口迅速增加的年代，管治的困難也倍數增加。近代中國的政治現代化其實也是承接著這古老的管治問題。依靠當代興起的新式制度和知識生產，得以令全國史無前例地一體化，組織動員廣大工農民的力量也是前所未見地高，使得中央政府得以通過「生命權力」方式，徹底地支配和規訓全國各地人民的生產和生活方式，以便符合「國家利維坦」的需要。所以，本節會扼要地梳理中國政治現代發展的幾個重要時刻，從而理解中國當代政權的強大控制力量的來由。

大清剛剛入主中原後，政治控制便是對管治的巨大挑戰。例如在順治元年（一六四四），原為漢人的兵部侍郎金之俊便向滿清的攝政王提議，將所有服從大清統治的百姓編成牌或者甲，「州縣城鄉，十戶立一牌頭，十牌立一甲碘，十甲立一保長。戶給印牌，書其姓名丁口，出則注其所往，入則稽其所來。」這是承繼明朝的基層行政體系而推行的「保甲制度」。「保甲體制」一般由戶部監督，同時清初又另立了「總甲體制」，以十戶為甲長，百戶為總甲，由兵部監督實行。因此，清初同時出現了兩套基層統治工具，運作原則和目的都極為相似，可見清朝初年的管理其實頗為混亂。但自大清基本上平定國內的秩序後，「總甲體制」便慢慢消失，留下了「保甲體制」作為主要居民登記和監視居民的作用[107]。例如在一七〇八年清廷文件便記載了「保甲體制」的主要操作方式如下：「戶給印信紙牌一張，書寫姓名丁男口數於上，出則註明所往，入則稽其所來。面生可疑之人，非盤詰的確，不許容留……客店立簿稽查，寺廟亦給紙牌，月底令保長出具無事甘結，報官備查，違者罪之[108]。」清朝管治階級一直都相信「保甲體制」能有效監視人民，尤其是邊陲地區，使得中央政府能夠有效控制人口的流動，以至盡快發現和消滅任何有機會危害國家安全和利益的非法行為。當然，「保甲體制」

更倚靠地方的人的自願合作，舉報和監察其他人是否可疑，因此這實質上是種以恐懼和猜疑作為管治的工具，將人與人之間的信任拉至極低，令平民不得不仰賴大清政府的保護。這正是蕭公權所言的專制統治制度的本質。至於「保甲體制」的現實實踐上不符預期，保甲的可行性被質疑。

如雍正皇帝便曾為保甲制辯護，認為「弭盜之法，莫良於保甲，乃地方官憚其煩難，視為故套，奉行不實，稽查不嚴，又有稱村荷畸零，難編保甲……苟有實心，自有實效。」所以大清政府一直認為是執行官員的問題，使得保甲制度大打折扣，但保甲理念本應有效將愛新覺羅家族的權力伸展至全國漢人的家裡。甚至，這保甲體系在十八世紀更一步步擴充至全國範圍，不僅周邊少數民族如苗族侗族，或者生活方式跟中原截然不同的居民，如福建的「棚民」或者廣東的「寮戶」，遠至台灣一帶的居民盡皆納入保甲體系[109]。這樣，帝國的監視系統便伸進全國每一片地區，確保一切都是服從和服務於帝國的管治秩序之下。因此，這行政操作一直維持了過百年，即使到了一七九九年，嘉慶皇帝（一七六〇－一八二〇）在聖諭中依然繼續認同保甲體系的重要性，「夫保甲一法……稽查奸宄，肅清盜源，實為整頓地方良法，久經定有章程，只緣地方有司因循日久，視為具文，甚或辦理不善，徒滋擾累，以致所管地方，盜匪潛蹤，無從覺察[110]。」

然而，以保甲方式來管理全國一千五百個知州知縣，確實是個不可能的任務。特別是在帝國邏輯下，嚴密監控比起良好管治更為重要。因此大清政府寧願建立一個失效而缺乏善治的官僚體制，都要確保官員之間有著滴水不漏的監督規管體系。加上上文所言，大清的財政上也沒法建立高效的稅收系統，用來養活龐大的官僚，推動國家進行基建和現代化投資，因此官僚體系根本難以深入至鄉村的層面中，行政權力在鄉土社會中近乎真空，村社依舊實行著世代維持的自治狀態。這權力的真空，主要是源自財政力量的短缺，造成行政體系的嚴重缺漏。而先前所談的生員體系，便是享有一些特權，而同時卻又在行政體系之外的知識分子。他們一方面會為民請命，但也有可能在民怨和國家利益嚴重對立時，站在民的一方作為對抗的主要力量[111]。

有見及此，馮桂芬（一八〇九－一八七四）等清朝學者曾建議平定太平天國後的大清政府，推行官員選舉，上層官員由下層官員選舉產生，至於下層官員則由鄉鎮的生員選出，甚至連地方長老也擁有類近政治參與的選舉權力，藉以大大提升政治參與的廣泛性，吸納更多有識之士成為官僚體制之中，增加其管治的正當性[112]。當然，這些激進建議沒有被採納，但在光緒帝（一八七一－一九〇八）的維新時期，馮桂芬的建議也曾視作政治改革方案之一，在王朝管治架構的最上層討論過其實行的可行性[113]。

至於從清末開始由皇族推行立憲新政，代表著王朝內部的自省。在義和團運動、八國聯軍以至甚至跟明治日本交涉的失利後，滿清掌權人慈禧太后（一八三五－一九〇八）終究意識到政制改革之必要，而不再單純停留在西學東漸的技術學習。因此在一九〇六年，大清頒布《宣示預備立憲先行釐定官制諭》，提出更改憲政政體的必要。諭令其中寫道，

> 而各國之所以富強者，實由於實行憲法，取決公論，君民一體，呼吸相通，博採眾長，明定權限，以及籌備財用，經畫政務，無不公之於黎庶。又兼各國相師，變通盡利，政通民和有由來矣。時處今日，惟有及時詳晰甄核，仿行憲政，大權統於朝廷，庶政公諸輿論，以立國家萬年有道之基。

> 但規制未備，民智未開，若操切從事，塗師空文，何以封國民而昭大信。故廓清積弊，明定責成，必從官制入手，亟應先將官制分別議定，次第更張，並將各項法律詳慎釐訂，而又廣興教育，清理財務，整飭武備，普設巡警，使紳民明悉國政，以預備立憲基礎[114]。

當然，我們也知道君主立憲未成，新政只成功推行了教育的幾條重要改革，如廢取科舉、興起西化學校、派遣留學生等，之後便因保路運動掀起的全國抗爭，帶來武昌起義。新建立的民國政府，在一九一二年的臨時參議院中通過《中華民國臨時約法》，規定各省派出代表議員參與立法，建立國會。而行政當局則是以責任內閣制方式，由國會大多數作為執政內閣。這自然是南京國民政府試圖架空袁世凱的大總統一位的制度安排。只是袁世凱正式擔任總統一職後，在一九一四年馬上推行正式的《中華民國約法》，以總統制取代《臨時約法》的內閣制，以便建立更中央集中的權力，只是這約法也不長久，五年後便因政體退回帝國而消亡。至於到了一九二七年國民黨統一全國後，「商會、各種職業公會和民間團體、工會以及學生組織越來越置於國家的控制之下。而到一九四九年後的人民共和國時期，它們或者消失了，或者成為由國家管理的工具。」[115]而在共產中國成立前後推動的土地改革[116]，再到建國後的人民公社[117]，成了中國改革開放前最重要的擴大管治網絡的政治操作。

中國農村在一九四七年開始在解放區推動土地改革，直至五十年代初擴展全國後，傳統地主階級被打倒，土地沒收並交予沒有土地的貧農耕作。只是沒多久便因為農民技藝、土地肥沃程度等因素差異，出現新富農階級興起的情況。部分貧下中農富裕起來，甚至有意識地成為個體戶，招攬其他貧農打工。當時共產黨早期領導之一張聞天（一八九九－一九七六）便認為，農村出現貧富差異兩極化，是生產力提升的正常發展，黨應該做的是組織貧苦農民互助合作，而不是強行打壓富起來的農戶。「工作的重點應放在指導農業技術的改良和農村分工分業的發展[118]。」另一領導劉少奇（一八九八－一九六九）同樣認為，農戶應該容許獨立生產和變成個體戶，因為這表明經濟發展了，多了農民成為中農，這是將來推動集體農莊的條件。雖然有些窮農逼著要當其他富農的工人，但這也是好的，甚至有限度的剝削都是好的，因為富農不剝削便不能生活。只有增加了社會財富，國家才有條件跳出生產私有化陷阱，踏上理想共產分配的新秩序[119]。

但終究毛澤東沒有認可農業發展自由化，反而進一步加大黨國的控制力度，並以統購方式來保證國家對農民的占有分額。這樣即使無法帶來農產品生產的快速發展，從而支持人口和城市化的增長需要，但毛至少能確保國家獲得足夠農業稅下，同時穩固黨在農村的支配地位[120]。在一九五三年，毛澤東在中央政治局會議上的講話，表示黨要一直維護政治控制和監督力量。「總路線是照耀一切工作的燈塔。有所不同和一視同仁，公私兼顧、勞資兩利和發展生產、繁榮經濟，前者管著後者。」[121]這個總路線指的是黨必須抓住一切，一切都得為政治服務的權力操作關係。這跟其抗戰時期大力提倡的新民主主義可謂背道而馳。

新民主主義是毛澤東原來受蘇俄影響下，在抗戰時期不斷講述的政治經濟理想，其中在一九四〇年一月，陝甘寧邊區文化協會的第一次代表大會上，毛澤東在演說〈新民主主義論〉中有著更詳細的描述。首先關於政治，或者他所講的國體方面，新民主主義主張的是「民主集中制」。

> 中國現在可以採取全國人民代表大會、省人民代表大會、縣人民代表大會、區人民代表大會直到鄉人民代表大會的系統，並由各級代表大會選舉政府。但必須實行無男女、信仰、財產、教育等差別的真正普遍平等的選舉制，才能適合於各革命階級在國家中的地位，適合於表現民意和指揮革命鬥爭，適合於新民主主義的精神。這種制度即是民主集中制。只有民主集中制的政府，才能充分地發揮一切革命人民的意志，也才能最有力量地去反對革命的敵人[122]。

這自然是對中華民國早期的選舉秩序的批評，畢竟在中華民國大總統選舉的幾次選舉中，都是採取議員選出總統的小圈子政治活動，還未算上第一次選舉時，袁世凱派人包圍國會現場，威脅當時省議員定必選上袁世凱等荒唐行為。結果，袁世凱當選總統的所得票數僅為五百張。後來兩次總統選舉，徐世昌和曹錕所得票數分別為四百二十五張和四百八十張[123]。這正是政治參與權沒有實質地擴大，全國選舉僅以間選方式，由省議員為全國人民選出總統，因此政治權力仍然緊緊握在少數人手上的表現。另一方面，政治參與的缺乏，也使得民眾普遍沒法參與政治秩序之中，反過來也令得中央權力無法換來人民的服從和忠誠，必須倚賴強而有力的國家機關進行支配壓迫，這在國民黨時期特別明顯，譬如惡名昭著的中美合作所[124]。因此，毛澤東所講述的是不同於當時中華民國的民主政體，而是一個深入到各鄉、各縣、各鎮，從下而上主導政治權力的新秩序，作為新的民主意義。

而在經濟上，毛澤東認為也要走新民主主義的經濟，通過土地再分配實踐財富共享的社會主義路徑：

> 這個共和國將採取某種必要的方法，沒收地主的土地，分配給無地和少地的農民，實行中山先生「耕

者有其田」的口號，掃除農村中的封建關係，把土地變為農民的私產。農村的富農經濟，也是容許其存在的。這就是「平均地權」的方針。這個方針的正確的口號，就是「耕者有其田」。在這個階段上，一般地還不是建立社會主義的農業，但在「耕者有其田」的基礎上所發展起來的各種合作經濟，也具有社會主義的因素。

中國的經濟，一定要走「節制資本」和「平均地權」的路，決不能是「少數人所得而私」，決不能讓少數資本家少數地主「操縱國民生計」，決不能建立歐美式的資本主義社會，也決不能還是舊的半封建社會。誰要是敢於違反這個方向，他就一定達不到目的，他就自己要碰破頭的[125]。

其中，他特別強調社會主義是可以建基在平均地權後的富農經濟上，因為這種均分農地的基礎上發展合作經濟，是具有社會主義精神的，因此也應該容許。這也呼應著一九四九年新中國成立後，政府在《組織法草案》中所聲稱要遵行的原則之一，便是新民主主義。這原則規定「各級人民代表大會將選舉他們自己的代表官員，呈報上級機關批准。這個過程中的『選舉』部分是『民主的』，而對上級機關的服從則表明了『集中制』[126]。」劉少奇或張聞天對於農村個體戶發展的想法，也呼應了毛澤東早期對新民主主義的講法。因此，當一九五三年新中國政府進行人口普查，頒布選舉法，並於一九五四年初實行全面選舉時，所有非地主和反革命分子的成年人獲有投票的權利，選出村和鄉的人民代表，再由村和鄉代表大會選出省人大代表，並從後者選出全國人大代表[127]。

毛澤東在一九五四年基本了終結了新民主主義的進路，將土地改革進一步推向公社化的方向。同時，毛澤東思想的基本元素是以群眾運動來實行黨設定的目標，而不是倚靠既有的官僚體系，因為這正是他的社會控制辦法。因此毛澤東掌權後，不斷推行群眾運動，變相令社會組織和關係網，變成了政治動員、監視管制和教育群眾的主要手段。故此，社會組織自然成了政治治理重中之重的工具，其組織力和深入每個成員的社會監控力量也是政權集權的重要基石，例如早在一九五三年，中華全國民主青年聯合會擁有多達一千八百萬人會員；中華全國工會聯合國有一千萬會員；中華全國婦女民主聯合會更誇張，有超過七千萬會員；至於主要招收十四至二十五歲的民主青年聯盟，則有一千多萬會員。這些半官方組織是共產政權用作教育人民，組織和驅動他們投入各種政治行動的基本控制系統。如一九五一年的三反運動、一九五二年反行賄偷稅遊行，當然還得算上一九六六年開展的全國性文化大革命，成千上萬學生被組織起來，帶來全國紅衛兵「破四舊、立四新」的政治運動[128]。

除了群眾運動，共產黨也承繼了國民黨的嚴密控制組織，且推行得更加細緻，不僅全面掌控了媒體，壟斷通訊媒介，連帶公安、幹部和黨員特務也是無處不在，時刻監視全國所有人的行為舉動[129]。隨著技術的發展，監控力量和深入程度也是前所未見的高和大，由無所不見的閉路電視到如今的人臉辨識和個人信用系統，全天候極細微地監視規訓所有公民的日常生活、消費活動和交往互動，同時確保了資訊權力的不對等，黨國幹部的財政狀況和政治資訊基本上極不透明，以視覺監控不對等（asymmetrical visibility）造成權力關係的不對等，確保權力分配是傾斜在黨國一方。

除了政治制度以外，現代管治術少不了知識／權力的面向。國家人口知識的累積和運用也是極為重要。要管理國境內的人口，首先需要對這人口有著充分的認識。關於中國最早出現的人口統計，學界有不同觀點，其中一個講法是來自大清時期，海關總稅務司在一八五四年起開始與西方列強合作，調查中國人口的不同資料，以方便各地關口處理或者監測人口和貨物的流動。英國外交官赫德（Sir Robert Hart，一八三五－一九一一）在一八六一年起擔任海關總稅務司數十年，其中一項重要工作便是定期出版中國海關關稅的報告，科學地計算和反映當時中國外貿和商業活動的種種數據[130]。但這仍然是停留在海關的層面上，因此統計數據不是是為了研究和理解不同社會層面的全貌。

第二個講法是要待到中日甲午戰爭後，北洋艦隊全軍盡墨，清廷痛定思痛在二十世紀初推行新政，其中有些留日回國的有識之士，他們將日語世界關於德國社會統計或者早期荷蘭的統計研究翻譯成中文，並引入成立於一九〇五年的中國法政學堂作為課程內容之一。及後在一九〇七年大清國家統計局正式成立，這是首個獨立於中國海關的部門，作為調查全國人口的資料和種種狀況的機關，同時這部門也是按照當時西學帶來的種種統計知識和方法學，嘗試以科學方式理解中國人口的不同面貌，這才有了現代中國的人口統計資料。

在辛亥革命後，雖然令大多數大清帝國的政治經濟制度和新政戛然而止，但是對於人口研究的統計工作反倒是進入了全新的時代。這不僅是由於新的在上者意圖把握中國社會經濟各方面的知識，然後再借用西方的社會科學原理來推行利民政策，還受惠於新文化運動對科學、民主的高度推廣，大量學者和民眾都希望透過調查、統計和檔案整理方式，重塑一個科學化的新年代，因此在民國時期，統計調查是跨越官方與民間共同進行的廣大社會運動。單單是一九二七至一九三五的八年之間，全中國至少有九千個有紀錄的調查進行[131]。除了科學精神的驅動外，更重要是許多學者通過對社會的有機研究，努力建構一個現代意義的國民社會，一個有機而互助的新社會，作為現代共和國家的新希望。一如普魯士以統計學和社會科學的知識，協助建立一個現代的國族社會，中國不同範疇的學者，如社會學家陳達（一八九二－一九七五）、人文地理學家胡煥庸（一九〇一－一九九八）、經濟學家陳翰笙（一八九七－二〇〇四）、人口學家馬寅初（一八八二－一九八二）等都希望透過統計調查的科學工具，在意識上和方法上改造中國社會[132]。不管是國民政府或者共產政權，這些龐大的數據和資訊，對於國家推行深入社會各階層和生活面向的政策，都有著極大的幫助。

有關國族意識的培養上，國民在未有社會人口統計的時代，要想像跟同一個國家的數億百姓是屬於同一個社會，甚至是同一個「想像共同體」[133]，無疑是無比困難的事。畢竟相識的人數可能頂多只有一千幾百人（大多數人的社交媒體也沒有那麼多「朋友」），還有千千萬萬是未曾碰面，且大家的生活環境、文化道德、社會習俗都相去甚遠，如何可以產生這國民社會的整體意識呢？社會統計所呈現的社會有機體圖像，讓人口變成一個整全的生命，不單擁有平均年齡、出生率、死亡率、勞動人口、平均收入、平均居住面積等數據，且會隨歷史發展而產生變化，因此也擁有歷史過去和未來計畫。這樣，個人便彷彿成了是這人口利維坦的一小部分，跟其他生活在同一社會的人，共同產生同一社會想像。而政府管治也能倚靠這人口統計，進行總體性的社會支配和改造，令權力深入到公民生活每個最細微和私密的部分，例如家庭計畫或者福利保障，藉以利用權力調控著整個國家的發展。

對人口統計調查的重視，也從民國一直伸延至共產中國。其中一個原因，正是因為毛澤東早年的經歷。在二十年代，毛澤東為了維護自己的農村革命論，反對黨內主流的城市革命論，特地深入到湖南等地蒐集資訊。這也是為了抗拒黨內學者，流於空談理論的弊端。這使他日後深明，社會統計和人口知識對於管治的根本作用。

> 我這回到湖南，實地考察了湘潭、湘鄉、衡山、醴陵、長沙五縣的情況。從一月四日起至二月五日止，共三十二天，在鄉下，在縣城，召集有經驗的農民和農運工作同志開調查會，仔細聽他們的報告，所得材料不少。許多農民運動的道理，和在漢口、長沙從紳士階級那裡聽得的道理，完全相反。許多奇事，則見所未見，聞所未聞。我想這些情形，很多地方都有。所有各種反對農民運動的議論，都必須迅速矯正[134]。

因此，在新中國成立後，早期領導人李富春（一九〇〇－一九七五）等便著手推行年度的統計報告，作為中共中央制定五年計畫或者其他經濟計畫時的主要參考資料，跟地方的抽樣個案研究互相對照。雖然共產黨過往一直倚靠後者提供的資訊，協助戰略規劃與推行土地改革等政策，但管治國家終究需要更科學和準確的宏觀數據，以便在實施全國的政策時能夠針對社會問題，制定具體可行的方法。因此社會主義統計需要深入了解中國人口和經濟社會不同指標，而毛澤東做湖南農民分析的個案分析研究，將會化成新政權的次要統計方法[135]。這也是在知識生產上，逐步體現了權力的微細管作用[136]，以全國性的宏觀分析統計，將國家人口依次放進共產政權所設想的新社會結構和階級分類之中，如地主、富農、中農、貧農和雇農，這些看似科學客觀的社會主義階級分類，將會成為日後政治運動和政經規劃的主要對象。

因此，八十年代後的中國崛起，在全球政治經濟和外交層面都能夠以大國示人，其實並不是純粹改革開放的功勞，中間涉及了許多重要的條件和環境，是數十年甚至數百年的不平均發展中，由國家意識、政治發展和剩餘價值剝削技術、再到政治動員組織能力等不同面向和層面的發展，才能使現代中國的管治術得以發展成熟，可以在領土內建立強而有力的政經秩序，有權力和利益按著黨國體系的既有階級逐層分配，形成獨特的國家資本主義（state capitalism）政治體。中國的國家現代化和帝國化跟英、美的進路大為不同（這會在下章詳加述之）。如果英、美式資本帝國主義是由跨國企業和資本累積推動的帝國全球化，那麼八十年代後歷經改革開放而轉營的中國，則走上了國家資本主義的新式帝國路，且比起舊日德國納粹的社會民主主義或者蘇聯的計畫經濟走得更遠更成功，甚至能夠挑戰當前以美國為中心的新帝國秩序（這會在第六章詳述）。

1 一如 Louis Althusser 所言及的意識形態，呈現著虛假的世界觀，讓主體誤以為這視野或者觀念沒有歷史變化，是自有永有的。事實上，觀念的生產和傳播，必然跟物質世界的條件和環境，還有人的行動和儀式有著密切關係。詳看 Louis Althusser, *Ideology and Ideological State Apparatuses* (London: Verso, 2014), 159-162.

2 規訓（disciplinary power）是福柯的一個獨有政治觀念，用來理解一些非法律司法體制和機構如學校、精神病院或者監獄，扮演著有別於法律的禁制角色。這些制度和政治裝置所做的，是反過來建立「正常」的法規，並區隔懲罰「非正常」的成員，用來支配個體以某種方式生活，作為權力在社會生活上的體現。詳看 Michel Foucault, *Security, Territory, Population*, 44-7.

3 習近平，《關於〈中共中央關於全面深化改革若干重大問題的決定〉的說明》（二〇一三年十一月九日），《十八大以來重要文獻選編》（上）（北京：中央文獻出版社，二〇一四），頁五〇六。引自〈堅持總體國家安全觀〉，《中國共產黨新聞網》，二〇一八年八月四日，http://theory.people.com.cn/n1/2018/0814/c419481-30227228.html。

4 〈習近平：堅持總體國家安全觀　走中國特色國家安全道路〉，《人民日報》，二〇一四年四月十六日，引自《中國共產黨新聞網》，二〇一四年四月十六日，http://cpc.people.com.cn/n/2014/0416/c64094-24900492.html。

5 〈《中華人民共和國香港特別行政區維護國家安全法》刊憲　即時生效〉，《明報》，二〇二〇年六月三十日，https://rb.gy/pkuf4u。

6 〈被質疑洗腦　香港「全民國家安全教育日」正式上路〉，《雅虎新聞》，二〇二一年四月十六日，https://rb.gy/syrfks。

7 儲百亮，〈新國安法下，香港從法治綠洲走向「警察國家」〉，《紐約時報中文版》，二〇二〇年七月三日，https://cn.nytimes.com/china/20200703/hong-kong-security-china/zh-hant/。

8 Elaine Yu，〈香港國安法案首例被告唐英傑被判九年〉，《華爾街日報》，二〇二一年七月三十日，https://rb.gy/1ayekc。

9 〈聯合國人權專家罕見聯合發聲！7 大點控訴「港版國安法」嚴重侵害人權〉，《風傳媒》，二〇二〇年九月四日，https://www.storm.mg/article/3005680?page=1。

10 〈17小時《立場新聞》之死：以國安為名，香港清算浪潮不止〉，《報導者》，二〇二一年十二月二十九日，https://www.twreporter.org/a/hong-kong-stands-news-shuts-down-after-police-raid。

11 〈英發布《香港半年報告書》　批國安法扼殺異見　跨黨派國會組織籲制裁港官〉，《立場新聞》，二〇二一年六月十日，https://rb.gy/xxnoub。

12 〈快必發表煽動文字等11罪成　判囚 3 年 4 個月〉，《香港獨立媒體》，二〇二二年四月二十日，https://reurl.cc/p13o0d

13 〈習近平在首個全民國家安全教育日之際作出重要指示〉，《人民日報》，二〇一六年四月十五日，引自《中國共產黨新聞網》，二〇一四年四月十六日，http://cpc.people.com.cn/n1/2016/0415/c64094-28278100.html。

14 〈中共第三份歷史決議：新時期有哪些關鍵詞〉，《DW》，二〇二一年十一月十六日，https://rb.gy/zblgcu。

15 Michel Foucault, *Security, Territory, Population*, 65.

16 Michel Foucault, *Security, Territory, Population*, 108.

17 Adam Tooze, *Statistics and the German State, 1900-1945: The Making of Modern Economic Knowledge* (Cambridge: Cambridge University Press, 2001). 另參 Jacques Desrosières, *The Politics of Large Numbers* (Cambridge, MA: Harvard University Press, 2004).

18 Jean Jacques Rousseau, *The Social Contract and Other Later Political Writings*, 3-5.

19 Michel Foucault, *Security, Territory, Population*, 68-9.

20 規訓權力是頗為複雜的概念，簡而言之是種非主權和去中心的權力，藉著知識的標準、量度、賞罰，使得對象能夠以某種方式存活、展現自身，藉此成為正常的一分子。因此，規訓權力帶有監控者與被監控者的支配關係，但同時任何人都能夠在前者的位置支配影響其他人的表現，使得權力脫離單純中央以上而下的命令體系，成為無所不在的社會關係網絡。詳見 Michel Foucault, *Discipline and Punish* (New York: Random House, 1995), 170-215. Michel Foucault, *The History of Sexuality : An Introduction* (New York: Random House, 1990),93-5.

21 Michel Foucault, *Security, Territory, Population*, 47.

22 Stuart Elden, *Foucault: The Birth of Power* (Oxford: Polity, 2017), 25-6.

23 Michel Foucault, *Security, Territory, Population*, 109.

24 Michel Foucault, *Security, Territory, Population*, 103.

25 Thomas Hobbes, *Leviathan* (Cambridge: Cambridge University Press, 1996), 120-1.

26 John Locke, *Two Treatises of Government*, Peter Laslett (ed.) (Cambridge: Cambridge University Press, 1998), 348-9.

27 Michel Foucault, *Security, Territory, Population*, 103.

28 Michel Foucault, "The Order of Discourse," in *Untying the Text: A Post-structural Reader*, Robert Young (ed.) (London: Routledge, 1981), 69.

29 如雍正皇帝在《大義覺迷錄》，依舊以父母之姿看待人民，「從來為君上之道，當視民如赤子，為臣下之道，當奉君如父母。如為子之人，其父母即待以不慈，尚不可以疾怨忤逆，況我朝之為君，實盡父母斯民之道，殫誠求保赤之心。而逆賊尚忍肆為訕謗，則為君者，不知何道而後可也。」因此天下百姓皆其子女，雖比喻帶有儒家之倫常關係，但君臣位階分明，王家天下的觀念依然突出。詳看愛新覺羅・胤禛，《大義覺迷錄（上下冊）》（文物出版社，二〇二〇）。

30 當然，相對於建國前後仍然強調中國革命的階級特性，強調民族運動的小資傾向，如今重側重於中華民族的歷史論述上，以至重新閱讀早期共產黨的意識形態，參看毛澤東，《中國革命與中國共產黨》，〈中文馬克思主義文庫〉，一九三九年十二月十五日，https://www.marxists.org/chinese/maozedong/marxist.org-chinese-mao-193912aa.htm。許全興，〈深切緬懷毛主席逝世44週年：毛澤東精神與中華民族偉大復興〉，《中共中央紀律委員會》，二〇二〇年九月九日，https://www.ccdi.gov.cn/lswh/lilun/202009/t20200909_225253.html。

31 徐遵慈，〈從「重返亞洲」到「印太戰略」——美國對東南亞政策的轉變與最新發展〉，《WTO論壇》，二〇一八月七月，http://www.cier.edu.tw/site/cier/public/data/ 178-106-111-WTO 論壇 - 徐遵慈 .pdf。Elliot Silverberg and Matthew Sullivan, "Assessing Trump's Indo-Pacific Strategy, 2 Years In," The Diplomat, Oct 1, 2019, https://thediplomat.com/2019/10/assessing-trumps-indo-pacific-strategy-2-years-in/

32 Yang Kuang-shun, "Team Biden's Policies on China and Taiwan," *The Diplomat*, July 16, 2020, https://thediplomat.com/2020/07/team-bidens-policies-on-china-and-taiwan/

33 《左傳・成公四年》。

34 蕭公權，《中國政治思想史・下》（台北：聯經，一九八二），頁五五七。

35 蕭公權，《中國政治思想史・下》，頁五五八。

36 蕭公權，《中國政治思想史・下》，頁五六六。

37 《明史》卷一四一有云，「方孝孺，字希直，一字希古，寧海人。父克勤，洪武中循吏，自有傳。孝孺幼警敏，雙眸炯炯，讀書日盈寸，鄉人目為『小韓子。』長從宋濂學，濂門下知名士皆出其下。先輩胡翰、蘇伯衡亦自謂弗如。孝孺顧末視文藝，恆以明王道、致太平為己任。」

38 宋濂，〈奉天討蒙元檄文〉，《維基文庫》，https://rb.gy/eubyuq。

39 蕭公權，《中國政治思想史・下》，頁五七三。

40 蕭公權，《中國政治思想史・下》，頁五七四。

41 蕭公權，《中國政治思想史・下》，頁六七七。

42 施盈佑，〈王船山重「氣」道德論對重「理」道德論的反思〉，興大中文學報（二〇一三年第三三期），頁三一四。

43 蕭公權，《中國政治思想史・下》，頁六七七。

44 蕭公權，《中國政治思想史・下》，頁六七七一八。

45 蕭公權，《中國政治思想史‧下》，頁六七九。

46 王夫之，《讀通鑒論》，《中國哲學書電子化計劃》，https://ctext.org/wiki.pl?if=gb&chapter=813227

47 Charles de Montesquieu, *The Spirit of the Laws*, trans. Anne M. Cohler, Basia Carolyn Miller & Harold Samuel Stone (Cambridge: Cambridge University Press, 2002), 231-245.

48 岡本隆司著，郭凡嘉譯，《中國的歷史 5：中國的形成》（台北：聯經，二〇二二）。

49 〈大義覺迷錄／卷一〉，《維基文庫》，https://zh.wikisource.org/wiki/%E5%A4%A7%E7%BE%A9%E8%A6%BA%E8%BF%B7%E9%8C%84/%E5%8D%B7%E4%B8%80。

50 梁啟超在一九〇二年給康有為的信中寫道，「今日民族主義最發達的年代，非有此精神，決不能立國，弟子誓焦禿筆以倡之，決不能棄去者也。而所以喚起民族精神者，勢不得不攻滿洲。日本以討幕為最適宜之主義，中國以討滿為最適宜之主義。」另見王柯，〈「民族」：一個來自日本的誤會〉，《二十一世紀雙月刊》七七期（二〇〇三年六月號），頁七三－四。另參許紀霖，〈在現代性與民族性之間——現代中國的自由民族主義思想〉，《臺灣東亞文明研究學刊》第二卷第二期，（二〇〇五年十二月），頁二〇七－二四九。

51 梁啟超，《中國近三百年學術史》（江蘇人民出版社，二〇一五）。

52 朱迪光，《王船山研究著作述要》（湖南大學出版社，二〇一〇）。

53 許紀霖，《家國天下——現代中國的個人、國家與世界認同》，（香港：三聯，二〇一八），頁六四－六六。

54 孫文，《中華民國大總統孫文宣言書》，《維基文庫》，https://rb.gy/ylhvyj。

55 許紀霖，《家國天下》，頁六五。

56 金觀濤、劉青峰，《觀念史研究：中國現代重要政治術語的形成》（香港：香港中文大學中國文化研究所，二〇〇九），頁三六四－五。

57 列寧，〈民族和殖民地問題提綱初稿〉，《中文馬克思主義文庫》，一九二〇年六月五日，https://www.marxists.org/chinese/lenin/marxist.org-chinese-lenin-19200605.htm

58 陳獨秀，〈被壓迫民族之前途〉，《中文馬克思主義文庫》，一九四二年五月十三日，https://www.marxists.org/chinese/chenduxiu/marxist.org-chinese-chen-19420513.htm

59 史蒂芬‧普拉特著，黃中憲譯《湖南人與現代中國》（台北：衛城出版，二〇一五），頁一九一－二。

60 毛澤東，〈你們是全民族的模範人物〉，《中文馬克思主義文庫》，一九五〇年九月二十五日，https://www.marxists.org/

chinese/maozedong/marxist.org-chinese-mao-19500925.htm

61 周秋光，黃召鳳，〈王夫之思想與習近平傳統文化觀〉，《湖南日報》，二〇一七年一月十九日，https://hnrb.voc.com.cn/hnrb_epaper/html/2017-01/19/content_1182590.htm?div=-1。

62 〈習近平：堅持富國和強軍相統一　努力建設鞏固國防和強大軍隊〉，《中國共產黨新聞網》，二〇一二年十二月十三日，http://cpc.people.com.cn/n/2012/1213/c64094-19880301.html。

63 中央宣傳部，《習近平新時代中國特色社會主義思想學習綱要》（北京：人民出版社，二〇一九）。

64 〈中共中央關於黨的百年奮鬥重大成就和歷史經驗的決議〉，《新華網》，二〇二一年十一月。

65 畢可思著，胡訢諄譯，《滾出中國：十九、二十世紀的國恥，如何締造了民族主義的中國》（台北：時報出版，二〇一九）。

66 按 Durkheim 的定義，宗教的意義為一個跟神聖對象有關的信念和行為，讓許多人結成一個同質的信仰群體。因此當盧梭稱國家作為唯一的教堂，其實指的正是將神聖者從上帝變成國家，而信徒群體便轉變成公民的群體。詳見 Emile Durkheim, *The Elementary Forms of Religious Life* (The Free Press, 1995), 41. 李宇森，《主權在民論》，頁五二。

67 Karl Marx, *The German Ideology, including Theses on Feuerbach*, (New York: Prometheus Books, 1998).

68 孔飛力，《中國現代國家的起源》（香港：中文大學出版社，二〇一四），頁一四六。

69 「國家錢糧，部臣掌出，藩臣掌入，入數不清故出數不明。請自八年為始，各省布政使君於每年歲中會計通省錢糧，分別款項造冊，呈送該督撫按查核；恭繕黃冊一套，撫臣會題總數，隨本進呈御覽，仍造請冊咨送在京各該衙門互相查考。既可杜藩臣之欺隱，又可核臣部之參差。」曾小萍著，董建中譯，《州縣官的銀兩：18世紀中國的合理化財政改革》（北京：中國人民大學出版社，二〇〇九），頁一四。

70 孔飛力，《中國現代國家的起源》，頁一四七。

71 曾小萍，《州縣官的銀兩》，頁一四－五。

72 Yeh-Chien Wang, *Land Taxation in Imperial China, 1750-1911* (Cambridge: Harvard University Press, 2014), 7.

73 曾小萍，《州縣官的銀兩》，頁二九－三一。

74 《江南通志：卷六十八》：雍正六年為始丁隨田辦奉　依議附範時繹疏　丁銀隨田併征最為均平良法直　各省　來丁地分征者節經俞　題明歸併奉有州縣內向有丁銀隨田　輸者亦有　在案今江南各丁田各辦者查各屬田地原有　下之殊按畝起科亦有輕重之別所有丁銀各就本縣地畝均攤。

75 孔飛力，《中國現代國家的起源》，頁一四二－六。

76 曾小萍，《州縣官的銀兩》，頁五五－七。

77 其中一些數字是頗為誇張，例如在雍正十三年，即公元一七三三年，江南的龍江關上報正額一萬五千二百兩外，還有七萬八千九百兩的贏餘。曾小萍，《州縣官的銀兩》，頁五八。

78 曾小萍，《州縣官的銀兩》，頁五九。

79 曾小萍，《州縣官的銀兩》，頁六〇。

80 濮德培著，葉品岑，蔡偉傑，林文凱譯，《中國西征：大清征服中央歐亞與蒙古帝國的最後輓歌》（台北：衛城出版，二〇二一）。

81 梅爾清著，蕭琪，蔡松穎譯，《躁動的亡魂：太平天國戰爭的暴力、失序與死亡》（台北：衛城出版，二〇二〇）。

82 孔飛力，《中國現代國家的起源》，頁一五七－八。

83 Susan Mann, *Local Merchants and the Chinese Bureaucracy*, 1750-1950 (Stanford: Stanford University Press, 1987), 145-199.

84 孔飛力，《中國現代國家的起源》，頁一五九。

85 郭益耀，《中國農業的不穩定性》（香港：中文大學出版社，二〇一三）。

86 高默波，《高家村：共和國農村生活素描》（香港：中文大學出版社，二〇一三）。

87 徐中約，《中國近代史（下）》（香港：香港中文大學出版社，二〇〇二），頁六六五。

88 Frank F. F. King, *A Concise Economic History of Modern China*, 1840-1961, (Praeger, 1968), 154-161.

89 尼古拉斯・拉迪，〈恢復經濟和第一個五年計畫〉，R. 麥克法夸爾、費正清編，《劍橋中華人民共和國史・上卷・革命的中國的興起（一九四九～一九六五）》（北京：中國社會科學出版社，一九九二），頁一五七。

90 〈中國軍費：漲跌中解碼中共建政七十年歷史〉，《BBC中文》，二〇一九年九月三十日，https://www.bbc.com/zhongwen/trad/chinese-news-49868464

91 曾小萍，《州縣官的銀兩》，頁二八五。

92 例如由一九〇一至一九一〇年間，中國入口的大米交易量增加了一倍，其中有超過一半都是經香港九龍出入口的，可見當時外貿的高速發展對沿海關岸的經濟影響。Loren Brandt, *Commercialization and Agricultural Development: Central and Eastern China 1870-1937* (Cambridge: Cambridge university Press, 1989), 16-7.

93 Yeh-Chien Wang, *Land Taxation in Imperial China*, 1750-1911, 6.

94 這兒借用了孔誥烽對一六〇〇至一八〇〇年的中國經濟的描述，詳看 Ho-fung Hung, *The China Boom: Why China Will Not Rule the World* (New York: Columbia University Press, 2015), 15.

95 Kenneth Pomeranz, *The Great Divergence: China, Europe, and the Making of the Modern World Economy* (New Jersey: Princeton University Press, 2000), 173.

96 Richard von Glahn, *The Economic History of China: From Antiquity to the Nineteenth Century* (Cambridge: Cambridge University Press, 2016), 558-560.

97 王爾敏，〈官督商辦觀念之形成及其意義〉，《中國文化研究所學報》一三卷（一九八二），頁三五。

98 鄭觀應，《盛世危言》（香港：群出版，二〇一五）。

99 Karl Polanyi, *The great transformation: the political and economic origins of our time* (Boston: Beacon Press, 2001).

100 Ho-fung Hung, *The China Boom*, 38.

101 廖敏淑，〈清代商工群體中的客長〉，《國立政治大學歷史學報》四二期（二〇一四年十一月），頁七。

102 如魏源曾寫道，「漢人自古以來，與此洲交易。嘉應州人進山開礦，穿山開道，自立國家。擇其長老者，稱為公司，限一年二年辦國政。每年廣州、潮州，船數隻到港，開行貿易。其西邊則荷蘭國人開港口，在三入、本田、萬執、馬生等處。但因島之大半曠野，並無田畝，海賊劫掠，生意微矣。」，另見魏源，《海國圖志》卷十二，《中國哲學書電子化計劃》，於二〇二二年五月十七日擷取自 https://ctext.org/wiki.pl?if=gb&chapter=212。徐繼畬，《瀛寰志略》卷二，《中國哲學書電子化計劃》，於二〇二二年五月十七日擷取自 https://ctext.org/wiki.pl?if=gb&chapter=68603#lib25052.22。

103 廖敏淑，〈清代商工群體中的客長〉，頁一七－八。

104 「長老統治」的結構秩序不同於單純的民主政治方式，以形式的制度來決定權力關係，在於在同意權力以外還有一層教化的權力，這是因為鄉土不同於現代性的高速變化，鄉土社會是安土重遷的高度穩定社會文化，因此長輩的經驗是具有高度指導性，也是後來者生活的主要依靠。傳統和習慣為鄉土社會的人理出一個合乎道德的經濟社會生活面貌。所以比起城市人重視客觀形式的法治，費孝通認為鄉土地方更重視「禮治」，也便是社會累積下來的傳統做法，這也是孔子所謂「言必堯舜」的精神所在。所以這鄉土文化另一表現是「無訟」，意指比起現代社會著重以法庭法律維護自身權益，鄉土會更質重以禮或習俗為主導的調解大會，由長老鄉紳來評理。這也正是長老往往成為村社的政治權力中心的原因。費孝通，《鄉土中國》，（北京：北京出版社，二〇〇五）。頁七一－九二。

105 〈廣東烏坎村「70人被陸豐警方逮捕」〉，《ＢＢＣ中文》，二〇一六年九月十四日，https://www.bbc.com/zhongwen/trad/

china/2016/09/160914_china_wukan_inside。

106 蕭公權著，張皓、張升譯，《中國鄉村——論十九世紀的帝國控制》（台北：聯經，二〇一四），頁五。

107 蕭公權，《中國鄉村》，頁五五－六。

108 蕭公權，《中國鄉村》，頁五七。

109 蕭公權，《中國鄉村》，頁六一。

110 蕭公權，《中國鄉村》，頁六四。

111 蕭公權，《中國鄉村》，頁五九八。

112 孔飛力，《中國現代國家的起源》，頁一一八。

113 孔飛力，《中國現代國家的起源》，頁一二五－六。

114 《宣示預備立憲先行厘定官制諭》（光緒三十二年七月十三日），載於故宮博物院明清檔案部編，《清末籌備立憲檔案史料》（上冊）（北京：中華書局，一九七九），頁四三。

115 孔飛力，《中國現代國家的起源》，頁一九四。

116 泰韋斯著，〈新政權的建立和鞏固〉，R. 麥克法夸爾、費正清編，《劍橋中華人民共和國史・上卷・革命的中國的興起（一九四九～一九六五）》（北京：中國社會科學出版社，一九九二），頁八五－八九。

117 徐中約，《中國近代史（下）》（香港：香港中文大學出版社，二〇〇二），頁六三一－五。

118 林蘊暉，《中華人民共和國史（第二卷）：向社會主義過渡》（香港：香港中文大學出版社，二〇〇九），頁三五。

119 林蘊暉，《中華人民共和國史（第二卷）》，頁三七－八。

120 孔飛力，《中國現代國家的起源》，頁一六三－五。

121 林蘊暉，《中華人民共和國史（第二卷）》，頁五七。

122 毛澤東，〈新民主主義論〉，《中文馬克思主義文庫》，一九四〇年一月，https://www.marxists.org/chinese/maozedong/marxist.org-chinese-mao-194001.htm

123 徐中約，《中國近代史（下）》（香港：香港中文大學出版社，二〇〇二）。

124 Frederic Wakeman, *Spymaster: Dai Li and the Chinese Secret Service*, (California: University of California Press, 2003), 285-293.

125 毛澤東，〈新民主主義論〉。

126 徐中約，《中國近代史（下）》，頁六五四。

127 徐中約，《中國近代史（下）》，頁六五六。

128 徐中約，《中國近代史（下）》，頁六六五－六。另參蘇陽著，宋熙譯，《文革時期中國農村的集體殺戮》（香港：香港中文大學出版社，二〇一七）。羅德里克・麥克法夸爾著，《文化大革命的起源：浩劫的來臨，一九六一－一九六六年》（新世紀，二〇一二）。馮客著，蕭葉譯《解放的悲劇：中國革命史一九四五－一九五七》（台北：聯經，二〇一八）。馮客著，向淑容、堯嘉寧譯，《文化大革命：人民的歷史一九六二－一九七六》（台北：聯經，二〇一六）。

129 徐中約，《中國近代史（下）》，頁六六五。

130 Arunabh Ghosh, *Making It Count: Statistics and Statecraft in the Early People's Republic of China* (New Jersey: Princeton University Press, 2020), 31. Richard Smith, John K. Fairbank, Katherine Bruner, *Robert Hart and China's Early Modernization* (Brill, 2020).

131 Arunabh Ghosh, *Making It Count: Statistics and Statecraft in the Early People's Republic of China*, 33.

132 Arunabh Ghosh, *Making It Count: Statistics and Statecraft in the Early People's Republic of China*, 33.

133 這自然是借用 Benedict Anderson 的講法，Benedict Anderson, *Imagined Communities: Reflections on the Origin and Spread of Nationalism* (London: Verso, 2016).

134 毛澤東，〈湖南農民運動考察報告〉。

135 Arunabh Ghosh, *Making It Count: Statistics and Statecraft in the Early People's Republic of China*, 52-3.

136 這次借用了王汎森的講法，詳看王汎森，《權力的微細管作用：清代的思想、學術與心態》（台北：聯經，二〇一四）。

帝國新秩序

美洲金銀產地的發現，土著居民的被剿滅、被奴役和被埋葬於礦井，對東印度開始進行的征服和掠奪，非洲變成商業性捕獵黑人的場所：這一切標誌著資本主義生產時代的曙光。

——馬克思

我們的願望和目的是，當和平進程開始時必須保證絕對是公開的，今後不應涉及和允許任何形式的祕密諒解。征服和擴張的日子已經成為過去，與之同時為了特定國家的利益而簽訂的，可能在未知時刻擾亂世界和平的祕密盟約，業已成為歷史。

——威爾遜

帝國和殖民，似乎是古老陳舊的政治名詞，跟今天的主權國際體系格格不入[1]：一個跨越地域疆界的帝國，以軍事和經濟的優勢征服世界各地的原住民或者部族，跨境外派總督作為管治的最高首長，以便在殖民地壓搾出殖民宗主國所需的低廉勞動力、自然資源和廣大的消費市場，使宗主國通過剝削龐大的剩餘價值，累積源源不絕的財富。這個殖民的悲慘故事，理應只屬於戰前的世界哀歌。

在聯合國成立前，全球有七億多人生活在非自治的地區。從非洲和中東，從東南亞到大洋洲等地，大多仍然是由列強控制的殖民世界。如今歐美以至港台民眾爭相吹捧的英國戰時首相丘吉爾（Winston S. Churchill，一八七四－一九六五），顯然從不是殖民地人民的救星。他始終相信二戰是帝國間的戰爭，因此戰後的世界格局僅是大國間的秩序新安排，跟於殖民地的自決空間毫無關係。[2]但在二戰後出現的「第二波民主」[3]，特別是在一九六〇年聯合國大會通過《給予殖民地國家和人民獨立宣言》〔大會第一五一四（XV）號決議〕後，許多前殖民地的民族紛紛獨立，形成眾多新興民族國家[4]。印尼、印度、巴基斯坦、菲律賓、以色列、馬來西亞、斯里蘭卡、尼日利亞（編按：即奈及利亞）等國家都在這時期相繼獨立，同時上述的國家基本上都走向民主體制[5]。在六十年代以前，聯合國成員國大約有八十個，但到了二〇一一年已增加至超過一百九十個，其中大部分都是前殖民地通過聯合國的殖民地自決原則，選擇直接獨立、與其他主權國自由結合或者合併。二十世紀下半葉以降，似乎主權國早已成為國際社會的主要政治單位。傳統大帝國如奧匈帝國、鄂圖曼帝國、蒙兀兒帝國（Mughal Empire）已經不復存在，大英帝國亦喪失了原有了大部分海外領地，只餘下福克蘭群島、百慕達、英屬處女島（Virgin Islands，即英屬維京群島）、直布羅陀、開曼群島等地。

那麼我們仍然可以追問的是，今天帝國主義[6]消亡了嗎？還是帝國主義不再是以英、荷、法式的傳統殖民模式示人，而是轉變成新的形態，可以跟主權國際體系共處呢？如果是後者，豈不是代表了現代國族即使能夠民族自決建立主權國，卻仍然受制於非形式性的帝國主義（informal empire）[7]或者迦納思想家恩克魯瑪（Kwame Nkrumah，一九〇九－一九七二）所講的新殖民主義（neo-colonialism）[8]，令追求自主而立國的人民，仍然無法得到主權理念或者國際體系所承諾的自主自治？這兒存在至少兩個有關主權和主權國的迷思，第一是認為帝國主義跟國家是互相排斥的。帝國主義的存在便是對國家的否定，因為主權國家的體系是通過互相認受而建立，因此國家之間是平等的，不會或不應出現一個國家支配其他國家，或者一個民族支配其他民族的情況。第二，帝國必然會基於其經濟社會壓力，著力殖民其他地方的人民，這是單向的壓迫支配的關係，而主權國家正是由殖民者的反抗，瓦解帝國秩序而建立新的自主政治體，並形成如今的後帝國時代。這意味著帝國主義有著某種不變的特質，如世襲皇朝、高壓殖民或者外族總督等元素，令其只能存在於共和革命的時代以前。

然而，我們不僅需要區分開帝國、主權國與國家，並且需要把握其中隱匿的歷史關係。帝國不止不是現代國家的對立，甚至我可大膽推斷，假如沒有帝國殖民，恐怕現代國家所需要的不少管治技術都未必會出現。換句話說，在技術發展的層面上，帝國主義某程度上催生了現代國家的誕生。當然，帝國的歷史中充滿了被殖民者可歌可泣的抗爭故事，而這些秩序的衝突正是一步步改寫了帝國史的發展。如果設想帝國作為一個或者多個跨國秩序，由帝國的管治中心一直伸展至帝國的邊陲，作為資源和權力的再分配結構的話，殖民地的抗爭便是另一套秩序的拉扯，以地區的人民意願作為新的分配邏輯（只是任何秩序都是某種權力利益的重新分配，也不會完全取代其他秩序想像）。最終，舊世界的帝國秩序受到挑戰，新的民族國家秩序徐徐上場。但是帝國主義也不是同質的，即使披上了國家體系的面具，有些新式帝國也會出現適應和變化，以便在新的國際秩序上維持著跨國的政經秩序。這將是會本章敘述的故事。

一、傳統帝國主義

有關傳統帝國主義國家如荷蘭或者英國的興起與由來，馬克思主張從原始資本累積經濟理論出發，分析傳統帝國主義背後的經濟增長壓力。若然要走進資本主義生產模式，便不能不擺脫過去的對等價值生產交換方式（商品－金錢－同等價值的商品）來進行經濟活動，而是通過發放信用和借貸活動，令生產活動需要不斷提高剩餘價值（surplus value）的剝奪，以便償還原先借貸的利率和擴大投資，加大經濟規模來提升生產力和利潤。尤其在競爭激烈的市場中，如何盡可能減低開支和提高剩餘價值的剝奪比例，使得資本不斷通過生產消費得以再累積，成了資本市場的永恆自然法則——「適者生存」[9]。只是當國內的勞動力的薪酬福利已降至極低，技術發展提升生產力亦已經無法增加商品銷售時，資本累積的壓力便會出現，任何不能及時回報的投資價值都會變成空氣，這便會出現生產過盛而消費不足的經濟危機[10]。

而殖民正正是早期資本主義社會應對經濟危機的方式，便是將原來在資本主義世界以外的非商品資源商品化，納入這個商品拜物的世界，從而獲取新的條件進行資本累積。「殖民制度大大地促進了貿易和航運的發展。『壟斷公司』（Monopolia）（路德語）是資本累積強而有力的手段。殖民地為迅速產生的工場手工業保證了銷售市場，保證了通過對市場的壟斷而加速累積。在歐洲以外直接靠掠奪、奴役和殺人越貨而奪得的財寶，源源流入宗主國，在這裡轉化為資本[11]。」只是馬克思及其後學，較少討論經濟壓力以外的政治壓力，如何影響傳統帝國主義的出現。畢竟，政治和經濟的面向是息息相關。因此這節主要從政治軍事因素與資本累積的經濟壓力出發，看看傳統帝國主義與殖民是如何一步步走出來。

在十五、六世紀的歐洲，傳統王國或者中世紀政治體如哈布斯堡皇朝、法蘭西王國或者神聖羅馬帝國正如日中天，海外貿易與傳教路線也全由西班牙與葡萄牙這兩個天主教大國壟斷經營。到了十六世紀，眾多新教徒聚居的低地地區的七個行省，聯合反抗西班牙統治，尋求獨立自治，揭開了漫長的八十年獨立反抗之路[12]。有別於傳統王國倚賴傳統封建社會秩序，農業生產和稅收系統，荷蘭作為現代金融資本大國的先驅者，為了強化國家的整體力量，因此借助意大利城邦的銀行業經驗和制度，在資產階級的主導下將經驗複製到荷蘭，且以國家級規模來發展。荷蘭是全球首個股市交易市場的發源地，地點是位於阿姆斯特河大橋上。而荷屬東印度公司正是藉著在市場發售股票的方式，從民間集資，資助這特許經營公司在遠東的殖民入侵與商業買賣。

國家債券和信用市場，是現代資本主義和帝國主義得以可能的重大條件，也是歐洲小國如英國和荷蘭迅速崛起的原因。德國大哲學家康德在《論永久和平》提到，國家以金融方式融資建軍，可以迅速建立一枝龐大的軍隊，配以先進的裝備和技術，能夠在對外戰爭中取得絕對的優勢。這不是單純依靠稅收支付政府開支的政經秩序可以媲美的，康德甚至說，懂得融資的侵略性國家利用發行國債所蒐集得來的流動資本，必然遠超其他國家的經濟規模。因此，放債擴張必然是對永久和平有害的[13]。七十年後，當時流亡英國的馬克思撰寫《資本論》（*Das Kapital*）時同樣認為，國債是原始資本累積和擴張殖民的重要動力，「國債，即國家的讓渡，不論是在專制國家、立憲國家，還是共和國家，總是為資本主義時代打下自己的烙印。在所謂國民財富中，真正為現代人民所共有的唯一部分，就是他們的國債。因此，『一個國家的人民負債愈多就愈富』這一現代理論，是完全合乎邏輯的。[14]」

荷蘭儘管是意大利城邦商業殖民王國的承繼者，將傳統銀行業的信用貸款系統移至阿姆斯特丹發展[15]，但是荷蘭終究不是另一個威尼斯或者熱那亞，前者更成功的地方，在於將其商業買賣體系擴張至全世界，讓阿姆斯特丹成為真正第一個全球金融中心，其融資商貿和信用體系也是史無前例的龐大和自由[16]。其中是基於三個重要原因。

第一，荷蘭政府成功打造阿姆斯特丹，成為當時歐洲甚至非歐洲地區最重要的商業買賣中心之一。這意味著阿姆斯特丹作為歐洲著名的港口城市，得以成為全球貨物買賣的中轉站和集散地[17]。因此，不管是從亞洲來的香料絲綢，或者運出海外售賣的鬱金香，都會在這兒儲藏和交易。這些頻繁的貿易中轉，令阿姆斯特丹成為極為繁華的貿易之都。而荷蘭的資產階層，便能利用地方的便利，以低買高賣的方式賺取前所未見的豐富收入。

第二，為了有效控制高流量的流動資本和信用流轉，荷蘭於一六〇九年成立類似後來中央銀行的阿姆斯特丹銀行（Amsterdamsche Wisselbank），作為統合地處理商業區大量交易所帶來的不同貨幣交易和借貸，確保貿易的貨幣質素，也能提供相應的外匯兌換服務，以進一步促進國際市場的貿易[18]。只是不同於後來英倫銀行所扮演的中央銀行角色，在於十九世紀前的阿姆斯特丹銀行還沒有作為特許發行貨幣的金融機構，因此無法控制貨幣供應量，同時它也不是作為唯一借貸予其他商業銀行的單位，因而也無法控制資金利率，固此其調控經濟的貨幣政策十分有限（銀行業因而成為新興的資本全球化推手與主權權力主體，這會在下章詳談）。這樣，荷蘭得以有效地推動國際貿易，同時也能在債券市場和股票市場中籌募再投資的資本，令經濟高速發展的同時，亦容易出現經濟泡沫與危機。而全球第一次出現股災和經驗泡沫，便是來自荷蘭的鬱金香狂熱（Tulpenmanie）。

「在十八世紀初，」馬克思觀察到，「荷蘭的工場手工業已經遠遠落後了，荷蘭已不再是一個占統治地位的工商業國家。因此，荷蘭在一七〇一年至一七七六年時期的主要生意之一就是貸放巨額資本，特別是借貸給她的強大競爭者英國[19]，」一如當年正從地中海商業霸主的地位沒落的威尼斯，也曾大量借貸予荷蘭來謀利。國際信用市場的興起，令國家之間可以通過金融方式融資信貸，短時間內籌集大量資本，而借貸國則可單以金錢作為資本累積的投資。基於國家由未來稅收作為擔保，因此國債往往是穩健的投資對象。「公債成了原始積累的最強有力的手段之一。它像揮動魔杖一樣，使不生產的貨幣具有了生產力，這樣就使它轉化為資本，而又用不著承擔投資於工業，甚至投資於高利貸時所不可避免的勞苦和風險。」[20]

第三，荷蘭吸收了威尼斯和熱那亞的商業王國發展經驗。前者在發展商業世界和資本累積的中心時，並沒有同時建立相應的軍事力量和國家形態來保衛其商業王國，因此在中世紀後期因為伊斯蘭帝國鄂圖曼海軍的出現，迅即喪失地中海商業王國的控制權。相反，熱那亞早在前現代時期已經推動不同公司（maone）在城邦以外的地方，如希俄斯島（Chios）或者黑海的費奧多西亞（Feodosia/Caffa），建立起不同的商業據點，形成地中海地區的海上帝國，並以相應規模的海軍維持其支配的力量[21]。荷蘭承繼並強化了熱那亞模式，而且發展出海外特許公司如東印度公司，使得商業力量得以高度掌握海外投資和探索的權限和權益，並得以直接與海外的不同勢力或者供應單位接觸，以最有效率的速度建立全球海上商業帝國，無須經過漫長官僚操作作為中介人。資產階級既然可以通過公司形式，直接支配著利潤極深的長距離貿易線路，自然會盡可能令資本以最高速度流動，如吸納最新型船隻或者指南技術，使買賣的過程變得愈來愈快和有效，並有更大動力尋求新的貨源、人力資源和海外市場。

而高效和高收益的股票上市公司，也會吸引更多民間資本去投資，變相能動員更大的資本力量在遠洋貿易和軍事力量上。強大的海軍能在不同海域之間巡弋，協助荷蘭在東南亞一帶擊敗傳統天主教大國葡萄牙，建立和保護新型的海洋殖民帝國[22]。「第一個充分發展了殖民制度的荷蘭，在一六四八年就已達到了它的商業繁榮的頂點[23]。」馬克思在《資本論》如此說。從新阿姆斯特丹（即今天的曼哈頓），巴達維亞（Batavia，即今天的雅加達）到熱蘭遮城（今天的台南市），荷蘭的殖民遍及四海。殖民的目的主要是確保遠東的香料和布料等異國進口貨物的供應，通過長途運輸帶回歐洲謀取利益，藉以回報投資的股票持份者和償還國債利息，再投資去擴大全球供應消費市場。

與此同時，作為東亞讀者的我們必須注意的是，技術或者知識不是一面倒地發展，即使荷蘭承繼了西、葡或者意大利城邦的製船與航海技術、後文藝復興的軍事力量，還有銀行金融的集資能力，但在國際衝突的技術較量上是遠為立體得多，例如荷蘭可以在遠東吞併葡萄牙的勢力，卻在台灣敗給海盜勢力鄭成功（一六二四－一六六二）。史家歐陽泰（Tonio Andrade，一九八六－）認為，論軍事謀略和組織力，當時國姓爺的部隊都不遜於荷蘭的海上帝國，即使前者只是弱國南明招降的軍隊[24]。如今位於台南的赤崁樓與安平古堡，即為當年勢力易手的重要見證。

簡而言之，在十七、八世紀，荷蘭這個歐洲低地小國，借助遠洋貿易和金融投資，雄霸了海上商業王國過百年，直至英國崛起和挑戰為止[25]。只是荷蘭內部的政治結構不穩，令鄰邦英國得以取而代之，成為新的帝國主義大國。皆因尼德蘭的聯省共治模式，令中央管治秩序太過薄弱，行政效率也成疑，甚至被後世學者質疑，到底當時的尼德蘭應否理解為一個統一國家，畢竟當時尼德蘭的七個省，各自有著高度的主權獨立性，也不容易統一管治意願。同時，荷蘭也承繼了中世紀的荷蘭省督制度（stadhouder），以省督作為行政最高位置。「美洲金銀產地的發現，土著居民的被剿滅、被奴役和被埋葬於礦井，對東印度開始進行的征服和掠奪，非洲變成商業性捕獵黑人的場所：這一切標誌著資本主義生產時代的曙光。這些田園詩式的過程是原始積累的主要因素。接踵而來的是，歐洲各國以地球為戰場進行商業戰爭[26]。」

從資本主義史的角度，英國成為現代政治經濟強國的道路跟荷蘭是頗為相近。作為多年來深受西班牙海軍威脅的歐洲邊陲島國，英國國家的財政也需要倚賴這些有特許證的海盜，以有牌私掠船（privateer）的方式搶劫西班牙和葡萄牙的商船，成為英國謀財之道〔試想想《加勒比海盜》第四集（*Pirates of the Caribbean: On Stranger Tides*，另譯《加勒比海盜－神鬼奇航：幽靈海》）的巴博沙船長，如何在獲得英王的特許證後，由海盜搖身一變成為英國皇家海軍的指揮，大概會明白兵賊之間的含混）。

畢竟在當時，歐洲各國均未有海權和領海的概念，甚至到了一五五九年的《卡托康布羅齊和約》（*Peace of Cateau-Cambrésis*），其中仍然有一條祕密條款（secret clause）：在廣闊的世界地圖中以赤道或者北回歸線定為友好線（amity lines），友好線之北的地區屬於歐洲國家的友好區，不能任意開火或者搶掠。但是友好線以南的地區則視作歐洲公法以外的真空區，或曰界外之海，在那裡一切的戰事搶掠都會被容許且沒有任何自然權利可言[27]。

經歷漫長的十七、八世紀宗教內戰之後，英國議會迎來在荷蘭海牙出生的奧倫治的威廉三世（Willem III van Oranje，一六五〇－一七〇二）登基，逐走斯圖亞特王朝末代皇帝占士二世（James II，一六三三－一七〇一，另譯詹姆士二世），成為一六八八年光榮革命後的新任英國國王。英國隨即努力效法荷蘭的金融資本主義，在接下來十年內開始成立英倫銀行和創設國債，透過國家放債來為國家實業建軍融資，大幅提升國力和軍事力量。同時，英國深化改造財金秩序，如改鑄標準純度的英鎊貨幣；建立股票市場；促進房債市場的發展、鼓勵投資銀行的出現、推動航海保險和火險等金融產品，如此種種都令倫敦快速成為新的國際貿易金融中心。通過國債融資，政府得以快速獲得大量的流動資本作為基建與建軍的用途[28]。英國自十八世紀開始，不論人口、國民生產總值都有著大幅度的增長，相比起農業，工商業和服務業的勞工比例也迅速提升，這些都自然跟資本集中，技術改進和人口紅利有重大關係[29]。

借用美國社會學家 Charles Tilly 的觀點，英國一方面致力效法荷蘭的金融貿易改革，但同時卻又比起荷蘭更接近斯堪的那維亞[30]，擁有行之有效的集權政府，如封建秩序的退場，地主階級長久主導著政治實權，令行政和法律體制遠比荷蘭統一和完善高效[31]，還有技術發展的偶然性條件[32]，這才能令英國國力急速發展，建立起傲視全球的皇家海軍，以至能在七年戰爭大敗法軍，為大英帝國的海上霸業提供絕佳的幫助，最終建立一個跨越全球的日不落帝國。這個海外帝國正是使得英國政治經濟蓬勃發展的要素。

但是海外殖民地對於國家整體的實質經濟收益，至少在十八、九世紀其實並不如想像的高。以美洲盛產的蔗糖為例，英國個別商人大舉在中、北美洲投資的蔗糖田，固然收益甚高，但同時英國政府維護海外殖民地和各種補給的開支也水漲船高。如果計算出殖民地對於整體國家收益比例，大概是百分之二左右，比起同期百分之三點五的國債利率還要低[33]。因此國家經營殖民地除了讓少數資本家發大財外，在整體國民經濟的角度下似乎未必比其他投資選擇更可取，尤其其他金融信用所需要承擔的風險更低。這意味著單純從經濟利益出發，海外殖民地並不是生金蛋的雞。這也是百年以前英國經濟學家霍布森（John Atkinson Hobson，一八五八－一九四〇）在《帝國主義》（*Imperialism: A Study*）已經有仔細討論，英國政府經營海外殖民地的開支升幅比率，比起殖民地帶來的貿易收益升幅比率還要大，因此殖民地作為經濟投資看似毫不划算[34]。

但英國經營殖民地絕非單純經濟壓力的考慮，還有政治軍事上的考慮。作為島國，英國維護領土和政治影響力的方式，主要是倚靠海軍的力量。而海軍在遠洋出征，需要諸多海外基地為艦隊進行補給，以便滿足在海外長期駐守和巡行的軍事需要。當海軍艦隻以燒煤的輪船取代風力推動的帆船後，海外殖民基地的需要便更大了。帆船往往受制於季風，需要有合適的風向才能遠航，也大大限制了運輸和作戰的可能。輪船則通過燒煤而產生動力，令船隻可以不分日夜航行，彈性方便得多。但是海軍輪船需要的煤量很大，每次卻無法載上太多煤航行，而且英國本地在諾森伯蘭郡生產的煤質量一般，純度不足令黑煙很大，容易暴露海軍的位置，產出熱量亦相對低，不甚划算[35]。因此海軍需要在全世界不同地方，找尋適合的高質量的煤供應，作為海軍補給的地區，配合英國在海外的科學地理考察，分別在孟加拉、澳洲、爪哇、新幾內亞、馬來西亞、巴勒斯坦、敘利亞、索科特拉島（Socotra）、亞丁（Aden）、納塔爾（Natal）等地，建立殖民地的海外補給基地，為皇家海軍提供不同的煤的生產來源，避免倚靠單一來源的同時，也能將海軍隨時駛往各大洲執行任務[36]。

二、帝國殖民與國際法

從字面上理解的「帝國」，想當然是一個帝國中心以暴力在外地支配壓迫的跨國族政治體，而且帝國的政治權力核心也不等於整個國土內的人民意願和福祉，帝國的民眾未必受惠，殖民地人民更是淪為二等公民甚至奴隸，任由帝國軍宰制﹝就像在電影《星球大戰》（*Star Wars*，另譯《星際大戰》），被黑武士的死星一炮消滅的星球百姓，連申訴反抗的機會也沒有﹞。但與此同時，帝國和現代國家之間其實有著微妙的關係，甚至可算是一脈相承的政治關係。沒有現代帝國搞混和重塑原本的全球政治秩序，現代國家體系或者會以不同面貌出現。先前關於領土疆界的科學劃分與人口統計上，我們見到應用在殖民的技術最終反過來影響宗主國地區的治理力，帶來現代意義的國家。但國家的形成除了涉及技術層面之外，更重要的還是法律地位。因此，回看國際法與帝國殖民的發展史，我們可以重新理解帝國與國家體系之間的複雜歷史關係。

關於國際法的發展，不得不從大航海時代的法學爭議及危機說起。在十五世紀，信奉伊斯蘭文化的鄂圖曼帝國在近東崛起，迅即發展成一個龐大的帝國，更在一四五三年攻入君士坦丁堡，延綿千年的拜占庭帝國無力回天，令歐洲耶教諸國無不抖震[37]。伊比利半島諸國嘗試以探索另一條海路，連接歐洲市場與印度或者東南亞原料，建立新海上絲綢之路[38]。結果，美洲的發現大大震動傳統歐洲國家的秩序，因為這片土地從來不在他們對世界的想像之中。為了解決「處女地」（terra incognita）的秩序和分配問題，教宗阿歷山大六世（Pope Alexander VI，一四三一－一五〇三）在一四九四年頒布諭令（Inter caetera divinae），把新的未知世界一分為二，分別付託兩大天主教國家葡萄牙和西班牙宣教和使土著文明化的任務，令當地的處女地能納入舊有天主教世界的森嚴秩序中，把這些神祕的地域重新納入歐洲所能理解的世界內[39]。

但當時法學開始產生的爭議是，教宗頒布的宣教自由等於擁有占據田產土地的權利嗎？換句話說，教宗的宣教諭令等於那些處女地的新大陸納入某國的政治司法管轄權，因而容許占據和買賣嗎？西班牙天主教神學家，同時是國際法早期先驅法蘭西斯科・維多利亞，執意從既有的神學和法學資源處理當中的難題。其中首要的難題是，美洲原住民的政治體算是主權嗎？能理解為擁有所在地的一切財產和權利嗎？還是該地不視為文明部落的常居地，那片土地和天然資源也成了荒地（terra nullius）任殖民者取用和占據？如果按照當前歐洲中世紀的法律制度，即「神聖法－自然法－世俗法」的法學結構，那麼作為異教徒的美洲原住民自然不受神聖法所框架，也便失去所有擁有權利。但維多利亞革命性的做法在於把財產權理解為自然法所保障的基本權利，是人之所以為人應當擁有的自由。而自然法若然能普世適用，則理應也適用在美洲原住民族群。西班牙統治階級不能仗著教宗無邊的神聖權威來支配不信教的地區，新大陸不是自然法以外的飛地，只是屬於另一套司法體制及其政治宗教權威[40]。由此，世俗化的自然法發展逐漸取代中世紀的神聖法秩序，成為往後主宰歐洲公法的重要理論基礎。當然在同一時間，維多利亞也認為基於友愛的普世性原則，美洲原住民也不應阻礙西班牙在當地發展商貿買賣，一如西班牙不應妨礙法國人一般[41]。

荷蘭共和國作為新教新興的強大海上帝國，漸漸跟傳統遵照教廷諭令而宣教殖民四方的老帝國葡萄牙和西班牙發生衝突。如現在台灣淡水的紅毛城，當年即為西班牙人修建的聖多明各城，後來荷蘭人驅走西班牙勢力，便在原址上改建了安東尼堡。荷屬東印度公司得以在特許狀發行之後的二十一年內，壟斷了由好望角到東印度之間的貿易。同時，荷蘭東印度公司也獲准得以荷蘭國會的名義，在遠東地區建設要塞、任命總督，開發遠洋貿易的路線，謀取豐厚的利益報酬。荷屬東印度公司也可以擁有海軍，能夠雇用士兵，還可以直接跟外國政府交涉和締結條約等。即使它只是一間民營企業，但在海外其實與一個準主權國家無異[42]。

在沒有海洋權和公海理念的世界，國際衝突往往成為革新的契機。在一六〇三年，由航海家范・黑姆斯克爾克帶領的荷屬東印度公司海軍，在新加坡水域一帶繳獲了一艘葡萄牙商船「聖塔卡塔林那號」，船上載著大批價值不菲的明代瓷器，且運回阿姆斯特丹販賣，賺了一大筆錢[43]。葡萄牙商船在其殖民水域被劫，引發新一輪的荷蘭和葡萄牙的軍事衝突。而在法學界，很多人都在關心「公海」的問題

——到底荷屬東印度公司海軍繳獲葡萄牙商船，是否合法？這不僅關乎到這一件衝突的法學爭議，更牽涉到這年輕的共和國日後如何在這早已被天主教瓜分的新世界分一杯羹，使得東印度公司或者政府的做法有其法理根據。荷蘭公法學家，又稱為國際法之父格勞秀斯當時寫了一篇文章《捕獲法》（*De Jure Praedae*，當時他命名為 *De Indies*）[44]，仔細地從法學理論和哲學思考討論處於公海（open sea）中諸國自然權利的問題。幾年後，他再匿名發表那本國際法扛鼎之作《海洋自由論》（*Mare Liberum*），進一步完善其想法。這本書本身以拉丁文書寫，甫出版幾年便出現第一個英文譯本，由此可見當時的新教海洋國家對於航海權討論的重視。

首先，格勞秀斯在前言部分梳理一些普世認同的自然法原則：

第一條：任何人皆有權在遭受威脅時保護自己

第二條：任何人皆有權獲取並持續獲得那些有益於自身生命的事物

第三條：任何人皆不得傷害他人

第四條：任何人皆不得掠奪其他人的財產

因為自然法的首要條件是自我保護，所以在必要的前題下，頭兩條的原則是可以凌駕後兩條的自然法，使得人先天地擁有權利來自我保存，盡可能地存活下去，延續自己的生命。而在自然法的框架中，人和國家都是互通的，主權國屬於法理上的公共人，因此同樣適用於自然法的權利保障。因此之故，他便奠立影響後世深遠的自然法體制，尤其是這自然法不再只適用於耶教的歐洲國家，而是先驗地能夠應用於全世界[45]。

如他在書中所言，《海洋自由論》的目的不只是在於針對某一次海上衝突，而是關乎整個海洋的航海權和相應自由，應否屬於某一帝國的問題[46]。在書中，格勞秀斯借用西班牙法學家維多利亞的講法，教宗諭令只是賦予西班牙或者葡萄牙帝國宣教和經商的權利，他們並無權強行侵占和支配東南亞國家如爪哇、蘇門答臘等地的資源，還有主宰當地人的社會政治秩序。「教廷或俗世的信徒不能純然因為他們是異教徒，在不涉及任何傷害的行為的情況下剝奪異教徒的平等政治地位和主權。」即使有很多地方他是也不太認同維多利亞的想法，但格勞秀斯在這裡直接引用維多利亞的結論[47]。因此，格勞秀斯的早期思想中已經承認非歐洲地區的政治體擁有與歐洲國家同等的政治地位，可以進行協商和貿易並擁有自然法下的種種保障。而海洋屬於公有的天然資源，是所有人都可共享的，因此不能成為私有產權或者成為某個帝國的海域。由此推敲，荷蘭和其他新興海洋力量也有權在大海航行、探險、經商和戰爭，不受教廷諭令的約束掣肘。這國際法體系到了他後期的《戰爭與和平法》（*De Jure Belli Ac Pacis*），發展成一套更完整的闡述。

在先前的著作中，個體和主權國的關係是想當然的，但在《戰爭與和平法》中，他更深入地論證為何在自然法的視野中，個體和主權國同樣擁有普世的自然權利，當中的關係何在？在先前的著作中，自然權利似乎都是自利的，以自我存活作為最重要的關懷。但是，這種自私自利的個體，如何可能組成一個社群和國家呢？自然法又扮演什麼角色呢？在《戰爭與和平法》第一章，格勞秀斯清楚指出自然權利的意思在於「由正確的理由（right reason）所推導出來的規則，這是根據理性本身來判斷該行為是否合宜，且以此顯示其道德的必要性。」（i.1.x）因此，自然權是理性判斷的結果，為的是道德的普遍性，這自然法框架帶有強烈的阿里士多德式或者斯多葛派的經院學派色彩[48]。並且，因為自然法是通過永恆不變的理性所定立，而理性是萬物之本，所以甚至能獨立於上帝的意志。「自然法是不能變更的，連上帝也不能變。即使上帝的權力是無限的，但無限的權力依然有其限制」（i.1.x）。自我保存是自然法的頭號法則，因此個體必然會進一步想辦法生存下去，以便延續自己及整個物種。這是理性的命令。但格勞秀斯不同於霍布斯的地方，在於前者不純然從個體的自我保存出現來理解主權或者國家的重要性。社交性（sociability）或曰對社群的關懷，是人類不同於一般動物的地方（這人類中心的主張在如今必然會遭到非議），也是權利和社會得以形成的基礎。凡人皆有能力與他人連結，會關心自己以外的人的福祉，因而懂得和平地互動，共同形成一個個政治體，追求共同幸福，且互相保護，避免傷害（i.1.viii）。由此看來，主權國家便是一個個由理性的人平等友愛地連結而成的共同體，用以追求共同的價值和保障。這些國家因而享有跟個體一般的自然權利，一如國家內的所有成員一般。於是，他便根據這政治道德觀重新理解主權國在國際社會的戰爭權和議和權，這些討論正是三十年戰爭後，各國政府商議《西伐利亞和約》時的重要面向。他的著作也直接影響著三十年戰爭後的國際法理念，畢竟他自己也曾經擔任瑞典駐法國的大使長達十年，而瑞典正是三十年戰爭的重要參戰國。

一如前述，國際法從自然法換成實證法基礎，同時將這種普世平等性的政治思想，化成帝國國際法律框架的新遊戲規則，令不同地方的國家權利或者人民意願，必須遵守「國際社會」所承認的主權國家規則，其應有權益才能得到保證。這正是二十以至二十一世紀國際政治的面貌，聯合國的主權國互認平台，成為新的政治權力角力和衝突舞台。我認為若然國家的存在始終需要建立在國際法基礎，那意味著國家需要獲取實證國際法的法人地位，因此聯合國縱然通過了一系列的解殖公法，但後起現代國家還是需要在西方列強訂立的法律遊戲中，爭取應有的法律地位，這爭取也意味著解殖需要且只能在合乎西方社會利益的前提下進行[49]。國家體系尚未擺脫帝國的秩序（這會在下節有關非形式帝國主義的部分再作詳述）。但在上述分析中，我們至少可以發現國際法思想的早期發展跟帝國衝突與殖民活動有很深的關係，而國際法體系同樣也是後來國家體系得以出現的基石，不管距離原初共和民主與永久和平的政治想像差別有多大。

三、美國擴張主義與帝國主義的轉向

帝國殖民的殘酷不仁，大概是令人聽得厭煩的常識，由血汗蔗糖田、黑奴買賣到種族屠殺，來自經濟和政治壓力的帝國殖民擴張，激發全球各地一直始起彼落的獨立抗爭運動，早期的著名例子包括一七七六年爆發獨立戰爭的美國，或者一七九一的海地革命（Haitian Revolution）[50]。這些政治獨立抗爭和自主運動在十八至二十世紀，一直與帝國秩序拉扯抗衡，既慢慢改變了帝國的許多政策，最終也帶來現代國際秩序的出現[51]，不同民族通過建立國家，獲得在政治舞台上自決命運的機會。新帝國秩序的誕生，意味著帝國主義也要隨新的政經秩序而更新轉化，從而令帝國中心的既得利益階級，在主權國家體系中繼續保存國際支配壟斷的位置。

美國近兩、三百年來的發展史，正好體現了帝國主義形態如何產生銳變，這又如何反映在經濟和軍事的概念與運作轉變之中，定義了二十世紀甚至二十一世紀的當代政治面貌。畢竟美國十三州自從十八世紀末從英國喬治三世（George III，一七三八－一八二〇）的大英帝國治下獨立出去，即使從不以殖民帝國自居，但美國兩百多年來的擴張史從未結束。到底美國初期為何走上擴張主義的道路，並將殖民之手一直伸延至太平洋的另一邊，為何在二十世紀初又會支持帝國瓦解和主權國家秩序呢？美國如何在國家體系內維持著跨國的支配力量呢？

早於一七八七年獨立戰爭剛平息不久，原先由英國軍隊控制的中西部地區，在《巴黎和約》（*1783 Treaty of Paris*）後成為美國的新領地。《美國獨立宣言》草議者傑佛遜（Thomas Jefferson，一七四三－一八二六）便建議通過西北土地法令（Northwest Ordinance），將那片廣闊地區以建立新州分方式吸納進美國之中。當時，這地區並非處女地，眾多美洲原住民世代居住於此。只是由於原住民的遊牧習性與殖民者不同，因而不獲美國政府承認是合法的土地擁有者，或者視作在當地聚居的群體。這種野蠻自大的殖民行為使得原住民和聯邦軍隊在當地發生多次激烈衝突。而在中西部還未建立獨立州分之時，聯邦政府更是對當地有著絕對的控制權。當時首任總督阿瑟・聖克萊（Arthur St. Clair，一七三七－一八一八）便形容那地區是無助的殖民地，地方上的住民也不算是美國公民，只是臣服於權威下的百姓[52]。只是沒多久，中西部便爆發西北印地安戰爭（Northwest Indian War），而聖克萊的部隊也近乎全軍覆沒。但即便如此，美洲原住民奇克索人（Chickasaw）和喬克托族（Choctaw）等部落也無力回天，美國的擴張速度也沒有減慢。幾年後傑佛遜上台後，以每英畝三美分的價錢，向法國政府購入整個美國中部，這被稱為「路易斯安那購地」（Louisiana Purchase）。只是對傑佛遜而言，路易斯安那的擴張本不是為了讓開拓者進一步將領土擴張至密西西比河域，除了新奧爾良一帶的出海處，其餘的都只會留給美洲原居民繼續聚居[53]。

但是，美國擴張並沒有就此止步。隨著美洲白人的人口急增，白人遷入內陸地區的壓力愈來愈大。例如在一八〇〇年至一九〇〇年法國人口大約從三千萬人增加至四千萬人，但是同一時期的美國人口卻由獨立時期約莫三至四百萬人，急增至七千六百萬人，人口增加了差不多二十倍，等於當時意大利和法國的人口總和[54]。美國人口的急遽增加主要源自十九世紀的人口大遷移，大量人從歐亞非移居美洲生活和尋找工作機會[55]。同時在十九世紀中，先是原本墨西哥地區的德薩斯共和國（Republic of Texas）宣布叛國加入美國，爆發美墨戰爭，美軍順勢南下一直殺進墨西哥城，並在和約中吞併了墨西哥大半壁江山，由德州到加州都成了美國新州分；接著加州一帶發現黃金，數十萬人從拉丁美洲、亞洲等地來到加州淘金，大量黃金流入美國經濟體系，為美國社會帶來新的經濟發展動力。這些新移民漸漸落地生根，買地建城，美國西岸漸漸聚滿了白人為主的城鎮牧場。為了防範「白人」和美洲原住民的領土衝突，當時美國第七任總統安德魯・積遜（Andrew Jackson，一七六七－一八四五，另譯安德魯・傑克遜）任內一直煩惱著國內的種族衝突。一些政府官員曾提議把美國中部的大片區域定為印地安領地（Indian territory），範圍大概是由今天南方的德克薩斯州一直向北伸延至加拿大邊境和密歇根州一帶，讓美國居民和原住民可以和平共處。當然背後的潛規則是要強行將所有原住民遷入指定的範圍內，不然便得吃子彈了[56]。但積遜最終只將美國西北面，即華盛頓州一帶列為西部領土，交由印第安人居住和自治[57]。

不久之後，美國計劃興建橫貫大陸鐵路（transcontinental railroad）發展西部經濟，連接太平洋和大西洋的貿易路線，帶動全國的經濟發展，但鐵路設計無可避免要穿越西部領土。所以，美國議員道格拉斯（Stephen Arnold Douglas，一八一三－一八六一）等人再次要求印地安人集體遷離西部領土[58]。因此，聯邦政府重定印地安人的「永久定居地」，由原先的西部領土，縮小至今天的俄克拉荷馬州，作為全美洲地區上百個印地安部族必須擠進去的新區域。如果以中國版圖作為例子，印地安領地的安排便等同把全國幾十個少數民族都遷進甘肅省（如果不是更細的地區）作為永居地。最後，美國白人的馬車還是開了進去，殖民步伐終究沒有在永居地前停滯，永居地自然不再永居。諷刺的是，「俄克拉荷馬」的名字是源自原住民切羅基人（Cherokee）的土話，意謂「紅番」，這大概也訴說著原住民其中一點不幸和悲鳴[59]。自此，美國的種族階級逐漸形成——最上層為文明的白人、拉美裔人、美國黑人，最底層才是美洲原住民[60]。

在一戰之前，美國的領土地圖又再擴張了許多，這當然是受惠於美國自一八七〇年來的第二次工業革命。因此，基於美國政府預算愈發增長下，原先軍事外交的孤立政策慢慢讓渡予擴張政策。基於經濟能力許可而國內的重工業高度發達的背景下，美軍輕易建立了一支當時位列全球第三的艦隊，遠征東亞和太平洋島國[61]。美國先向俄國購得阿拉斯加，接著美軍在海外陸續占領了許多新的「海外領地」（Dependent territory），或可理解為有多少自治權的殖民地別稱：作為防衛大西洋出海處前沿的古巴或者波多黎各；作為美軍艦隊遠征補給點的太平洋地區如夏威夷和關島（Guam）；還有許多太平洋的無人島都被攻占，用作蒐集鳥類糞便肥料（guano）的重要地區。而在亞洲，美軍則重點打擊西班牙的力量，因此菲律賓地區都成了美國的占領地。此外美國還派軍在大清參與八國聯軍，開拓中國市場來傾銷鴉片，賺取大量銀元[62]。

但除了夏威夷和阿拉斯加得以在一九五九年成為美國的聯邦州分之外，其他地區基本上都沒布有正式成為美國領土，沒有國會代表在會議中代表他們的權益，居民也沒有美國公民的福利和保障，變相淪為二等公民。而且，美國的海外擴張也是伴隨著外交上的門羅主義（Monroe Doctrine），自十九世紀起視中南美洲為自己的後花園，肆意將實質政治軍事的干預伸展至南美洲一帶，以保護南美殖民地免受歐洲宗主國支配的名義，肆意干涉地區的政經事務，以維護美國企業在當地的短期利益[63]。不少美國海外屬地地區如古巴關塔那摩灣、關島或者波多黎各，至今都是美國非獨立州分的領地，仍然維持著某種帝國殖民的關係。

從一戰到二戰，似乎美國也漸漸尊重主權國際秩序的遊戲規則。美國總統威爾遜在巴黎和會前提出的《十四項建議》，作為美國公開支持國際主義、民族自主和廢取帝國殖民的立場，算是掀開了美國帝國主義轉變的序幕[64]。除了少數戰時託管的地區如德奧地區、日本、韓國、南斯拉夫旁邊的第里雅斯特自由區（Territorio libero di Trieste）之外，再沒有擴張海外領土了。那麼美國也算是從舊帝國模式轉變成尊重主權秩序的主權國了嗎？恐怕不然。借用美國著名社會學家麥可・曼恩（Michael Mann 1942－）的講法，這是美國由形式帝國主義（formal imperialism）走向非形式帝國主義（informal imperialism）的過程[65]。這個轉變基於幾個原因：第一、由於美國陸上鄰邦基本上毫無威脅，因此主要投放的軍用資源是在海軍上，而陸軍相對規模和資源較少，自然有較少陸軍能夠長期派駐海外，守衛海外的殖民國家（當然這因素比較次要，畢竟美軍擁有全世界最大的陸軍部隊之一，即使到了二十一世紀仍有超過十萬軍隊在海外派駐，這是大多數國家也難以望其項背）；其二，美國早期在古巴和波多黎各的占領殖民時遭遇很大的反抗，尤其是地方菁英和低下層聯手抗拒美國，令殖民統治十分困難。美國也不會效法英、法般派遣大量拓荒者到新殖民地建立定居地，因此美國殖民的融合程度無疑更低，反抗的比率和規模更大更高。美國也不如傳統歐洲列強般，在殖民管治的歷史中，累積了數百年的制度、技術和知識經驗。況且在一戰後民族主義抬頭，全球南方的民族自主意識形態高漲，這都大大增加了殖民的難度[66]。

只是美國從不以帝國自居，相反，它一直認為自己是世界民主燈塔（beacon of democracy），把民主和自由推廣至全世界——只是這自由更多是指市場自由，讓美國企業得以打進當地市場。一如美國在大清派遣的五千軍人，為的也不是大清的民主化，而是開放商港提供龐大市場讓美商發財。在拉丁美洲同樣如是，美國為了打開拉美國家的市場，不惜在軍事上入侵，財政上干預別國的經濟自主，其中以古巴、多明尼加、危地馬拉（即瓜地馬拉）和尼加拉瓜等國家最為明顯。美國通過侵害甚至摧毀當地的憲政秩序與本地經濟發展，使美國企業得以大舉進入當地發展[67]。例如加勒比海的蔗糖工業，正是在威爾遜的海軍保護下，美國農業公司得以在拉美殖民地壟斷農業生產，藉著在當地投資興建龐大的蔗糖種植園，再轉銷本地和歐洲賺取巨大利益[68]。

但美國終究不再營運新的海外殖民地，改為走上新的帝國主義策略，也便是麥可・曼恩可講的「非形式代理人帝國主義」（proxy informal imperialism）[69]。自大蕭條之後，美國不再直接派軍隊前往敵對地區作戰，改為開始訓練目標地區的敵對軍事勢力，從而在當地進行軍事政變，建立親美的軍方政權或者獨裁政體，使得美國資本主義得已進一步在海外擴張。如此，美國似乎逐步拋棄它所自豪的世界民主化計畫（即使在意識形態上，美國至今都是理解和宣揚自己為民主燈塔），全面暴露其國際強盜資本家（robber baron）的真正面目[70]。這些事例多不勝數，如多米尼加（即多明尼加）血腥總統、綽號「老大」的拉斐爾・特魯希略（Rafael Leonidas Trujillo Molina，一八九一－一九六二）、尼加拉瓜獨裁者蘇慕薩（Anastasio Somoza García，一八九六－一九五六）、古巴獨裁軍政府領袖巴蒂斯塔（Rubén Fulgencio Batista y Zaldívar，一九〇一－一九七三）、委內瑞拉獨裁者戈麥斯（Juan Vicente Gómez Chacón，一八五七－一九三五）、海地獨裁者、外號「爸爸醫生」的杜瓦利埃（François Duvalier，一九〇七－一九七一）等等[71]，這些都是三、四十年代的美國資本代理人政權。如果把二戰後樹立的親美獨裁政體例子，例如智利軍政獨裁者皮諾切特（Augusto José Ramón Pinochet Ugarte，一九一五－二〇〇六，另譯皮諾契特）等也一併列舉，恐怕名單會再長得多[72]。

如果我們需要第一手的證據，曼恩更引述一九三五年美國海軍陸戰隊退役少將巴特勒（Smedley Darlington Butler，一八八一－一九四〇）[73]在雜誌上的自白，表示他自己數十年來在美軍工作，其實不斷為美國企業在海外維護權益或者平定生產地區的危機，不管是為美國石油公司而在墨西哥作戰（一九一四）、在海地和古巴占領和進行長期軍事行動，使得花旗銀行在當地能賺取可觀利潤、在洪都拉斯維護美國水果公司的財產權益（一九〇三）、甚至遠赴東亞參與軍事行動，確保標準石油公司能進入中國市場（一九二七）云云[74]。這清楚反映了美軍在海外的行動，大多是為了商業利益，使美國企業能獲得最大的利潤。反過來，美企也會因此支持政府施政，以政治捐獻或者媒體宣傳等方式協助心儀的候選人當選總統。

這正是新式帝國主義的特質之一，不再需要空降外籍總督來統領整個殖民地的行政和經濟秩序，而是通過操弄不同地區的勢力衝突，樹立親美政權作為地方代理人，美國只需提供軍事訓練和資源供應。這是美國為適應民族自決風潮，改以主權國體系操作帝國權力的新方式之一。

四、戰爭的新形態

若論帝國主義的新舊形態，沒有什麼比戰爭形式的改變更為明顯。從十九世紀到二戰時期，或許仍然存在於著主權國家之間的對戰，相對上還有主權框架下的戰爭區域和戰爭規限[75]，國家還會視其他國家作為合法的作戰單位（justus hostis），而不是宗教戰爭的正邪兩端，作戰雙方都需要遵守戰爭法和國際法庭的框限，如不能殺害非參戰平民、不能虐待戰俘、不能破壞非軍事設施、不能使用某些化學武器之類，令戰爭都能維持在相對文明的標準[76]。〔這當然只是相對上，不管是倫敦大轟炸、以潛艇擊沉商船、德累斯頓（另譯德勒斯登）大轟炸或者在日本殺傷無數的兩枚原子彈，都是平民軍人的無差別殺戮，也只有戰敗國才會接受國際法庭的審判。〕然而到了戰後的新帝國秩序，正是逐漸取代戰前的國家體系，其中最重要的是體現在戰爭模式和理解的改變上。「全球戰爭狀態」（global state of war）[77]或稱為「全球內戰」（global civil war）[78]早已成形，並且成為全球政治的新日常，且改造著政治社會的生態，生產著新式的政治日常和例外的模糊狀態。從美國或者國際社會在二戰後的軍事活動的性質和介入方式，可看到其中重要的模式轉變。

當筆者正在書寫這一章時，美軍最後一班軍機已經離開阿富汗首都喀布爾，象徵著美軍在阿富汗的二十年戰爭，也是美國立國以來打過最長的戰爭正式結束。同一時間，塔利班組織（Taliban）已經開進喀布爾，代表阿富汗伊斯蘭共和國正式滅亡。這撤軍計畫是早已揚言，特朗普在二〇二〇年底已開始提出[79]，到了二〇二一年四月，新上任美國總統拜登再次提出要「結束這場永恆的戰爭」[80]，並認為美軍早已成功摧毀恐怖分子在阿富汗的藏身地，因而不應再浪費金錢和生命在當地進行軍事行動。這場由二〇〇一年開打的反恐戰爭，象徵著美國發動戰爭的新形態——以普世道德人權和正義戰爭作為當代發動戰爭的理由，且以新式軍事技術，結合海、陸、空、情報和電子戰的立體體系作小規模定點攻擊，而非以全面占領、解放或者殖民作為軍事目標。這是在一九八九年後的新趨勢，廣義上可以理解為新的「軍事革命」（revolution in military affairs）[81]。

左翼哲學家哈特（Michael Hardt，一九六〇－）和奈格里（Antonio Negri，一九三三－）提醒我們，這軍事革命的出現有幾個重要的因素影響：一方面是來自冷戰的變化，特別是二戰後美蘇兩國的大殺傷力武器生產量和儲存量急速增加，在全球各地部署彈道飛彈和核彈。最終產生彼此共識的「共同毀滅原則」（Mutual Assured Destruction），以新的方式規限戰爭，互不使用核武，具體保證則是在一九八八年的《中程導彈條約》（*Intermediate-Range Nuclear Forces Treaty*）上，美蘇兩國承諾銷毀中程和中短程彈道導彈，並裁減戰略核武器，作為避免全面核戰的妥協（但這條約在二〇一九特朗普退出後失效，美俄再次生產和試射相關導彈），更早的有限度戰爭共識則體現在一九七二年簽訂的《反彈道飛彈條約》（*Anti-Ballistic Missile Treaty*）[82]。在近來的俄烏戰爭中，俄羅斯軍方也重新試射可攜帶核彈頭的長程彈道導彈，作為某種對應北約向烏克蘭提供軍備的核威嚇舉動[83]。

另外一個因素是美國經濟的變化，特別是一九七一年美國尼克遜（Richard Milhous Nixon，一九一三－一九九四，另譯尼克森）宣布美元脫離金本位，再到一九七三年的石油危機，大大改變了美國的帝國主權秩序的發展路徑[84]。美國自二戰就已經深深明白，論當代的經濟軍事發展，石油是足以左右世界格局的新戰場。早在一九四五年美國總統杜魯門（Harry S. Trauma，一八八四－一九七二）的幕僚已經指出，「沙地阿拉伯的石油是極富戰略重要的資源，也是人類史上最豐富的物質戰利品之一。」[85]因此，二戰後美國跟沙地建立了長遠合作關係，沙地以豐富的石油供應，換取美國數百億的軍事援助和保護，並著力穩定油價以助歐美經濟在戰後迅速復甦。

只是美國作為帝國主義，其發展的不同面向是極不平均，在政治上的外交控制尤其薄弱，這不是軍事或者經濟力量可以取代[86]。套用曼因的講法，這可算是外交政治上的「精神分裂」（political schizophrenic）[87]，從美國在中東的困境便可看到。美國希望在中東扶植保守溫和的伊斯蘭勢力作為親美力量，避免令中東擺向蘇聯的陣營。但在六十年代的阿拉伯－以色列戰爭中，美國受制於國內猶太人的親以立場，終究要賣軍火給以色列並因而得失阿拉伯世界，而以色列－巴勒斯坦問題進一步弱化美國在中東的影響力，最終阿拉伯在六十年代末建立石油輸出國組織（Organization of Petroleum

Exporting Countries），全面掌控石油價格的自主性，使得美國經濟帝國主義受挫[88]。經歷一九七三年的石油危機，美國終於跟阿拉伯訂定雙邊協議，把美元變成油元（petrodollar），即美元取代英鎊作為唯一石油結算貨幣，所有國家向石油輸出國組織購買石油均需要用美元來結算（這美元霸權和新自由主義關係會在下節詳談）。但美國終究沒法阻止伊拉克將油田國營化，尤其是美國CIA培訓的薩達姆・侯賽因（Saddam Hussein，一九三七－二〇〇六，另譯海珊）的泛阿拉伯主義（Ba'athism）努力擺脫美國操弄，埋下之後幾十年的中東衝突。

除了伊拉克以外，伊朗也是努力抗衡美國油元霸權的重要對手，倚仗其石油供應來推動石油歐羅結算（petroeuro），引來美國的巨大反彈，因此伊朗成為美國前總統布殊（George W. Bush，一九四六－，另譯布希）治下的四大「邪惡軸心國」（axis of evil）之一[89]，也是美國霸權近十年來主要應付的大敵之一。只是不同於伊拉克，伊朗的潛在核武令美國不敢進行赤裸的軍事入侵，只得通過經濟制裁來逼使伊朗經濟崩潰，如將其逐出SWIFT體系，凍結其海外資產，禁止其以買賣黃金來換取資源之類[90]。

八十年代以降，美國在後越戰時代的軍事行動，主要借用了兩套講述來推動全球內戰的帝國秩序——人道救援戰爭（Humanitarian intervention）和反恐戰爭。這兩種論述背後都蘊含著濃厚的道德宗教觀念，復興了舊日道德秩序的普遍性與同質性精神，視敵人不再是平等的主權國家，而是人類文明或者全人類的公敵，或曰是作為全球安全秩序公敵的邪惡軸心國。在人道救援戰爭的情況中，帝國主義的面向或者不算特別明顯，這一來是基於聯合國策劃下的多邊合作，相對地主權也能得到一定的尊重，另一方面也是因為當地的苦難同樣刻不容緩。例如美軍在七十年代中介入柬埔寨內戰；八十年代末英、美、法軍隊在波斯灣戰爭中，保護在伊拉克內部受逼害的庫爾德人（即庫德族人）或者什葉派信徒；九十年代為索馬里重建秩序和在飢餓中參與人道救援；還有在波斯尼亞和科索沃保護伊斯蘭教徒免受屠殺，都是美軍、北約或者其他聯合國部隊介入各地動亂衝突，以圖救助受天災戰亂或者人道危機的人民。

只是一來，許多衝突背後都是跟歐美跨國大企業和政治力量有千絲萬縷的關係；二來，這些救援在一定程度上挑戰著《聯合國憲章》對於主權國平等的尊重承諾，三來，在救援的選擇上也反映到美國的計算，例如九四年的盧旺達（即盧安達）大屠殺便因為當地缺乏像中東油田或者巴爾幹半島戰略位置的吸引力，因而得不到西方世界的救援，導致數十萬圖西族人（Tutsi）被胡圖族人（Hutu）屠殺的悲劇結局[91]。

我想更加重要的問題是，為何人道救援能證成國際社會無視主權國的主權自主地位，以軍事方式介入地區衝突，進行空襲或者地面部隊入侵呢？其中一種講法是，這才能維護《聯合國憲章》第一條的承諾，「維持國際和平及安全並同時採取行動；採取有效的辦法，以消除對地球的威脅，開拓行為或和平之破壞；並以和平方法和依正義及其他願望之原則，調整或解決可能的問題破壞和平之國際近期或情勢」[92]，那麼即使軍事行動會違反《憲章》第二條對主權各國主權的平等尊重，聯合國都應該介入。

有學者稱這種以人權之名發動暴力的方式為「安南主義」（Annan Doctrine），主要歸因於聯合國前祕書長安南（Kofi Annan，一九三八－二〇一八）的改革[93]。

但同時，美國民主派也有不少學者，如克林頓（William Jefferson Clinton，一九四六－，另譯柯林頓）

顧問波立克（Kenneth Pollack，一九六六－）、保羅．鮑曼（Paul Berman，一九四九－）、歷史學家葉禮庭（Michael Ignatieff，一九四七－，另譯為伊格納季耶夫）或者憲法學家博比特（Philip Bobbitt，一九四八－）等，便以另一種方式證成人道救援的凌駕性。例如博比特便提倡任何不民主不維護人權的國家，都不應視為主權國家，在主權權益的保護下免受國際社會的監測和軍事干預。所謂主權在這脈絡下，只是這些專政極權國家的遮醜布。但誰決定哪個國家足夠民主呢？畢竟連美國民主研究權威羅伯．道爾（Robert A. Dahl，一九一五－二〇一四）也認為，若然從民主的理想標準來評價，現實中沒有哪個政治體可以完全體現民主的精神，甚至連美國也達不到[94]。若然如此，誰有如此大權力決定哪個國家因為不符民主標準而失去主權國家資格，可以任由聯合國部隊隨意進入呢？博比特的回答是由美國決定，因為聯合國是個維護主權為先的國際組織，因此不適合做此政治判斷；美國則是作為一個強大的民主政體，擁有權利和能力打擊任何非民主國家，捍衛美國和世界秩序[95]。

如果套用施密特的著名講法，博比特的這種論述正好讓美國擁有例外狀態的權柄，能夠擁有判斷世界國家主權是否存在的最高權力，使其存在於超然的、宛如上帝般的權力位置[96]。因此，美國才是世界唯一完全擁有主權的國家，而這主權是在世界範圍內有著絕對的凌駕地位。著名保守派史家尼爾．弗格森（Niall Ferguson，一九六四－）更指美國應該接棒，在大英帝國無法再維護世界主義和民主發展的當下，以自由之名進占非形式帝國的位置，這才是對世界整體至為有利[97]。

九一一之後，美國總統布殊的反恐戰爭，更是將戰爭推向前現代的宗教聖戰性質。在二〇〇二年的一場國情咨文演說上，布殊提到北韓、伊拉克和伊朗為三大邪惡軸心國，因為它們擁有大殺傷力武器，又庇護恐怖組織，對於美國及其盟友的安全與和平構成巨大威脅，「美國會盡一切努力捍衛自身的安全」，這是作為美國反恐戰爭的宣言[98]。翌年，美國便發動惡名昭彰的伊拉克戰爭。值得注意的是，九一一恐襲的襲擊者並非來自這三個「邪惡軸心國家」，而是來自美國的中東盟友沙地阿拉伯。而「邪惡軸心國家」的稱呼也代表著美國的宗教政治想像，視這些國家為魔鬼的代表，跟自身是永不能共存的，像光明與黑暗相互對立的宗教戰爭，彼此只能以死相搏。這種對國際衝突和政治單位的政治神學想像，正是回復到西伐利亞以前的前主權戰爭理解。

在二十一世紀伊始，美國憑藉強大的軍事力量，在全世界不同地區進行大大小小的反恐戰爭和攻擊。這不僅是因為數量冠絕全球核武與龐大軍隊規模，還有全球性的軍事打擊力，這是帝國主義發展至今也甚為罕見的軍事優勢。美國的全球打擊力主要基於眾多海外的補給據點、海外軍事基地和駐紮部隊，如根據五角大樓的數據，美國在全球一百三十二個國家設有大大小小的軍事設施，數量可能高達六百至八百個，當中包括雷達站、軍營、軍火庫、軍事學校、機場、碼頭、軍用醫院和監獄、飛彈發射台之類[99]，布滿在世界各地的主權國地域內，且不用說其設施和地方司法管轄，是當地主權國難以控制和監管，尤如當代的全球租界。例如在卡塔爾（即卡達）沙漠深處便有一個美軍的空軍機場，作為美國空軍打擊中東重要目標的基地。只是美國仍會一定程度上尊重主權國家的管轄權力，例如卡塔爾在伊拉克戰爭期間，便拒絕美軍使用這空軍基地作為攻擊伊拉克的用途，因此美軍需要借用德國的機場來進行攻擊。而美國軍艦也不能在卡塔爾或者土耳其水域發射飛彈攻擊伊拉克，特別是因為飛彈曾誤墮這兩個國家的領土內[100]。

但這不意味著美國諸多的海外軍事設施，便得到當地政府人民的認可或者諒解，從沖繩到維琴察（Vicenza），抗議美軍基地的浪潮一直此起彼落，厄瓜多爾（即厄瓜多）前總統科雷亞（Rafael Vicente Correa Delgado，一九六三－）更曾對記者說，「若然把駐軍在別國領土是許可的話，為何我不能把厄瓜多爾軍事基地設在美國境內？」[101]更不用說設在古巴關塔那摩灣的軍事監獄，是惡名昭彰的人權地獄，數不盡的虐待囚犯事件皆在此地發生[102]。

憑著巨大的軍事力量，加上遠遠拋離全世界的軍費開支，打從美國政府於十月頒布《美國愛國者法》（*The USA Patriot Act*）後，戰事一直以不同規模持續不斷。關於阿富汗或者伊拉克戰爭早已在前文論及，不再累贅。補充一點，當時的聯合國祕書長安南宣稱伊拉克戰爭為違反國際法的行動，不符合《聯合國宣言》對主權的維護[103]。除此之外，美國近二十年也發動很多規模較小的軍事行動，例如從二〇〇七年起以無人轟炸機空襲索馬里（即索馬利亞）以介入內戰、二〇一一年時任美國總統奧巴馬下令空襲利比亞，以協助北約推翻卡達非（Muammar Gaddafi，一九四二－二〇一一，另譯格達費）政權、同年奧巴馬派部隊進入烏干達協助搜捕游擊隊、二〇一四年美國以打擊伊斯蘭極端組織ISIS之名，空襲敘利亞軍事設施和派地面部隊攻擊，戰事延禍至今。而在也門（即葉門）、巴基斯坦等地方的小規模無人機攻擊更是數之不盡[104]。

只是不管在轟炸或者入侵的地區，有什麼目標人物被刺殺，甚至有平民誤傷誤殺，想必也無法在法庭申訴，以先進軍備殺人者也不會有什麼法律責任。始終，海牙國際法庭的司法秩序都是服膺於帝國秩序之下，因此「刑不上帝國」的原則是心照不宣的。最明顯的例子自然是尼加拉瓜政府在八十年代中控告美國政府干涉內政和侵犯主權，當國際法庭受理並認定美國的確違反主權自主原則時，美國則以退出海牙國際法庭作回應，令事件終究不了了之[105]。早幾年特朗普政府甚至發生制裁國際法庭主要官員的做法，作為政治上的報復[106]。

但這是戰爭嗎？還是日常政治延伸的附帶損傷（Collateral damage）？上述的這些國家，幾乎全是聯合國承認的主權國家，不論是阿富汗、伊拉克、巴基斯坦、也門、利比亞等，都應該同樣擁有戰後國際社會承認的國家主權權益，內政不受別國干預，除非是本國同意的軍事援助。但顯然，由帝國主導的反恐時代並非如此操作，弱國主權只是帝國暫時恩賜的法律地位，頭上的達摩克利斯之劍隨時都把一切奪去，而這些支配的關係都是國際社會與主權體系所默許的。在二〇二二年我們更親身見證另一場全面戰爭的出現，令烏克蘭地區再次陷入血腥殘忍的戰爭之中。有別於美國傾向的代理人戰爭或者無人機空襲，俄羅斯作為傳統超級大國可是傾盡國力，從海陸空全方式進行侵略戰爭。在烏克蘭東部城市馬里烏波爾（Mariupol，另譯馬立波），更是出現疑似屠城的戰爭罪行[107]，但國際社會有多大可能捉拿俄羅斯總統普京（Vladimir Putin，一九五二－，另譯普丁）去國際法庭受審，恐怕是天方夜譚的事。

反恐戰爭比起人道救援戰爭性質上更大爭議的是，前者為的是預防對某些國家的安全或者秩序的威脅，從而先發制人，但誰有權判斷什麼人或者組織對自己的秩序產生威脅呢？正是美國行政當局自己。「在一個暴力沒有任何正當性的世界，所有暴力都可稱作恐怖主義[108]」，對安全的威脅是沒有固定敵人的，任何人都是潛在的威脅者，不管是俄國、中國、邪惡軸心，還是國內的異見人士，只要抗拒美國主權帝國秩序的管治控制，基本上都是潛在的恐怖分子。這也是為何美國頒令《愛國者法》後，國內外的監控強度大增，政府有能力監聽所有手機、網上電郵或者社交媒體、電腦資料、街道店鋪鏡頭之類，作為全方位的操控，而且主要監聽的還是本國公民或者盟友[109]。揭發美國政府非法監聽系統的告密者斯諾登（Edward Snowden，一九八三－）至今仍得流亡海外，逃避美國政府的刑責[110]。

美國政府在上述的軍事行動中，付出了相當沉重的代價。如二〇一一年結束的伊拉克戰爭，美國花費了近三至五兆美元甚至更多[111]。至於剛剛結束的阿富汗戰爭，美國便耗費超過兩兆美元，其中有八千億是用在直接軍事行動上，且帶來兩千五百名美軍死亡，超過兩萬名士兵受傷，預計未來數十年照顧受傷美軍的開支將會至少數千億，當中包括傷患治療、心理創傷輔導等[112]。而且這金額僅包括美國願意負擔的開支，對於戰爭地區的重建、環境破壞、難民問題等社會代價是沒有計算在內，如此巨大代價只換來一個失敗國家（failed state）[113]，讓塔利班輕鬆回朝重新掌權，到底這種軍事行動為的是什麼呢？

其中一部分當然是經濟誘因，正如美軍入侵伊拉克時也沒有轟炸油田，占領的也只限北方的庫爾德族地區，為的是當地龐大的石油儲蓄[114]。同時美軍的軍事行動也需要購入大量軍備，因此軍火商也成了大贏家。其中，洛歇．馬丁公司（Lockheed Martin）、諾斯羅普格魯曼公司（Northrop Grumman）和雷神公司（Raytheon）是美軍行動中主要受惠的三大軍火商，它們的盈利都隨著美國軍費開支大增而大幅提升[115]。但在利比亞對油田設施的攻擊，卻是令帝國地區油公司的利益帶來損失，尤其在削弱當地政府的管治力下，許多軍閥乘勢崛起而衝擊過去歐美油公司的原有商業合作關係，這都不是單純商業帝國主義邏輯可理解的[116]。

因此我想點明的是，國家安全的根本是在於主權的控制能力，能否將權力支配性伸延全球每個角落，令任何可能出現的威脅得以消除[117]（但倚仗的不一定是國家既有的軍事力量，即使是私人軍事公司如美國黑水雇傭兵公司（Blackwater USA）也能承包各種國家合約，參與各地的軍事任務和行動[118]）。

以奧巴馬為例，他在二〇一五年簽署行政命令，宣布委內瑞拉為國家安全的重大威脅，需要對其高層官員作出制裁。但那是為什麼呢？是不是委內瑞拉派出軍機或者導彈轟炸美國本土呢？剛好相反，想當然委內瑞拉的軍事力量遠遠不足夠威脅到美國本土的安全，或者在海外建立任何軍事據點或者基地，也沒有情報計畫要襲擊美國，而美國卻在哥倫比亞邊境地區設有七個軍事基地，在中美洲也駐紮了兩千名特種部隊和空軍可隨時作戰打擊敵人，同時在加勒比海一帶亦有常規海軍駐守。美國甚至長期資助委內瑞拉的地方軍閥，策動叛亂危害他國主權。但奧巴馬仍然要制裁「對美國國家安全受威脅」的委內瑞拉，全因為委內瑞拉正組織一個擺脫美國控制的泛南美組織如「拉丁美洲和加勒比國家共同體」（Community of Latin American and Caribbean States）或者「南美國家聯盟」（Union of South American Nations），抵制美加主導的「美洲國家組織」（Organization of American States），這才是美國無法接受的地區自主，抗拒美國支配秩序的主權體現合作計畫。委內瑞拉不斷組織抗衡美國勢力的地區組織，自然是要抗衡美國在拉美、南美地區的支配壓迫，尤其在近二十年美國依然在海地（二〇〇四）、洪都拉斯（二〇〇九）、玻利維亞（二〇〇八）、危地馬拉（二〇一〇）與委內瑞拉（二〇〇二，二〇一四，二〇一五）等地多次策動軍事政變，扶植親美獨裁政體，一再違反地區人民的共同意願，無視地方的人民主權，以便建立跨地域的主權全球帝國[119]。

因此，國家安全不在於誰是現存的威脅對象，拉登（Osama bin Laden，一九五七－二〇一一，另譯賓拉登）也好，卡達菲也好，金正恩（Kim Jong-un，一九八四－）也好，中俄黑客也好，反而真正要緊的是威脅的常在，證成著軍事國家機器擴張的必要性，從而能不斷擴充軍事政治力量作全球打擊（包括國內），確保行政權力的管治暴力能徹底輾壓任何違抗政治意志的人和物，將主權權力提升至前所未見的高度。這正是以軍事帝國主義操作的全球秩序，帶來的自然包括驚人的軍費開支。不僅過去美國軍費總額是全球總額的四成之多，自阿富汗撤軍後，拜登政府向國會提案的軍費預算更是不跌反升，代表著美國未來一年將會花超過七千億美元在軍事用途[120]。這台極昂貴而軍事力量驚人的國家機器為的只是一個目的：確保自己得以繼續運轉下去，也便是它所不斷重複的安全和秩序的論述。任何主權國家或者非主權民族組織的人們，都是潛在地抵抗其支配力量，因而也是潛在地威脅著這主權全球帝國的秩序。

在二十世紀的全球主權秩序中，主權國際社會的觀念牢牢地鑄進許多人的意識之中，彷彿只要能夠通過聯合國主導的民族自決方式獨立，便能夠真正成為平等多元的主權政治體，自由地參與全球事務。現實上主權秩序並非目前的主導性政治秩序，主權國際框架的背後還有美國軍事帝國主義，那是一套集權而壟斷的秩序，把利益和權力都集中在少數既得利益階層的累積分配關係。我不會說美國或者其他新帝國秩序，是目前唯一真實的政治秩序。因為秩序總是多元的，也總是在衝突之中，我們不僅不應單純高舉帝國的單向支配性，也不應單純突顯國家和帝國秩序的差異，忽視了公共世界的其他政治體系和網絡，同樣有著重塑秩序與參與角力的力量（這會在最後兩章詳述）。

1 這兒有必要首先區分開帝國和帝國主義的分別。帝國的用法比較廣泛，包含著歷史上眾多不同的政治體系，同時也有諸多不同的詮釋。如果套用 Michael Doyle 的定義，則只要對征伐得到的社群帶有形式上或者非形式上的有效管治而控制，便是一個帝國秩序。因此其中最早的帝國反思，可追溯至古希羅的修昔底斯或者凱撒著作中，針對的對象自然是雅典帝國和走向末年的羅馬共和。而帝國主義所強調的則是重商主義，經濟壓力推動國家的海外殖民事業，因此帝國主義是現代才出現的政治現象，也會是這本書重點討論的形式與非形式帝國主義的主要部分。詳參 Michael W. Doyle, *Empires* (Ithaca: Cornell University Press, 1986). 另參 Julius Caesar, *The Conquest of Gaul*, trans. S. A. Handford (London: Penguin, 1983). Thucydides, *The Peloponnesian War*, trans. Martin Hammond, (Oxford: Oxford University Press, 2009).

2 例如在一九五四年丘吉爾回覆美國總統艾森豪關於殖民地獨立的問題，丘吉爾的答覆是殖民根本不是問題，因為這是為落後的森林土著文明化的機會，因此不應容讓他們有獨立自主的機會。"I read with great interest all that you have written me about what is called Colonialism, namely: bringing forward backward races and opening up the jungles. I was brought up to feel proud of much that we had done. Certainly in India, with all its history, religion and ancient forms of despotic rule, Britain has a story to tell which will look quite well against the background of the coming hundred years. ... I am skeptical about universal suffrage for the Hottentots even if refined by proportional representation. The British and American Democracies were slowly and painfully forged and even they are not perfect yet." 引自 Martin Gilbert, *Never Despair: Winston S. Churchill, 1945-1965* (London: Heinemann, 1988), 1040-1041.

3 Samuel P. Huntington, *The Third Wave* (Oklahoma: University of Oklahoma Press, 1993), 16-19.

4 Adom Getachew, *Worldmaking after empire: The Rise and Fall of Self-Determination* (New Jersey: Princeton University Press, 2019), 73-4.

5 Samuel P. Huntington, *The Third Wave*, 20.

6 關於帝國主義的政經社會研究早已成果豐碩，帝國主義的政治面向可參考 John Hobson（一八五八－一九四〇）的經典著作，而經濟面向則在早期馬克思主義者如列寧還是盧森堡（Rosa Luxemburg，一八七一－一九一九）都有十分重要的討論，而關於社會關係的研究，可參考 Gallaher 和 Robinson 的著作。詳看 J.A. Hobson, *Imperialism: A Study of the History, Politics and Economics of the Colonial Powers in Europe and America* (Adansonia Publishing, 2018). Vladimir Ilich Lenin, *Imperialism the Highest Stage of Capitalism* (Martino Fine Books, 2011). Rosa Luxemburg, *The Accumulation of Capital*, trans. Agnes Schwarzschild (Martino Fine Books, 2015). Ronald Robinson and John Gallagher, *Africa and the Victorians: The Official Mind of Imperialism* (London: Palgrave Macmillan, 1978).

7 非形式性的帝國主義，早已成為如今學界理解帝國發展的新範式，詳看 Michael Doyle, *Empires*, 22-3. 另參 Robert D. Aguirre, *Informal empire: Mexico and Central America in Victorian culture* (Minneapolis : University of Minnesota Press, 2005). Peter Duus, Ramon H.

Myers and Mark R. Peattie (eds.), *The Japanese Informal Empire in China, 1895-1937* (New Jersey: Princeton University Press, 2014). Jessie Reeder, *The Forms of Informal Empire: Britain, Latin America, and Nineteenth-Century Literature* (John Hopkins University Press, 2020). Daniel Silverfarb, *Britain's Informal Empire in the Middle East: A Case Study of Iraq 1929-1941* (New York: Oxford University Press, 1997).

8 Kwame Nkrumah, *Neo-Colonialism: The Last Stage of Imperialism* (International Publishers, 1966).

9 Karl Marx, *The Capital*, vol.1, 253-257.

10 Karl Marx, *Capital*, vol.1, 236-7.

11 Karl Marx, *Capital*, vol.1, 918.

12 Jonathan Israel, *The Dutch Republic: Its Rise, Greatness, and Fall 1477-1806* (Clarendon Press: Oxford, 1995), 169-537.

13 Immanuel Kant, *Toward Perpetual Peace and Other Writings on Politics, Peace, and History*, 69-70.

14 Karl Marx, *Capital*, vol.1: A Critique of Political Economy (London: Penguin, 1990), 919.

15 荷蘭崛起的同時，也是意大利諸多城邦沒落的時代，特別曾在文藝復興時期支配著地中海商貿的城邦如熱那亞、威尼斯或者佛羅倫斯。如果 Immanuel Wallerstein（一九三〇－二〇一九）認為資本主義的世界體系跟傳統帝國是有衝突，因此最早是源於十七世紀的英國、荷蘭興起，那麼我更傾向認同布勞岱爾（Fernand Braudel，一九〇二－一九八五）的講法，即荷蘭的銀行制度和金融資本的體系是繼承自更早的意大利城邦如熱那亞、佛羅倫斯或者威尼斯的商業王國，但荷蘭獨有的地緣政治跟國家結構令其國債體系發展得更快更大，有助建立龐大的貿易市場，累積龐大資本來建立海軍遠征。詳參 Fernand Braudel, *Civilization and Capitalism 15Th-18th Century, Vol. 3: The Perspective of the World*, trans. Siân Reynold (California: University of California Press, 1992), 54-55. Immanuel Wallerstein, *The Modern World-System I: Capitalist Agriculture and the Origins of the European World-Economy in the Sixteenth Century* (California: University of California Press, 2011).

16 Giovanni Arrighi, *The Long Twentieth Century: Money, Power and the Origins of Our Times* (London: Verso, 2010), 140-141. Fernand Braudel, *Civilization and Capitalism, 15th-18th Century, Vol. II*, trans. Siân Reynold (University of California Press, 1982), 419.

17 早期安特衛普（Antwerp）或者尼德蘭的發跡是倚仗與波羅的海和東南歐以至美洲的短中程貿易而來，累積了一定財富後才開始遠洋貿易的發展，布勞岱爾便以三個時期來梳理荷蘭的政治經濟崛起史（分別是一五〇一－二一；一五三五－五七；一五五九－六八），第一階段主要是與葡萄牙交易利潤甚豐的胡椒、第二階段是跟西班牙和美洲買賣白銀，最後是開始發展自己的工業。詳看 Fernand Braudel, *Civilization and Capitalism 15Th-18th Century*, Vol. 3, 148-157.

18 Giovanni Arrighi, *The Long Twentieth Century*, 142.

19 Karl Marx, *Capital* vol.1, 920.

20 Karl Marx, *Capital* vol.1, 919. 例如在一七八二年，荷蘭外借的國際信用資本有三億三千五百萬弗羅林（Florin），其中有兩億八千萬都是投資在英國，其餘國家才占五千萬左右。殖民地投資則有約莫一億四千萬。詳見 Fernand Braudel, *Civilization and Capitalism 15Th-18th Century*, Vol. 3, 267.

21 因為在傳統歐洲國度，常備軍是極昂貴而罕見的軍事力量，尤其是在細小城邦之間通常難以負擔常設軍的開支及其秩序管理，因此一般都是在戰時招攬僱傭兵來作戰。但早在十六世紀，著名政治家馬基維利（Niccolo Machiavelli，一四六九－一五二七）早已向佛羅倫斯銀行世家兼管治階層美第奇家族進諫，僱傭兵不是長治久安之計。僱傭兵不會忠於城邦，也不能長期依靠僱傭兵捍衛其商業帝國，以至解放整個意大利地區，常備軍才是出路。詳看 Thomas Kirk, "The Republic of Genoa and Its Maritime Empire," in *Empires of the Sea: Maritime Power Networks in World History*, Rolf Strootman, Floris van den Eijnde, and Roy van Wijk (eds.) (Brill, 2019), 153-4. Niccolo Machiavelli, *The Prince*, trans. Peter Bondanella (Oxford: Oxford University Press, 2005), 47-58.

22 Giovanni Arrighi, *The Long Twentieth Century*, 144.

23 Karl Marx, *Capital* vol.1, 918.

24 歐陽泰著，陳信宏譯，《決戰熱蘭遮：中國首次擊敗西方的關鍵戰役》（台北：時報出版，二〇一七）。另參歐陽泰著，陳榮彬譯，《火藥時代：為何中國衰弱而西方崛起？決定中西歷史的一千年》（台北：時報出版，二〇一七）。林克明，《天涯海角熱蘭遮：一個荷裔福爾摩沙人的追憶》（台北：印刻，二〇一六）。

25 其中一個有趣的問題是，到底何時荷蘭被認受為歐洲的主權國家呢？如果從歷史上荷蘭行使後來稱為西伐利亞主權的國際承認地位，則這恐怕很難有一刀切的講法。例如在一六〇二年荷屬東印度公司成立後，在東南亞跟葡萄牙商船與海軍作戰，劫取了許多戰利品。荷蘭為了奪取東亞的補給站與貿易點，甚至曾多次攻打澳門的葡國人，只是全都鎩羽而回，於是才轉攻台灣一帶。後來在一六〇九年跟已經吞併葡萄牙的西班牙帝國簽訂《安特衛普協議》（*The Treaty of Antwerp*），承諾停戰十二年的休戰協定，也是作為荷西八十年獨立戰爭期間的停戰期。及後在一六一三年跟美洲原住民的易洛魁聯盟（Iroquois）簽訂名為 *Two Row Wampum Treaty* 的協定。一六二五年，荷蘭跟英國簽訂《海牙協議》（*Treaty of The Hague*），共同支持丹麥在三十年戰爭參戰。但按照西伐利亞主權神話，荷蘭理應要待到一六四八年才「真正」從西班牙帝國獨立出來，成為歐洲各國承認的主權國家，在其領土內享有至高無上的政治權力。而有趣的是，如果西班牙一直不承認荷蘭的獨立地位，那麼在一六〇九年跟荷蘭簽訂停戰協議時，豈不是西班牙跟自己停戰？因此，後來在一六四八年西伐利亞和談中，西班牙與荷蘭也得回到《安特衛普協議》作為互相承認的基礎，正式承認荷蘭的主權獨立及其擁有的殖民地權益。因此，《西伐利亞和約》不過是在各國面前，形式地再次追認荷蘭早已擁有的主權權利和國際法地位，一如格勞秀斯在一六〇九年已經在做的事。主權國家的實然存在（de facto）與法理上（de jure）的存在，有著截然的區別，尤其前者是作為一種新的政治形態，衝擊著當時的政治經濟秩序，自然很難得到舊世界的承認。詳參 Jonathan Israel, *The Dutch Republic: Its Rise, Greatness, and Fall 1477-1806* (Oxford: Oxford University Press,1995), 544-5. Peter H. Wilson, *The Thirty Years War: Europe's Tragedy* (Cambridge: Belknap Press, 2011), 735-7.

26 Karl Marx, *Capital* vol.1, 915.

27 Carl Schmitt, *The Nomos of the Earth*, 92-3.

28 P.J. Cain and A. G. Hopkins, *British Imperialism 1688-2000* (London: Longman, 2001), 67-8.

29 Charles Tilly, *Coercion, Capital, and European States, A.D. 990-1990* (London: Blackwell, 1993), 61.

30 Stephen Broadberry, "Britain, the Industrial Revolution, and Modern Economic Growth," in Stephen Broadberry and Kyoji Fukao (eds.), *The Cambridge Economic History of the Modern World, Volume 1: 1700 to 1870* (Cambridge: Cambridge University Press, 2021), 23-6.

31 Ellen Meiksins Wood, *The Pristine Culture of Capitalism: A Historical Essay on Old Regimes and Modern States* (London: Verso, 2015).

32 Kenneth Pomeranz, *The Great Divergence: China, Europe, and the Making of the Modern World Economy* (New Jersey: Princeton University Press, 2001).

33 Stephen Broadberry, "Britain, the Industrial Revolution, and Modern Economic Growth," 40.

34 例如由一八七〇－七五年度到一八九五－九八年間，外貿總值由六億三千鎊升至七億三千鎊，但同時期國家總開支卻由六千三百萬大幅增至九千四百多萬鎊，其中大部分新增的都是軍費開支，大英帝國的軍費開支由一八七五年的兩千四百萬大幅增至一八九八的四千三百萬，詳見 John Hobson, *Imperialism: A Study* (Adansonia Press, 2018), 66-9.

35 Christophe Bonneuil and Jean-Baptiste Fressoz, *The Shock of the Anthropocene: The Earth, History and Us* (London: Verso, 2016), 142-3. Steven Gray, *Steam Power and Sea Power: Coal, the Royal Navy, and the British Empire, c. 1870-1914* (London: Palgrave Macmillan UK, 2018), 69.

36 Steven Gray, *Steam Power and Sea Power*, 78-80. 另參 Vaclav Smil, Energy and Civilization: A History (The MIT Press, 2017).

37 Caroline Finkel, *Osman's Dream* (New York: Basic Books, 2007).

38 當然地理大發現和西歐殖民的開端，到底跟鄂圖曼帝國控制地中海貿易航線有多大關係，近年愈發受到許多學者的質疑，尤其是 Kevin O'Rourke 跟 Jeffrey Williamson 從胡椒和香料的價格變化研究中，找不到鄂圖曼中斷東西方長途貿易的證據，所以更大可能出現地理大發現，是因為伊比利亞半島的商人，希望找到另一條路線前往印度，打破意大利城邦和鄂圖曼壟斷東西方貿易的方式。詳看 Kevin O'Rourke and Jeffrey Williamson "Did Vasco da Gama matter for European markets?," *The Economic history review,*

2009-08, Vol.62 (3), 655-684. Albert Howe Lybyer, "The Ottoman Turks and the Routes of Oriental Trade," *The English historical review, 1915-10*, Vol.XXX (CXX), 577-588. 這觀點源自網友鄭紹鈺的分享，得此致謝。

39 Carl Schmitt, *The Nomos of the Earth*, 88-9.

40 Antony Anghie, *Imperialism, sovereignty and the making of international law* (Cambridge: Cambridge University Press, 2004), 18-20. 另參 David M. Lantigua, *Infidels and Empires in a New World Order: Early Modern Spanish Contributions to International Legal Thought* (Cambridge: Cambridge University Press, 2020). Carl Schmitt, *The Nomos of the Earth*, 105.

41 Carl Schmitt, *The Nomos of the Earth*, 107.

42 羽田正著，林詠純譯，《東印度公司與亞洲的海洋：跨國公司如何創造二百年歐亞整體史》（台北：八旗，二〇一八）。

43 Benjamin Straumann, *Roman Law in the State of Nature: The Classical Foundations of Hugo Grotius' Natural Law* (Cambridge: Cambridge University Press, 2019), 25-6.

44 這篇文原本稱為 De Indies，後來一直沒有公開出版，直至三百年後的十九世紀才被發現，當前的編輯將其改名做《捕獲法》出版。後來學者更發現其內容跟傳世的《海洋自由論》（*Mare Liberum*）大致相同。詳見 David Armitage 在新譯本的序言，Hugo Grotius, *The Open Sea*, trans. Richard Hakluyt (Indianapolis: Liberty Fund, 2004), xi-xii.

45 後來的霍布斯在《利維坦》或者普芬多夫（Samuel von Pufendorf，一六三二—一六九四）在《自然法和萬民法》（*De Jure Naturae Et Gentium Libri Octo*）或者《按自然法論人和公民的責任》（*De Officio Hominis et Civis Juxta Legem Naturalem*）之類，都是很大程度承繼了格勞秀斯的自然法框架，開創了整個自然法主導的國際法世代，直至十九世紀的實證法浪潮。詳見 Stephen Buckle, *Natural Law and the Theory of Property: Grotius to Hume* (Oxford: Oxford University Press, 1993). Richard Tuck, *Natural Rights Theories: Their Origin and Development* (Cambridge: Cambridge University Press, 1982). Richard Tuck, *Philosophy and Government 1572-1651* (Cambridge: Cambridge University Press, 1993).

46 Hugo Grotius, *The Open Sea*, 7.

47 Hugo Grotius, *The Open Sea*, 15. 另見 C. H. Alexandrowicz, *The Laws of Nation in Global History* (Oxford: Oxford University Press, 2017), 114.

48 打從十七世紀法國法學家巴貝拉克（Jean Barbeyrac，一六七四—一七四四）的《戰爭與和平法》法譯本所寫的譯者詮釋，已經從阿里士多德的倫理學思想找到許多相關的佐證。

49 Sundhya Pahuja, *Decolonizing International Law: Development, Economic Growth and the Politics of Universality* (Cambridge: Cambridge University Press, 2011), 79. 另參 William Louis and Ronald Robinson, "The Imperialism of Decolonization," in James D. le Sueur (ed.), *The Decolonization*

Reader (New York: Routledge, 2003), 49.

50 C. L. R. James, *The Black Jacobins: Toussaint L'Ouverture and the San Domingo Revolution* (London: Vintage, 1989).

51 相關研究在學界可謂汗牛充棟，較為新近的可參考 Adom Getachew, *Worldmaking after empire: The Rise and Fall of Self-Determination* (New Jersey: Princeton University Press, 2020). Priyamvada Gopal, *Insurgent Empire: Anticolonial Resistance and British Dissent* (London: Verso, 2020).

52 Daniel Immerwahr, *How to Hide an Empire: A History of the Greater United States* (New York: Picador, 2020), 30-1.

53 Daniel Immerwahr, *How to Hide an Empire*, 32.

54 Michael Haines, "The Population of the United States, 1790-1900," in *The Cambridge Economic History of the United States: The Long Nineteenth Century*, Stanley L. Engerman and Robert E. Gallman (eds.) (Cambridge: Cambridge University Press, 2000), 143-206.

55 Walter Nugent, *Crossings: The Great Transatlantic Migrations, 1870-1914* (Indiana: Indiana University Press1992).

56 Daniel Immerwahr, *How to Hide an Empire*, 38-9.

57 Howard Zinn, *A People's History of the United States* (London: Harper, 2015), 65-69.

58 Daniel Immerwahr, *How to Hide an Empire*, 40-1.

59 Daniel Immerwahr, *How to Hide an Empire*, 44.

60 Michael Mann, *The Sources of Social Power, Volume 3, Global Empires and Revolution, 1890-1945* (Cambridge: Cambridge University Press, 2012), 59.

61 例如在一八九〇年，美國海軍將軍兼史家馬漢（Alfred Thayer Mahan）在《海權對歷史的影響：一六六〇至一七八三》（*The Influence of Sea Power Upon History: 1660-1783*）便提出，美國需要建立強大海軍往外出去，而不再單純擔當防衛沿海水域的作用。George W. Baer, *One Hundred Years of Sea Power: The U. S. Navy, 1890-1990* (Stanford: Stanford University Press, 1994), 12.

62 Michael Mann, *The Sources of Social Power*, Volume 3, 83-4.

63 Jay Sexton, *The Monroe Doctrine: Empire and Nation in Nineteenth-Century America* (Hill and Wang, 2012).

64 Erez Manela, *The Wilsonian Moment.*

65 Michael Mann, *The Sources of Social Power: Volume 4, Globalizations*, 1945-2011 (Cambridge: Cambridge University Press, 2012), 86-7.

66 Michael Mann, *The Sources of Social Power*, Volume 3, 91-2.

67 Michael Mann, *The Sources of Social Power*, Volume 3, 93.

68 César J. Ayala, *American Sugar Kingdom: The Plantation Economy of the Spanish Caribbean, 1898-1934* (The University of North Carolina Press,

1999).

69 Michael Mann, *The Sources of Social Power*, Volume 3, 97.

70 強盜資本家」詞原本是指涉十九世紀伊始在美國快速崛起的資產階級商人，如何通過官商勾結、壓迫工人、或者進行諸多非法勾當謀取暴利，從而建立起世界性的跨國資本企業。在文中則是借用來比喻實行擴張主義的美國帝國主義。

71 Michael Mann, *The Sources of Social Power*, Volume 3, 97.

72 Greg Grandin, Empire's Workshop (Holt, 2007), 121-195.

73 Michael Mann, *The Sources of Social Power*, Volume 3, 97.

74 施密特或會歸咎於美國和其他非歐洲國家如剛果得以平等參與大地之法的國際法秩序內，令原本建基在西歐地區的國際法傳統，限制戰爭權利的公法體系在一、二戰開始日漸消亡。Carl Schmitt, *The Nomos of the Earth in the International Law of Jus Publicum Europaeum*, trans. G. L. Ulmen (Candor: Telos Press, 2006), 295-299.

75 Michael Hardt and Antonio Negri, *Multitude: War and Democracy in the Age of Empire* (New York: Penguin, 2005), 12.

76 Gary Solis, *The Law of Armed Conflict, 3rd* (Cambridge: Cambridge University Press, 2021).

77 Giorgio Agamben, *State of Exception*, trans. Kevin Attell (Chicago: The University of Chicago Press, 2005), 2-3.

78 David Zucchino, "Kabul's Sudden Fall to Taliban Ends U.S. Era in Afghanistan," *New York Times*, Aug. 15 2021, https://www.nytimes.com/2021/08/15/world/asia/afghanistan-taliban-kabul-surrender.html?_ga=2.76378581.1110999809.1629162658-864238767.1628932874

79 Eric Schmitt etc., "Trump Is Said to Be Preparing to Withdraw Troops From Afghanistan, Iraq and Somalia," *New York Times*, Nov.16, 2020, https://www.nytimes.com/2020/11/16/us/politics/trump-troop-withdrawal-afghanistan-somalia-iraq.html?_ga=2.250500166.1110999809.1629162658-864238767.1628932874.

80 David E. Sanger and Michael D. Shear, "Biden, Setting Afghanistan Withdrawal, Says 'It Is Time to End the Forever War'," *New York Times*, Apr. 14, 2021, https://www.nytimes.com/2021/04/14/us/politics/biden-afghanistan-troop-withdrawal.html?_ga=2.250500166.1110999809.1629162658-864238767.1628932874

81 Michael Hardt and Antonio Negri, *Multitude*, 41.

82 Michael Hardt and Antonio Negri, *Multitude*, 38.

83 Caitlin Talmadge, "Putin just tested a new long-range missile. What does that mean? ", *Brookings*, Apr 26, 2022.

84 Michael Hardt and Antonio Negri, *Multitude*, 39.

85 Michael Mann, *The Sources of Social Power: Volume 4, Globalizations*, 1945-2011, 119-20.

86 Michael Mann, *Incoherent Empire* (London: Verso, 2003), 13.

87 Michael Mann, *Incoherent Empire* (London: Verso, 2003), 80-99.

88 Michael Mann, *The Sources of Social Power: Volume 4, Globalizations*, 1945-2011, 123.

89 James Petras, *US Imperialism: The Changing Dynamics of Global Power* (London: Routledge, 2019), 43.

90 James Rickards, *The Death of Money: The Coming Collapse of the International Monetary System* (Portfolio, 2014), 54-8.

91 Martha Finnemore, *The Purpose of Intervention: Changing Beliefs about the Use of Force* (Ithaca: Cornell University Press, 2004), 78-81.

92 《聯合國憲章》，於二〇二三年五月十七日擷取自 https://www.un.org/zh/about-us/un-charter/full-text。

93 Michael Hardt and Antonio Negri, *Multitude*, 27. Norrie MacQueen, Humanitarian Intervention and the United Nations (Edinburgh: Edinburgh University Press, 2011), 73, 120.

94 Robert A. Dahl, *A Preface to Democratic Theory* (Chicago: University Of Chicago Press, 2006), 71.

95 Michael Mann, *The Sources of Social Power: Volume 4, Globalizations*, 1945-2011, 277. 另參 Philip Bobbitt, *The Shield of Achilles: War, Peace and the Course of History* (New York: Knopf, 2001).

96 Carl Schmitt, *Political Theology: Four Chapters on the Concept of Sovereignty*, trans. George Schwab (Chicago: University Of Chicago Press, 2011), 5.

97 Niall Ferguson, *Empire: The Rise and Demise of the British World Order and the Lessons for Global Power* (New York: Basic Books, 2003), 314-7.

98 "Text of President Bush's 2002 State of the Union Address", *The Washington Post*, Jan. 19, 2002, https://www.washingtonpost.com/wp-srv/onpolitics/transcripts/sou012902.htm

99 David Vine, *Base Nation: How U.S. Military Bases Abroad Harm America and the World* (New York: Metropolitan Books, 2015).

100 Michael Mann, *Incoherent Empire*, 20-1.

101 David Vine, *Base Nation*.

102 "UN rights experts call for US to address ongoing violations at 'Kafkaesque' Guantánamo military prison," *UN News*, Feb. 23, 2021, https://news.un.org/en/story/2021/02/1085492

103 Ewen MacAskill and Julian Borger, "Iraq war was illegal and breached UN charter, says Annan," *The Guardian*, Sep. 15, 2004, https://www.theguardian.com/world/2004/sep/16/iraq.iraq.

104 Peter Bergen, David Sterman and Melissa Salyk-Virk, "America's Counterterrorism Wars: Tracking the United States's Drone Strikes and Other

Operations in Pakistan, Yemen, Somalia, and Libya," *New America*, Jun 17, 2021, https://www.newamerica.org/international-security/reports/americas-counterterrorism-wars/.

105 Paul Lewis, "WORLD COURT SUPPORTS NICARAGUA AFTER U.S. REJECTED JUDGES," *New York Times*, June 28, 1986, ROLE https://www.nytimes.com/1986/06/28/world/world-court-supports-nicaragua-after-us-rejected-judges-role.html

106 "US lifts Trump-era sanctions against ICC prosecutor" *BBC News*, April 2, 2021, https://www.bbc.com/news/world-us-canada-56620915.

107 VALERIE HOPKINS，〈「街上只有屍體」：俄軍血腥圍攻下的烏克蘭馬利烏波爾〉，《紐約時報》，二〇二二年三月十日，https://cn.nytimes.com/world/20220310/ukraine-mariupol-siege/。

108 Michael Hardt and Antonio Negri, *Multitude*, 27.

109 Edward Snowden, *Permanent Record* (New York: Metropolitan Books, 2019).

110 Peter Finn and Sari Horwitz, "U.S. charges Snowden with espionage," *The Washington Post*, Jun21, 2013, https://www.washingtonpost.com/world/national-security/us-charges-snowden-with-espionage/2013/06/21/507497d8-dab1-11e2-a016-92547bf094cc_story.html

111 Linda J. Bilmes and Joseph E. Stiglitz, *The Three Trillion Dollar War: The True Cost of the Iraq Conflict* (New York: W. W. Norton & Company, 2008).

112 Christopher Helman and Hank Tucker, "The War In Afghanistan Cost America $300 Million Per Day For 20 Years, With Big Bills Yet To Come," *Forbes*, Aug16, 2021, https://www.Forbes.com/sites/hanktucker/2021/08/16/the-war-in-afghanistan-cost-america-300-million-per-day-for-20-years-with-big-bills-yet-to-come/?sh=27aed0937f8d.

113 Noam Chomsky, *Failed States: The Abuse of Power and the Assault on Democracy* (Holt, 2007).

114 James Petras, *US Imperialism*, 5.

115 James Petras, *US Imperialism*, 85. 另參 Andrew Cockburn, *The Spoils of War: Power, Profit, and the American War Machine* (London: Verso, 2021).

116 James Petras, *US Imperialism*, 24.

117 Noam Chomsky, *Who Rules the World?* (New York: Metropolitan Books, 2016).

118 Jeremy Scahill, *Blackwater: The Rise of the World's Most Powerful Mercenary Army* (Bold Type Books, 2008).

119 James Petras, *US Imperialism*, 146-7.

120 Amanda Macias, "Here's the firepower the Pentagon is asking for in its $715 billion budget," *CNBA*, May28, 2021, https://www.cnbc.com/2021/05/28/pentagon-asks-for-715-billion-in-2022-defense-budget.html.

資本全球化與主權的黃昏

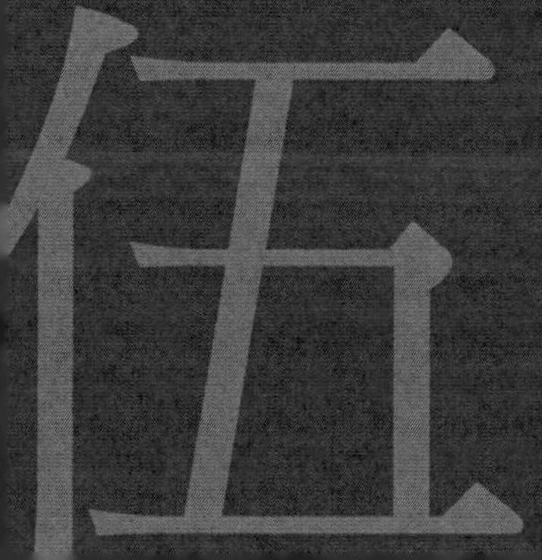

金錢是商品中的上帝。

——馬克思

真正需要分析的對象是世界體系，
而主權國家只是作為其中一種組織結構存在於同一個社會體系之中。

——沃勒斯坦

要建立和維持帝國的全球主權，不可能不把利益剝削關係伸延至全世界，從而餵養著帝國的軍事優勢和政治影響力，這從遠古的雅典帝國到今天的美國帝國主義，均有類似的政治權力操作。同時，資本得以全球化流動，背後也得倚賴國家力量，規訓大量工人投入生產、以法律建立相關市場和財產的保護、維持有利資本流動的環境，制定國際經濟金融合作的財產權利和相關保障等，這些都需要政治力量的幫助。但帝國全球主權終究跟資本全球力量有所分別，甚至會互相碰撞，此乃是因為兩者的既得利益階級終究有別。如果前者的最高既得利益者是帝國的政治權力核心，那麼後者則是跨國資本企業的資本家。基於既得利益者組成的分別，其追求的目標都會有多少分別。如果帝國全國主權追求的是權力的無限膨脹，那麼資本累積只是國力發展的工具；相反，資本全球主權追求的是資本的無限累積，而國家力量和利益不過是資本利用的工具。因此，兩者有時會互相利用，有時又會互相角力。我會在本章分析二十世紀下半葉伊始，以美國為中心的政治帝國主義跟跨國大企業為中心的資本全球主權，如何影響著世界局勢的變化，使得全球大多數人民即使活在主權國內，都沒有獲得應有的主權自主。

同時，在二十世紀崛起的新式政治經濟結構，即國家資本主義[1]，也為原有的秩序帶來巨大的挑戰。其中在拙作中主要會以中國作為分析的對象（在第六章會詳述），一方面這是因為港台以至整個東亞，都無法擺脫中國的巨大影響力（不管是正面還是負面的影響）；另一方面中國也對冷戰後的美國及跟其關係密切的「西方自由世界」，帶來前所未見的巨大壓力。中國既能迫使美國打了整整數年的貿易戰，且又逐漸把外交軍事重點移回東亞，落實由奧巴馬時代已開始主張的重返亞太計畫，重新編織新的反中圍堵網，跟中國的「一帶一路」與「中國製造二〇二五」的新計畫硬拼。這種有中國特色的國家資本主義形態崛起，將會為港台與及世界帶來新的自主挑戰。

另一方面，伴隨著中國國家資本主義興起的，是新一波的全球數位革命（或稱作第四次工業革命[2]）。自從八、九十年代的電腦、網路與光纖技術發展一日千里，科技公司逐漸打造出全新的名為互聯網的「數碼領土」（digital territory）[3]作為一種新的環球性領土維度。這種新的社會經濟網絡不單建立起一個環球的財金市場，更創造了新的世界，把整個世界的人的生活方式和消費交往模式徹底改變（一如當下虛擬土地或者樓房早已有價有市，成為新的炒賣天堂）[4]。科技公司一方面生產著新的社會面貌和人的特性（Homo Digitalis），並通過盜取人的各樣數據資訊買賣賺取龐大利潤，甚至能利用大數據技術進行微觀監控規訓，通過蒐集數據然後反饋各種預先挑選過的資訊和廣告（想想你每次用 YouTube 或者 Facebook 時是打算做什麼，最後為何總會被各式各樣的影片或者 meme 吸引過去），影響和預測用戶的思想行為，使人倒過來成為大數據的新奴隸。

同時它們所掌握的資訊和監控技術甚至是政府所未必能控制的，以至於可以掌握到最私密的個人想法或者記憶，然後用作建立用戶檔案進行針對性的宣傳，操控他們的選舉投票或者現實政治行動。因此，監控資本主義正建立起新式的主權資本秩序，把世界的一切都盡然納入它們的數碼支配力量之中。對比起來，不單是個人面對 Google、Facebook 或者 Apple 這些科技企業難以自主，甚至是國家和政府也未必能向它們施行管轄的權力。

如果在今天，我們希望真實地面對當前的種種支配、壓迫和規訓關係，追求對應我們當下處境的自主和自足的話，便需要深入了解新式帝國主義、資本全球化與技術帶來的新維度，以及港台在其中扮演的不同角色，從而理解到種種枷鎖的來源。不然，我們是無法觸及任何解放的可能性，高舉人民自主的主權在民思想，只能淪為激昂而空廢的口號。

一、資本秩序與衝突

若要論及當代國家資本主義與資本全球化的新自由主義發展，則不得不先從早一點的美國資本主義發展史入手。始終整個金融體系發展，再到當代的美元霸權鐵三角——美債、油元、美軍，都需要更有系統的討論，以便理解和把握美式資本主義秩序下，資本全球秩序如何一步步成形，跟政治上的帝國主義秩序之間又有何碰撞。

在十九世紀中葉，美國已完成「統一全境」的建國大業，也已平定歷時數年、死傷無數的南北內戰。在內戰結束後，大量原本為戰事而興建的鐵路，如今成為貨物和客運的重要交通網路[5]。而橫貫鐵路貫穿美洲大陸東西，大量移民帶來財富、技術和廉價勞動力，都使得美國經濟急速起飛。仔細一點看，受惠於技術和生產模式和改變，令得美國生產力逐步提升，例如生產工具的改善、泰勒科學管理（Taylorism）與流水生產的工廠模式日漸普及，還有新式能源如蒸氣帶來的工業機械發展，都使得生產力大幅提升[6]。首先發展的主要是以農業和加工業為主導的第一、二產業。

借用一八六〇年的美國經濟數據，當時生產棉花商品、木材商品與鞋履產品成為美國經濟的最重要工業，每年分別平均帶來接近五千萬美金的價格增值，而從事這些行業的人員總數達三十萬之多。到了一九一〇年，美國的工業生產重點已經開始轉移到第三產業，也便是由勞工密集（labor-intensive）的工業過渡至資本密集（capital-intensive）的工業，例如出版印刷每年為美國帶來五億美元的生產，遠比煉鋼或者製衣業高很多。但是重工業的機械買賣才是二十世紀初的大生意，當時這個有五十多萬人工作的行業，生產總值接近七億美元[7]。美國在內戰後的經濟迅速發展，一部分原因是來自科學與技術的快速突破和進步，這既是來自私立大學科學院的研究成果，也有許多是來自美國私營企業推動的研究。美國聯邦政府大量投放資源在電報、郵政、電話、電力的技術發展和基建工程，巨額津貼甚至送贈土地，鼓勵和幫助私人企業建設遍及全國的大量鐵路和運河，以大力促進工商業的發展。同時，醫療和教育也成了聯邦政府主要關注點，通過培養人才來支持現代科技和科學發展[8]。

政府能投放大量資源到基建和社會福利的建設上，其中一個主要原因是吸取英國資本主義的發展路徑。因此，美國一眾大企業如洛克菲勒（John Davison Rockefeller，一八三九－一九三七）的標準石油（Standard Oil Co.）、卡內基（Andrew Carnegie，一八三五－一九一九）的卡內基鋼鐵公司（Carnegie Steel Company）、摩根（John Pierpont Morgan Sr.，一九三七－一九一三）的通用電氣公司（General Electric Company）、福特（Henry Ford，一八六三－一九四七）的福特汽車公司（Ford Motor Company）等等，還有紐約投資銀行 Kuhn, Loeb & Co. 和金融企業摩根公司（J.P. Morgan & Co.）等財金企業，受惠於美國經濟的高速發展，漸漸成為美國市場的巨無霸企業。這些大企業不單能迫使美國政府實行有利商家的政策，維護匯率穩定來降低國際貿易的風險，更會借國家機器大力打壓工會運動，甚至以國民警衛軍和軍隊對付示威的工人[9]。

而這群新興工業家和銀行家組成的美國資產階級和秩序，漸漸與原有的政治秩序發生碰撞，權貴資本主義（crony capitalism）日漸成型。在一八九六年的總統選舉上，共和黨的威廉・麥金萊（William McKinley，一八四三－一九〇一，另譯麥金利）挑戰民主黨參選人威廉・詹寧斯・布萊恩（William Jennings Bryan，一八六〇－一九二五），時人稱為「平民與老闆的選戰」[10]。麥金萊本為主張重商主義的議員，在議員時代早已通過麥金萊關稅（McKinley Tariff），是美國推行國際貿易保護主義的先驅，高舉美國企業利益為先的旗幟。當時美國富商兼議員馬克・漢納（Mark Hanna，一八三七－一九〇四）

為了阻止另一陣營的民粹改良派布萊恩上台成為總統，不單自動擔任麥金萊的選舉總理，更改造了美國選舉的文化——帶起商人的選舉捐獻。

在他的推動下，當時美國最富有的企業領袖，如美國石油大亨洛克菲勒等富商大手捐款給共和黨選舉，以換取一個有利美國企業發展的總統。結果，共和黨在選舉的總開支超過三百六十萬美元，而有些歷史學家更認為共和黨刻意少報經費，實質開支可能高達一千兩百至五百萬美元；與此相比，民主黨的三十萬美元競選經費實在是差天共地[11]。可想而知，在近乎壓倒性的銀彈攻勢下，龐大的選舉機器和鋪天蓋天的宣傳令麥金萊順利當選。而他在成為總統後也變成美國富豪的戰友，既捍衛著金本位的制度，也加強了貿易保護主義，以及推廣擴張帝國和海外領土對美企商業利益的必要性。資本秩序對政治的直接支配，在一八九六年總統大選是十分明顯的例子，往後也一直使選舉成為金權政治的場所。

而在一九〇一年麥金萊被刺殺後，繼任總統老羅斯福（Theodore Roosevelt，一八五八－一九一九）更是軍事擴張主義和種族主義的代表人物，一如他在海軍學院的講話，「所有偉大的支配性種族都是跟其他種族作戰……沒有和平是比偉大的勝利更偉大[12]」。在他推動下，美國軍方大舉向外擴張。這既為彰顯國威，也是要解決美國國內生產過盛與消費不足的經濟問題。他希望通過打開海外市場帶來額外的消費力，令美國國內正在減慢的資本流轉速度可重新加速。

而在一九〇六年後，老羅斯福愈發注意到國內超級巨無霸企業的雄厚資本和社會政治影響力，對政治力量帶來巨大的威脅。這使得老羅斯福決心向大企業開刀，以違反和平競爭之理由，拆散那些超大規模企業，其中的頭號代表正是共和黨的大金主——洛克菲勒及其標準石油公司。

毫無疑問，洛克菲勒作為美國少數的億萬富翁，富可敵國。其巨大的財富主要來自標準石油公司對美國石油業和煉油業的壟斷[13]。在十九世紀末，美國不同州分漸漸興起反壟斷法令浪潮下，還能夠史無前例地高速擴張，建立一個如此龐大的企業，倚靠的便是商業信託（trust）的金融方式，將數十間公司連結在同一個母公司下共同決策，以便規避政治對企業壟斷市場的法律約束[14]。自從標準石油走上商業信託後，在其他行業如蔗糖、威士忌、鉛、亞麻籽油等等也帶來漣漪的效果，各大龍頭公司紛紛效法，跟不同公司以信託方式合組超巨型企業，大大擴張其橫向與垂直的市場壟斷地位[15]。因此，老羅斯福打著的旗號便是反商業信託（anti-trust），作為向標準石油為首的商業巨擘開刀。在一九〇六和〇七年，老羅斯福都在國會演說中提到，國家的經濟要持續發展，必需要令壟斷性企業解體。最終在一九一一年，最高法院裁定標準石油公司必須解體，以尊重商業競爭的公平原則。解體後的標準石油公司，變成不同規模的石油公司如埃克森美孚（Exxon）、阿莫科石油公司（Amoco）、康菲石油（Conoco）等等[16]。

及後老羅斯福更進一步收緊財金政策，使得大企業能受到美國商務部、財政部或者相關部門的規管，因此規定所有企業發行新的股票時，股票總額不能超過其總資產的面額數值，避免公司通過金融市場，通過大量發行股票融資（不論那些股票是否合法有效），短時間獲取大量資本進行併購。同時，任何公司發行新股的數量，都必須獲得政府批准[17]。這正是政治秩序迫使資本運作服膺於其支配控制的範圍，確保大企業不會成為政府以外的新政治力量，或者變成領土內的新主權秩序。

套用左翼政治地理學家大衛・哈維（David Harvey，一九三五－）的講法，這是資本邏輯（logic of capital）和領土邏輯（logic of territory）的必然衝突[18]，前者只會追求全球的資本累積，後者則以領土內的福祉安全作為目的，因此兩者必然會發生衝突。而政治的秩序必然會盡可能將資本擴張拉回管治的權力秩序之中，即領土邏輯的絕對性之中。但美國在二戰後的發展，其實代表著政治秩序超越了傳統主權神話的領土邏輯，轉而成為新式的「帝國全球主權」，繼續跟全球化的資本剝削秩序，或是稱之為「資本全球秩序」保持既衝突又依賴的關係。

二、生產全球化的新秩序

除了理解美國作為戰後帝國的秩序重建之外，另一個重要的維度自然是資本全球化，這部分牽涉著諸多不同的持份者，如金融銀行企業、信用評級機構、政府、科技公司之類，在互相不同的權利與利益考慮下，拉扯著資本全球秩序的發展，也跟美國政府維護的環球主權力量，即帝國全球主權產生諸多不同方向的碰撞或磨合。在這節我會先從生產消費全球化出發，接著幾節會進一步探討國際匯率、跨國評級和監控資本主義這幾個角度，重新探尋美國資本帝國主義如何全球擴張，剝削和規訓全球勞工與消費者，使資本的支配力得以在地上、地下和虛擬世界都通行無阻，確保了資本流動的高速發展，直至新的經濟危機來到。

首先也是最顯然易見的資本主義全球化現象，便是生產消費全球化。在六十年代中期，美國在冷戰意識形態的「民主／極權」煙幕下，在拉美和東亞地區肆意通過軍事力量左右不同國家的政治發展。美國的帝國主義支配，藉此保護美國企業進入當地市場，獲取天然資源與龐大勞動力，作為解決美國經濟生產過盛和消費不足的問題。通過經濟殖民式海外擴張，降低生產成本和增加剩餘價值的剝奪，確保資本得以在危機中繼續運作。因此，美國在智利、玻利維亞、巴西、烏拉圭和秘魯支持親美勢力叛亂[19]，建立對美資極有利的私有化市場舉動（還有國際貨幣基金組織（International Monetary Fund，IMF）往往以緊縮開支和開放市場作為信貸條件），令美國企業得以大舉控制當地的礦場、銀行、工廠和各種農產品種植，以軍事方式保證經濟殖民化的運動。在東亞的日本、台灣和南韓同樣有美國經濟殖民的操作，通過自由貿易傾銷大量美製產品到當地，同時在東亞入口大量廉價原料和半製成品，以便在全球生產鏈上降低開支和增加利潤。而七十年代尼克遜訪華後，美國在東亞的經濟權力操作也進入中國的市場，善用中國廣大的勞動與消費市場為美企帶來龐大收益[20]。

這個所謂全球化與新自由主義開端的時代，得從五、六十年代戰後歐美經濟榮景談起。隨著美國在二戰後推行馬歇爾計畫（European Recovery Program），在歐洲投放大量信用協助重建經濟，加上杜魯門對戰敗德國不進行經濟懲罰以鼓勵經濟復甦，五、六十年代的歐洲迎來經濟高速復甦的奇蹟時期，美國的工商業也隨之發展迅速，生產的剩餘商品也由美國龐大市場盡然消費，帶來物質生活豐裕的新中產時代。

然而，到了六、七十年代便開始出現新的經濟危機：先是隨著西歐和美國經濟的高速發展後，人工、地租等成本上漲，令資本累積的速度減慢，而市場消費力也已開始飽和，生產力過盛與消費不足的情況陸續出現[21]；同時，美國在越戰中耗費驚人（越戰乃二戰後三十年美國最昂貴的戰事，出征數年為美國帶來千億的開支，占美國GDP百分之二以上），為了應付短期的龐大開支[22]，美國只能通過發行大量美元應對開支，結果自然帶來全球性的通脹壓力[23]。貨幣流通量急升，同時美國黃金儲備不斷下跌也令得布雷頓森林體系（Bretton Woods system，另譯布列敦森林體系）的美元－黃金價格掛勾受到極大壓力。畢竟在二戰後，美元以至全球貿易匯率的穩定，基本上倚賴了四四年定立的布雷頓森林體系，其中以聯儲局發行的美元與黃金藏備掛鉤，作為貨幣價值的金屬擔保。諾克斯堡（Fort Knox）的金庫是世界匯率和貿易穩定的定海神針，令美金能夠在戰後二十多年，一直維持在三十五美元兌一盎司黃金。越戰時期的美國開支大增，同時美國黃金儲備不斷下降。從二戰到七十年代初，美國儲值的黃金大幅減少了三成以上。面對黃金儲備短缺，美國在六十年代初早已著手應對，如艾森豪總統（Dwight D. Eisenhower，一八九〇－一九六九）在六〇年阻止美國公民持黃金離境，六一年甘迺迪總統（John Fitzgerald Kennedy，一九一七－一九六三）甚至禁止美國人蒐集儲存金幣，只是脆弱的體系依然難以回天[24]。結果尼克遜決定在一九七一年取消聯儲局的美元／黃金兌現，讓布雷頓森林體系正式清盤，世界進入法定貨幣自由浮動的新時代[25]。

在七十年代初的大幅度通脹，加上七三年的石油危機，導致歐美工資地租和商品價格急升，美國本土出口業競爭力大為降低。在成本高昂與價格高企下，一些後發現代國家如日本和西德漸漸搶奪美國的工業市場，令美國失業人數大幅上升，國家總體財富則雪崩式下滑[26]。例如以七十年代的汽車生產業為例，美國的汽車生產占全球比率由二十年前的百分之七十九急遽減少至百分之四十九，同時日本和西德的汽車品牌開始大舉進入美國市場。豐田汽車（Toyota）或者日產汽車（Nissan）率先以低廉檔次入口美國，畢竟日本人工資比美國低得多，且較依賴勞工密集來提升生產力，加上原有的保護主義令幾間日本車廠在五、六十年代，憑著收入保證和理想信用額融資而迅速擴張，能夠倒過來傾銷到美國市場[27]。自八十年代末到今天，美國汽車市場的最高銷量品牌幾乎完全由日本汽車公司壟斷。這對於美國原有汽車生產的福特主義（Fordism）模式造成巨大衝擊，特別是以工業化大規模生產伴隨良好福利待遇的龐大生產消費市場，如今卻不敵低廉的傾銷入口商品，導致底特律、密歇根等傳統工業地區的經濟一落千丈，形成如今所理解的鐵鏽帶（Rust Belt）。

另一個同樣備受衝擊的是美國製衣業。製衣業傳統以來便是帝國經濟發展的主要經濟原動力，不論是以前的英國還是二十世紀的美國，工業化生產的製衣業作為勞工密集的行業，造就龐大的商業利潤，養活了全國非常多的勞工。在二戰前後美國經濟很倚靠製衣業的發展帶動，尤其是有賴美國南方的黑人奴隸所生產的低廉棉花，即時裝的主要原材料，因此北方製衣業非常發達[28]，這情況一直延續到二十世紀初。根據一九一〇年的經濟數據，生產男士服飾、棉製產品和鞋履用品，總共帶來七億多美元的國民生產總值，是美國生產總值的接近十分之一，且聘用了近百萬人[29]。

但自七十年代起，外國製造的廉價服飾開始衝擊本地市場。即使美國土地製衣業在八十年代前的生產力還有可觀的提升，人工開支亦較其他行業低廉（主要由於工會發展脈絡的不同），最終製衣業仍逐漸向外流[30]，其中又以東亞地區如香港作為主要生產衣飾的新基地。工業外流對資本累積的另一好處是，美國可以轉為資本集中的零售服務主導，增加生產帶來的純利。同時，資方將勞動密集的生產線全球化，在世界周邊的低廉地區尋找低成本的生產地方，令資本累積的速度重新增加，這也是解決生產過盛問題的主要方法[31]。

但這不過是故事的的一小部分。在這生產線全球化的過程中，歐美大企業也是將種種社會代價拋向發展中地區，以便能夠進一切可能降低成本和增加利益。原先在英、美帝國時代，本土製衣業早已是著名的苦難與悲慘的行業，馬克思的長期戰友恩格斯（Friedrich Engels，一八二〇－一八九五）便曾在著作《英國工作階級狀況》（*The Condition of the Working Class in England*），對製衣業工人的工作和生活苦況有仔細的描述[32]：長時間在機器間工作，導致他們出現發育障礙、背痛、靜脈曲張、腳部潰瘍，女性甚至會因為長期站立而導致流產。同時工作環境也十分惡劣，毫不顧及員工的安全，工業意外和傷亡時有發生。而且性侵和強姦在工廠環境很常發生，因為工廠內不乏社會地位低下的女童工，在夜班工作時因姦成孕的事件十分常見。馬克思甚至怒斥，當時的資本家「把小孩的血也資本化」[33]。

除了生產工具所帶來的危險，資本家往往為了節省成本，在最有限的資源上得到最巨大的回報，因此工作地點的安全從不是他們考量的範圍。所以，不論是十八、九世紀的歐洲，還是二十世紀初的美國，那些工廠大多不重視環境衛生和安全指引，因而令工人陷入極大的危險。在一九一一年，紐約發生震驚全國的三角內衣工廠大火（Triangle Shirtwaist Factory fire），當時的樓梯井和出口的門全面被資方鎖住，以防止工人偷懶，結果令工人在意外發生時難以逃生。這次火災成了紐約在九一一以前最嚴重的工業意外，超過一百四十位工人喪生，年紀最小的只得十四歲[34]。意外發生後，工作環境和職業安全問題開始受到重視，也開始有法案保障勞工在生產環境的安全。

只是隨著歐美的勞工權益開始受重視，資本家轉而將生產線帶到更加低廉落後的地方，確保生產成本可以保持在極低水平，使得利潤最大化，至於付出代價的，自然是最下層的工人和當地居民了。繼香港和中國扮演全球製衣工廠後，在二十一世紀逐漸得到跨國時裝企業青睞的地方之一，便是位於印度和緬甸之間的國度——孟加拉。

孟加拉人口高達一億六千萬人，是全球第九大國家，其中有四百五十萬人在時裝工業生產線工作，每年生產高達三百億美元的時裝，供應全球各地的時裝店。但是，孟加拉也是全球最貧窮的國家之一，近四分之一人生活在貧窮線之下。一如十九世紀歐美的惡劣工業環境，同樣的事也發生在孟加拉，僅僅在二〇〇六年到二〇一二年，超過五百位紡織業工人死於工廠大火。其中一宗發生在二〇一〇年，一間位於首都達卡市郊，名為 That's It Sportswear 的工廠大火，導致過百名工人受傷，二十九人喪生。這間工廠正是為許多著名品牌如 Gap、Tommy Hilfiger、Kohl's 等生產時裝。幾個月後，達卡另一間名為 Tazreen 的工廠又發生火災，過百名員工因而離世。這工廠主要供應時裝衣物給沃爾瑪和迪士尼等美國大型連鎖公司，但這些企業一致否認跟工廠有任何關係，並聲稱其不是正式授權的當地供應商。基於上述的火災，孟加拉政府在二〇一三年起開始推動外國跨國企業簽署《孟加拉消防與建築安全協定》（*The Accord on Fire and Building Safety in Bangladesh*），要求它們保障工廠的防火設施，並承擔相應的法律責任，只是幾乎沒有任何美國企業加入[35]。

這可反映到全球南方的經濟自主，極為受制於跨國資本的商業決定，畢竟外來資本和技術是發展中地區的經濟發展和政治穩定極為重要的資源，這變相令這些周邊地區並無足夠的籌碼能夠保護本地市場和扶植本地工業，甚至長期淪為西方經濟殖民的場所，這也是為何擁有豐富天然資源的非洲、南美洲或者東南亞，始終只能成為西方跨國企業剝削的低下層，其人民即使在主權國家中也無法享有經濟和政治的自主，即主權應有的權益[36]（除了天然資源、人力市場和海外市場的控制外，已發展地區對發展中地區的單向汙染，也造成另一種環境殖民或者不對等的結構性暴力）[37]。因此自五、六十年代伊始，全球南方一直追求的不再只是政治的主權自主，還有經濟的區域自主，免受歐美跨國企業的再殖民，如一九七四年在聯合亞非國家成功推動聯合國頒布的「國際經濟新秩序」（New International Economic Order）便為一例[38]，只是在新自由主義的時代迅即褪色[39]。

三、金融全球化的新秩序

除了生產線全球化外，財經金融化也是帶來新式資本剝削的新機會。為了在後布雷頓森林的時代，繼續維護美元在世界政經的位置，使得美國政府的經濟支配力能夠通過軍事政治方式展現，方法便是跟石油輸出國組織結盟，令美元變成唯一石油結算貨幣，也稱之為油元政治（petrodollar）[40]。這使得所有需要在中東購買石油的國家，必須儲備大批美元，因此美元繼續成為各國必需的外幣，且美元的幣值和供應繼續影響全球經濟活動，這使得美國擁有新式的霸權手段——美債。美國可以通過發行國債，影響貨幣供應而調控國內經濟狀況。資本集中的後工業發展，使得紐約的金融業發展極為發達[41]，金融業務也迅即取代美國深陷危機的工業，成為新的繁榮與消費力的主要來源，而美國也從信用大國銳變成債務大國[42]。

流動資本在全球金融市場流動尋找短線投資機會，也成為當代極為普遍的全球金融現象，這為全球的主權權力分配造成幾個重要影響。

首先是國債和評級的問題。一般而言，現代國家為了各種基建投資或者應付社會福利的開支，都會通過發國債或者容許外資投資，以便在私人市場籌募信用，幫助國家的長遠發展。而不同國家對外資的倚靠程度相當不同，在市場上也會得到截然不同的待遇。已發展地區國家如美國，經濟規模大且金融體制成熟，外資的影響不大，加上美國國債一般被理解為極低風險的投資產品，國家違約破產的風險極低，因此從不會因為交易不足要逼使聯儲局加息吸引投資者的情況。

但是對全球南方的國家來說，外資對國家經濟異常重要，所以私人投資者或者信貸評級機構對於發展中國家的財金政策有著重大的影響力。若市場有什麼負面反應，都會為那些國家帶來巨大的殺傷力[43]。例如許多海外跨國投資者基於資訊不足的緣故，都會十分倚賴主權評級機構的評分，作為他們判斷合理利率或在國債市場買賣的參考因素，而評級對金融市場的影響有時是很直接的，例如在九七年十二月二十四號穆迪（Moody's）降低韓國、印尼和泰國的信用評級至「不宜投資」級別後，翌日韓元價格下跌一成，印尼盾下跌百分之三，泰銖也跌了百分之二[44]。現時大部分主流評級機構如標準普爾或穆迪對於已發展地區的評級較為寬鬆，但對於發展中國家則不然，評分的嚴厲會直接使投資者認為國家違約風險上升，交投減少從而使國家集資要負擔的利率上升，這大大限制了後者建立良好經濟發展環境的能力。這權力的不平等操作當然不是意外，畢竟評級機構本就不是獨立中立的機制，而是為了歐美跨國企業得以延續其經濟剝削的關係，削弱周邊地區國家經濟政治自主的方式[45]。

另一種主要影響國家經濟自主的因素，是來自戰後的跨國金融體制對於弱國的支配。通過強逼她們接受市場自由化的體制改革，作為提供信用暫時紓緩國家債務的問題。例如希臘在二〇〇九年公布國債水平高達國民生產總值的百分之一百八十，歐洲中央銀行（European Central Bank）和國際貨幣基金組織最終在翌年承諾注資，條件是希臘需要削減福利等政府常用開支作為償還國債的條件，即使在二〇一五年選上的左翼政黨，拒絕新自由主義式的救援計畫，但最終希臘政府也要屈服[46]。

問題是，希臘在歐元區債台高築，全是因為國民懶惰或者國家財政管理不善的緣故嗎？還是因為歐元區的貨幣政策統一只有利於歐洲出口大國如德國，而小國如希臘因為自行不能控制貨幣價值和價格，以調控匯率和經濟狀況，結果成為歐元經濟融合的受害者之一？一如先前提及的「不可能三合一體」框架，希臘在歐元區中是通過穩定歐元匯率和容許資本自由買賣貨幣，換取其貨幣主權的自主性。美國諾貝爾經濟學獎得主斯蒂格利茨（Joseph Stiglitz，一九四三－，另譯史迪格里茲）認為，希臘的債務問題跟歐元一體化和貨幣政策統一有深刻關係。為了維護歐元貨幣穩定，歐元區的操作犧牲了小國的財政自主，同時福利政策和財富分配卻又不是全歐洲統一地進行，而歐盟要求希臘政府推行的緊縮方案，惠及的肯定不會是希臘人民，因此除非歐盟的政治融合會出現革命性的進展，不然希臘必須脫歐，才能重建其喪失的民主和主權自主[47]。

國債償還從來都不是單純的經濟欠債問題，而是政治經濟的角力結果，畢竟歷史上欠債國家獲減免的情況比比皆是，如十九世紀墨西哥便得以減免無法償還的債務[48]。然而到了十九世紀末，國家債務成為帝國主義的工具。例如鄂圖曼帝國和埃及在一八七〇年代無法償還國家欠下的巨額債務，令英、法這兩個主要債主藉此接管了兩國的財政權利，作為她們入侵該地區的方式。因此德國左翼思想家盧森堡（Rosa Luxemburg，一八七一－一九一九）深具洞見地點明，國債正是傳統資本大國的武器，使其得以繼續支配新興的資本國家，令後進國家不得不服從於先進國家的秩序和利益關係[49]。

至於由美國等先進資本國家牢牢操控的國際貨幣基金組織或者世界銀行（World Bank），早就遠離了原初聯合國或第三世界推動成立跨國金融制度建構全球性內嵌自由主義（Embedded Liberalism）的初衷[50]，變成跨國自由放任市場的堅實捍衛者[51]。即使新興民族國家聯合起來爭取照顧全球南方的跨國經濟組織，甚至將訴求寫進聯合國在一九七四年的《建立新的國際經濟秩序宣言》（*Declaration for the Establishment of a New International Economic Order*），最終的結果仍然是向著帝國的利益傾斜。基於國際貨幣基金組織等機構建立時所定立的不平等投票機制，投票權不是以一國一票的方式決策，而是以國民生產總值、經濟開放程度、外匯總額等因素來決定成員國入會付出的 quotas，也是其投票權的比例。因此連如今經濟體早已大幅擴大的印度或者中國，其投票權也僅得百分之二和百分之六，跟美國的百分之十五是完全不對等的。因此對於試圖在這平台推行改革的全球南方小國來說，可謂是極為不利。同時前殖民地國家的菁英階層也會勾結共謀，委身外國跨國資本而出賣本國的政治經濟前途，加上列根（Ronald Reagan，一九一一－二〇〇四，另譯雷根）和戴卓爾夫人（Margaret Thatcher，一九二五－二〇一三，另譯柴契爾）上台後加強英美的市場化進路，令新國際經濟秩序淪為空話，跨國金融繼續成為資本家、基金公司和投機分子肆意將胃口伸展全球，掠奪利益的舞台，公義和平等不知從何說起[52]。

因此，許多發展中國家為了自保，只能八仙過海，各顯神通，如中美洲國家薩爾瓦多便在二〇二一年實行以加密貨幣比特幣（bitcoin）作為國家法定貨幣之一，並在翌年推行總值二十億比特幣的國債，以便在全球加密貨幣市場蒐集資金改善國家基建，促進經濟發展。該國總統納伊布・布克萊（Nayib Armando Bukele Ortez，一九八一－）直言，如果照樣通過傳統的途徑，向世銀或者國際貨幣基金組織借貸，誓必要遵行其嚴厲的赤字預算要求，最終為了信貸而逼著削減公共福利和社會開支，令國家經濟走向惡性循環的路。如今倒不如從加密貨幣作為新出路，繞開傳統金融秩序來為國家融資，以圖對抗歐美中心的金融帝國主義[53]。

在薩爾瓦多之後，中非共和國都準備加入加密貨幣的大家庭。有些學者估計，如今至少有十多個國家，包括印度和波多黎各等，正積極研究以加密貨幣作為日常貨幣和國家融資之用，擺脫以美元和歐美中心的國際金融支配，重尋新的經濟自主出路。

流動資金在全球信用橫流的時代，會令發展中國家的財政和匯率市場容易大幅波動，以至於衝擊小國的經濟政治自主。一些經濟體較小的國家地區，為了在後布蘭頓森林的浮動貨幣時代，能夠維持較穩定的貨幣價值，促進國際貿易和累積外匯，會選擇均透過與美元維持聯繫匯率（dollar peg）來穩定貨幣價格，令國內市場可以穩定增長（同時也不得不放棄了貨幣政策的主權面向，少了調控國家經濟的可行措施）。由於那些國家的脆弱經濟的市場和交易量較小，便很容易成為狙擊對象，令貨幣急遽貶值，跨國金融企業如基金管理公司便可因此謀取巨大利益[54]，為當地經濟和勞動人民帶來不可估量的負面影響。

香港讀者大概對九七年金融風暴的一役感受尤深。當時著名華爾街基金投資者索羅斯（George Soros，一九三〇－）的量子基金在東南亞斬獲甚豐，基金公司以海量熱錢注入馬來西亞、印尼、菲律賓和南韓，令其貨幣匯率大幅貶值而圖利。畢竟索羅斯早在一九九一和九五年已分別狙擊英鎊和墨西哥比索圖利，逼令英鎊貶值而暴得大名。因此這次也來勢凶凶，準備在東南亞一帶掠奪一番。當時恆生指數下跌了超過百分之六十，全港資產價格跌了五成，最終港府以提高利率和動用過千億港元入市，維護港元和美元的聯繫匯率[55]。

以上種種面向都反映到，在八十年代後的財金高速發展的背景下，國家人民的政治和經濟自主不單深受帝國的軍事政治力量左右，在資本狂飆的年代也要面對私人市場投資者、國際政治經濟組織或者信用評級機構的影響，使得人民的自主性受到極大的制約和削弱，即使建立了主權國家也難言自主。

至於跨國企業也可以從至少兩種途徑，削弱國家國際體系的政治秩序，分別是經濟和政治手段。經濟手段之一是避稅天堂（tax haven）。政治權力便是通過選舉捐獻或者聘用遊說集團在國會進行遊說工作，藉此確保法律制度是向大企業的利益傾斜，避免出現有損他們利益的法案通過[56]。這點十分明白，無須再作解釋。至於避稅天堂的出現，便得國家損失企業利得稅的收益和相關監測權力，令社會權力和利益能大幅度向大企業傾斜。

受惠於資本流動自由和全球金融市場的技術發展，許多大企業都可以將公司註冊到某些海外稅率極低的地方，而不是在它們主要經營業務的國家和地區，其中著名的避稅天堂包括巴拿馬、英屬處女島、香港和新加坡[57]。只是香港並不是一直都是避稅天堂，在六十年代歐洲金融擴張信用外流的年代，新加坡遠比香港更吸引外資企業註冊，因為英殖香港在七十年代末以前，甚至是不容許美國銀行在當時的香港建立分部，外匯存款管制也是一九七三年才取消。因此歐美外資銀行企業到海外註冊和避稅時，優先選擇同為普通法體系的開放城市新加坡。這情況到了八十年代，香港銳意發展成新的金融中心，重修簡單稅制和把企業在外國賺取收入（foreign-sourced income）的稅率降至零，又受益於跟倫敦金融中心的緊密關係，發展勢頭才漸漸追過新加坡[58]。

假如像我們剛才所言，政府的主權權力倚仗於在經濟活動中抽取剩餘價值的收稅能力，作為政治秩序的重要經濟基礎的話，全球避稅制度是使得跨國企業能通過這種財金操作，削弱主權國家的稅收能力和監管權力，變相是將資本全球主義壓在這些國家的主權權力之上。

新帝國主義絕不是美國的專利，從舊世界的大英帝國、蘇維埃的華沙公約組織[59]到美國霸權，政治軍事帝國一直以眾多面貌相繼出現。一些學者認為美國的霸權地位在越戰後慢慢衰落，至少在國際社會的影響力不再如二戰前後那麼強勢，尤其在越戰打得焦頭爛額而不得不丟下南越撤出時，國際政治外交日漸滲雜著單邊主義和多邊主義，美國不能不跟其他主權國家合作，維持西方社會的國際秩序，甚至也控制不了代理親美小國、極端宗教組織與民族主義游擊隊。這往往視為美國霸權沒落的先聲[60]。在近二十年來，我們目睹美國主導的西方自由民主國際秩序，逐漸受到中國崛起的挑戰[61]，甚至被喻為是「新冷戰」的開端[62]。也有學者稱之為「修昔底斯陷阱」（Thucydides' Trap），意謂國際社會的第二強者必將跟最強人決一生死，以決定未來世界秩序的走向[63]。但同時，美國的全球軍事打擊力量仍然是史無前例的強大，不但能控制支配許多海外地區的重要戰略資源（伊拉克石油即為一例），其軍事力量所支持的美元霸權仍然絲毫無損，這使得美國即使國債高企仍能輕易借得龐大外資，作為維持國力的保證。畢竟帝國支配權力總是相對的，在現今的全球政治軍事格局而言，仍然深受美國的布局與軍力驅動和影響（包括近十年由奧巴馬推動的「重返亞洲計畫」[64]）。由此看來，美國帝國全球主權似乎仍然主宰著世界的秩序[65]。

四、監控資本主義的挑戰

試想想，我們每日花幾多時間上網瀏覽？又會花幾多時間上社交媒體與朋友互動，分享生活近況？根據社交媒體管理平台 Hootsuite 和網絡行銷公司 We are Social 製作的二〇二一年度報告，全球有五十多億人擁有自己的手機，四十六億人能夠上網，占全球人口的六成以上。全球人每日平均上網時間為八小時多，比香港人平均時數高出一小時，其中有兩個半小時是花在社交媒體，比起花在閱讀電子書和紙本讀物的時間還多。

全球最高瀏覽量網站的頭三位，則分別為 Google、YouTube 和 Facebook[66]。有趣的是，使用這三間企業的大多數服務基本上都是免費的，不管是用 Gmail 收發電郵、在 YouTube 觀賞影片、在 Facebook 上使用社交戶口等，即使如今多了付費的選擇，如為自己的 Facebook Page 賣廣告或者在 YouTube 觀賞最新的電影或直播之類，但若然不願付費也不會影響大多數服務。同時這些公司也是當前全球最富有的企業之一，例如截至二〇二一年六月，Google 母公司 Alphabet 的總資產已高達三千億美元，擁有流動資金高達一千三百億，比起傳統大企業如通用電氣（General Electric）的收入和資產還要高得多，Alphabet 的年收入甚至超過美國政府在二〇二〇年度稅收總額的百分之五，名副其實是間科企巨無霸。

很多人以為科技公司賺錢方式跟傳統單向媒體如電視電台相近，都是廣告商直接付費，把相關廣告投放到網絡上帶來收益，但現實遠為複雜得多，也代表了所謂監控資本主義在日常的隱密性有多高。如果以前科技界流傳的名句是，「若你不是在付費使用產品，那意味著你自己便是產品。」如今在哈佛大學教授祖博夫（Shoshana Zuboff，一九五一－）的詮釋下，其實使用者連產品也不如，我們只是新式資本主義資本累積的「原材料」，一如電影《二十二世紀殺人網絡》（Matrix，另譯《駭客任務》）的情節，電腦把人變成一粒電池般馴養或者種植。

使用者如何淪為資本消費生產過程的原材料呢？那麼是誰在生產？產品又是什麼？又是誰來消費呢？祖博夫提出在科企的新資本運轉過程為「行為價值再投資循環」（behavioral value reinvestment cycle）[67]，這也使得 Google 等不同於一般的產品廣告銷售模式，能夠將非市場活動轉化成產品銷售。這個行為價值循環是基於對於顧客行為的預測，從而產生額外的商業價值。

仔細地說，科技公司是以祕密方式蒐集巨量的消費者數據，再通過數據來為每個消費者打造個人的檔案（profile）——這些檔案是科技公司通過大數據所掌握的巨大訊息所建立出來的，藉此了解每個消費者獨有的個性、興趣、生活習慣甚至祕密喜好等，這些元素會影響消費者的行為，使他們會選擇購買或不購買某些產品，或者對某類商品特別感興趣。然後，科企能夠針對性為每個顧客投放更大可能引起興趣的廣告，從而實驗該消費者是否會真的感興趣並按進廣告內。因此，每次在網頁中瀏覽時，都是為科企的人工智能提供海量資訊。

在二〇一七年，Google 大數據的流量是每日三十五億次搜尋，全年有超過一點二兆次搜尋，而這些在單純搜尋的非商業行為的數據，全都進到科企的數據庫之中，令它們愈來愈「了解」你，並為你量身訂造符合你喜好的廣告，從你應對不同廣告的行為來不斷微調廣告的形式和內容，使得你的行為愈發能夠被電腦預測和操弄，也就令你愈發沉迷在網絡世界——這可預測的行為，才是科企銷售的商品本身。點擊廣告的數量愈高，Google 的收益便愈大。在二〇一六年，Google 或者其母公司 Alphabet 的收入中，占九成的都是這種針對性廣告的收益[68]。

但是，科企是如何取得我們各式各樣的數據呢？當然，最簡單的是將電郵戶口、手機相片影片掃瞄，取得所有個人通訊記錄並提供實時的月曆整理，或利用位置偵測來提供即時天氣和交通情況資訊。而且祖博夫倒過來反問，如果 Google 是一間網路搜尋器公司，為何它要研發智能家具設備、便攜式裝置或者無人駕駛汽車呢？如果 Facebook 只是一間社交媒體，為何它要發展無人機和擴增實境（Augmented reality）技術呢？那便是因為當科企不斷擴張它們的版圖，將監控範圍由網上公司伸延到手機、手錶、書、影片、機械人、無人機、電子相機、無人車、電視時，它們能夠得到的行為數據便會愈多，愈能細緻地把握每個消費者的行為，從而作出行為誘導的廣告，令消費者能更加容易被預測或者控制。

以 Google 的地圖發展為例，其地圖街景計畫是基於一個名為「Ground Truth」的計畫，希望將整個世界的地理空間的真實情況盡然納入 Google 的系統之中，作為發展其他技術的基石。因此它不僅從美國等地的人口普查計畫或者國家機構的地理研究資料建立最初的 Google Map，而且在兩千年代開始推出街景拍攝計畫，將全球所有地方的地圖能配上實際 3D 式街景，這是歷史上從未出現過的全球地理普查記錄。因此裝上大量相機的 Google 製圖車開始在全國和全世界走動，拍攝記錄全球不同地區的街景，並在 Google 系統中加以分類整理，令地圖不止有街道名字和著名景點，連商鋪、公園，甚至任何人的住宅外貌都成了公開資料，容讓全球人隨時在數碼世界觀賞。

在二〇一〇年後，隨著母公司的利潤高速上漲，Google 系統的發展速度也逐漸加快，在二〇一二年街景地圖的數據已能夠顯示獨立建築的地址和標記；翌年買下以色列初創公司的技術，能夠將地圖和即時交通資訊搭配在一起，使得以後安排行程時，可以通過 Google 地圖程式即時知道最佳路線和下一班車的時間。

幾年之後，Google 帝國再度擴張，收購了另一間初創公司，將衛星高清圖結合地圖之中。同時 Google 地圖程式已經能夠將導航帶進商舖之中，讓消費者能在地圖「直接」進內參觀，作為吸引消費的新方式[69]。如今，我們已經可以在 Google 地圖程式找酒店、餐廳，並且有巨量的相片、網友評分作為參考；在地圖亦可直接看到博物館、餐廳、景點、休閒場所等的開放時間或相關介紹，並且跟其官方網站連在一起。而在搜尋當中，Google 也當然會蒐集更多個人數據，並不厭其煩地提供更多相關的廣告，讓顧客沉醉在貼心的消費世界之中，而 Google 也便繼續賺得盤滿缽滿。

放回主權的秩序中，擁有極龐大數據的科技公司如 Google、Facebook 或者 Apple，到底如何在政治經濟的世界中，產生巨大的影響力呢？這如何強化了當前的帝國主義支配、剝削和規訓關係呢？在本節我會提出至少三個面向討論，第一是政治秩序如何借助科企的數據蒐集，得以暗中進行全民以至全球的監控計畫，藉以獲取無盡的政治經濟利益，令國家的政治權力無限增加，不斷強化其管治的秩序；第二、政治力量如何利用科企的大數據左右本國或者其他國家的政治制度，例如劍橋分析公司（Cambridge Analytica）如何以大數據和針對廣告宣傳影響美國總統選舉或者英國脫歐公投的方式，最終令政治權力易手至設想的對象；第三、國家如何通過掌握電子尖端科技而在國際競爭上占優，得以支配其他國家和企業，尤其是國家安全的多層結構中愈發扮演重要位置的網絡戰（Cyber warfare），而在網絡戰的戰場中，科企公司的力量和立場尤為關鍵，也因而成為政治力量必須拉攏的助力。

在二〇一三年，當時年僅三十歲的美國 CIA 與國安局外判（編按：即外包）技術員斯諾登，帶著一個震驚世界的美國機密逃到香港，向全世界公開一個極為神祕的全球監控計畫——稜鏡計畫（Prism）[70]。根據斯諾登在二〇一九年的自述，

稜鏡計畫容許美國國家安全局可以從 Microsoft、Yahoo!、Google、Facebook、Paltalk、YouTube、Skype、AOL 和 Apple 蒐集各種數據，其中包括電郵、相片、影片和語音對話、網頁搜尋、網頁瀏覽記錄，或者任何其他儲存在雲端的數據。這令得科技公司成了政府的共謀。而且還有一種是入侵性的，是從上流截取數據（upstream collection）。它容許國安局定期從私人擁有的互聯網裝置中，例如從全世界的互聯網分流中心或者網路交換器，甚至是衛星或跨大陸海底光纖的傳輸中直接截取數據。這數據蒐集工

作是由國安局特別資源部負責，如在互聯網實體伺服器加裝祕密截取數據的工具，以便直接入侵全世界網路供應商的系統，繞開私人企業直接獲得資訊。因此，將稜鏡計畫和上游蒐集計畫合起來，便能確保全世界的資訊數據，不管是儲藏了的還是正在傳輸的，都能夠監控得到……

試想像你正在用手機或者電腦上網，首先打開瀏覽器，鍵入網址，然後按「Enter」。網址實質上是個請求，請求進入那個網頁所存放的伺服器內。而在這請求送達目標的伺服器前，它首先會經過國安局的最強武器之一——Turbulence。

Turbulence 是國安局的隱型防火牆，負責過濾任何通過的網頁請求，通過檢視其元數據（metadata）的相關資料，例如頁面描述、關鍵字、檔案作者及最後修改的時間，看看這發出請求的用戶是否需要進一步的監視。如果觸發到 Turbulence 的警示，便會自動由被動蒐集改為主動蒐集，那便是另一國安武器 Turmoil 的工作。Turmoil 會因著用戶瀏覽網頁的性質，還有硬件速度和上網方式等，決定以什麼方式進行入侵式監測。而整個過程只會花上約莫六百九十毫秒，上網者絲毫不會發生有什麼變化，但其上網活動和資料將會全部被監視和蒐集[71]。在二〇一一至一二年度，國安局對於 Google、Facebook 甚至 Skype 的數據提供請求都大幅增加，而且還打算把 Dropbox 也列入監控系統之中[72]。

因此，美國政府既有一套法律機制，形式上保障公民的權益，由法庭限制監控的請求。例如在二〇一八年定立《外國情報偵察法》（*Foreign Intelligence Surveillance Act, FISA*）後，每年國安局每次監控前都理應需要得到美國外國情報偵察法院（Foreign Intelligence Surveillance Court, ＦＩＳＣ）的傳票才可以進行[73]。但法例的要求也是很寬鬆，只要目標對象懷疑進行外國滲透刺探或者恐怖活動，便可以是監控的理由，因此可監控的範圍極為廣泛，由記者、學者、商人、救援人員都可以歸類於此[74]。同一時間，斯諾登事件也揭示了美國政府如何非法地在全世界進行監控力量，甚至是直接在硬件伺服器安裝截聽裝置，凌駕科企的私有財產或者資本權力的支配性。

政府的情報蒐集，必然是為了維護和強化既有的權力秩序，確保任何人物事物都納入其掌控的範疇之中，一如學者 Hartmut Rosa（一九六五－）所理解的現代性精神，即是通過廣泛發展各種技術和知識，最終使得政治社會權力不斷膨脹，將周邊世界都納入其操控之中[75]。例如早在二〇〇三年，美國希望推動聯合國的認可，作為直接入侵伊拉克的合法理據。但美國在聯合國出兵決議上未能取得多數支持，於是她用上其監控網絡，直接竊聽各國聯合國代表的家居、辦公室電話，還有電郵之類，已證實當時曾被英美政府監控的國家包括安哥拉、智利、墨西哥、幾內亞、喀麥隆和巴基斯坦，意圖找到有用的資訊作出威脅，逼其支持聯合國出兵[76]。事件後來改拍成電影《官謊真相》（*Official Secrets*，另譯《瞞天機密》），講述英國情報機關的中文翻譯員凱薩琳（Katharine Gun，一九七四－）如何揭露這事。這是名副其實的欺凌式外交，以政治權力壓迫其他主權國家，使其服從於合符美國利益的政治秩序與決策。

不要以為美國只有在發展中國家才會如此名目張膽地以監控作為政治手段，歐美近年就網絡私隱衝突不斷，也是持續抗議美國的網絡帝國主義。這正是因為美國至今仍能不斷監控歐洲盟友的最高權力機關，例如德國前首相默克爾（Angela Merkel，一九五四－，另譯梅克爾）便是其中的目標之一，另外當然還有瑞典、挪威、法國、德國等歐洲主權國家的政治高層都在是監控名單之上。根據路透社報導，甚至連前政府高層都依然難逃監控，例如德國前外交部長 Frank-Walter Steinmeier（一九五六－）或德國前反對派領袖 Peer Steinbrück（一九四七－）等等，都是美國政府長期監控的重點對象[77]。

監控力量無遠弗屆，乃是源自帝國政治秩序的需要，作為一種權力支配性的世界體系。當然，這秩序並沒有絕對不對等的關係，一如英、美在伊拉克戰爭前夕終究也沒法獲得聯合國授權出兵，只能獨自去打一場國際上認為非法的戰爭[78]，而美國領導人卻無須被帶上國際法庭受審，特別是因為美國退出了一九九八年生效的《國際刑事法院羅馬規約》（*Rome Statute of the International Criminal Court*），因而不受該法庭監管，這大概便是帝國的特權。當美國近年在阿富汗的戰爭罪行被提上國際法庭時，特朗普甚至下令制裁國際法庭的相關官員，可見其帝國支配的力量所在[79]。

只是互聯網作為技術體，並不能簡單化約為帝國主義的支配工具，一如法國哲學家斯蒂格勒（Bernard Stiegler，一九五二－二〇二〇）所言，技術物跟人一般，都有著個性化（individuation）的特質，即在環境中不斷互動並改造自身，作為主體生成的過程。這是基於人性和工具在歷史上的緊密關係，讓他推導出人既然有著個性化而非個體化（individualization）的傾向[80]，那麼與人性難以截然二分的技術物也應有著個體化面向，因此某種工具目的只會是技術物的一面，而不能全然定義了它的全部內容[81]。我想互聯網也是如此——它當然能夠被美國帝國全球主權利用，通過網路發展作全球監控打擊，但同時網絡也會有其他不同反向的操作。

篇幅所限，我只會重點提出兩種不同方向的網絡政治經濟操作，以便達至「反帝國」或者「再帝國」的目的。第一種是借用監控資本主義的大數據分析和針對性廣告或內容提供技術，軟性式導引互聯網或者社交媒體使用者對某種政治立場產生反感，從而使其產生新的政治取態，在投票上甚至直接在政治行為上反映出來。另一種則是通過網絡動員，令得不同地域的群體能夠迅速溝通連結，帶來更多跨地域政治行動和合作的可能。

荷蘭－美國社會學家薩森（Saskia Sassen，一九四七－）主張網絡發展大大顛覆傳統主權、民族和地理領土的國家三位一體關係，以致發展出新式的多層次全球領土或者資本、社會和政府的互動關係。例如互聯網至少有著硬件基建和數碼空間兩大部分組成，前者是全球互聯網得以出現的必要條件，其中包括數據中心、訊號基站、全國骨幹網（Internet backbone，編按：即網際網路骨幹）、局域網（Local Area Network，編按：即區域網路）、海底光纖等不同硬件裝置，把全世界的網絡都串連一起。硬件設置無可避免地要建設在不同國家領土範圍以內，因此傳統國家對網絡硬件基建的管治權力一般較強[82]。一如前述，二〇二一年 Google 便跟 Facebook 等企業合作，鋪設一條名為「杏子」（apricot）的新海底光纖，將東南亞多國和美加連結在一起，原本香港也是連結點之一，但因為近年中國對香港的政治打壓，令美國政府存在國家安全的疑慮下，最終放棄了香港作為新光纖接駁地方之[83]。

但是在網絡世界則是另一回事。這「數碼網絡空間」沒有地域所隔，沒有國界和領土，只有在搜尋器一按，便能迅即穿梭至全球的任一角落。在這個非延性的空間[84]，政府的管治力便大大減弱，雖然仍可以通過追蹤數碼足跡（digital footprint），進行相關的偵查或者監控工作，但相對上政府政治經濟力量的優勢大大降低，黑客、論壇、社交媒體意見領袖或者博客都有著強大的動員能力和反制力，從暗網（deep web）[85]到區塊鏈（blockchain）[86]的技術，基本上都能擺脫國家的支配關係或者銀行金融的資本壟斷，所形成獨有的網路生態。當然，薩森也認為互聯網的全球連結乃是新自由主義下的市場解放產物，最大可能地使得全球資本市場得以統一，實現無阻力的全球金融市場[87]。但這只是其中一面的可能性，從主權秩序的角度，網絡的數碼空間提供了兩種截然不同的權力操作。

第一種是從下而上的組織動員，因為網絡世界的門檻愈來愈低，基本上全世界大多數都處於同一個數碼空間之中，因此社群之間交流和傳訊的成本大減，效率更高，這大大方便了不同社群的合作和共同行動的可能，也令得行政當局打壓更為困難。薩森認為因為這數碼空間其實對應著地理上的跨國界政治，令本地的抗爭和異見可以較容易傳播至世界各地，得到不同地方的聲援和支持。例如在十幾年前令幾個北非和阿拉伯地區變天的「阿拉伯之春」（Arab Spring），便是當代由社交媒體推導的無領袖組織革命。一如華盛頓大學傳播系教授 Philip Howard 在「阿拉伯之春」的研究發現，社交媒體使得追求民主的公民能得有效連結和傳播資訊，形成有機的強大社會組織力，這在社交媒體發明前是難以想像的動員組織方式[88]。只是十年過去，阿拉伯的民主化仍然遙遙無期，當年作為動員組織武器的社交媒體，如今也變成假新聞和社會仇恨的催生地，反而令國家走回威權路[89]。

港臺的讀者大概也對此模式不會陌生，由反國教運動到史無前例的反送中運動，社交媒體如 Facebook、Twitter，網上論壇如高登、連登，還有許許多多的通訊軟件如 WhatsApp、Snapchat、Line 或 Telegram，抗爭者各自組成了諸多不同的規模微細又傳播力廣大的細密網絡，令資訊和想法得以快速擴散[90]。即使政府的強力打壓令傳統政治行動空間大大收窄時，黃店地圖 app 或者其他利用網絡的抗爭形式仍然不斷以新的方式抗衡，以圖開創出新的政治行動想像。當然，一如中文大學傳播系教授李立峯所言，社交媒體流行與傳播訊息成本大減帶來的平行媒體現象，一方面是有助於去大台式的組織動員，但另一方面也會帶來謠言當新聞或者出現錯誤資訊廣泛傳播的新問題[91]。

除了由下而上的反帝國革命動能外，網絡技術和空間也提供了另一個反向的政治權力操作，那便是由資本主導的政治力量，以不同方式操弄社會政治權力的不均，以惠及權力利益的進一步傾斜[92]。但由於本書主要針對主權與帝國秩序，所以我會改從資本的政治張力看，其中一個明顯例子正是通過監控資本主義力量操控選舉和政治現象。當然，許多學者早已指出在現行的英美民主機制中存在著各式各樣的問題，距離理想民主還有很大距離，例如以改劃選區方式以提升某政黨勝算[93]，或者剝奪有案底者的投票權[94]之類，但是監控資本主義帶來的政治影響之大，恐怕至今都未能完全把握。

以二〇一六年美國總統大選為例，當時特朗普在選舉前三個月請來右翼新聞網創辦人和前銀行家班農（Steve Bannon，一九五三－）擔任選舉主任，而班農據說找來了剛剛在英國脫歐公投贏了一役的數據分析公司「劍橋分析」，以不同方式通過取得數千萬個美國 Facebook 用戶的各種數據資訊，用來分析成千上萬的選民的喜好立場和性格，從而針對地投放廣告資訊來誘導他們支持共和黨總統參選人[95]。當然，在現實上這種科技暗黑拉票行動有多效果，有著很大的爭議[96]。另一方面，民主黨總統候選人希拉里（Hillary Diane Rodham Clinton，一九四七－，另譯希拉蕊）爆出「郵件門」，她當時也宣稱是因為俄國黑客入侵伺服器而令郵件外洩，直接令她民望大幅下跌，斷送總統寶座[97]。姑勿論到底那些措施實質上對於上述選舉和投票有多大作用，但將來隨著監控資本主義中的大數據和智能分析系統愈來愈成熟，必然會有愈來愈多資本家或者科企，還有外國國家網軍黑客力量，能夠通過無界限的網絡世界隨時威脅世界各地的政治形勢和權力秩序，而主權國家的自主力量終究被大為削弱，尤其是沒有太多資源投放到網絡安全的國家，其自主性將會更加脆弱。

左翼史家霍布斯邦把一八七五至一戰前的時期稱作「帝國時代」（the age of empire）[98]，卻將一戰後的世界稱為「極端時代」（the age of extremes）[99]，或者套用世界體系理論學者阿里吉（Giovanni Arrighi，一九三七－二〇〇九，另譯阿瑞基）的講法，二十一世紀直至如今的新式秩序，其實很大程度都是二十世紀帝國主義或者世界體系的延續轉化，因此也應該理解為「長二十世紀」（Long Twentieth Century）[100]，因為形式的帝國早已過去，隨之而來的是民族主權國家的黃金時代[101]。

但新式的帝國秩序同時誕生，以非形式的帝國支配方式，通過主權國際社會的網絡產生出來，而且新的資本全球主權和帝國全球主權也在秩序的建立上互相衝突，爭奪權力和利益的全球階級分配關係。在中式的國家資本主義和二十世紀末出現的第三次現代化，即在互聯網出現後的新社會權力再分配，令資本和政治的全球主權支配剝削關係有著新的調整和修正，這既是因著七十年代經濟危機而出現的發展，也是資本和跨國政治力量（不管是美國為中心的帝國權力中心還是全球南方的持續抗爭）之間既合作又爭競的拉扯結果。

我們不禁要問，若然連獨立成國後的國族都沒法獲享主權所應許的自主性，那麼我們還應該如何理解和追求主權呢？到了二十一世紀，我們如何擺脫舊日的限制，重新活化「主權在民」作為有效的政治理念，在當下揭示支配壓迫的新秩序關係，從而帶來解放和自主的可能呢？這會是我在最後兩章要討論的方向，最終將主權從主權國的框架中解放出來，將自主從現代國家的政治存有論釋放出來，成為一個歷久常新的革命推動力。「主權在民」是未完成的激進或基進計畫，最終指向的政治未來必然是超越今天的國家體系和國族政治。

最後想補充一點，關於資本全球秩序的討論上，我們看到有別於政治主權的全球操作，既得利益的權力階層作為權力與利益集中的核心，以此擴張出去的控制階層的圖像是相當清楚的，但資本全球秩序則不然。不管是國家機器、金融企業、科技公司、專業服務如法律或者會計審計的公司[102]、評級機構、跨國生產企業之類，各自在拉扯著秩序的利益與權力向度，更多地向著自身的階層傾斜。這種多極式的權力角力想像，令「秩序」似乎難以成形，但我借用馬克思的講法是，金錢不只是商品之一，更是商品中的神，驅動著全球資本必須要不斷流動和增值，否則其價值便會化為烏有。

因此，資本累積固然是經濟秩序運作的核心，主宰著利潤增長和全球競爭的動能，也是整個資本全球秩序的最高權力，但同時不同財金單位和持份者的角力，也是資本秩序各階層組織的力量較量與權力結構的不同重組。但為了方便分析，討論資本全球秩序時仍會沿用資本累積作為根本邏輯。這也是在左翼政治經濟分析中，資本主義運作至為根本的商品拜物主義（commodity fetishism）[103]。

在這一章我們看到，即使進入二十一世紀的「監控資本主義」（Surveillance Capitalism）[104]和「國家資本主義」[105]的新形態，仍然得服膺於資本累積的遊戲規則，不能越雷池半步。但同時，資本並沒有政治代表性，不能以某個超越性的存在方式代表整個國族或者國家的臨在，因此也沒有主權的位分，能夠取代主權政治成為新的政治秩序中心。在政治神學的角度看，資本秩序永遠需要相應的政治秩序，通過拉扯後者來服務前者，即無限資本累積的需要。

1 國家資本主義這概念有不同的意思，中國共產黨在改革開放初期，任仲夷也曾以國家資本主義理解開放後的合營企業或者外資獨營模式，即作為一種微觀地理解改革開放的措施而不是宏觀的國策，對他而言中國的經濟特區仍然是奉行社會主義，因為是由社會主義國家領導。但我在本章所用的「國家資本主義」一詞，是用來理解改革開放後的黨國與市場的奇特關係，這用法便跟任仲夷有所分別。詳看吳介民，《尋租中國：台商、廣東模式與全球資本主義》（台北：臺大出版中心，二〇一九），頁七五。

2 Klaus Schwab, *Fourth Industrial Revolution* (London: Penguin, 2013).

3 Alexandra Ma, "The US is scrambling to invest more in Asia to counter China's 'Belt and Road' mega-project. Here's what China's plan to connect the world through infrastructure is like," *Insider*, Nov 11, 2019, https://www.businessinsider.com/what-is-belt-and-road-china-infrastructure-project-2018-1.

4 Debra Kamin, "Investors Snap Up Metaverse Real Estate in a Virtual Land Boom," *New York Times*, Dec. 3, 2021. https://www.nytimes.com/2021/11/30/business/metaverse-real-estate.html.

5 John E. Clark Jr., *Railroads in the Civil War: The Impact of Management on Victory and Defeat* (LSU Press, 2004).

6 Stanley Engerman and Kenneth Sokoloff, "Technology and Industrialization 1790-1914," in *The Cambridge Economic History of the United States: The Long Nineteenth Century*, Stanley L. Engerman and Robert E. Gallman (eds.) (Cambridge: Cambridge University Press, 2000), 377.

7 Stanley Engerman and Kenneth Sokoloff, "Technology and Industrialization 1790-1914," 376.

8 Michael Mann, *The Sources of Social Power*, Volume 3, 61.

9 Michael Mann, *The Sources of Social Power*, Volume 3, 65.

10 但也有史家認為他並不完全是老闆的代表，其一定的平等主義也是對十九世紀末權威資本主義的挑戰，維護著過往備受剝削的新移民或者天主教教徒的權益。另看 Quentin R. Skrabec, William McKinley, *Apostle of Protectionism* (Algora Pub., 2008), 221-2.

11 Karl Rove, *The Triumph of William McKinley: Why the Election of 1896 Still Matters* (New York, Simon & Schuster: 2015).

12 Howard Zinn, *A People's History of the United States*, 221.

13 標準石油公司全盛時期提煉全美國四分之三的石油、從賓州、俄亥俄州和印地安納州生產的石油中，八成是經標準石油運送，同時標準石油擁有全美國一半的運油車，生產了八成以上的煤油，還有全國鐵路的潤滑油，九成都是標準石油公司供應。因此它在二十世紀初，每年賺取接近一億的利潤，總資產也升至超過三億半美元，成為全球最大的跨國企業。洛克菲勒自己自然也賺得盤滿缽滿，他在一八九九年的個人總資產已達到兩億美元，而當時全美國的貨幣流通量才不過七十億，他一個人便獨占了整個國家流通財富的百分之三。Daniel Yergin, *The Prize: The Epic Quest for Oil, Money & Power* (New York: Simon & Schuster, 1991), 110. Howard Zinn, *A People's History of the United States*, 189-90.

14 Joseph A Pratt, "The Petroleum Industry in Transition: Antitrust and the Decline of Monopoly Control in Oil," *The Journal of economic history*, 1980-12, Vol.40 (4), 834-5.

15 Naomi R. Lamoreaux, "Entrepreneurship, Organization, Economic Concentration", in *The Cambridge Economic History of the United States: The Long Nineteenth Century*, Stanley L. Engerman and Robert E. Gallman (eds.) (Cambridge: Cambridge University Press, 2000), 425-6.

16 Daniel Yergin, *The Prize*, 110.

17 Martin J. Sklar, *The Corporate Reconstruction of American Capitalism, 1890-1916: The Market, the Law, and Politics* (Cambridge: Cambridge University Press, 1988), 201-2.

18 David Harvey, *The New Imperialism* (Oxford: Oxford University Press, 2003), 27-36.

19 不同學者對美國在戰後拉美的獨裁化浪潮有多大影響，是有相當的爭議。例如 Michael Mann 便會認為獨裁化大多是自國內的力量使然，美國雖有資援但並無太大的角色。Michael Mann, *The Sources of Social Power*: Volume 4, Globalizations, 1945-2011, 103-7.

20 James Petras, *US Imperialism: The Changing Dynamics of Global Power*, 4-5.

21 Karl Marx, *Grundrisse* (London: Penguin, 1993), 415-6. 另參 David Harvey, *The Enigma of Capital* (Oxford: Oxford University Press, 2011), 45. David Harvey, *Seventeen Contradictions and the End of Capitalism* (Oxford: Oxford University Press, 2014), 222-245.

22 Stephen Daggett, "Costs of Major U.S. Wars," Congressional Research Service, Jun29, 2010, https://fas.org/sgp/crs/natsec/RS22926.pdf.

23 David Harvey, *The New Imperialism*, 61.

24 Barry Eichengreen, *Global Imbalances and the Lessons of Bretton Woods* (Cambridge: MIT Press, 2010).

25 Barry Eichengreen, *Globalizing Capital: A History of the International Monetary System*, 2rd. (New Jersey: Princeton University Press, 2008), 91-133.

26 David Harvey, *The Condition of Postmodernity: An Enquiry into the Origins of Cultural Change* (London: Wiley-Blackwell, 1991), 164-172.

27 Peter H. Lindert, "U.S. Foreign Trade and Trade Policy in the Twentieth Century," in *Cambridge Economic History of the United States, vol.III, The Twentieth Century*, Stanley L. Engerman and Robert E. Gallman (eds.) (Cambridge: Cambridge University Press, 2000), 434-5.

28 Sven Beckert, *Empire of Cotton: A Global History* (London: Vintage, 2015).

29 Stanley L. Engerman and Kenneth L. Sokoloff, "Technology and Industrialization 1790-1914," 376.

30 Peter H. Lindert, "Twentieth-Century Foreign Trade and Trade Policy,"441-2.

31 關於時裝對全球南方勞工的剝削，可參考 Elizabeth L. Cline, *Overdressed: The Shockingly High Cost of Cheap Fashion* (Portfolio, 2013).

32 Friedrich Engels, *The Condition of the Working Class in England* (Oxford: Oxford university Press, 2009).

33 Karl Marx, *The Capital vol.1*, https://www.marxists.org/archive/marx/works/1867-c1/ch31.htm.

34 Dana Thomas, *Fashionopolis: Why What We Wear Matters* (London: Penguin, 2020), 55-9.

35 Dana Thomas, *Fashionopolis*, 60. 這部分也參考了我早前在明報的文章，詳看李宇森，〈社會公義與時裝背後的剝削污染〉，《明報》，二〇二一年四月十六日，https://reurl.cc/moMXn1 。

36 其中的具代表性研究是 Walter Rodney 的研究，詳看 Walter Rodney, *How Europe Underdeveloped Africa* (London: Verso, 2018).

37 "General Assembly Declaration on the Establishment of a New International Economic Order." *The American Journal of International Law*, vol. 68, no. 4, 1974, pp. 798-801. JSTOR, www.jstor.org/stable/2199889. Accessed 19 Aug. 2021.

38 Max Liboiron, *Pollution is Colonialization* (Durham: Duke University Press, 2021).

39 Adom Getachew, *Worldmaking after empire: The Rise and Fall of Self-Determination* (New Jersey: Princeton University Press, 2020), 142-175.

40 David M. Wight, *Oil Money: Middle East Petrodollars and the Transformation of US Empire, 1967-1988* (Ithaca: Cornell University Press, 2021).

41 這不是全然由美國華爾街推動的金融霸權，早在五十年代英國已經為倫敦的金融企業去除法律上的限制，使其能成為全歐洲買賣和借貸美元融資的巨大市場，也使得美元買賣市場早在紐約在七十年代崛起前已經為美元霸權做好準備。Adam Tooze, *Crashed: How a Decade of Financial Crises Changed the World* (London: Penguin, 2019), 80-1.

42 David Harvey, *The New Imperialism*, 62.

43 Layna Mosley, *Global Capital and National Governments* (Cambridge: Cambridge University Press, 2003), 109.

44 Layna Mosley, *Global Capital and National Governments*, 137-8.

45 Rawl Abdelal, *Capital Rules: The Construction of Global Finance* (Cambridge: Harvard University Press, 2007), 165. 另參 Timothy J. Sinclair, *The New Masters of Capital: American Bond Rating Agencies and the Politics of Creditworthiness* (Ithaca: Cornell University Press, 2008).

46 "On this day in 2015 Greece: The First Developed Country in History to Default to the IMF," *Greek City Times*, https://greekcitytimes.com/2021/06/30/greece-first-default-to-the-imf/

47 Joseph E. Stiglitz, *The Euro: How a Common Currency Threatens the Future of Europe* (London: W. W. Norton, 2006), 189-190.

48 Jerome E. Roos, *Why Not Default?: The Political Economy of Sovereign Debt* (New Jersey: Princeton University Press, 2021), 99.

49 Jerome E. Roos, *Why Not Default?*, 100. 另參 Rosa Luxemburg, *The Accumulation of Capital*, https://www.marxists.org/archive/

luxemburg/1913/accumulation-capital/ch30.htm.

50 關於戰後的「內嵌自由主義」討論，即通過鼓勵國際貿易增加各國經濟規模和社會利益，同時也令政府可加強社會福利保障和資源再分配，詳參 John Gerard Ruggie, "International Regimes, Transactions, and Change: Embedded Liberalism in the Postwar Economic Order," *International Organization.* 36 (2), 1982: 379-415.

51 David Harvey, *A Brief History of Neoliberalism*, 29. 另參 Eric Helleiner, *Forgotten Foundations of Bretton Woods: International Development and the Making of the Postwar Order* (Ithaca: Cornell University Press, 2016).

52 Adom Getachew, *Worldmaking after empire*, 177-181. 關於當代對新政治秩序的想像如何跳出七十年代的國際經濟秩序，可參考 Samuel Moyn, *Not Enough: Human Rights in an Unequal World* (Cambridge: Belknap Press, 2019), 146-172.

53 Kejal Vyas and Santiago Pérez, "Can Bitcoin Be a National Currency? El Salvador Is Trying to Find Out", *The Wall Street Journal*, Feb 16, 2022, https://www.wsj.com/articles/bitcoin-national-currency-el-salvador-11645026831

54 Barry Eichengreen, *Globalizing Capital*, 178-182.

55 Zhou Minxi, "How Hong Kong survived the 1998 financial crisis," *CGTN*, Aug 14, 2019, https://news.cgtn.com/news/2019-08-14/How-Hong-Kong-survived-the-1998-financial-crisis-J9lwvZrsNq/index.html

56 Robert G. Kaiser, *So Damn Much Money: The Triumph of Lobbying and the Corrosion of American Government* (New York: Knopf, 2009).

57 Ronen Palan, Richard Murphy and Christian Chavagneux, *Tax Havens: How Globalization Really Works* (Ithaca: Cornell University Press, 2009), 182. 另參 Mark P. Hampton and Jason P. Abbott (eds.), *Offshore Finance Centres and Tax Havens: The Rise of Global Capital* (London: Palgrave Macmillan, 1999).

58 Ronen Palan, Richard Murphy and Christian Chavagneux, *Tax Havens*, 143.

59 到底蘇聯是否算是帝國，是個不容易回答的問題，畢竟華沙公約只是應對北約的一個軍事同盟，但同時華沙公約對於成員國的主權權力有著極大的支配關係，如布拉格之春，這兒我借用了一些史家的講法，先把蘇聯理解為獨特的帝國形態，Brian Crozier, *The rise and fall of the Soviet Empire* (Prima Lifestyles, 1999).

60 Michael Mann, *Incoherent Empire*, 97.

61 James Kynge, *China Shakes the World: A Titan's Rise and Troubled Future -- and the Challenge for America* (Mariner Books, 2007). Martin Jacques, *When China Rules the World: The End of the Western World and the Birth of a New Global Order* (London: Penguin, 2012).

62 John Bellamy Foster, "The New Cold War on China", Monthly Review, Jul 1, 2021. https://monthlyreview.org/2021/07/01/the-new-cold-war-on-china/

63 Graham Allison, *Destined for War: Can America and China Escape Thucydides's Trap?* (Mariner Books, 2018)

64 Victor Cha, "The Unfinished Legacy of Obama's Pivot to Asia," *Foreign Policy*, Sept 06, 2016, https://foreignpolicy.com/2016/09/06/the-unfinished-legacy-of-obamas-pivot-to-asia/.

65 David Harvey, *The New Imperialism*, 84-6.

66 "Digital 2021," *We are Social*, 2021, https://wearesocial.com/digital-2021.

67 Shoshana Zuboff, *The Age of Surveillance Capitalism*, 69.

68 Shoshana Zuboff, *The Age of Surveillance Capitalism*, 93-4.

69 Shoshana Zuboff, *The Age of Surveillance Capitalism*, 153-5.

70 Glenn Greenwald, *No Place to Hide*.

71 Edward Snowden, *Permanent Record* (London: Pan Macmillan, 2019).

72 Glenn Greenwald and Ewen MacAskill, "NSA Prism program taps in to user data of Apple, Google and others," *The Guardian*, Jun 7, 2013, https://www.theguardian.com/world/2013/jun/06/us-tech-giants-nsa-data.

73 〈美國修正通過外國情報偵察法（FISA）〉，《科技法律研究所》，https://stli.iii.org.tw/article-detail.aspx?no=64&tp= 1&d=7982。

74 Edward Snowden, *Permanent Record*.

75 Hartmut Rosa, *The Uncontrollability of the World* (Oxford: Polity, 2020), 17-8. 另可參考其更詳細的作品，對現代性和控制或非控制性有更深刻的討論，Hartmut Rosa, *Our Relationship to the World* (London: Wiley, 2018).

76 Martin Bright, Ed Vulliamy and Peter Beaumont, "Revealed: US dirty tricks to win vote on Iraq war," *The Guardian*, Mar 01, 2003, https://www.theguardian.com/world/2003/mar/02/usa.iraq.

77 Jacob Gronholt-Pedersen, "U.S. spied on Merkel and other Europeans through Danish cables -- broadcaster DR," *Reuters*, May 31, 2021, https://www.Reuters.com/world/europe/us-security-agency-spied-merkel-other-top-european-officials-through-danish-2021-05-30/.

78 Peter Schwarz, "International legal experts regard Iraq war as illegal," *World Socialist Web Site*, Mar 26, 2003, https://www.wsws.org/en/articles/2003/03/ilaw-m26.html.

79 〈美國制裁國際刑事法院72聯合國成員齊聲抗議〉，《中央通訊社》，二〇二〇年十一月三日，https://www.cna.com.tw/news/aopl/202011030256.aspx。

80 一如另一位二十世紀法國哲學家西蒙東（Gilbert Simondon）的講法，個性化是個生成的過程，在「我們」的群體中，我不斷與外在環境互動，從而不斷生成，如同結晶的產生是源於不斷跟外在條件如溫度、細菌、濕度等影響而成，西蒙東稱之為「結晶個體」（crystalline individual）。個體不過是這過程中某個階段的結果。更重要的是，這個性化過程是不斷想把個體的多元化，統一成一個固定的主體，英譯的表達比較傳神，個體化是 in-divisibility 或者 in-dividual，把多元性壓成一個穩定單一的個體。但人的個性化過程是無止境的，每次個體化產生的「我」，都總會跟我的多元化造成矛盾和衝突，一如鐘乳石的不斷生成，固定的形態總是存在於某一刻，在不同時間點觀看同一塊鐘乳石，它都已經不再一樣。所以，「個性化是結構上無法終結的過程」。詳看李宇森，〈哲道行者的技術追問——悼斯蒂格勒〉，《明報》，二〇二〇年八月二十日，https://rb.gy/sox95m。

81 詳參 Bernard Stiegler, *Technics and Time, 1 The Fault of Epimetheus*, trans. Richard Beardsworth & George Collins (Stanford: Stanford University Press, 1998).

82 Saskia Sassen, *Territory, Authority, Rights*, 330.

83 Isobel Asher Hamilton, "Facebook and Google are laying another giant undersea internet cable, this time stretching 7,500 miles between 6 Asian countries," *Insider*, Aug 16, 2021, https://www.businessinsider.com/facebook-google-apricot-undersea-cable-japan-asia-internet-2021-8.

84 關於這非延性空間及其數據的存有論，可參考許煜的討論，Yuk Hui, *On the Existence of Digital Objects* (Minnesota: University of Minnesota, 2006). 另參胡雅雯，〈許煜談技術物的存在：人工智慧較以往技術更具未來性〉，《香港01》，二〇二〇年十月二十一日，https://rb.gy/vjfudb。黎子元，〈洛文克對話許煜：數碼物件和元數據圖式（上）〉，《香港01》，二〇一八年十一月十二日，https://rb.gy/y8yibh。

85 Sarah O'Brien, "Russian group releases stolen credit cards on dark web. Here's how to protect your credit from criminals," *CNBC*, Aug 05, 2021, https://www.cnbc.com/2021/08/05/russian-group-releases-credit-cards-how-to-protect-your-credit-.html.

86 高重建，《區塊鏈社會學》（香港：天窗出版，二〇二〇）。

87 Saskia Sassen, *Territory, Authority, Rights*, 335.

88 Catherine O'Donnell, "New study quantifies use of social media in Arab Spring," *UW News*, Sep 12, 2011, https://www.washington.edu/news/2011/09/12/new-study-quantifies-use-of-social-media-in-arab-spring.

89 Haythem Guesmi, "The social media myth about the Arab Spring," *Aljazeera*, Jan 27, 2021, https://www.aljazeera.com/opinions/2021/1/27/the-social-media-myth-about-the-arab-spring.

90 Au Loong-yu, *Hong Kong in Revolt* (London: Pluto Press, 2020), 64-8. Ip Iam-chong, *Hong Kong's New Identity Politics* (London: Routledge, 2020), 122-3. Francis L. F. Lee; Hai Liang, Edmund W. Cheng, Gary K. Y. Tang and Samson Yuen "Affordances, movement dynamics, and a

centralized digital communication platform in a networked movement", *Information, Communication & Society*, 0(0), 2021: 1-18.

91 李立峯，〈後真相時代的社會運動，媒體，和資訊政治：香港反修例運動的經驗〉，《中華傳播學刊》，第三十七期，二〇二〇：頁一三。DOI: 10.3966/172635812020060037001。另參李立峯，〈新聞媒體在社會運動中的公眾屏幕功能和影響：香港雨傘運動之「暗角事件」個案分析〉，《傳播與社會學刊》，（總）第三八期（二〇一六）：一六五－二三二。

92 Saskia Sassen, *Territory, Authority, Rights*, 344-8.

93 Alexander J. Stewart et. Al., "Information gerrymandering and undemocratic decisions," *Nature* vol. 573, (2019): 117-121. 另參 Christopher Ingraham, "What is gerrymandering and why is it problematic?," *The Washington Post*, Jun 27, 2019, https://www.washingtonpost.com/business/2019/06/27/what-is-gerrymandering-why-is-it-problematic.

94 Matt S. Whitt, "Felon Disenfranchisement and Democratic Legitimacy," *Social Theory and Practice*, Vol. 43, No. 2 (April 2017): 283-311.

95 Carole Cadwalladr, "'I made Steve Bannon's psychological warfare tool': meet the data war whistleblower," *The Guardian*, Mar 18, 2018, https://www.theguardian.com/news/2018/mar/17/data-war-whistleblower-christopher-wylie-faceook-nix-bannon-trump. Carole Cadwalladr and Emma Graham-Harrison, "Revealed: 50 million Facebook profiles harvested for Cambridge Analytica in major data breach," *The Guardian*, Mar 17, 2018, https://www.theguardian.com/news/2018/mar/17/cambridge-analytica-facebook-influence-us-election.

96 Nicholas Confessore and Danny Hakim, "Data Firm Says 'Secret Sauce' Aided Trump; Many Scoff," *New York Times*, Mar 6, 2017, https://www.nytimes.com/2017/03/06/us/politics/cambridge-analytica.html.

97 Martin Pengelly, "Hillary Clinton blames Comey letters for election defeat, reports say," *The Guardian*, Nov 13, 2016, https://www.theguardian.com/us-news/2016/nov/12/hillary-clinton-james-comey-letters-emails-election-defeat.

98 Eric Hobsbawm, *The Age of Empire: 1875-1914* (London: Vintage, 1989).

99 Eric Hobsbawm, *The Age of Extremes: A History of the World, 1914-1991* (London: Vintage, 1996).

100 Giovanni Arrighi, *The Long Twentieth Century: Money, Power and the Origins of Our Times* (London: Verso, 2010).

101 Eric Hobsbawm, *The Age of Extremes*, 8.

102 Susan Strange, *The Retreat of the State: The Diffusion of Power in the World Economy* (Cambridge: Cambridge University Press, 1996), 135-146.

103 Karl Marx, *Capital Volume I*, https://www.marxists.org/archive/marx/works/1867-c1/ch01.htm#S4.

104 Shoshana Zuboff, *The Age of Surveillance Capitalism: The Fight for a Human Future at the New Frontier of Power* (New York: Public Affairs, 2019)

105 Ernest Mandel, *Late Capitalism* (London: Verso, 1998), 32.

中國國家資本主義新秩序

搞社會主義，一定要使生產力發達，貧窮不是社會主義。
我們堅持社會主義，要建設對資本主義具有優越性的社會主義，首先必須擺脫貧窮。
——鄧小平

實現中華民族偉大復興，是中華民族近代以來最偉大的夢想。
可以說，這個夢想是強國夢，對軍隊來說，也是強軍夢。
我們要實現中華民族偉大復興，必須堅持富國和強軍相統一，努力建設鞏固國防和強大軍隊。
——習近平

回到東亞的脈絡中，若論近五十年發展中地區對於世界政治經濟局勢的影響，中國的改革開放與世界工廠的出現，絕對是改變世界政經軌跡的重要歷史發展。由一貧如洗的文革後國家，一躍而成世界第二大經濟體，跟美國爭一日之長短，以至接連爆發外交戰和貿易戰[1]。但是中國如何從後毛澤東時代崛起，成為新的國家資本主義典範，這為東亞和世界帶來什麼的政治經濟影響，跟當前的科技資本主義新勢頭又有何關係，將會是本章的要旨。

一、廣東模式與國家資本主義秩序的形成

如果習近平常常掛在口邊的中國夢，指的是國富民安的現代化發展，很多人都會理解是因為一九七八年鄧小平改革開放，富強的中國才得以誕生，彷佛一九七六年前後是完全不同的中國。只是社會學家麥可・曼恩提醒我們，改革開放之所以在短時間內能在中國帶來翻天覆地的改變，那是因為當中的條件早於改革前已慢慢累積起來。

但是中國如何從一個傳統農業大國，蛻變成世界工廠？尤其當希望更進一步要從勞動密集的生產線加工，轉型為資本密集的技術研究和全球重要的消費市場時，如何確保市場力量的發展不會成為政治改革的推力，反而能夠被政治體制所主導，作為國家社會主義發展的力量？有別於市場資本主義的發展路徑，即資本家和中產階級的出現，將會發展和掌握新式國家的政治力量，國家資本主義始終將權力的核心放在黨國體制之中，由黨指揮一切，而如果社會經濟力量發展到一定程度，追求不同於黨國的自主訴求，國家機器終無情地壓制一切，藉此捍衛其政治秩序。這種國家資本主義最終走向新型的帝國主義，且會跟美國帝國全球主權和資本全球秩序競逐權力和利益的分配模式。

話說在五十年代的大躍進後，全中國發生大饑荒，重創建國初期農業集體化與盲目提升生產力的經濟，

萬千農民在這人為災難中死去。為此毛澤東被逼退至二線，改由較務實的劉少奇和周恩來主導新的經濟政策。雖然在一九六六年毛澤東以文化大革命作為權力鬥爭的方式重奪政權，並且對當時的官僚體系、醫療教育和文化等各方面帶來極大的創傷和衝擊，但總體上經濟仍然是比新中國成立時好得多。人均壽命由一九四九年的三十五歲提升至一九八〇年的六十五歲，而人口的死亡率也在五〇至七〇年之間的二十年跌了一半，國民生產總值在這期間每年上升百分之三至五。孔誥烽認為那是基於農村社會經濟水平的改善，特別是每次城市地區出現生產過盛的危機時，中國以「統購統銷」方式以國家定價控制農業漁業的定價，藉此穩定物價和補貼農業所得，同時號召上山下鄉，將過盛勞動力帶入農村，因此原始資本累積（primitive accumulation）開始出現。同時津貼教育和醫療等社會福利，也使得底層生產經濟和生活水平得以回升。

到了一九七六年毛澤東死後不久，四人幫倒台，鄧小平（一九〇四－一九九七）等不再走以往的政治運動動員方式，而是以經濟改革作為中國現代化的重要道路。畢竟對於鄧小平的所謂務實派而言，政治鬥爭不是其樂無窮之舉，反而如何強兵富國才是長治久安之策。一如鄧小平在八十年代的講話中多次提到，社會主義不等於生產力低下或者貧窮，反而均富才是本質。「社會主義要消滅貧窮。貧窮不是社會主義，更不是共產主義。」、「搞社會主義，一定要使生產力發達，貧窮不是社會主義。我們堅持社會主義，要建設對資本主義具有優越性的社會主義，首先必須擺脫貧窮。」在九二年南巡廣東時，鄧小平再度強調社會主義的經濟面向，「社會主義的本質，是解放生產力，發展生產力，消滅剝削，消除兩極分化，最終達到共同富裕。」[2]

而年輕一輩的領導人如胡耀邦（一九一五－一九八九）、谷牧（一九一四－二〇〇九）或者趙紫陽（一九一九－二〇〇五）等也較為主張改革開放路線。加上隨著立國時期的前輩級漸漸退場，新一代的共產黨員和技術官僚（一般稱為紅色工程師[3]）開始進占黨國機器的不同位置，讓中國走上市場化，具中國特色社會主義道路（或可稱為中國經濟法西斯主義的轉向）。借用台灣社會學家吳介民的用語，我們會稱這改革開放路線為「廣東模式」。

廣東模式在九十年代後出現了兩個階段的發展，令中國迅即儲蓄了巨量的外匯，也從封閉的社會主義國家變成一個連接全球市場的資本主義經濟體系，奠定了後來國家資本主義的發展道路和底氣。第一階段是在一九七八年鄧小平主政後，廣東模式在跌宕中摸索向前。吳介民認為，前期改革可以用「三來一補」（來料加工、來件裝配、來樣製造和補償貿易）來理解，這便是中國作為世界生產和加工工廠的目標[4]。但是在海外市場仍然對中國作為社會主義國家存在顧慮時，港台成了廣東經濟特區引入技術和外資的重要關口。

當時的港商大舉北上，為中國大陸帶來寶貴的生產和管理技術、資本和人才，也直接推動著經濟改革的發展[5]。以東莞為例，在一九七九年東莞三來一補的出口總值為兩百三十四萬美元，五年後已經急增至六千一百一十一萬美元，而占的外貿比率也從百分之四點六大幅增加至百分之四十七點一，可見三來一補對中國早期改革開放的作用。在出口外貿大幅上漲的情況下，為中國地方政府帶來極大的外匯收入，例如全廣東在一九八二年到八七年間總共創匯十二億美元，而累計由一九八二年至二〇〇〇年，廣東更創匯超過兩百二十億美元[6]。即使到了九十年代中，港澳外資對中國經濟的貢獻仍然巨大，從一九八六年至一九九六年計，港澳地區的外資比例便高達百分之四十點四，差不多四成外資來自香港。即使在一九九七年至二〇〇七年間，港澳地區仍然是中國外資的最大來源地，占了接近百分之三十七[7]。而在過程中，政府通過尋租（rent-seeking）賺取利潤。

世界工廠得以如此高速建立，其實是基於一個官商合謀對民工的「雙重剝削體系」，或是吳介民所稱之為「公民身分差序理論」[8]。首先，「三來一補」的生產加工業需要大量廉價勞動力和土地，作為外資把生產鏈在全球化中降低成本並增加剩餘價值的資本累積方式。於是，地方政府便會跟相關單位合作，引入大量內地省分的農民工到沿海經濟特區打工。這些民工一般是作為廉價生產力，在工廠的流水線上工作，而城市居民則多為擔任文職或專業人員的工作。更重要的是，為了令民工能夠成為長期被剝削的廣大勞動人口，中國政府在戶籍制與戶籍相關的福利制度入手，令民工到經濟特區打工的同時，無法將戶籍移入城市之中，變相成了市場開放下的次等公民[9]，外來民工的最低工資因而與城市戶籍的職工甚至有兩倍以上的分別。

例如在深圳，一九九九年的城市職工最低工資是九百四十二元人民幣，但深圳特區關內只得五百四十七元。到了二〇〇九年，城市職工平均工資只達三千零三十元，但深圳特區的最低工資仍然只有一千元，相差超過三倍[10]！除此之外，民工因為沒有城市戶籍，在最低工資和加班費之外，甚至連社會保障也沒有。同時資方大多沒有提供養老保險，民工的人身自由也完全被資方所控制，而這是社會主義國家政府所容許和鼓勵的[11]。因此，每年春運是大批民工回鄉探親的日子，例如在二〇二〇年春運便有高達三億農民工返程客運量[12]，全因為民工沒有城市戶籍，小孩不能在城市上課和看病，只得留在鄉下與祖父母同住，逼著民工只能每年回鄉探望家人一次[13]。

中國世界工廠的建立，倚靠的是政治力量建立各級市場，推動資本主義的發展，例如取消「統購統銷」來建立商貿市場，利用雙重剝削機制來建立勞動力市場，這也暗合了匈牙利經濟學家卡爾・波蘭尼的想法，認為市場和資本活動的出現條件，是現代國家所創造出來的。因此，沒有國家便沒有市場，那便沒有資本主義的可能了，這正是傳統政治經濟學的錯誤預設，使得那些古典經濟思想無法把握政治與經濟間的連繫[14]。

在一九四四年的名作《大轉型》（*The Great Transformation*）中，波蘭尼點出國家如何帶來三個極為重要的市場的出現，從而使資本主義得以可能發展。這三個市場分別是金錢、勞動力和土地。其中，金錢的收入是利息，土地的收入是租金，而勞動力的收入是薪酬。這些收入各自成為該商品的價格，令買賣交易得以可能。只有這些自然和社會關係得以變成商品，在自由買賣的市場中成為交易的對象，所有的收入都是從這些商品的買賣租賃而來，那麼市場資本主義才能真正出現，資本累積的邏輯才得以可能[15]。換句話說，這些原本不屬於商品的事物，如自然的土地或者人的勞動活動，必須先壓縮成為有價錢有市場、可供買賣的商品，才能成為經濟系統的一部分。

波蘭尼認為英國資本主義形成的分水嶺，在於全國勞動市場的建立。而勞動市場的建立可追溯至一七九五年英國工業革命時期的一個名為《斯賓漢姆蘭法案》（*Speenhamland law*）的工資補貼法案[16]。這法案的存法之重要，是因為勞動力市場的自由買賣，對於整個社會的勞動人口的影響是至為深遠的，因而社會衝突也是最為尖銳。在這法案之前，英國勞動人口基本上一直受著封建秩序所限，無法隨意離開根據地或者選擇工作，只能留在指定的教區內當農奴過活。《斯賓漢姆蘭法案》作為一個津貼勞工法案，容許勞工可以自由選擇工作，而政府則會作為最低保障，確保勞工能夠獲得家庭生活的基本費用（living wage）。《斯賓漢姆蘭法案》把勞工從農奴的關係中釋放出來，即使完全自由的工作市場仍未出現，但至少可以讓農奴制度慢慢放寬，直至一八三二年的改革方案與一八三四年的補貼方案改革，令工資補貼制度正式結束，也意味著現代資本主義正式誕生[17]。

我認為改革開放的雙重剝削體系，可視作跟《斯賓漢姆蘭法案》同樣屬於資本主義發展的歷史分水嶺，因為前者是建立現代中國勞動市場的重要標記，也是作為中國資本主義發展的開端。這很大程度是來自黨國政府的推動，藉以創造大量外匯進行海外投資，解決勞動力過盛而生產力低的經濟政治危機。

到了後八九時代，改革開放迎來第二波發展[18]，或稱作「第二階段加工出口工業化」。這階段的特色在於不止為海外資方提供基本生產加工的工序增值，更強調要引進新科技外資，提升出口貨品的附加價值[19]。哈維認為這是吸取日本工業發展的寶貴經驗，將科學發展和教育現代化結合外資高科技技術的引入，因此自九十年代起，一眾歐美大型企業如ＩＢＭ、微軟、摩托羅拉、甲骨文、西門子、英特爾等著名品牌紛紛在中國設廠，一方面享受成本相對低廉的東亞生產線，同時中國政府也樂於引入這些「三資公司」（主要為外資獨營的公司），把資本和技術帶進來。即使到了二〇二一年，國際大型電子汽車公司 Tesla 仍然通過在中國上海設廠，藉此降低銷售成本，增強產品的競爭力[20]。

因此富士康等台灣公司在中國的廠房，慢慢成為蘋果商品生產和加工產品的主要場地。只是產業趨向新科技投資生產，但利潤主要還是倚靠對民工的剝削上，這些加工工廠仍是以勞動密集為中心的流水線生產模式，賺取微薄的剩餘價值[21]。其中富士康大概是著名的代表，單是在深圳，富士康曾聘用上百萬員工，日而繼夜生產電子科技產品。但富士康仍然是以密集勞動作為生產的模式，且對員工極為苛刻，不單人工低而且有著軍隊般的日常秩序控制，甚至因生活在宿舍連私人時間也剝奪了，最終產生悲劇性的連環自殺事件[22]。這同樣是基於上述的民工雙重剝削體系，藉以令國家和外資得以在廣大低下民工的生產中獲取當中的龐大利益。

然而到了千禧年之後，廣東模式慢慢進入後世界工廠階段。那時的中國世界工廠位置已經相當穩固，在全球供應鏈中成為極重要的部分，但同時國內經濟出現新的危機，使其不得不逼著開始轉型。「中國的資本積累與外匯儲備已達到相當高程度，外貿鉅額出超，使人民幣逐步升值，政府亦減少出口退稅，整個中國經濟體系逐漸浮現產能過盛的問題，因此面臨產業結構轉型的壓力。」這也是早期賺盡人口紅利和廉價地租達出剩餘價值後必然面對的經濟危機，便是產能過盛，消費不足的問題，尤其是民工普遍工資偏低引至消費力不足，沿海經濟特區發展已久，令地租和地價逐年上升，加上環保和勞工保障等意識日漸增加，如二〇一一年出爐的《社會保險法》等，都使成本上漲，而資本累積漸趨減慢[23]。

當GDP的升幅無法保八，經濟慢慢出現生產過盛的危機時，胡錦濤和溫家寶（一九四二－）作為毛澤東後第四代共產黨核心領導，在卸任前推動《十二五規劃》，轉而提倡建立內需市場，提倡產業轉型為資本密集的技術升級，建立新興環保產業與擴大服務業市場等，這是中國試圖從低技術增值工業走向專利和高技術主導的生產鏈上流位置，以剝削其他地區的勞動剩餘價值。只是數年過去，當現任總理李克強（一九五五－）公開談及全國還有六億人月入低於一千，即四成人口活在貧窮線下[24]，超過兩億人沒有固定長工（或稱作「靈活就業」[25]），這明確顯示中國距產業轉型和升級為全球資本密集帝國，還有相當的距離[26]。

二、當代中國的戰略矩陣

習近平是在二〇一二年年底上任，他在任內先後推動的亞投行計畫、「一帶一路計畫」和「中國製造二〇二五」，背後其實既有經濟轉型的需要，也帶有巨大的地緣政治考慮。以「一帶一路」的鐵路外交為例，習近平不僅希望在國內建立一個龐大的高鐵網絡，並且不斷推進地區的高鐵建造計畫，將中國和周邊地區的大城市連接起來。不僅如此，中國也積極將高鐵車頭、鐵路技術和融資計畫向外國推銷，因此單是二〇三〇年前便計劃在亞太地區投放上千億作地區高鐵建設。到了二〇一八年，接近三十個國家跟中國鐵路有合作計畫，其中包括在三十年內在非洲建立跨國鐵路、在巴西建立穿越亞馬遜森林的高鐵之類。全球接近一半鐵路收益，如今都落在中國的鐵路公司手上，且比例只會不斷上升。

中國積極發展和向外傾斜高鐵技術和合作計畫，帶來諸多重要的政治經濟回報。最顯然易見的當然是解決中國國內鋼材生產過盛，通過海外融資來提高資本流動與累積的速度。建造鐵路同時意味著鐵路沿線的土地發展，以至於主權權力伸展至各國地區的城市發展與財政自主之上。假使借貸的國家沒有還款能力，更出現變賣重要國家資產來償還的情況，變相成了殖民地。如斯里蘭卡的海港發展，中國公司占有八成擁有權，最終在現代化進程上使政府國債高築，中國控制重要的商貿軍事據點[27]。更不用說高鐵對軍事運輸和支配的重要性，一如美國前總統艾森豪在任內推動史無前例的全國公路計畫時，也是以國家安全和軍事考慮，作為遊說國會的主要理由[28]。

美國前總統奧巴馬便多次強調，中國在寮國等東南亞國家發展高鐵，或能有效突破美國的封鎖線，連接印度洋和波斯灣的重要戰略資源[29]。因此，「一帶一路」或者「中國製造二〇二五」，其實都是中國試圖克服生產過盛的經濟轉型危機的政治經濟操作，通過從邊陲地區發展成新興的帝國中心，從生產剩餘價值主導的出口經濟，變成剝削剩餘價值的高技術出口和金融集資中心。

從第二階段加工出口工業化到廣東模式的轉型上，中國如今的發展道路固然不同於如今英美等早發國家的現代化資本主義道路。這種模式有幾個值得注意的特質：首先是中國吸收外資技術而建立新型的「戰略矩陣」，在改革開放的加工增值後，中國政府同時一步步推動經濟民族主義（Economic nationalism），以「國內市場來培養相當於 Google、YouTube、Facebook、WhatsApp、Line、Amazon 功能的新興產業，例如百度、土豆網、優酷網、騰訊 QQ、微信、阿里巴巴等企業。這個『戰略矩陣』包含了國家監控社會、國內市場保護、排除西方技術壟斷等三個環環相扣的關鍵因素」[30]。要分析和理解中國如何從世界工廠，搖身一變成為國際先進技術的出口大國，甚至在 5G 基建、手機系統或高鐵技術成為海外各國相爭相競的對象[31]，不妨借用吳介民的深刻研究。而這「戰略矩陣」的講法對於理解中國共產黨政權如何和為何掌握前所未有的主權權力有著極大的助力。

吳介民認為，中國在近十五年銳意發展信息通訊技術（ＩＣＴ），大致可分成三個階段。第一階段是初創期，主要是先建立一些具一定規模的中國生產公司，能夠通過經濟規模上升來壓低成本，增加毛利和建立市場相當占有率，從而再投資到技術發展和輸出海外。其中軟件上很倚賴從港、台挖角人才，把那些經理級的人才帶到中國新興產業市場，這些管理級人員不單把相應的管理和科研技術帶過來，還幫忙找來供應鏈的不同供應商，如生產電子器材所需要的電路板、塑殼鐵殼等部件的供應來源，以便在中國市場建立完整的供應網絡。

至於軟件部分台灣發展比較慢，因此中國主要利用海歸的留學生或者海外專家引入相關軟件知識，同時投放大量資源培養本地的軟件設計人才[32]。這是借鑑了日、韓早期現代化的經驗，通過吸引外資設廠而吸收技術，通過大規模生產來提升本土產業技術，以國企或者國家控制企業來掌握自身甚至海外市場。而日、韓過於重視大企業發展而忽略中小企的慘痛教訓，也令中國更有意識地一併培育中小企的發展[33]。

下一階段是由這些企業開始打進國內市場，由於不少網絡資訊公司是國家重點扶植的企業，因此在政策都會偏向和優待這些本地建立的龍頭公司如中興或者華為，以便能迅速發展成巨大的經濟規模。只是由於早期產品的質素比較差，因此發展初期只是針對低階廉價市場，以廉價的本地製造搶占市場分額，然後將盈利再投資到各種關鍵技術和產業環節突破上（幾年前不過千元的小米或者華為旗艦手機，大概是港台都熟悉的例子）。

最終在第三階段，這些龍頭公司的研發技術日漸成熟，除了站穩了低階市場外，也能開始進占中上層市場，掌握並推導最新的產業技術研發，以致在國際市場具有愈來愈大的競爭力。如今的華為、中興已經不再是跟台灣競爭，而是跟國際通信大企如 Ericsson、Fujitsu 等品牌爭一日之長短。例如在短短幾年，幾間中國品牌已迅速打進國際市場，成為最主要的智能手機供應商，以二〇一五年的全球市占率來看，華為、小米和聯想三大中國品牌的市占率總共為百分之十九，比較外國大牌子如市占率百分之二十一點四的三星或者百分之十三點九的 Apple，可謂毫不遜色。到了二〇一七年，華為跟小米更已經合共占有百分之二十四點八，比起三星和 Apple 的市占率還要高，原因之一是因為小米的價廉物美路線，令其在印度、中東、非洲市場大受歡迎，在全球的市占率節節上升[34]。

只是吳介民成書時，沒法討論中國通信發展第四階段的出現，即當中、美陷入近幾十年罕見的貿易戰時，這些龍頭企業原有的全球供應鏈受到重大衝擊，尤其是一些高技術含量的部件受到政治影響下停止向中國相關企業供應，直接威脅著這些國家培植的超級企業的生產和發展。例如在貿易戰期間，美國國會公布二〇一九年的《國防授權法》（NDAA），收緊中國企業獲得的高技術電子部件供應，以免它們獲取美國敏感科技。其中共和黨參議員魯比奧（Marco Rubio，一九七一－）更明言，「中國及其通訊設備所帶來的威脅實在太大、太嚴重了，讓我不得不反對我過去都一直支持的法案」[35]。因此中興被禁止採購美國研發的芯片，而這些芯片正是中國一直無法自主研究成功的技術樽頸[36]。這既是對這些國家大企業的沉重打擊，也是對於中國政府意圖通過技術輸出增強監控能力和市場政治影響的重大挫敗。

三、數位時代的國家資本主義

中國政府終究沒有全然利用市場自由化下放權力，使通信大企業或者其他財金民企的資產階級能一步步掌控經濟政治的實權。由始至終，中國政府都是將通信科技發展與市場化看成是國家資本主義的操作方式，即由黨國機器主動推行的新重商主義（neo-mercantilism），當中的目標和利益都是由黨國高層決定。技術的增長和通信市場的占有率不止是為了資本再累積，也是基於國家安全和管治力量的考量。因此，那些通信大企不能像韓國三星或者日本的各間大型株式會社般，對政治秩序有著重要而實質的影響力。中國通信公司基本上都是國企或者國家控制的企業，這在監控資本主義年代將會成為一股巨大的力量。

在資訊時代，中國政治經濟權力還是從屬於政治秩序的森嚴階級安排，把利益和權力集中在黨國的最高層手上，換言之即是在習近平的手上。當然，這也不是習近平才開始的體制。數十年來共產黨一直持守著的原則，便是只選擇性地開放生產消費市場自由，政治自由基本上從沒有談判餘地，為的是確保黨中央和黨國體制是中國政治秩序中的最核心，是權力和利益集中的既得利益群（當然在胡耀邦時代的相對寬鬆和自由時代，是否算是轉向的可能，也是可以商榷的）。在八九六四期間，鄧小平與黨軍體系甚至不惜以軍隊入城，在全國各地血腥鎮壓民眾運動，展示國家機器維護既有黨國政治支配經濟和民主自由的絕對凌駕性。但同時在八九後，中國的改革力度仍然繼續加大，讓生產消費和財金市場高速發展，在扶植本地企業成為龍頭企業時，亦逐漸吸納他們到共產黨的體系之內，讓民企跟國企難以截然二分。

這也是跟早期共產中國在土地改革時批鬥地主、打倒資產階級和以「黑五類」進行文革批鬥的情況徹底不同，如今許多所謂民企的領導，本身也擔任不同的黨內公職，體現著國家力量對資本市場的政治支配，例如騰訊科技董事長馬化騰是QQ和在線支付的主要推手，也同時是全國人大代表；百度在線的董事長李彥宏，也是全國政協委員。而在二〇一八年《人民日報》一篇名為〈關於改革開放傑出貢獻擬表彰對象的公示〉的文章中，更揭露前阿里巴巴主席，一手建立億萬淘寶和支付寶市場的馬雲為中共黨員[37]。這些事例都反映到跨國科技通信公司管理層如何跟黨國體制關係密切，這些新興資本家必須忠於黨國實際的政治權力操作，不能自主地追求個人或者企業的利益。

其中又要以馬雲的個案至為經典，可作為中國國家資本主義的教科書式案例。當馬雲一九九九年在杭州成立初創公司阿里巴巴時，他還不過是一窮二白的小商人。作為國家扶植的民企，馬雲的公司業務迅速發展。他先後在二〇〇三年創立淘寶，二〇〇四年建立支付寶系統，徹底改造全中國十幾億人的消費模式。作為一間只是比美國 Amazon 遲幾年成立的中國民企，馬雲在中國建立了類似的企業對企業（B2B）網上購物平台，大力搶占國內巨大的消費市場。到了二〇一四年，阿里巴巴正式在美國以IPO上市，最終在美國股票市場以破記錄的兩百五十億美元發股量，成為全球總值最高的首次公開募股[38]，其總市值也暴漲至兩千三百多億美元，等於當時騰迅和百度的總和。馬雲因為持股百分之七點八，身家也一併暴升至超過一百八十億美元，成為當時的中國首富[39]。在二〇一四年，美國著名雜誌《福布斯》（*Forbes*，即《富比士》）的「全球五十位最有權力的領袖」名單中，習近平當時排行第三，僅次於普京和奧巴馬之後，而馬雲已經追貼至第三十位[40]。其總資產和阿里巴巴公司的市值在往後幾年繼續驚人地增長。到了二〇一七年，馬雲的個人財富已增加至四百七十多億美元[41]，伴隨著的巨大政治影響力，甚至使他能與當時美國總統特朗普私下會談，商討前者來美國投資製造就業的合作可能。這是在中美貿易戰爆發前不久的事，這時機的選擇實在太過耐人尋味[42]。

資本家和跨國企業憑著巨大財富及其伴隨的政治經濟影響力，反過來控制和支配國家力量，重塑政治經濟秩序的例子比比皆是。例如韓國的三星本為國家扶植的科技民企，但在近二十年卻快速發展成一間超級巨無霸，甚至反過來大大影響著政治的政策和立法工作。這間公司的產出占了全國五分之一的GDP，並且通過財富有效左右選舉和政府運作，令韓國變相成為一個財閥支配的國家，甚至淪為「韓國－三星共和國」[43]。

今天的共產黨肯定也會怕科技通信的大企業尾大不掉，因而在新的經濟危機與轉型的時期，開始著手整頓這些中國經濟體系中崛起的巨型企業，確保這些表面上的民企和資本家不會或不能將其巨大的財富轉化成威脅到共產黨黨國政體的政治力量，並且互聯網科技公司所擁有的龐大資訊與監控能力，亦只能交由國家使用，畢竟當前國家安全的推行需要國內科技公司的高度配合。不論是微博審查貼文、追蹤黑名單、信用系統、人面監控等，全都需要電信公司和科網公司的合作。因此，黨中央必須將這新型的「數碼空間／領土」[44]，牢牢控制在政治權力的支配指揮系統之下，因為這正是政治秩序和資本秩序在中國的新一輪衝突戰場。

當前秩序衝突的最新發展是，螞蟻金服IPO被習近平勒令剎停，馬雲在公司被拉下馬，身家大跌，並失去原有的曝光機會。在中央快速收緊監管制度下，馬雲前景未明。不僅是馬雲，連騰訊公司創辦人馬化騰也被嚴格規管，為了響應習近平提出的「共同富裕」問題，「鼓勵高收入人群和企業更多回報社會」，馬化騰再次捐出過百億給政府用以啟動「共同富裕專項計畫」，加上二〇二一年四月時早已捐了四百億給「可持續社會價值創新」戰略，短短四個月騰訊已把千億財富移交中央[45]。另外，中國政府也全方位收緊財金秩序，三十四間中國最大的互聯網公司被國家反壟斷機構召集起來，討論新的公平競爭規則，作為最新的監管方式[46]。

這些種種的措施其實都在反映著，中國政府如何需要進一步套私營市場的龐大資本，作為解決國家負債和國庫空虛的經濟危機問題，同時約束著經濟秩序，確保他們忠於以北京為中心的黨國政治秩序，而不是發展出以資產階層為中心的新政經權力核心，足以與中央政府對抗。而《紐約時報》的報導也認為習近平並不是真的要全面取締私營市場，走回毛澤東的共產政治運動，「中國領導人需要私營部門來幫助維持經濟增長。但是他們也不希望企業家破壞黨在整個社會中的統治地位。」[47]既要推行新自由主義化的市場主導，同時又通過政治手段規管和支配資本的擴張壓力，使其不會轉化成政治改革甚至奪取政治權力的壓力，這便是中國小心地走的國家資本主義道路，也便是「有中國特色的社會主義」。

共產黨通過牢牢控制國內的科企，以便能夠動員尖端技術的先進力量進行網絡審查和監控，配合全國性的國安基建，盡可能將一切數據資訊都納入其控制之中，以確保國家和黨國之安全[48]。上述所言的或許更接近威權管治而不是帝國主義，但實質上兩者之目的是相近的，都是為了國家安全。因此，為確保國家能突破親美的第一島鏈對戰略和民用資源的隨時封鎖，中國有必要在陸路和海路上找尋出口，這些都難以通過主權管轄領土或水域範圍內解決，必需通過某種帝國擴張的方式，確保其自身的能動性，可以與美國為首的「國際社會」對抗，例如在南海建造人工島來擴張海域控制、利用「一帶一路」和亞投行來控制沿線國定的財政和土地控制，甚至在借債國家無力償還時，沒收當時重要資產和據點等等，都是軍政經濟力量溢出領土，支配周邊地區的政經條件。

另外，由國家控制的科技企業如華為也積極在海外投資最新無線傳輸的基建，根據《彭博》的報告指出，華為在二〇一九年的收入高達八千億人民幣，比起波音公司還要多。另外，它已成功打進十個國家的 5G 基建市場，並且會在二〇二〇年在另外二十個國家進行 5G 建設。這資本擴張其中除了經濟收益的考慮外，更重要是在國家資本主義的秩序下，中國政府可以通過海外的最新通訊基建來獲取全球傳發的通訊數據進行監控作用。早在二〇一二年美國眾議院情報委員會的報告上，已有提及華為和中興如何構成美國國家安全的威脅，後來在二〇一六年美國議會通過的《國防授權法案》進一步限制政府使用中國主要電訊公司的服務和產品，並推動英國、瑞典和羅馬尼亞等國家取消原本和華為的 5G 合作[49]。中國的新全球監控和經濟支配秩序，直接挑戰著以美國主導的「西方自由世界」的國際帝國秩序，以圖在二十一世紀重塑權力和利益的階級關係。

中國政府對於資本秩序的強力控制，一定程度上是對應著當前矽谷科技企業所建立的全球監控規訓網絡的挑戰。由 Google、Facebook、Apple、Amazon、YouTube、Instagram、Twitter 等如今我們耳熟能詳的科企公司，建立出一個前所未見的資本監控世界，最終是要將所有人和數據化為可支配和預測的顧客消費活動，使得資本可以無限累積。最終是為了鞏固國家政治支配的力量，不管是在國土的安全穩定，國土外的資源或市場，還是虛擬世界的政經秩序。至於人民的自主權利，恐怕從不在議程之中。身處利維坦的利爪之下，哪能談得上命運自主。如今逼在封城下求存的上海人，大概不用多讀大紀元的血訴也能感受得到。

四、天朝帝國秩序與未來

今天，愈來愈多人在談中國的天朝主義或者新的天下觀，作為理解當前積極擴張支配網絡與權力影響範圍的政治體。畢竟，沒有人再相信中國和平崛起的現代化故事。當年一九七四年在聯合國大會的演講上，時任中國副總理的鄧小平曾經向世界宣告，「如果中國有朝一日變了顏色，變成一個超級大國，也在世界上稱王稱霸，到處欺負人家、侵略人家、剝削人家，那麼世界人民就應當給中國戴上一頂『社會帝國主義』的帽子，就應當揭露它、反對它、並且同中國人民一道打倒它。」[50] 如今這番慷慨激昂的演說，恐怕都會成了新的敏感內容，又要勞煩人工智能監控系統和成千上萬的網絡警察，拼命在網絡上屏蔽相關內容，一如過百萬個敏感詞或者禁制內容，以免脆弱的國家安全受到嚴峻挑戰。

如今的新中國秩序，顯然不再是走鄧小平時代韜光養晦的路線。不僅中印之間為著邊境衝突而不斷出現武裝攻擊；在南海的所謂九段線爭議上，跟菲律賓、印尼、越南、馬來西亞發生多次爭議，當然釣魚台也是中日之間長久不安的地區，還未算上台灣主權問題。新近的一帶一路也在南亞和中亞帶來諸多的政治經濟干預，令沿路的民眾工人大為反感。許多融資參與基建的國家，因為債務困難而把重要基建的管理權讓予中方，宛如現代租界的地方，從斯里蘭卡的碼頭、烏干達唯一國際機場、以至有上千年歷史的雅典著名港口比雷埃夫斯港，如今都成了中共或者中資的囊中物。

近二十年，中國的天下觀或者中華帝國秩序的講法甚囂塵上，香港作家陳冠中便曾以天朝主義，理解當前維護多元一體的中國，如何拓展邊疆和承繼大清的廣大疆土，作為「傳統中國政治遺產」的合法繼承者[51]。日本學者白井聰也認為，「中國的前近代帝國沒有分解成多個國民國家，至今還維持著中世紀帝國的性格，這種特殊性決定著現今中國的存在方式。同時，如果說現代是從國民國家的時代飛速轉變為『帝國』的時代，那麼從某種意義上，中國原有的帝國的性格不但不會消失，反而會進一步加強。」[52]韓國思想家白永瑞則認為傳統中華秩序較著重華夷秩序，講究文明位階的朝貢體系，與今天由美、日勢力主導下的新東亞脈絡和新中華秩序，意義上是大為不同，中國也難以回到冷戰前或者大清時代以前的東亞文明支配秩序[53]。當然，這些分析無疑忽視了管治性裝置在意識、經濟和政治組織上的發展不均衡，這使得舊日王朝縱然追求高度中央集權，然而其財政力量和官僚組織實是無法如今天般，如此深入而微觀地限制和規訓著公民的生活和身分。

但基於上述章節的分析，我也會認為近二十年中國的擴張主義，即使不走傳統殖民路線，仍然是帶有明顯的新帝國主義面貌。而這種新帝國主義擴張，為的也是服務既有秩序的既得利益者，鞏固既有的由上而下的支配權力關係，中央－邊陲的單向監視和控制力量，並通過自家領頭的融資體系，既解決國內的生產過盛消費不足的經濟發展危機，也能成為國際社會的新型信用大國，以國債牢牢地控制著他國的主權。值得注意的是，中國學者許紀霖提倡通過提煉出東亞共同體，以分享的普遍性來建立起新的命運共和體，其中倚靠的與其是國家間的合作，倒不是從東亞各國公民間，不管是知識分子或者各行各業業者的交流互信，擺脫主權的框架，「以平等的共享為核心，在普世文明的基礎上，試圖建立一個新的普遍性」，這是他所稱之為「民間的東亞」，這必然比國家體系更能克服民族國家的陷阱[54]。這點我是深為贊同的，因此在最後兩章，我將會進一步思考超克民族國家與主權秩序的政治新想像如何可能，最終或許也能指向後天下主義的解放可能。即使不同於許的地方，在於我終究沒法以傳統帝國的多民族多宗教的「古代智慧」，把握去衝突秩序之可能。在衝突論的角度，從衝突中拉向更好的秩序，讓更多人在秩序中得益或者充權，或者已是我們所能冀求的最理想的可能世界（best possible world）了。

1 Lawrence J. Lau, *The China-U.S. trade war and future economic relations* (Hong Kong: The Chinese University Press, 2019).

2 「貧窮不是社會主義，更不是共產主義」，《廣安日報》，二〇一七年十一月四日，http://cpc.people.com.cn/BIG5/n1/2017/1114/c69113-29644275.html。

3 安舟著，何大明譯，《紅色工程師的崛起：清華大學與中國技術官僚階級的起源》（香港：中文大學出版社，二〇〇九）。

4 吳介民，《尋租中國》，頁八〇。

5 David Harvey, *The Birth of Neoliberalism*, 136-8.

6 吳介民，《尋租中國》，頁八九。

7 吳介民，《尋租中國》，頁九九。

8 吳介民，《尋租中國》，頁六一－二。

9 David Harvey, *The Birth of Neoliberalism*, 129-132.

10 吳介民，《尋租中國》，頁一一三。

11 吳介民，《尋租中國》，頁一二一。

12 張雅涵，〈3 億人要返程 中國：2 月底是民工、3 月換學生〉，《中央廣播電台》，二〇二〇年二月十五日，https://www.rti.org.tw/news/view/id/2051748。

13 吳介民，《尋租中國》，頁二四一－三。

14 Karl Polanyi, *The great transformation: the political and economic origins of our time*, 205.

15 Karl Polanyi, *The great transformation*, 75.

16 只是從波蘭尼提出對《斯賓漢姆蘭法案》的詮釋後，不少英國史家和思想家如 G. D. H. Cole 等皆質疑波蘭尼過分高估該法案的重要性，尤其是《斯賓漢姆蘭法案》後的工資補貼是否適用於工業和農戶，這點是充滿爭議的，亦不是史家共識。波蘭尼對《斯賓漢姆蘭法案》的過分重視，會導致錯誤理解整個十八、九世紀的英國資本主義發展。詳見 Tim Rogan, *The Moral Economists: R. H. Tawney, Karl Polanyi, E. P. Thompson, and the Critique of Capitalism* (New Jersey: Princeton University Press, 2019), 80-81.

17 Karl Polanyi, *The great transformation*, 82-4.

18 David Harvey, *The Birth of Neoliberalism*, 134.

19 吳介民，《尋租中國》，頁一二二。

20 Daniel Ren, "Electric vehicles: Tesla ships Shanghai-made Model Y overseas for first time, delivering more than 8,000 units to Europe," *South*

China Morning Post, Aug 16, 2021, https://www.scmp.com/business/money/article/3145199/electric-vehicles-tesla-ships-shanghai-made-model-y-overseas-first.

21 吳介民，《尋租中國》，頁二二七－二三〇。

22 潘毅等著，《富士康輝煌背後的連環跳》（香港：商務，二〇一一）。

23 吳介民，《尋租中國》，頁一一三。

24 〈中國脫貧創造「人間奇蹟」三個關鍵數據透露的玄機〉，《ＢＢＣ中文》，二〇二一年二月二十七日，https://www.bbc.com/zhongwen/trad/world-56209160。

25 鄭鼓笙，〈李克強再洩困境　靈活就業從 2 億人增至「2 億多」〉，《新唐人電視台》，二〇二一年七月十一日，https://www.ntdtv.com/b5/2021/07/10/a103162858.html。

26 陳筠，〈習近平核心下　李克強為什麼還與習不同調？〉，《美國之音》，二〇二一年三月二十七日，https://www.voacantonese.com/a/under-xi-s-core-why-is-li-keqiang-not-on-the-same-page-with-xi-20210327/5830693.html。

27 Will Doig, *High-Speed Empire: Chinese Expansion and the Future of Southeast Asia* (New York: Columbia Global Reports, 2018). 〈「一帶一路」打造區域合作新願景——李克強總理亞歐三國之行前瞻〉，《新華網》，二〇一四年十二月十二日，http://www.xinhuanet.com//world/2014-12/12/c_1113627026.htm。

28 Christophe Bonneuil , Jean-Baptiste Fressoz, *The Shock of the Anthropocene: The Earth, History and Us*, trans. David Fernbach (London: Verso, 2017), 139.

29 Ron Corben, "Can Obama help Laos emerge from China's shadow?," *South China Morning Post*, Sep 05, 2016, https://www.scmp.com/week-asia/article/2013142/can-obama-help-laos-emerge-chinas-shadow.

30 吳介民，《尋租中國》，頁三二一。

31 Wang Cong and Shen Weiduo, "Post-Merkel China-Germany economic ties in focus, 5G to be key testing ground," *Global Times*, Aug 10, 2021, https://www.globaltimes.cn/page/202108/1231113.shtml.

32 吳介民，《尋租中國》，頁三二〇。

33 Lutao Ning, "China's Leadership in the World ICT Industry: A Successful Story of Its 'Attracting-in' and 'Walking-out' Strategy for the Development of High-Tech Industries?," *Pacific Affairs*, vol. 82, no. 1, 2009, 69-70.

34 吳介民，《尋租中國》，頁三二四。

35 羅法，〈美兩院通過國防授權法「協調版」軟化中興禁令〉，《DW》，二〇一八年八月二日，https://reurl.cc/RrqDv9。

36 馬蕭蕭，〈從中興到中國製造二〇二五　給美中貿易戰算筆數字賬〉，《BBC》，二〇一八年六月二十二日，https://www.bbc.com/zhongwen/simp/chinese-news-44544133。

37 〈《人民日報》揭馬雲共產黨員的身分　評論指中共致力擴大對商界影響〉，《法國廣播電台》，二〇一八年十一月二十七日，https://rb.gy/bxnknu。

38 Liana B. Baker, Jessica Toonkel and Ryan Vlastelica, "Alibaba surges 38 percent on massive demand in market debut," *Reuter*, Sep 19, 2014, https://www.*Reuters*.com/article/us-alibaba-ipo/alibaba-surges-38-percent-on-massive-demand-in-market-debut-idUSKBN0HD2CO20140919.

39 〈阿里巴巴上市首日上漲 38 % 市值二三一四億美元〉，《網易科技》，二〇一四年九月二十日，https://www.163.com/tech/article/A6ICP5FT000915BF.html。

40 "2014 Ranking Of The World's Most Powerful People," *Forbes*, Nov 5, 2014, https://www.*Forbes*.com/sites/*Forbespr*/2014/11/05/2014-ranking-of-the-worlds-most-powerful-people/?sh=543e85814d93.

41 戴慧瑀，〈個人身價四七六億美元！馬雲＋阿里　資產超一三六國〉，《旺報》，二〇一七年十一月十四日，https://www.chinatimes.com/newspapers/20171114000749-260309?chdtv。

42 瓦斯瓦尼，〈特朗普和馬雲　乍看不配共性不少〉，《BBC》，二〇一七年一月十一日，https://www.bbc.com/zhongwen/trad/fooc-38583715。

43 詳看張夏成著，《韓國式資本主義》（北京：中信，二〇一八）。鍾樂偉著，《韓瘋：讓世人瘋狂的韓國現象》（香港：天窗出版，二〇一四）。

44 Saskia Sassen, *Territory, Authority, Rights*, 307.

45 〈騰訊深夜向習近平表忠：再投 500 億助共同富裕〉，《新唐人電視台》，二〇二一年八月十九日，https://www.ntdtv.com/b5/2021/08/19/a103193997.html

46 Raymond Zhong, "China tightens its supervision over its top internet companies," *New York Times*, Jul 13, 2021, https://www.nytimes.com/live/2021/04/13/business/stock-market-today#china-tightens-its-supervision-over-its-top-internet-companies.

47 Raymond Zhong、艾莎，〈「消失」的馬雲給中國富豪帶來的啟示〉，《紐約時報》，二〇二一年四月二十二日，https://cn.nytimes.com/technology/20210422/jack-ma-alibaba-tycoons/zh-hant/。

48 Kai Strittmatter, *We Have Been Harmonized: Life in China's Surveillance State* (Custom House, 2020). Paul Mozur and Aaron Krolik, "A

Surveillance Net Blankets China's Cities, Giving Police Vast Powers," *New York Times*, Dec 17, 2019, https://www.nytimes.com/2019/12/17/technology/china-surveillance.html.

49 "How Huawei Landed at the Center of Global Tech Tussle," *Bloomberg*, Mar 21, 2021, https://www.Bloomberg.com/news/articles/2021-03-12/how-huawei-landed-at-the-center-of-global-tech-tussle-quicktake.

50 《鄧小平講話實錄》編寫組，《鄧小平講話實錄：演講卷》，（北京：紅旗出版社，二〇一八）。

51 陳冠中，《中國天朝主義與香港》，（香港：牛津大學出版社，二〇一二）。

52 引自白永瑞，「中華帝國論在東亞的意義——探索批判性的中國研究」，《開放時代》二〇一四年第一期，頁二一。

53 白永瑞，〈東亞地域秩序：超越帝國，走向東亞共同體〉，《思想》，二〇〇八年第三期，http://www.opentimes.cn/Abstract/1012.html。

54 許紀霖，〈新天下主義：重建中國的內外秩序〉，《知識分子論叢》第十三輯，（上海：上海人民出版社，二〇一五）。

烏托邦辯證

我們把共產主義稱之為真實的運動，為的是要破除現有的狀況。這個運動的條件是由現有的前提產生的。

——馬克思、恩格斯

烏托邦理應超越同一性，也超越矛盾；它將會是多元的聚合。

——阿多諾

經過前幾章對主權發展史和國際政治經濟秩序的新敘述，我們可見到主權國際體系作為共和政治的想像，其實從未遠離帝國的秩序，也從未實現過作為主權的承諾的人民自主政治理想。一方面，帝國的秩序通過主權國家建立的伸展其跨國的支配權力；另一邊廂，資本的流動使得擁有生產單位和資料的跨國企業及其金主，不斷通過主權國家的體系來擴張其商業市場和增加資本的流動速度，使得剝削不同人口、天然資源和市場的力量得以無限增加，以致能夠和政治帝國相互交鋒。而對於絕大多數的平民百姓，不管是活在民主或者威權政體下，不管是居住在歐美大國還是亞非小國之中，都不曾擁有主權在民的政治自主和自由。現時我們所面對的前所未見的帝國政治經濟體系，把權力集中到一小撮人的手上，一如以往的其他政治秩序，只是從沒有一種秩序能擁有如此的規模，把全球都盡然納入其中，同時全球人口和資源都給擠壓進權力支配的範圍內。

因此這兩章要做的，便是去詰問我們該怎麼辦的問題。一如當列寧面對著沙俄羅曼諾夫王朝（House of Romanov）的壓迫，需要流亡歐洲並苦苦思索革命之計時，他曾寫過一本題為《怎麼辦？》（*What is to Be Done?*）的小書。當中他寫道，「我們只想指出一點，只有以先進理論為指南，才能實現先進戰士的作用[1]。」《怎麼辦？》提出的不是一種知識論的追尋，不是在尋索政治自由和公義的真理，從而獲得知性的內在價值與滿足[2]；「怎麼辦」總是由政治的主體發問，卻又是向自己的詰問，詰問自身如何在政治世界實踐，使得當前的危機和壓迫能夠減輕和消弭。「怎麼辦？」既是追問著理念的實踐意義，也是追問著理念和實踐的關係。

這也是拙作最後一部分要做的事，也是拙作出版的最重要目的。我希望做的正是要重新打開「主權在民」理念的革命性力量，重新塑造我們整個生活世界的意義和面貌，打開更多政治行動的可能。「主權在民」的自主精神，指向的不是代議民主政府，不是現代歐美民主國家的現行議政模式；「主權在民」不是一個靜止的、待在圖書館靜候偉大頭腦發掘的答案。相反，這理念應理解為一種革命性的運動，不斷在當下的處境揭示和撞擊主體所面對的政治經濟支配關係，呈現著新的政治理想的可能，一如這理念過去的革命軌跡（像是在《主權在民論》所呈現的思想史進路）。而「主權在民」理念的具體內容，其實也是在行動中不斷豐富和填充，它永遠是個溢出既有內容和意義的理念，不斷超越舊有理念框架和方向的活動。所以理論思考和政治實踐，沉思生命（vita contemplativa）和行動生命（vita activa）之間沒有截然的區分[3]。理念的思考和反省總是需要回到過去行動實踐的歷史經驗和秩序考察上，從而指向一個有待實現的政治秩序的新願景。同時，在新的政治追求歷程上，也會不斷開拓出未曾設想的面向和意念，進而回饋觀念的反省上。

但不同於許多左翼言必稱行動和理念的辯證關係，我不認為主權理念和政治實踐是辯證地結合的[4]，即它們在相互否定的作用和運動上朝向特定歷史方向發展[5]。更接近拙作提的辯證想像，可能是德國哲學家阿多諾的否定地辯證（Negative Dialektik），抗拒著既有的概念真實同一性原則的辯證關係；或者是思想家本雅明（Walter Benjamin，一八九二－一九四〇，另譯班雅明）所言的「辯證的停滯」（Dialektik im Stillstand）[6]。在每次重新把握「主權在民」底蘊精神的具體內容意義時，這理念的具體化不是回到既有的目的性[7]之中，不是重複著概念本來預設既有的意義。抗爭的政治行動，是不斷改造與豐富「主權在民」中所包含的自主自足精神，使這理念得以成為當下革命的力量之源。換句話說，抽象的概念和具體的行動之間，彷彿如同陰陽的兩極，互倚互搏，不斷改造著彼此的面貌。

因此，本章會先回看盧梭或者馬克思這兩位在上一本拙作《主權在民論》討論過的思想家，看看如何可以重新閱讀和理解他們的「主權在民」的觀念或者自主自足的價值，這種解放性閱讀如何帶來主權在民的新維度——「不可能的政治」，以及這維度有何重要。接著，我會仔細分析理念對秩序衝突的政治想像，如何使得理念在政治實踐上有其必要性，以至於理念改造本身都成了新的政治行動。最後，我會結合以上的討論，深入闡述「主權在民」如何作為烏托邦辯證的運動，並且以烏批邦辯證來重新閱讀主權思想有何益處。

一、盧梭主權思想之重構

在上一本拙作《主權在民論》中，第一章是試圖重新梳理盧梭有關主權在民思想的不同面貌和討論，作為還原一個完整的主權在民理論的嘗試。那種觀念史的回溯雖然可以令我們更接近盧梭、一個活在十八世紀的思想家的某些政治想法，但這種觀念史閱讀無法揭示到主權在民作為理念的能動性。若然「所有歷史都是當代史」[8]，那麼我們有必要重新反思觀念史回溯的目的何在。借用德國大哲海德格的講法，當我們追問「存在」是什麼時，「存在」已經透過某種方式展現，而不是有待研究發掘的對象，因此問題應反求諸己，回看存在的疑問為何對人是如此重要，而不是單純借助某些固定概念來給予「存在」特定的意義[9]。放在「主權在民」的問題上，我也認為真正重要的是「主權在民」如何在今天的語境仍然有著強大的力量，啟發和推動無數人的政治行動，並帶著這問題回到盧梭或馬克思的著作中。只有我們帶著新的理解視野重新閱讀哲人的著述[10]，才能看到不一樣的意義和力量，而這種新的意義正是理念的實踐力量所在。所以在這節，我會以三個面向來重新閱讀盧梭主權在民理念的新政治想像，分別從主權在民的目的與理想、主權和政府的對立，以及主權在民作為不可能實現的政治理念出發，可以一步步重新喚回主權思想釜底抽薪的革命性精神。

盧梭在《社會契約論》第一章第一節提出，他試圖解答的問題是如何正當化「人本生而自由，卻無往不在枷鎖中」的社會契約精神，至於社會契約的歷史發展淵源，他坦言並不知道，也不打算在書中鋪陳出來[11]。而主權在民理論的建立，為的是達到至少兩個相關的政治理想：第一、他的進路是思索是否存在正當的民法秩序，可以使人活得像人，使法律能成為其理想形式[12]。法律的理想形式自然是指通過普遍意志對自己所發出的命令，使守法和自律連結一起的主權在民秩序，最終能令公民在政治世界都能享有未進入政治世界前的自由[13]。第二、這最終實現的是公義和效益的合一，價值和幸福不是二分的魚與熊掌，需要捨生取義，這實然和應然的條件理應是可以融合為一的[14]。因此道德理想不純是個人的理論建構，還應該對應著某種超然的真實結構，如自然法或者宗教秩序。因此，盧梭的政治思想既是道德性的，也是宗教性的，既在地亦超越當下條件限制。如果盧梭曾提供過一個投射向未來、烏托邦式的政治想像，我想這將公義和幸福合而為一的主權在民理想，可算一例。

在前作《主權在民論》，我以兩個建城故事來理解盧梭在《社會契約論》中的論證[15]，第一個以社會契約和普遍意志（volonté générale）為中心的。社群的所有個體通過普遍意志來立約，建立共和國家，並且持續以立法來體現自我立法，從而令公民產生守法的規範性責任而不會同時喪失自由，變成立法者或者法律的奴隸，同時公共利益也得到保障[16]。

如果借用法國大革命思想家西耶斯的意志論（voluntarism）進路，則是因為普遍立法體現了立法者整體或者公民整體的共同意願，而這意願本身即為國家至高的意志和律令，通過政治和法律秩序來體現，這正是等同於個體自我立法而形成責任與自由的並存[17]。這論證也啟發了後來康德在道德哲學中的主張[18]。盧梭後來在《科西嘉島制憲意見書》（*Project de constitution pour la Corse*）更把政治最重要的部分化約為兩層——政府和民族。因此，如何使組成整個政治體的人能形成一個相對同質的民族，且其政治意志能夠通過政府來實踐，便是盧梭認為政治最重要的維度[19]。

還有另一個建城故事則是強調代議和行政部門的必要性，並樹立兩套不同的普遍意志，分別是人民整體的普遍意志和政府全體的普遍意志，只要後者的意志跟前者一致，那麼主權在民仍然可以在非直接民主的地方得以體現[20]。這想法後來成為憲政民主的骨幹，例如在德國法學家施密特《憲法理論》（*Verfassungslehre*）中，便是以同一性原則（principle of identity）和代表性原則（principle of representation）來取代盧梭的兩種普遍意志論，且認為任何憲政國家都是通過這兩條合法性支柱建立出來[21]。同時，施密特也明確地駁斥盧梭第一個建城故事的正當性，認為直接民主不涉代表性是錯誤的想法，即使在直接民主中，所有公民都得代表城邦整體而不是個人私利來議事決策，因此代表性並無減少。所以施密特不認為盧梭單純高舉人民普遍意志的主權理論是恰當地理解代表性原則[22]。

但我想提出的是，盧梭並不意圖簡單呈現從古代王室家族管治封建大國的治理術，變成社會契約的人口管治的過程，變相在現代，主權在民是作為證成國家權力體系的道德基礎（這也是我不認同福柯的地方[23]）。盧梭的普遍意志論與主權在民精神，必須要從他要駁斥的對象的脈絡中閱讀，看看他如何藉此建立和展開他自己對主權理想的寄望。

在十七、八世紀主流理解的主權理念跟今日社會科學差不多，便是政府即主權。這自然是源自早期現代的政治思想家霍布斯或者博丹，以主權作為國家整體的圖像。這完整地建立了主權為中心的國家與全體公民之間的契約關係，這是圍繞著在公法的層面[24]。荷蘭思想家格勞秀斯更進一步，把主權視為國際社會的主要組成單位，主權者成了領土人口的政法代表與最高權威。因此，主權國家在國際社會擁有屬於國家的權益，一如個體擁有相應於個人的權利，這是自然法所賦予的[25]。自此，主權成了平等參與國際事務，跟他國交往的合法政治單位。從格勞秀斯到普芬道夫，無不視政府首長或者外交代表作為主權代表。盧梭正正是對這種主權公法的進路十分反感，才會在《山中來信》（*Letters Written from the Mountain*）中指責那些談及民主的人不懂裝懂，因為他們都分不開主權和政府的關係[26]。而盧梭的主權在民論，正正是要重新喚回主權在政治世界的根本位置。

那麼，為何盧梭要如此區分開主權和政府的關係呢？畢竟這世間絕少出現直接民主的政體，即使號稱共和國的地方都是行代議制度的國家，在國際社會上代表該國家的人自然應該視為主權的肉身，為何還要訴諸某種想像共同體來建立政治體的根本能動性呢？我認為那是因為「主權在民」本質上是對「主權國」的否定。「主權在民」的理念不是以制度化為目的，而是通過根本地否定當下政治秩序的支配壓迫，作為其存在的必要目的。因此，「主權在民」是全民集結議政時的結果，是代表性被取消的時刻，因此一切行政司法單位都會消失，因為「被代表者的現身，便無需要代表者的存在」[27]。假想在主權在民的城邦，全民集會密集地舉行，則行政司法部門也就變得可有可無。

這其實也呼應著他早期的論文《論人類不平等的起源和過程》（*Discours sur l'origine et les fondements de l'inégalité parmi les hommes*），對於政治和法律秩序的源起和目的抱有極大的質疑。他認為人類的政法制度，一直都是為了服務既得利益階層，使得社會的支配和壓迫常態化和制度化，最終「這社會和法律的根源，為窮人帶來新的腳鐐，卻成為富人的新力量。這不可逆轉地摧毀了自然自由，永久地固定了財產法和不平等，將有技巧的剝奪變成新的政治權利，結果令少數具野心的人得享巨大利益，代價是全人類都被征服，換來工作，奴役和悲慘。」[28]換句話說，只是進入了政治和法律秩序，主權在民的政治理想差不多是沒有可能實現的，所以「主權在民」跟「主權政府」之間，在概念上有著不能化約的巨大衝突。

如果這是盧梭認為所有社會和法制的起源，那麼憑什麼他能獨自建構出一個另類而可行的政治體系，能夠有效克服歷史上產生的人類不平等傾向呢？盧梭在《社會契約論》的歎息是，「理想的民主體制恐怕從來沒有實現過，在將來也很難實現」，原因是在正常情況下，多數人管治少數人是違反自然秩序的，也便是社會歷史帶來人類悲慘結果的實質狀況[29]。因此，主權在民的直接民主產生普遍意志的想法，盧梭早已明言是無法依樣畫葫蘆地實行，在現實上克服人類的不平等命運。不僅如此，盧梭的主權在民理論還有諸多內在衝突的情況，使得理念的實踐性變成更不可能。法國結構馬克思主義者阿圖塞（Louis Althusser，一九一八－一九九〇）細緻地梳理盧梭在《社會契約論》理念中的各種衝突[30]，導致社會契約理念本身便是「不可能的政治」（politics of the [im]possible）[31]的體現。

主權在民思想作為「不可能的政治」，不單不是一種理論思考的缺失，反而是重新打開了對思想和概念的角色和作用的可能性，使得主權在民論能夠作為下世代的批判理論。在這點上，我認為在馬克思的思想中得到進一步的完善。因此在以下的部分，我會重新閱讀馬克思政治思想的相關討論，如何更完整地呈現「不可能的政治」及其重要性，再仔細討論烏托邦辯證的批判性，如何趨向「批判主權理論」的可能。

二、馬克思共產思想之重構

「在十九世紀，盧梭不斷被追認為社會主義和各種激進社會改革者的先驅和父親，而他們自己則會自認為盧梭的兒子或者孫子。Jules Barbey D'Aurevilly 曾在一八五八年寫道，因為他整個時代的烏托邦社會主義者都是盧梭的『子嗣』，所以那血統一定不是純正的。」當代不同的思想史家，早已討論到盧梭和十九世紀社會主義浪潮的親密關係。[32] 盧梭的思想，無疑啟發了法國大革命後的左翼思潮發展，各式各樣的社會主義運動此起彼落，但真正能夠把握盧梭主權思想的革命性面向，並將之融合到自己的思想體系之中的，我認為馬克思是其中之一。當然，一如上一節對盧梭思想的重構，我也會把這一節對馬克思思想的閱讀看成是重構，不再從觀念史角度呈現這位十九世紀思想家的寫作動機或者目的，而是從他的理念體系中，把握「主權在民」流轉到那時期所轉化而成的革命性概念，而我認為那便是「共產主義」。

前作《主權在民論》提到，倘若主權在民論在法國大革命以前，是高舉社群作為同質民族的意志自主，其普遍利益早已在社會契約訂立前已經預設了，那麼馬克思及其後學所質疑的正正是這普遍利益的普遍性，是否終究在經濟政治結構的分配下，徒然成為資產階級掠奪勞工利益的階級支配遮醜布，讓共同利益成為壓迫的藉口。因此，社會的政治經濟結構，對於主權在民能夠真正實現真正的自主和自足生活，有著極重要的影響。作為烏托邦政治的體現，馬克思如何理解政治理論和概念的角色呢？這對於歷史演變的作用是什麼呢？這先得從他的歷史辯證入手。為了方便討論，本文將會把馬克思的唯物辯證觀分成四個命題來展開討論。

第一個命題是，生產力和生產關係是互相扣連，共同構成生產的模式（mode of production）。歷史的開端，在於人類開始懂得生產其自給自足的物質生活，確保他們能持續地生活下去，而生產必然是跟生產的組織和秩序有關。把更多人有效地組織起來，建立一個妥善分工合作的村落或者社群，自然比每個人單打獨鬥，獨自謀生有效得多，生產出更多的食物和用具[33]。在每個歷史階段，人類都是處身於其中一種生產關係，以便組織起更多人來提升生產力，養活更多的人，使社群和家族富庶和壯大起來[34]（甚至理論知識生產也應從集體勞動的角度理解，在下章會再詳論）。

例如馬克思在《德意志意識形態》（*Die deutsche Ideologie*）中提到，原始國家的出現，使得財產首先有可能存在，其生產關係便是通過城鎮和農村的分工，城鎮內工匠和商販的分工，還有主人和奴隸的分工等，促進生產力大幅提升，造就羅馬帝國等古老國家的興盛。接著是中世紀常見的封建國家，生產關係改為以封建主和農奴作為主要的生產關係。最後便是資本主義的出現，社會的生產關係變成老闆和工人的合作[35]。每種生產關係的出現，都是帶來生產力的提升，同時帶來新的生產極限。當生產力提升至相當水平，人口紅利用盡後，社會矛盾便會逐步浮現，最終會出現歷史變革，令生產關係改變而使得生產力得以再度增加[36]。這是第二個命題，歷史的變革是源於生產力和生產關係的衝突所帶來的生產模式改變。

第三個命題是，生產模式不僅僅是促進生產力，更改造著人類的物質生活，進而改變了依附其中的觀念和意識。馬克思在這點上徹底地否定了黑格爾主張精神（Geist / spirit）的意識活動作為歷史演變的驅動力[37]，反過來認為意識只是某一種生產模式下生產出來的產物，並且會隨著生產模式的改變而更新。這正是後來馬克思主義者所講述的上下層建築，若下層的基礎為生產模式，那麼上層便是意識的活動及其各樣產物。對此，馬克思有著精彩的分析：

思想、觀念、意識的生產最初是直接與人們的物質活動，與人們的物質交往，與現實生活的語言交織在一起的。觀念、思維、人們的精神交往在這裡，還是人們物質關係的直接產物。表現在某一民族的政治、法律、道德、宗教、形而上學等的語言中的精神生產也是這樣。人們是自己的觀念、思想等等的生產者，但這裡所說的人們是現實的，從事勞動的人們，他們受著自己的生產力的一定發展以及與這種發展相配合（直到它的最遙遠的形式）的生產關係所制約。[38]

因此，人不但在生產活動中改造了自然世界，以便生產和再生產人的物質生活，同時也改造了人的社會關係，通過宗教、法律、政府和道德，使得人在歷史上的不同時代中，社會關係也會跟著轉變。例如同姓村落，發展成大家族，再到現代的衛星小家庭模式，都不是偶然的社會演變，而是基於不同歷史時代中，生產關係的改變下影響到相應的文化社會秩序出現衝突，觀念和價值觀也會隨之而改變，進而在思想和行為上重新認同當前新的生產模式。所以不同的家庭關係，正是對應著歷史中不同的生產模式。

最後的第四個命題是，歷史的發展最終是為了消除人的異化，使人能夠真正享受到自由和自足的生活。勞動人民不再需要因為生產社會的所需，被另一個階級所支配和剝削。關於何謂異化的問題，馬克思在《一八四四巴黎手稿》（*Pariser Manuskripte*）中有著詳細的討論[39]。只是，消滅異化不能倚仗於單純頭腦上的意識改造，不能只在意識層面革命，便設想能夠改變歷史。要在真實的社會關係中驅使革命性的政治行動，那麼必須要具備兩個基本條件，使得異化作為社會現象變得難以接受。第一個條件是人類大多數人變得一無所有，淪為無產階級；同時，無產階級的存在，跟受惠於生產力起飛而變得更有財富和享樂文化的階級，產生強烈的對立，這是另一個條件[40]。通過階級之間的強烈對立，帶來最終的階級鬥爭，最終指向的是資本主義的結束和生產模式的再生。這是目前資本主義的歷史階段的最後歸宿，也是新一歷史階段的展開。那便是馬克思設想的共產世界。

結合上述的四個歷史辯證的命題，馬克思總結出當前所面對的生產模式，不過是歷史上其中一套生產模式。基於資本主義的特定生產關係，使得生產力遠超過往的中世紀封建時代或更早的年代，使得利益、技術、物質和精神生活都得到前所未有的成就和發展。而建立在這種生活模式之上的意識活動，能通過思考和想像不同的概念形態，維持與強化當前的生產模式，例如人權、法治、民主、哲學、宗教、科學，無不是為了服務於當前的生產模式，使得資本主義的生產關係得以不斷再生產，其所需要的物質生活以及勞動力得以穩定的存在。這對於馬克思而言，是一種歷史的進步，只是進步不會停留在資本主義的生產模式。

因此，他在《論猶太人問題》（*Zur Judenfrage*）中有著清晰的區分，他所設想的解放不獨是政治上從王權中解放自私的個體，而是以解放人類為目標。

> 任何解放都是使人的世界即各種關係回歸於人自身。
>
> 政治解放一方面把人歸結為市民社會的成員，歸結為利己的、獨立的個體，另一方面把人歸結為公民，歸結為法人。
>
> 只有當現實的個人把抽象的公民復歸於自身，並且作為個人，在自己的經驗生活、自己的個體勞動、自己的個體關係中間，成為類存在物（species-being）的時候，只有當人認識到自身「固有的力量」是社會力量，並把這種力量組織起來因而不再把社會力量以政治力量的形式同自身分離的時候，只有到了那個時候，人的解放才能完成。[41]

這人類的解放，便是馬克思和恩格斯在《共產黨宣言》（*Manifest der Kommunistischen Partei*）所宣告的幽靈，一直盤迴在歐洲之中：共產主義的幽靈。若然財產是人類歷史鬥爭和異化的開端，那麼歷史的終結便是共產主義。當然，資本主義和現代性帶來的無疑是政治的解放，讓所有公民都擁有平等的權利，但階級的對立並沒有消除，勞動的異化也沒有消除。如果套用黑格爾的術語，人依舊無法體認到個體性和普遍性的一致，獨立性和互倚性的一致，二元對立仍然維持在資本主義的生產模式中，因此人還未能解放至理想的生存模式。

當然，在二十一世紀再談共產主義，或者令一些左翼分子感到多少尷尬，不單是因為在上世紀共產主義為世界帶來多個極權政體，不知遺禍或者摧殘了幾多美好的生命（有些還是現在進行式，不斷帶來新的苦難與不幸）。而且站在後冷戰時代，似乎也證成了資本主義無比頑強的力量，以至能夠戰勝第三國際或者共產國際的秩序，締造一個近乎歷史的終結的新時代。今日再談共產主義，不是等同於極權的代名詞，便是失敗的歷史嘗試[42]。然而，我終究認為馬克思的共產主義，完善了盧梭主權思想所觸及但尚未能完全闡述的烏托邦辯證結構，並由此開衍出一種批判理論的可能。

但是共產主義跟烏托邦政治有什麼關係，聽起來好似是很順理成章，共產世界不就是烏托邦嗎？還有什麼好討論的？在《德意志意識形態》中，馬克思曾言，「共產主義對我們來說，不是要建立一種穩定的狀態，不是現實應當與之對應的理想。我們把共產主義稱之為真實的運動（real movement），為的是要破除現有的狀況。這個運動的條件是由現有的前提產生的。」[43]這段說話極為重要，首先它點出共產主義不是一種有待建立的穩定狀態；共產主義不是一種清晰的理想，可以通過抽象的理論建構來推敲建構，然後在現實的世界實踐出來，彷如應用倫理學一般。因此，共產主義不是烏托邦主義，沒有一種具體的歷史終結的圖像，指導人如何生活、社會如何安排，才能體現終極的完滿。

這也是為何馬克思或者恩格斯長期攻擊他們的左翼前輩，汲汲於想像一種歷史終結的生活方式，進而把政治革命浪漫化和宗教化。在《共產黨宣言》或者《神聖家族》（*Die heilige Familie*）中，馬和恩大力批評早期的社會主義者[44]或者青年黑格爾學派[45]，指他們雖然帶有對舊世界的批判，且意識到階級衝突的必然性，但他們無視了歷史條件的不成熟，妄圖透過意志和理論，建構新的社會科學法則，並且著力將現實屈從於他們所幻想的計畫之中，然而這是死胡同來的[46]。恩格斯晚年出版的《社會主義從空想到科學的發展》（*Die Entwicklung des Sozialismus von der Utopie zur Wissenschaft*），也一再回到這種批判的進路上[47]。所以馬克思才說，「共產主義不是理想，不能將現實扭成理想秩序的模樣」[48]，現實政治有其相應的脈絡和條件，不可以如同氣球一樣隨意扭成小丑設想的形狀大小。

那便令人納悶了，如果共產主義不是必然實現，快將到來的新世界，那麼共產主義還是什麼？馬克思否定了共產主義不是什麼後，便要正面地討論共產主義可以是什麼、應該如何看待的部分。「我們把共產主義稱之為真實的運動」，這句便可堪玩味。什麼是真實的運動？這「運動」顯然是帶有強烈的黑格爾色彩[49]，只是黑格爾認為是精神通過意識和自我意識的過程，一步步自我認識，最終趨向絕對知識或者絕對精神的過程，沒有這運動的揚棄過程，則任何認識和理解便只能是「正立性」（Positivität/positivity），即康德所謂的「教條」（dogma）的既有權威。但馬克思不取概念的運動一途，而是傾向費爾巴哈的唯物進路，把真實性放在現世而不是抽象概念層面。但他又同時很意識到費的唯物主義問題，在於缺乏運動的能動性，而只能靜態地，結構性地把握。

「從前的一切唯物主義（包括費爾巴哈的唯物主義）的主要缺點是：對於對象、現實、感性、只是從客體的或者直觀的形式去理解，而不是把它們當作感性的人的活動本身。因此，和唯物主義相反，能動的方面卻被唯心主義抽像地發展了，當然，唯心主義是不知道現實的，感性的活動本身的。」他在《費爾巴哈哲學提綱》（*Thesen über Feuerbach*）第一條如此說道。因此，他首先否定黑格爾的唯心主義對於現實的實在性的無視，視之為精神的自我認識的方式。馬克思認為現實首先是人在物質世界的活動，從而形成了整個生產模式。而意識正是人在這生產活動所建基的心靈活動，所以物質生活有其主導性和支配性。這也是他不滿於費爾巴哈的講法，「他（費爾巴哈）在《基督教的本質》（*Das Wesen des Christenthums*）中僅僅把理論的活動歸類為真正的人的活動，而對於實踐則只是從它的卑鄙的猶太人的表現形式去理解和確定。因此，他不了解『革命的』，『實踐批判的』活動的意義。」[50]

經濟活動始終是一切人的存在基礎，沒有生產則任何人都沒法生存下去，更別說是精神活動如文化和哲學的建構必然依賴於人的有閒發展。想想小說《魯濱遜漂流記》（*The Life and Strange Surprising Adventures of Robinson Crusoe*）或者《蒼蠅王》（*Lord of the Flies*）的情節，人們在文明世界的彼岸，如何重新一步步重建「世界」，這種人類學式的秩序建立，都是從物質生活的生產活動走向觀念和精神上的生產活動。然而馬克思不是馬斯洛（Abraham Maslow，一九〇八－一九七〇），不是試圖提出某套需求金字塔作為千古不變的客觀自然法則，而是要針對著概念世界的物質性（materiality）。即使不同時代的哲人政治家，總是認為自己在尋求普世的真實、永恆的真理，但其知識生產到權威的建立，都跟其時代分不開，尤其是那時代的經濟生產模式。因為經濟的生產關係，影響著該時代的利益和權力分配，因而影響著精神活動的生產和分配模式，例如學院的知識生產模式、知識的傳播和教育方式，還有專業認證制度、撥款與資源的分配等，都是跟不同歷史時代的政經需要密不可分，阿圖塞甚至會以「生產力量的再生產」來理解意識形態政治裝置的衝突，藉以從維持當下資本主義支配秩序的角度來理解觀念生產的客觀作用[51]。

當然，這不是代表所有知識和概念的生產都只能服膺於當下的生產秩序，也不代表在秩序內生產出來的理念和原則，只能從某種方式閱讀和理解，事實上也不可能限制到詮釋多元的可能，因為這正是人的條件所在。「關於環境和教育起改變作用的唯物主義學說忘記了：環境是由人來改變的，而教育者本人一定是被教育出來的」[52]，因此凡是源於這生產模式出來的教育和文化，用以生產和再生產所需用的人材和物質，同時這精神活動也能擺脫其階級的色彩，作為批判和改造的方式。「你們的教育，不也是社會的教育嗎？那教育的方針，不是根據社會的狀況而定的嗎？社會不是已經借了學校和其他方法施展他直接或間接的干涉嗎？社會干涉教育，並不是共產黨發明的；他們不過要改變干涉的性質，使教育脫離權力階級的勢力」[53]，馬克思這樣理解共產思想和教育的關係。所以哲學概念的真確性，不是來自空想的邏輯層面，而是在於實踐性上，即概念能否揭示當前所面對的歷史條件，推動政治運動並帶來新的改變契機，便是其客觀（gegenständliche / objective）真理性之所在[54]。

所以把《費爾巴哈哲學提綱》和《德意志意識形態》放在一起理解，「我們把共產主義稱之為真實的運動，為的是要破除現有的狀況。這個運動的條件是由現有的前提產生的」，這句話的意義便顯得明明白白了。現有的前提便是哲學家當前所面對的歷史條件和環境，其經濟和文化政治學院之間的複合結構，一方面主導著生產模式，使得資本可以無休止地再累積，同時意識上的觀念，價值觀或者文化生活都是跟前者有著緊密的關係；另一方面，這種生產模式，一如歷史上的所有模式，都是建立在不同階級之間的衝突之中，一個階級通過支配另一個階級，使得利益和權力分配不平等。因此，哲學之目的，在於把這種社會發展的動力條件和關係，從遮蔽中顯露出來，只有展開了這些社會的根本衝突及條件，才有改變的可能。

換句話說，哲學思考最少可分成兩大類，一種是不去顯露哲學知識的生產結構及其歷史條件，純然跟從當前的歷史時代的權威和制度去生產新的概念和知識，這是認同或者服從秩序的哲學（law-preserving philosophy）；另外一種便是上述所講的改造歷史的批判性哲學（law-making/critical philosophy）[55]，這批判性不止是對應於哲人之外的外在世界和秩序，也要對應著政治思想的生產模式，其知識出現和傳播的歷史政經條件。前者並不是毫無意義的，但其重要性只有經院的圈子才會關注，其知識是技術性的，其性質也是理論性而非實踐性的，不管其是否對應著所謂政治哲學的討論。因為其真確性只是頭腦上的，不帶有「現實客觀」的真確性。後者才是公共的，對應著歷史演變的根本驅動力，也因而是其意義之在。所在馬克思才會在《費爾巴哈哲學綱領》最後一條重申，「哲學家們只是用不同的方式解釋世界，問題在於改變世界。」[56]這正是兩種哲學的對立，而馬克思關注的顯然是批判性哲學，畢竟那才是真正有公共意義的政治思想，揭示著理念跟理念外的權力利益秩序的複合關係。

只有對盧梭和馬克思的政治思想有基本的把握，才能理解到烏托邦政治指涉的是什麼，為何烏托邦政治框架能夠令主權在民轉化成一種新的批判理論，而不是民族倡議或者建國為本的意識形態。《社會契約論》所描述的無疑是主權在民的最終體現，是公義與利益的最佳結合，也是自由的完全實現，個體跟群體之間完滿地契合在一起。這何止是盧梭，從康德、黑格爾到馬克思，夢想中的理想之國大概也是這般模樣。而盧梭思想中的多重衝突，反證著這主權在民的歷史終結是不可能的，至少不是按著盧梭的想像而實現，這是盧梭主權理論中借著不可能政治透露出來的可能性。但這種正言若反，始終未能完全展開不可能的政治的全貌，直至馬克思才真正完全還原了其政治批判力量。

共產主義是馬克思設想的歷史的終結、階級衝突的消失、整個世界的生產和分配經濟活動再沒有任何矛盾和短缺。但這是如何可能的呢？馬克思在不同階段的著作中都有提供各種具體的措施方案，例如在《共產黨宣言》中便有十大訴求：

（一）廢除土地私有權，並將所有的地租用在公共事業上；
（二）徵收高累進率的所得稅；
（三）廢除一切繼承權；
（四）沒收移民及叛徒的財產；
（五）用國家資本，設立國營銀行，將信用機關集中在國家手裡；
（六）交通及運輸機關，集中在國家手裡；
（七）擴張國有工場及國有生產機關：開闢荒地，改良一般土地使適於共通計畫；
（八）各人對於勞動有平等的義務。設立產業（尤其是農業）軍；
（九）結合農業和製造工業；平均分配給全國的人口，逐漸去掉都市和鄉下的差別；
（十）設立公立學校，對於一切兒童施以免費的教育，禁止現時的童工勞動，結合教育和工業生產等等。[57]

這些很多政策都已經在現代實現了，但那便是共產主義國家了嗎？達致全世界無產階級聯合了嗎？顯然沒有。馬克思自己也深知道，推行這些政策並不等於共產主義的實現。因此在上述所提及的《德意志意識形態》的段落也清楚說明了，共產主義不是理想的靜止狀態，但至少在一八四八年前的著作中，他還似乎抱有一點希望，覺得廣大的工人運動或者會令歐洲有一點擺脫資本主義的可能，邁向未知的新經濟模式，最終或能迎向共產主義。所以《共產黨宣言》仍然想呈現著共產主義會是下個和最終一個經濟模式，瓦解私有財產制度，讓人能重新成為人類整體，成為不再異化的歷史主人。用盧梭的講法，是主權在民的最終體現。

但他流亡倫敦後，在大英圖書館專心著述研究，其歷史觀和政治經濟批判出現一點奇異的變化，使得「不可能的政治」更加突出。首先是歷史觀出現變化，中間多了一層過渡的經濟模式：無產階級專政。這模式是介乎在資本主義和共產主義之間，馬克思在一八五二年給好友約瑟夫・魏德邁（Joseph Weydemeyer，一八一八－一八六六）的信中這樣說道：

在我以前很久，資產階級的歷史學家就已經敘述過階級鬥爭的歷史發展，至於我的新貢獻就是證明了以下幾點：（一）階級的存在僅是與同一生產發展的既定歷史階段相關；（二）階級鬥爭最終導致無產階級專政；（三）這個專政不過是為了消滅一切階級和過渡去無階級社會[58]。

因此，不管是馬克思在《共產黨宣言》的政策提議，或者在《哥達綱領批判》（*Kritik des Gothaer Programms*）中所談的時分卷制度或者生產資本公有化等主張，都是作為過渡性質的措施，畢竟「我們這裡所說的是這樣的共產主義社會，它不是在它本身基礎上已經發展了的，恰好相反，是剛剛從資本主義社會中產生出來的，因此它在各方面，在經濟，道德和精神上方面都還帶著它脫胎出來的那個舊社會的痕跡。所以，每一個生產者，在作了替代替換之後，從社會方面正好領回他所給予社會的一切。他所給予社會的，就是他個人的勞動量。」

這平等地付出等值的勞動力，然後互相交換所需，依然未能解決才能分配的不平等，這種重視個人付出獲取相稱的回報，依然帶有強烈的舊世界色彩。「在共產主義社會高級階段中，如奴隸般服從分工的事實上已經消失，腦力勞動和體力勞動的對立也隨之消失後，個人的全面發展得以最大化，而集體財富的源泉充分湧流。只有在那個時候，才能完全超越資產階級法權的狹隘眼界，社會才能在自己的旗幟上寫上：各盡所能，按需分配！」[59]

這已是馬克思所描述的無產階級專政，作為過渡至共產主義的書寫中最為具體的少數例子。不然，在《資本論》或者《政治經濟學批判》的手稿中，共產主義成了空白的終點，沒有絲毫的具體描述。這樣不是因為馬克思放棄了共產主義的思想。剛好相反，後期的政治經濟學批判，正正是他認為批判性哲學如何揭示當前歷史的條件，資本如何通過不斷運動，在生產和消費鏈中形成一個循環不息，不斷累積的運動，而所有人和事都成了資本運動的工具，追求的只是無盡的累積。把這資本主義邏輯的揭示，才是馬克思認為批判哲學實踐的方式，使得當下的人們認清秩序發展的邏輯，當下歷史條件的偶然性和必要性，最終推動著新的歷史變革。

至於那不可能想像的歷史面貌，馬克思所設想的共產世界生活形態，恐怕與盧梭的差別不大，因此也必然會陷入諸多困難之中。「而在共產主義社會裡，任何人都沒有特殊的活動範圍，而是都可以在任何領域發展，社會調節著整個生產，從而使我得以因著自己興趣而今天做這事，明天做那事，上午打獵，下午捕魚，傍晚從事畜牧，晚飯後從事批判，而不用使我成為一個獵人、漁夫、牧人或批評家。」[60]

在共產社會，沒有財產之束縛下，馬克思設想的人應該生活在生產力極高且分配得宜的世界，但觀乎其描述卻似乎是樂於在鄉村式的原野生活，需求很少，生活也十分簡單，沒有社會衝突，這不就是盧梭所言，通過經濟倒退而回到無財富的平等社會嗎？或許這種想像可追溯至柏拉圖《理想國》中的健康城邦的模樣，沒有財富也沒有戰爭，人人過著物質簡單，寧靜安逸的田園生活[61]。然而，柏拉圖也早已言及，這種健康城邦是不會穩定的，早晚人們會追求更多更豐饒的生活，這才產生了文化精神的生活，也產生了罪惡和不義。所以這正是不可能的政治的體現，至為理想的總是不可達到，甚至是想像所不能達到的。

三、辯證的烏托邦政治

為何要以烏托邦政治重新把握主權在民思想的底蘊呢？因為主權在民作為一種政治思想和政治想像，在歷史上充滿著歧義。這本來在政治思想發展中是十分尋常，尼采（Friedrich Nietzsche，一八四四—一九〇〇）寫過一句很精警的話，「只有沒有歷史的概念才可以定義」[62]，或者套用一點哲學術語，普遍的抽象概念也是歷史上的殊別體現，其意義不斷在填充修改之中。自主也好，主權在民也好，平等自由也好，其理解往往在時代的變遷中也有著全然不同的解讀[63]。但是今天應該如何再理解主權在民的思想，以至於能夠使之不致陷入民族主義或者國族主義的結果，重新喚回其歷久常新的批判力量，迫使我們能更好地理解和把握政治和反抗的意義呢？在前兩部分借用了盧梭和馬克思的思路，提供了一個思考的框架，接下來會更集中地針對不可能／可能政治的含意和意義，以逐步呈現政治思想在生活和革命中的角色，以及這思想角色所反映的政治模態。

首先回到「烏托邦政治」的烏托邦之意上。凡是談及烏托邦的，不得不回到「utopia」一本的源起[64]。在十五、六世紀英國都鐸王朝，天主教思想家摩爾（Thomas More，一四七八－一五三五）發表了一本影響深遠的著作《烏托邦》（*Utopia*），開創了一種新式的政治書寫種類（genre）——以理想政治的投射作為政治可能性的詰問[65]，然而富有深意的卻是在於其書名帶有的二重性矛盾本身。Utopia 雖然是以拉丁文書寫，但其書名卻是由兩個希臘文字根所組成，topos（τόπος）解作「地方」，而那個前綴「u-」則是來自希臘文的「ou-(οὐ)」，乃否定後項的「不」或者「沒有」的意思。因此合起來，烏托邦字面的意思便是「不存在的地方」。

但同代的英國詩人菲利普・西德尼（Philip Sidney，一五五四－一五八六）卻甚有玩味地把書名改成 *Eutopia*[66]。Eutopia 跟 utopia 的英文讀音是完全一樣的，意思卻有所不同，前綴「eu-(εὐ)」在希臘文代表「好」或者「完滿」的意思，例如阿里士多德的倫理學概念「幸福」（εὐδαιμονία）便是以「eu」作前綴的。Eutopia 可以解作理想的國度，也沒有那種不可能發生的意思，一如阿里士多德的幸福觀都是可以實踐的。這兒用中文書寫的好處是，可以表音而包含著一字之歧義，且包含當中的流動關係。同為「烏托邦」，既可解作不存在的地方，也可變成美好之樂土。

一如先前所言，烏托邦政治首先在於理想政治的不可能，這「不可能性」有兩層互為相關的意義，第一種是思維上難以想像，第二種是實踐上難以達到。「無法想像的性質」是對應於政治概念和思想的局限性，且基於這局限而不會設想一種可實現的政治理想，作為當下政治行動和抗爭的唯一且完滿的目標。既然理想政治是難以想像，那自然是不可能達到的，必然產生跟現實條件相違的衝突，逾越理論的能力範圍界限而作出「不合法」的運用，帶來虛妄卻必然倒塌的想像和願景。但這並不會阻礙烏托邦政治之常在，並且在政治發展中長期扮演著極重要的角色（烏托邦作為政治敘述的常在，涉及到人對意義需要和追尋中，這會是另一層極重要而有待詮釋的理論空間，我希望會在下本書處理）。

首先，烏托邦政治中的可能／不可能之間的衝突互動，在於不可能性本身之批判力量。烏托邦政治的不可能，不是從地上拉回天上，在雲上不用理會現實的歷史條件，單純以頭腦設想另一個完美世界。相反，通過唯物地通過考察社會經濟上的歷史條件，揭露現時在政治世界中正在發生的種種支配的不義關係，使得受到壓迫的弱勢得以被見，沒法出聲的階層得到發聲的機會。這些種種的支配性，都是隱藏在社會整體之中，遮蔽在日常秩序之中，在正常的生活速度和運作之中，靜靜地發生。只有令每個年代的社會衝突現形，才能以現有的政治概念和知識將其把握，轉化為行動的目的。所以，當馬克思提出共產主義作為社會階級衝突的終結時，這意味著在所有的時代，都是由不同的階級衝突所帶動的，「一切人類歷史都是階級鬥爭的歷史」[67]。而判斷當前不義的標準，都需要投射著某種或清晰或模糊的烏托邦政治。這是道德政治批判的外在化投射，不管其是否客觀地永存。

這個維度似乎是將烏托邦的理想性看成某種規範式的理念（regulative idea），通過提出某套理想的普遍型態，規範或指導著當下殊別和具體的政治行動，以便提供一種應然性（normative）的標準，評價當下現實處境的得失。基於英國哲學家休謨對於實然（ought）和應然（is）作為全然二分的概念區別，普遍的政治理想作為規範式理念，只能通過應然的論證來推演，而不能從實然的歷史條件歸納出應然的法則和理想[68]。這可說是體現在康德主義者羅爾斯（John Rawls，一九二一－二〇〇二）的思想，其借助理想理論（ideal theory）和非理想理論（non-ideal theory）的對立，理解政治思想的角色。在《正義論》（*A Theory of Justice*）中，羅爾斯認為他有關公義的政治理論必然要從理想理論出發，建立他對社會的「基本結構」的理解，指向著何謂「良序社會」（well-ordered society），是因為「只有理想理論能提供一個基礎，讓我們能有系統地把握更逼切的政治問題，例如討論公民抗命便是其中之一。」[69]因此，理想理論作為一套規範性的普遍性標準，使得我們得以判斷當下的種種政治殊別現象，為何和如何不合符公義的法則，從而令社會改革和行動有著道德性的向度[70]。不然，沒有了規範式的高度，便是沒有了公義的標準，那麼一切不義都難以談起。

只是把烏托邦理想視為穩定不變的，放諸四海皆準的普世標準，那便是本末倒置，反而將人的精神活動的產物視為絕對，可以抽離於一切現實條件，並且單向地影響物質世界。這便成了觀念拜物主義（ideational fetishism）。一如中世紀的人把自身的特質否定而形成上帝，再膜拜抽象的特質的樣式，基本結構或者理想理論都是人的精神活動的產物，為的是否定當前的歷史條件而產生的政治理想。因此，這些理想理論都是條件性的，受著當前的政治經驗和歷史實踐的影響。當馬克思認為共產主義是一種真實的運動，是因為這運動總是在不同歷史時代，在批判和實踐中豐富著時人對於種種政治概念如平等自由或者主權在民的理解，從而使得共產主義的內容也隨之而改變。

這是烏托邦政治中的另一個維度，即經驗世界反過來影響著不可能政治的面貌，可能與不可能的界線，不是由哲學家先天地通過理性的把握而畫定的，反而是隨著歷史演變中，人們因著實踐的經驗及其後的理論檢討反省，豐富著他們對於政治追求的方向和層次，這彷彿是把 eutopia 反過來主導著 utopia，令烏托邦產生更多的可能。

這有點像德國思想家本雅明對於夢幻（phantasmagoria）在左翼抗爭理論的角色定位。他一方面認為資本主義的商品和都市的各種設計如拱廊街，打造出一種可供消費的夢幻感覺，透過刺激消費者購物促進資本流動和累積的方式。原先，那是以一種不斷更新的新鮮感作為其宗教性的膜拜，「新穎這種性質無關於商品的使用價值，它所促成的表象是集體無意識所產生偽意識永不倦怠的代理人」[71]。但與此同時，本雅明卻能跳出馬克思主義常帶有的二元對立，夢幻作為商品所產生的現象，卻不一定服從於資本的邏輯。夢幻能映照著新的潛在性，而那是資本主義秩序所不能全然挪用，「每個時代都在夢境的意象（Wunschbilder）中看到下一個時代，而且這些意象還跟史前時化的要素——即無階級社會——結合在一起。這些儲藏在集體無意識裡的經驗與新事物融合後，便形成了烏托邦的幻想。」[72]像是拱廊街啟發了傅立葉（François Marie Charles Fourier，一七七二－一八三七）的共產村莊（Phalanstère）的構想，城市景觀形成了漫遊者所需的環境，夢境是啟發無產階級覺醒和抗爭的重要，「每個時代不僅夢想著下一個時代，而且還在夢幻中努力地邁向覺醒。」[73]

當然，我們不必然需要認同他對於商品或者商業地區的夢幻感想法，或者他對史詩劇場的政治閱讀。但重要的地方在於烏托邦式的政治投射，不必然是從應然性建立，再規範殊別現實的政治經驗。反過來通過現象的考察，日常的實踐，我們對於理想政治的想像會不斷地變動。這永恆的變動是理應如此的。例如在主權發展史中，舊日著眼的只是政治的平等參與權利，只在乎投票權或者參選權；往後才發覺空有選舉制度，根本不足以保障人的自主性，人的生活不能受到保護，因此會開始爭取社會公義。對於醫療、教育、居住、環境、規劃、網絡等維度都有所意識，甚至將自主和自足的權利延伸至這些不同的面向上，主權在民也生出經濟主權、食物主權、環境主權、網絡主權等，這些政治想像，不就是會不斷豐富我們對於理想政治生活和社群關係的設想嗎？不就是會不斷改變當初我們對理想國度的想像嗎？當更新了我們對於烏邦托政治的想像後，它又反過來指導著我們具體的政治參與和實踐方向，政治想像的普遍性和政治實踐的殊別性，有種互相反饋的對話關係。因此，「共產主義作為真實的運動」這句話的意義才真正顯露出來，因為不論共產主義還是社會契約，作為主權在民的烏托邦辯證，本身的意義都不是先驗地由哲學家所把握。它們呈現的意義是通過群眾的運動和思想家的概念化而投射的新可能，進而作為一種新的政治理想的想像，引導和規範著後來者的政治行動。

若借用政治神學的觀念來闡釋，本文所理解的烏托邦，僅僅是作為一種指向性的方向，而不是很強烈的末世圖像（或可稱之為弱性神學[74]），而且必然帶有非穩定的元素，總是在碰撞的運動中改變。法國解構主義思想家德里達用上柏拉圖的概念 Khôra 理解政治的「將臨」（à-venir/to come），那是始終作為一種將臨的，延異著徹底到來的狀態[75]。

這種辯證地理解烏托邦政治有三個重要的面向。第一點是通過引用辯證作為想法（不是方法或者立場）[76]，強調經驗的溢出可能性和概念的經驗性質，從而對理性和概念引入自我批判的維度，避免了自我內在（self-immanence）的同一性追求所帶來的支配權力。這是什麼意思呢？自啟蒙時代以來，理性主義所主導的意識形態對於精神活動所生產的概念如此地看重，以至認為外在世界作為客觀的對象，應該會服從於主體所產生的概念之中。例如康德認為人的道德作為實踐理性，道德律必然服從普遍性原則，這才符合理性所推演出來的定言律令（categorical imperative），作為理性的自我要求。由於這道德要求的普遍性跟外在世界的普遍性理應一致，因此行為的理性跟外在世界的幸福是同步的，不應分裂的，此即為康德所假定的德福一致。

借用德國批判理論思想家阿多諾所言，這該稱作「同一性思維」（identity thinking）[77]。按這思路，精神活動所生產的政治概念跟外在世界的種種經驗應該是同一的，能夠以前者解釋後者，因此應然世界的規範性理論才能普遍地指導著經驗世界的人的真實活動。即是，主體有了一個概念之後，必然是對應著外間的相關事物，經驗事物跟概念是理應相對應的，不然理性的概念世界跟經驗的倫理世界是難以並行。但這對應意味著在經驗抽象出來的概念，倒過來框限了經驗的一切可能。然後，抽象化的概念再連結其他概念，形成合乎形式邏輯的總體性（totality），顯現著一個合理的宇宙，或曰一個解魅（disenchant）的現代宇宙觀。這同一性的進路為的是建立一個完全同質的整體，排拒了所有異質的存在，以至連矛盾的意義也是由這同質總體性所定義和理解[78]。

加拿大哲學家 Deborah Cook（一九五四－二〇二〇）甚至稱之為「概念上的帝國主義」（conceptual imperialism），因為主體的總體性總是以其邏輯的真確性看待一切異質的他者，通過消除殊別的異質性來自我保存[79]。這種同一性思維，正是以為理性所追求的是靜態的真理，對應著抽象概念以外的經驗世界，從而以概念來支配經驗應該如何顯現自身[80]。這既存在著前面所述的知性拜物的危險，同時視固定概念的真實性（invariant actuality）凌駕在可能的經驗（possibility）上，也是作為對殊別經驗的支配。

主權在民作為辯證的烏托邦政治，強調的是非支配性的反抗政治的話，我們便得基於道德要求去重新高舉經驗世界的可能性，而這無窮的可能性是理論所不能完全把握的。不單抽象概念本質上不能把握經驗的可能性，而且這種概念的缺失性正是代表著理性對於感性經驗殊別性的依靠[81]。因此，美國批判理論學者 Jay Bernstein（一九四七－）在課堂上曾言，我們應該重新回看黑格爾的討論，視政治的真理追尋作為一種歷程或者經驗（Erfahrungsweg/experience）的方式，那麼烏邦托的政治想像總是在不斷更新，而這更新的開放性也意味著政治終極是有待實踐和反省，這實踐當中必定帶有許多的矛盾。但矛盾不單不是為了形式邏輯性的真值（truth value）的表達，不是為了重新肯定概念固有的總體本身，反而是重新讓我們更深刻地認識概念指涉對象所蘊藏的可能性，從而去修正舊有的想法和理解。

因此，概念既是概念的運動，同時也是實踐的行動，這行動和犯錯本身才是認識那概念所必經的過程[82]。換句話說，矛盾和衝突不再是為本質的自我肯定服務，而是構成更完整和理想的認識所必須經過的歷程。這正是辯證的烏托邦政治所一直強調的終極的開放性，這開放性不僅是源於思考活動本身，而且是實踐所解放的可能性是概念所不能全然把握的，經驗的殊別性總是溢出概念框架之外，可能性總是不完全被實在性所包納，這是大力質疑著概念內在的總體完整性，即認為概念的真確性可以單純從理論的系統本身證成，這種封閉性體系的觀念是理性的野蠻支配，與此同時也是對於經驗個體性的肯定。這不僅僅是辯證所要求的，更是一種倫理的態度。

這也是為何美國哲學家卡普托（John Caputo，一九四〇－）不斷講述解構閱讀的重要，在於強調概念、信念、著述、傳統、社會、所指向的意義和所指（signified），永遠是會溢出能指本身的既有範圍，一如「主權在民」的信念總是超越概念本身預設的既有內容，其意義並不是固定的，而是在不同時代的運用中不斷變改和加添減少。因此，解構閱讀像是要排除萬難地把握那不可能把握的，因為解構閱讀的倫理性，在於深知這種概念的無限可能性不是理解的障礙，反而是孕育著其生命力[83]。

第二點是抗拒歷史進步論。主權在民論若然被理解為一個固定的政治理想，通過思想家的概念發明後，再傳播給廣大民眾來實踐，然後再以這規範式的理想來評價和指導當前的政治局面和社會政治抗爭，那麼只要人們一步一步地爭取，世界一點一滴地改變，我們最終可以愈走愈近原有的目標。就像今天香港的抗爭者向同路人最常講的打氣窩心話，不是什麼空洞的「加油努力」，而是「煲底見」（白話文是「在立法會再相見」）。如果「煲底見」扣連著一個穩定的政治想像，不管是制度上還是生活方式上，似乎社會運動終究會使得我們走得愈來愈近，換句話說，歷史正在不斷進步。

但這種歷史進步論首先意味著理想的規範政治，其內容是固定的，道德概念的內容是千古不變，那才有所謂進步或者不進步之分。倘若每次賽跑時，連終點也變了，那麼每次跑步的紀錄自然不能簡單地互相比較，但當中的差異仍然可通過計算出同質的結果來方便比較，這點人人都明白。但若然賽跑變跳遠，鬥快變鬥慢，那麼便更難言參賽者每次成績之間能否反映其有所進步了。更重要的是，歷史進步不單限制了目標的固定性，且規限了一條線性式的發展觀來評價成績得失。因此，主體必須要在某一種評價下趨向理想，才可稱得上是進步。例如賽跑講究的是指定距離內的完成時間多寡，即其速度之多少，作為賽跑這種競技的指定目的，因此跑手之間所拼的只會是這跑速之多寡，衝線時間之快慢和姿勢。這些是影響著跑手是否有所進步的指標，以於跑步途中是否有笑容，或者比賽制服是否整潔，是完全不會納入進步的考慮之中，因為這不屬於這項運動所考量的單一線性標準。

但在辯證的烏托邦政治所呈現的歷史觀中，主權在民論所指向的何謂主權在民，其相關的政治概念如自由、自主、自足等是受著不同的歷史條件和理解而有所改變，從而大大影響到主權在民所指向的目標何在，乃至如何達到。因此，歷史不是機械的發展，人類也基於上述的殊別經驗的可能性，沒辦法單憑頭腦設想著歷史終結（除非真的世界末日而人類通通滅絕）的具體模樣，且能完全地付諸實行，使得人類社會得以進入最完滿的狀態，往後的歷史只是舊有的永遠重複。這種確保了歷史有其客觀開放性，始終容許著其他可能的方向。馬克思的主張的確是帶有歷史進步的傾向，相信從亞細亞、古代、封建、資本主義到共產主義，人類的歷史是不斷進步[84]，最終趨向著沒有階級和社會衝突，人類整體共享自由平等的理想世界，這也是後來者詮釋之爭論所在，但他也在一八七七年的信中承認，其政治經濟批判基本上回應的，而且也只是對應著西歐資本主義發展的情況，例如俄國便很可能會發展出不同的歷史進路，這是後世所需要理解和研究的。若然連俄國也未必適用，那麼更遠的地區的歷史發展道路便更為不同[85]。

重點是，歷史的詮釋不僅僅是為了政治科學或者歷史學的求知欲，作為一種實存的客觀知識來認識和理解。歷史的回顧往往是為了當下的政治運動，指向著新的方向和出路，一種不同於當下被支配秩序所呈現的過去和將來。例如，對於任何一個王朝或者統治階層要獲取其管治的合法性，要使得人們的服從不是出於單純的恐懼而是忠誠順服，其中一種重要進路便是通過歷史的書寫和重寫，讓其統治的權柄能夠追溯至更有權威的源頭，例如輝煌的朝代、民族的起源、甚至是天神的賦權[86]。例如中國不論統治集團的宗教傾向如何，祭天都是共同的儀式，這儀式也指向的管治者歷史之重構，代表其受命於天而不再是外來的侵略者，從而成為萬民膜拜的對象。[87]民族的出現自然也是倚靠歷史的書寫，使得民族這想像共同體變成歷史主體，擁有歷史的個體才是真實存在的東西。[88]

「我們對於歷史的需要，決不同於知識花園裡那個被寵壞的懶漢對於歷史的需要。即使人家在其精緻的探求中，看不起我們粗魯無禮的要求和需求：那便是我們需要歷史來求生和行動，而不是自鳴得意地逃避求生和行動，甚至是粉飾自私的生活和怯懦的行為。只有歷史為生命服務，我們才為歷史服務。」[89]尼采在一篇名為《歷史對生命的利與弊》（*Vom Nutzen und Nachteil der Historie für das Leben*）的論文中揮毫寫下如此精警的話。歷史總是為人服務，總是生命綻放的方式，因此也必然是抗爭的手段。

在本雅明的歷史哲學中，他同樣認為政治運動和對抗之可能，不是在於沿著既有的歷史觀，特別是既有服務於統治階級的歷史觀去審視當下的位置和可能性，而是通過回溯舊日的抗爭史，連結著無數前人的奮鬥，才能照亮今日所當走的路。「備受壓迫而挺身戰鬥的階級本身，才是認識歷史的主體。」[90]本雅明有力的批評是歷史進步論（不管是左翼、自由主義還是社會達爾文主義）當中預設的線性發展中，「人類的進步觀始終無法擺脫一種在同一性質、且空洞的時間（homogene und leere Zeit）裡不斷進展的概念。」[91]因為歷史進步全在乎於歷史終結的逼近性，因此除了那一刻之外，其餘的都只是空洞的時間，還未實現歷史終結的時刻。他很著力地呼喚著人們從誤認時間作為流動不息連續體的幻覺中覺醒，認清歷史本質才能重新通過歷史展開新的抗爭可能和盼望。

> 炸開歷史的連續統一體的意識，是革命階級在行動的當下所具有的特點……時間既出現於當下（Gegenwart），也停頓在當下，所以當下並不是承先啟後的過渡。歷史唯物主義者無法放棄「當下」（Jetztzeit）這個概念，因為這個概念定義了當下，而他們本身也在當下書寫歷史……歷史唯物主義者任由他人在歷史主義妓院中的一個名為「從前曾經」的妓女身上，耗盡本身的精力，而他們自己卻仍握著足夠的精力來炸開歷史的連續統一體。[92]

這炸開並重新梳理歷史的當下時刻，便是過去彌賽亞時刻的總和[93]，如同單子（monad）一般濃縮了過去未來於這一時刻中，產生出不同於當下既有的所謂連續統一體，從而形成新的可能和抗爭驅動力。歷史終究是開放的，迎向著各式各樣的可能性，但只有重塑歷史，讓歷史為自己服務，才能照亮其中的新可能。因此，所有政治行動都帶有彌賽亞的歷史斷裂性，作為一種革命的破壞性面向，通過對當下歷史連續的破壞，過去被遺忘的抗爭史才得以喚起[94]。但是辯證的烏托邦政治不止是在於歷史的重新書寫，作為當下展現歷史發展的新可能，更是通過知識生產及其政治經濟的結構，把握當下意識形態得以操作的物質和社會條件，才能真正能夠與政治實踐互動，因此政治思想依然應該充分運用政治經濟學以及其他不同學科的研究成果，作為其分析和批判的具體內容。不然，不了解當前歷史條件及其衝突的話，再談政治革命也只會流於口號。

最後一個面向，也緊密地連結著往後秩序衝突論框架的，是辯證的烏托邦政治重新審視衝突之必然性

（inevitability）和必要性（necessity）。由此出發，辯證活動才得以展開政治世界的結構，重新理解概念、價值、制度或者物質生活的位置和關係，使得抗爭和衝突帶有正面的意義。辯證的的烏托邦想像，意味著政治理想的追求總是處於運動之中，烏托邦不是一種靜態的，永恆不變的當下，而是隨著人的政治想像而不斷流變。烏托邦這種流變不純粹是作為一種客觀的描述，即烏托邦總是對應著人們政治追求的投射，這流變更代表著衝突的必然性。衝突的必要性首先是來自烏托邦的投射和現實處境的落差，造成對後者的規範和評價。這點在盧梭和馬克思的思想中都有充分的展現，所以不再累贅。

但同時，另一層的衝突是源於不同人們之間的政治投射，並產生出烏托邦想像的眾數，這可以是來自於同一時期的人對於相同或者相似的政治概念帶有不同的詮釋，例如對於自由、平等、博愛、多元、主權在民等政治概念，當然可以有字典式的權威解說和定義。但是字典式的權威是來自研究單位，以至於社會上大多數人的認同，這權威性才得以建立。換句話說，字典性的權威反映的是社會上多數人的理解，從而反過來成為一種「客觀」權威而規範著字詞理解。但若然政治世界有足夠人對於這些概念持有相當不同的理解，以至於可以與原來的理解區分開，那麼字典式的權威可說是毫無規範權威可言。這兩種或多種不同的詮釋立場，構建了各自的概念體系，投射出不同的烏托邦想像，由於沒有一種永恆正確的烏托邦想像，這樣衝突是難以避免的。即使是在所謂同一陣營之中，甚至使用著同一套理論語言來證成行動和設想政治，他們各自所理解和投射的烏托邦也不盡相同。

高舉理性的哲人往往試圖從理論之間的找出客觀的價值標準，從而通過某種共同的規範性權威去判斷理論間的高低，以至於烏托邦想像的高低時。例如羅爾斯便會以公共討論的「合理性」（reasonableness）[95]

或者「重疊共識」（Overlapping Consensus）[96]作為標準，使得不同幸福觀，不同政治立場和價值體系的個體都會認同正義原則或者憲政民主秩序擁有的倫理優先性，但是這些條件的權威性卻也是建基自理性主義對於人普遍的理性或者公義感（a sense of justice）[97]的相關理解而來，因此仍然屬於封閉體系（close system），對於不同意這些學說或者政治立場的人而言，是沒有任何權威性的。那些公義原則或者對公義自由的理解，僅僅作為一家之言而已。

黑格爾主義批判理論學者，同時是我的老師的霍耐特（Axel Honneth，一九四九－）會反過來，不先驗地提出普遍理性或者正義感，而是從成長心理學出發，不帶前設地認為價值衝突是作為互認政治（politics of recognition）發展所必須的過程。個體在集體中產生個體化（individuation）的時候，必然會跟其他人產生衝突，這些衝突使得個性化身分得以可能，然而在獨立性的意識跟其他自我意識的相處之中，個體會學習到彼此的互相依存性（interdependence），任何人都不能失去彼此的認同而獨立存在。個體的自我中心意識終究會去中心化，所有人會平等地認同彼此之差異而不會消解了個體性，衝突融合在互認之中[98]。因此，社會衝突往往源於互認的失落，產生了對群體的傷害，但最終指向的出路還是互認政治，因為這才能保存獨立性和互倚性，個體性和普遍性[99]。但這顯然高估了互認的道德優越性，低估了衝突的根本性（這已在序言詳談）。因為霍耐特依然預設了穩定的秩序，且以這秩序穩定性定義了衝突的偶然性和過渡性，最終導向的始終是他已經建築好的互認政治烏托邦。這犯了跟羅爾斯的問題依然是相似的，便是以不同方式高舉了某種烏托邦想像，作為所有人的共識或曰歷史的終結，因為深層的衝突已經消除，理想的秩序已經體現，政治只剩下執行的技術問題[100]。這是所謂的去政治的政治思想[101]。

大概令人意料不到的是，作為抽象理想政治討論的祖師爺，柏拉圖卻早已對政治衝突的必然性有著入木三分的刻劃。在《理想國》第二至第七章，柏拉圖固然是在描述一個理想的城邦的種種安排，不管是哲王制、教育、財富、文化歷史、理型知識（εἶδος/eidos）等範疇均一一討論到。但是在第八章，筆鋒一轉，他卻整整花了《理想國》三分之一的篇幅，闡述為何烏托邦理想政治秩序並不會永恆地存在。即使城邦早已由哲王所統治，即使一切柏拉圖所能設想的理想國度條件都已完美的實現，但他早已明白美的城邦（Καλλίπολις / kalipolis）也是會崩塌的，毫無例外。「即使城邦是以如此完善的方式建立，要使它不會動搖仍然是極為困難的。因為所有存在於世的事物都必然會倒下，即使是基礎最為堅實的美好城邦也不會永久存在。它必然會崩潰。」（五四六 a 一－四）當城邦的狀態慢慢變得不健康，衝突和內戰便會出現，最終令得政體一個接著一個地墮落。但明明美好城邦完全是按照抽象的理型模型，建立起合乎理性和德行的政治社會秩序，為何仍然不會像理型般永恆存在呢？那便得去注意一下，當初的美的城邦秩序是如何建立出來的。美的城邦按照著合乎理性抽象領域的理型觀念如公義或者智慧，按其意義而建立出來，因為它們是理性而具普遍性的（四三三 d 五－七）。

更重要的是以下兩點。首先是哲王或者管治者的條件在於他們的能力，使他們成為少數認識理型哲學知識的一群，並將理型的知識應用到政治秩序的少數管治階層（三七五 e 九－三七六 b 四）。大部分人既沒法享受到這種帝王學的訓練，也被認定是沒有能力受訓的，因此他們只能從事其他行業，接受次一等的技術訓練，成為某一門工藝職業的專家。但這不代表他們沒有政治的相應想像，尤其是有關於利益和權力的分配問題，這些非哲王的政治想像是跟美的城邦秩序也著極大的衝突。第二點是，既然大多數人沒法明白哲王秩序如何運用理型知識統治，使得所有人得到最大的幸福，那麼他們的政治服從便是建基在彼此的認可，也便是信任之中，這也是四大重要德性中「自律」（σωφροσύνη / temperament）的作用。「自律是作為群體之間認同（ὁμόνοια / agreement）誰應該管治——在優和劣之間有一種自然的平衡，不論是在城邦還是個人的層面。」（四三二 a 七－九）這默許認同的信任也便形成了秩序（κόσμος / cosmos），指導著所有人的位置、行為、權力和利益（四三〇 e 五）。

有趣的是，這兒 Tom Griffith 在劍橋譯本把 Ὁμόνοια / homónoia 譯成 agreement[102]，我認為是帶有強烈的社會契約味道，從拉丁化的字源我們會見到，這「認同」一詞跟音樂上的和諧（harmony），即是和鳴（concord）是極為相近的，而和鳴也更合乎柏拉圖以音樂類比社會的和諧，因為這不會預設個人主義的契約精神。反而，社會的和鳴更著重要的是一種社會生活和精神特質（ethos），使人與人之間自然地形成社會等級和地位權力安排的信任，作為人處於世上的方向和意義網。在這意義下，才能使哲王有著天然的權威性，讓其他階層自然順服於其管治之中。只有在這社會環境下，哲王管治的權威性才能跟醫生或者船長相近，其知識才能讓其無可爭議地處身管治階層（五〇二 b 八－一〇）。

所以結合這兩點，我們可以看到柏拉圖著力講述的哲王制與美的城邦，是一個雙向的運動，哲王著力通過哲學知識改造社會文化，從而令得其他的生產階層，不認識哲學知識或者可能不認同哲學理念的平民，通過社教化而內化秩序，使他們認可哲王秩序的權威性，哲學知識的優越性，使其得到所需的信任。同時，透過這種社會大多數人的認同，哲王制才得以再生產新一批哲王出來，社會政治穩定才得以維持。但這不代表大多數人會完全認同哲王的政治想像，事實上這也是美的城邦產生內戰的原因。「當內戰爆發時，階級或者本質會分成兩邊。鐵或者銅質靈魂（作者按：即生產階層）[103]會把國家拉向商業世界，即享有田產地產和金銀財富；相反在另一邊……因為他們的靈魂並不貧窮，而且天然地富有，因此他們努力領導國家走向德行和傳統秩序。」（五四七b一一五）

兩種秩序的衝突，並不會因為實行哲王制而完滿解決，美的城邦不過是某一種以哲學知識主導下的社會形態，使得城邦整體得以富強和穩定的發展，民眾得以體現理性的德行為依歸。政治衝突終究會回來，吞噬地上最美好的國度。對柏拉圖而言，在他的體系中，這當然是種墮落。但這墮落的價值判斷不過是因為柏拉圖思想的標準，同時這卻也是政治的實存條件，或曰人的條件。這是連柏拉圖在書中也不能不面對的政治性。而哲學作為某一套政治體系或者烏托邦政治，終究沒法說服到大多數人的認同（這某程度上也解釋了柏拉圖或者蘇格拉底對詭辯術的排斥，因為這技藝在群眾之中有著巨大的影響力）。

所以政治在柏拉圖理解下是跟政治哲學互相衝突的，哲學的體現是政治衝突的消除，秩序衝突的消亡。相反，政治的衝突代表著哲學的有限性，作為某一種秩序投射或者烏托邦政治想像。只是這兒不等同於重複鄂蘭的觀點，認為哲學總是在乎於人的本質性，追問人作為人的普遍性質，跟她所理解政治作為多元性（human plurality）的關注完全不同，因此政治和哲學是互相對立的想法[104]。我在這兒著眼的反而是某種哲學思想的政治性，例如柏拉圖的哲王論作為一群人共有的政治理想追求，作為一種連結幸福人生和富強政治的想像，這種思想及其想像必須要長期的甚至是永久的跟其他政治思想爭鬥，爭鬥的結果將會大大地改造著整個社會政治和經濟分配秩序，令整個社會的利益和權力關係調整成該秩序的方向，不管是菁英制、民主制或者獨裁者，各自作為秩序和觀念的不同安排，使得不同階層的人受惠。因此，借用尼采的講法，政治場域所指向的是價值之價值的衝突，是重估一切價值的鬥爭[105]，而哲學所呈現的不過是其中一種價值秩序而已。

因此，「若果哲王不去擔當管治者的角色，便需要承擔起更差的人擔任的政治後果」（五二〇d三–六）。柏拉圖十分清醒，假使哲王不試圖在必然衝突的政治世界中，維護其美的城邦的哲王秩序，那麼政治的內在衝突性必然會使得其他烏托邦政治想像和秩序乘勢而起，取而代之，因此哲王必須長期有意識地執政，有意識地在衝突中維護哲王理性的政治秩序，才能為自身或者許多人帶來相應的權力和利益，以至於穩定和幸福。這也是衝突的必要性面向，而不僅僅是客觀的必然性。這種對哲學或者哲學概念角色和意義的重新把握，展開了對於秩序和衝突的多重新的面貌，甚至是重新呈現了政治作為一個特殊場域，當中和哲學理念，還有物質和社會條件的互動關係。

1 列寧，《怎麼辦？》，《中文馬克思主義文庫》，於二〇二二年五月十七日擷取自 https://www.marxists.org/chinese/lenin/1901-1902/01.htm。

2 Bernand Harcourt, *Critique and Praxis* (New York: Columbia University Press, 2020).

3 這是阿里士多德在《尼各馬可倫理學》（*Nicomachean Ethics*）提出的兩種生命形態，而他在卷十更提出沉思生命才是人生最高尚的活動，因為沉思者能通過純粹內在的知性追求達到自足的狀態，無須外求一切不隨心的外在條件。當代著名哲學家鄂蘭提出其相反主張，認為行動生命才是政治之本原。詳見 Aristotle, *Nicomachean Ethics*, trans. Roger Crisp (Cambridge: Cambridge University Press, 2014), 191-6. Hannah Arendt, *The Human Condition*, 2nd (Chicago: University of Chicago Press, 2018), 12-16.

4 當然關於如何才能理解為「辯證關係」，是個頗為複雜的學理問題。我很抗拒一種有歷史命定論或者歷史目的論的辯證關係，但本雅明所提出的「停頓的辯證」（dialectic at a standstill），認為在歷史行動往往不是對歷史既有方向的發展，而是撞出另一種新的時間維度的想像，對過去和未來有著新的理解，因此沒有所謂進步與否，只有當下的支配壓迫和解放的可能。這會更貼近我心目中的辯證關係。詳看 Susan Buck-Morss, *The Dialectics of Seeing: Walter Benjamin and The Arcades Project* (Cambridge: MIT Press, 1989) 278-80.

5 Theodor W. Adorno, *Lectures on Negative Dialectics* (Oxford: Polity, 2008), 7.

6 Walter Benjamin, *The Arcades Project*, trans. Howard Eiland & Kevin McLaughlin (Cambridge: Belknap Press, 2002), 929-945.

7 這是語言學的常用區別，把所有符號分成至少兩部分，能指和所指。能指是符號本身，而所指則是符號具體指向的外在世界對象或者意涵。詳看 Ferdinand de Saussure, *Course in General Linguistics*, trans. Roy Harris (Open Court, 1998), 65-9.

8 Massimo Verdicchio (ed.), *A Croce Reader: Aesthetics, Philosophy, History, and Literary Criticism* (Toronto: University of Toronto Press, 2017), 41-6.

9 Martin Heidegger, *Being and Time*, trans. John Macquarrie & Edward Robinson (New York: Harper, 2008), 25-6.

10 「前理解」是個海德格和高達美常用的詮釋學用詞，這指涉著對「理解」活動跟主體既有視野或者認知背景的關係。即一個主體參與在對某件外在事物的理解時，事物呈現的意義是跟其主體認知背景相關。而這新的事物知識和資訊也會成為主體認知背景系統的一部分，作為下次認合時的視野。詳看 Hans-Georg Gadamer, *Truth and Method* (London: Continuum, 2004). Martin Heidegger, *Being and Time*, 95-102.

11 Jean Jacques Rousseau, *The Social Contract and Other Later Political Writings*, trans. Victor Gourevitch (Cambridge: Cambridge University Press, 1997), 41.

12 Jean Jacques Rousseau, *The Social Contract and Other Later Political Writings*, 41.

13 Jean Jacques Rousseau, *The Social Contract and Other Later Political Writings*, 49-50.

14 Jean Jacques Rousseau, *The Social Contract and Other Later Political Writings*, 41.

15 李宇森，《主權在民論》，頁五四－六。

16 Jean Jacques Rousseau, *The Social Contract and Other Later Political Writings*, 49-50.

17 Emmanuel Joseph Sieyès, *Political Writings*, trans. Michael Sonenscher (New York: Hackett, 2003), 134-8.

18 詳看 Immanuel Kant, *Critique of Practical Reason*, trans. Mary Gregor, (Cambridge: Cambridge University Press, 2015).

19 Jean Jacques Rousseau, *The Plan for Perpetual Peace, On the Government of Poland, and Other Writings on History and Politics*, trans. Christopher Kelly & Judith Bush (New York: University Press of New England, 2005), 123.

20 Jean Jacques Rousseau, *The Social Contract and Other Later Political Writings*, 92.

21 Carl Schmitt, *Constitutional Theory*, trans. Jeffrey Seitzer (Duke University Press, 2008), 247-8.

22 Carl Schmitt, *Constitutional Theory*, 240-1.

23 Michel Foucault, *Security, Territory, Population*, 107.

24 Michel Foucault, *Security, Territory, Population: Lectures at the Collège de France 1977-1978*, trans. Graham Burchell (New York: Picador, 2009), 103.

25 Hugo Grotius, *The Rights of War and Peace*, Book I (Indianapolis: Liberty Fund, 2005).

26 Jean Jacques Rousseau, *Letter to Beaumont, Letters Written from the Mountain, and Related Writings*, trans. Christopher Kelly and Judith R. Bush (London: University Press of New England, 2001), 257.

27 Jean Jacques Rousseau, *The Social Contract and Other Later Political Writings*, 112.

28 Jean Jacques Rousseau, *The Discourses and other early Political Writings*, Victor Gourevitch (Cambridge: Cambridge University Press, 1997), 173.

29 Jean Jacques Rousseau, *The Social Contract and Other Later Political Writings*, 91.

30 Louis Althusser, *Politics and History: Montesquieu, Rousseau, Hegel and Marx*, trans. Ben Brewster (NLB, 1977), 123-51.

31 這概念的英文取自 Anirban Das 的書名，參看 Anirban Das, *Toward a Politics of the (Im) Possible: The Body in Third World Feminisms* (Cambridge: Cambridge University Press, 2012).

32 Aaron Noland, "Proudhon and Rousseau", *Journal of the History of Ideas*, Vol. 28, No. 1 (Jan. - Mar., 1967), 33-4.

33 Eugene Kamenka (ed.), *The Portable Karl Marx* (London: Penguin, 1983), 164.

34 馬克思在一八四八年前後理解的歷史演變過程或許有多少出入，例如他在五十年代末所寫的《政治經濟學批判》（*Zur Kritik*

der Politischen Ökonomie）導言中曾提到，「基本上由亞細亞、古代、封建到現代資產階級的生產模式，可以視作歷史上的不同時代，社會的經濟形態不斷進步。」但在一八四八年以前他應該是從無提及過「亞細亞生產模式」的概念。David McLellan (ed.), *Karl Marx: Selected Writings* (Oxford: Oxford University Press, 2000), 426.

35 Eugene Kamenka (ed.), *The Portable Karl Marx*, 165-7.

36 Eugene Kamenka (ed.), *The Portable Karl Marx*, 180.

37 Georg Wilhelm Friedrich Hegel, *The Phenomenology of Spirit*, trans. Terry Pinkard (Cambridge: Cambridge University Press, 2009).

38 Eugene Kamenka (ed.), *The Portable Karl Marx*, 169.

39 在《一八四四巴黎手稿》，馬克思借用了洛克的想法，人的勞動活動及其勞動成果，是勞動者把自身的勞動力加諸到自然世界中，成為新的物品，因此那勞動成果理應是人的延伸，通過勞動對自身的肯定。異化正正是對此勞動性質的否定，在現代工業或資本社會中，工人在公司或者工廠打工，生產著陌生的商品，同時他也對生產這些商品的自身生產力感到陌生，而不是來自他的本質。因此在勞動中，他不感到自在，不感到幸福，反而是對自己的否定，因此是一種自我犧牲，自我折磨的勞動。除了否定著自身的勞動和勞動成果，工人也跟其他工人，跟大自然之間的關係也因而異化，人的類存在（species being）本質和自然性也被否定，使得人脫離了人類和大自然，變成了一個無比孤獨的個體，為了生存而不能不在殊死的搏鬥中出賣自己。這也是馬克思質疑黑格爾理解的勞動的價值的地方，人無法在勞動中得到教養，了解到人的互倚性從而在主人－奴隸辯證中揚棄超越（Aufheben）至更理想的社會政治關係——互認（recognition）。詳見 Eugene Kamenka (ed.), *The Portable Karl Marx*, 135-44. Georg Wilhelm Friedrich Hegel, *The Phenomenology of Spirit*, 111-6. John Locke, *Two Treatises of Government* (Cambridge: Cambridge University Press, 1988), 286-9.

40 Eugene Kamenka (ed.), *The Portable Karl Marx*, 178.

41 Eugene Kamenka (ed.), *The Portable Karl Marx*, 114.

42 這當然是戲言，當代許多左翼思想家也在為馬克思或者馬克思主義辯護，認為二十世紀的不幸並不會使得其批判性失色，參看 Terry Eagleton, *Why Marx Was Right* (New Jersey: Yale University Press, 2011). Bhaskar Sunkara (ed.), *The ABCs of Socialism* (London: Verso, 2016). Jonathan Wolff, *Why Read Marx Today?* (New York: Oxford University Press, 2003). 還未算上馬克思的政治經濟批判仍然深深影響著今天對資本主義運作的批評，David Harvey 可說是當中佼佼者，參看 David Harvey, *Seventeen Contradictions and the End of Capitalism* (London: Oxford University Press, 2015). David Harvey, *Marx, Capital, and the Madness of Economic Reason* (London: Oxford University Press, 2017). David Harvey, *The Limits to Capital* (London: Verso, 2018). David Harvey, *Spaces of Global Capitalism: A Theory of*

Uneven Geographical Development (London: Verso, 2019).

43 Eugene Kamenka (ed.), *The Portable Karl Marx*, 179.

44 如法國的聖西門（Henri de Saint-Simon，一七六〇－一八二五）、傅立葉或者英國的歐文（Robert Owen，一七七一－一八五八）。

45 如德國的布魯諾・鮑威爾（Bruno Bauer，一八〇九－一八八二）或者費爾巴哈。

46 Eugene Kamenka (ed.), *The Portable Karl Marx*, 237.

47 Karl Marx and Frederick Engels, *Marx/Engels Selected Works, Volume 3*, trans. Edward Aveling (Progress Publishers, 1970), p. 95-151.

48 Eugene Kamenka (ed.), *The Portable Karl Marx*, 179.

49 我認同阿圖塞的判斷，認為青年馬克思即使受到黑格爾的影響，但他終究不是黑格爾主義者。至於是否更傾向於康德－費希特主義，我則存而不論。本文只是著眼於馬克思跟盧梭思想的承繼關係。Louis Althusser, *For Marx* (London: Verso, 2006), 35.

50 Eugene Kamenka (ed.), *The Portable Karl Marx*, 155.

51 Louis Althusser, *Ideology and Ideological State Apparatuses*, 128-131.

52 Eugene Kamenka (ed.), *The Portable Karl Marx*, 156.

53 Eugene Kamenka (ed.), *The Portable Karl Marx*, 223.

54 Eugene Kamenka (ed.), *The Portable Karl Marx*, 156.

55 這兒主要是借用了本雅明的幾種暴力概念區分來理解哲學或者觀念的不同角色的可能。詳看 Walter Benjamin, *Toward the Critique of Violence* (Palo Alto: Stanford University Press, 2021).

56 Eugene Kamenka (ed.), *The Portable Karl Marx*, 158.

57 Eugene Kamenka (ed.), *The Portable Karl Marx*, 227-8.

58 Karl Marx and Friedrich Engels, *Marx-Engels Collected Works, Volume 39 - Marx and Engels: Letters: 1852-1855* (London: Lawrence and Wishart Ltd, 1983), 62-5.

59 David McLellan (ed.), *Karl Marx: Selected Writings*, 615.

60 David McLellan (ed.), *Karl Marx: Selected Writings*, 185.

61 Plato, *Republic*, trans. Tom Griffith (Cambridge: Cambridge University press, 2003), 52-55.

62 Friedrich Nietzsche, *On the Genealogy of Morals*, trans. Douglas Smith (Oxford: Oxford University press, 2009), 149.

63 例如劍橋學派對於理念理解的思想史變化，有著深刻的研究，詳看 Quentin Skinner, *The Foundations of Modern Political Thought, Vol. 1: The Renaissance* (Cambridge: Cambridge University Press, 1978). Quentin Skinner, *Liberty before Liberalism* (Cambridge: Cambridge University Press, 2012).

64 當然，中國文化中也有自己的桃花源傳說，那是來自東晉時期陶淵明的一首〈桃花源詩並序〉。但同樣作為一種人間淨土的想像，但桃花源比較起烏托邦傳統來說，更著眼於避世的簡樸生活，相對而言對政治和社會原有秩序和制度的批判比較少。所以本文也會傾向借用烏托邦作為政治思考的進路。

65 Thomas More, *Utopia* (London: Penguin, 2010).

66 Andrew D. Weiner, "Raphael's Eutopia and More's 'Utopia': Christian Humanism and the Limits of Reason," *Huntington Library Quarterly*, vol. 39, no. 1, 1975, 1-27. JSTOR, www.jstor.org/stable/3816784. Accessed 30 Apr. 2021.

67 Eugene Kamenka (ed.), *The Portable Karl Marx*, 203.

68 David Hume, *A Treatise Of Human Nature* (London: Penguin, 1985).

69 John Rawls, *A Theory of Justice* (Boston: Harvard University press, 1999), 8.

70 John Rawls, *A Theory of Justice*, 215.

71 Walter Benjamin, *The Arcades Project*, trans. Howard Eiland & Kevin McLaughlin (Boston: Harvard University Press, 2002), 22.

72 Walter Benjamin, *The Arcades Project*, 14-7.

73 Walter Benjamin, *The Arcades Project*, 26.

74 John D. Caputo, *The Weakness of God* (Indiana University Press, 2006), 7.

75 Jacques Derrida, *Rogues: Two Essays on Reason*, trans. Pascale-Anne Brault & Michael Naas (US: Stanford University Press, 2005), xv.

76 Theodor W. Adorno, *Negative Dialectics*, trans. E. B. Ashton (London: Routledge, 2004), 4.

77 Deborah Cook, *Theodor Adorno: Key Concepts* (London: Routledge, 2012) 9.

78 Theodor W. Adorno, *Negative Dialectics*, 5.

79 Deborah Cook, "From the Actual to the Possible", *Constellations* (Oxford, England), 3/2005, ISSN: 1351-0487, Volume 12, Issue 1, 23.

80 這進一步推論到當理性的概念用以把握世間事物，從而解魅舊有的世界觀時，自身卻成了新的神話化，此之為啟蒙的辯證。詳見 Max Horkheimer & Theodor W. Adorno, *Dialectic of Enlightenment* (US: Stanford University Press, 2007).

81 Jay Bernstein, *Adorno: Disenchantment and Ethics* (Cambridge: Cambridge University Press, 2001), 331.

82 Jay Bernstein, *Adorno: Disenchantment and Ethics*, 335-6.

83 John Caputo, *Deconstruction in a Nutshell: A Conversation with Jacques Derrida* (New York: Fordham University Press, 1996), 31-2.

84 David McLellan (ed.), *Karl Marx: Selected Writings*, 426.

85 David McLellan (ed.), *Karl Marx: Selected Writings*, 617-8.

86 David Graeber and Marshall Sahlins, *On Kings* (US: HAU, 2017), 377-465.

87 廖宜方，《王權的祭典——傳統中國的帝王崇拜》（台北：臺大出版，二〇二〇）。

88 Ernest Renan, "What is a Nation," in Geoff Eley and Ronald Suny (eds.), *Becoming National: A Reader* (Oxford: Oxford University Press, 1996), 42-56. Shlomo Sand, *The Invention of the Jewish People*, trans. Yael Lotan (London: Verso, 2010). Shlomo Sand, *Twilight of History*, trans. David Fernbach (London: Verso, 2010).

89 Friedrich Nietzsche, *On the Advantage and Disadvantage of History for Life*, trans. Peter Preuss (London: Hackett, 1980), 7.

90 H. Eiland and M. W. Jennings (eds.), *Walter Benjamin: Selected Writings, Volume 4: 1938-1940* (Boston: Belknap Press, 2006), 394-5.

91 H. Eiland and M. W. Jennings (eds.), *Walter Benjamin: Selected Writings, Volume 4: 1938-1940*, 395.

92 H. Eiland and M. W. Jennings (eds.), *Walter Benjamin: Selected Writings, Volume 4: 1938-1940*, 396.

93 Michael Löwy, *Fire Alarm: Reading Walter Benjamin's On the Concept of History* (London: Verso, 2016), 100.

94 Michael Löwy, *Fire Alarm*, 98.

95 John Rawls, *A Theory of Justice*, 429.

96 John Rawls, *Political Liberalism* (New York: Columbia University Press, 2005), 482-3.

97 John Rawls, *A Theory of Justice*, 433.

98 詳參 Axel Honneth, *The Struggle for Recognition: The Moral Grammar of Social Conflicts* (Oxford: Polity Press, 1996). Axel Honneth, *The I in We : Studies in the Theory of Recognition* (Oxford: Polity Press, 2012).

99 Axel Honneth, *The Struggle for Recognition*, 163-5.

100 將政治的衝突問題化約為技術性的管治問題，那便是施密特對自由主義的最大批評之一，詳見 John P. McCormick, *Carl Schmitt's Critique of Liberalism: Against Politics as Technology* (Cambridge: Cambridge University Press, 2005).

101 Carl Schmitt, *Political Theology: Four Chapters on the Concept of Sovereignty*, trans. George Schwab (Chicago: University of Chicago Press, 2006), 65-6.

102 Plato, *Republic*, 126.

103 這是應對著柏拉圖先前談及的靈魂金屬論的神話，此即不同階級的人各自基於其本質的分野，導致能力和事業上的分別，簡而言之，不同靈魂性質的人應該擔當不同政治社會角色，金為哲王，銀為戰士，銅鐵則為生產階層。（四一五a一—d一）

104 Hannah Arendt, *The Promise of Politics* (New York: Schocken Books, 2007), 93.

105 Friedrich Nietzsche, *The Will to Power* (London: Vintage, 1968).

立足世界的香港哲學

我只想知道如何建構一個持續進行的故事，而不是早已完結的歷史。

——唐娜・哈拉維

所謂永恆而絕對的哲學真理是不存在的……一切人類意識的，系統化被認證的觀念都是集體經驗，通過集體發展的技術方式生產出來。

——波格丹諾夫

隨著後殖民的哲學知識日漸普及，港台兩地都開始產生相應的哲學本土化，提倡在地的新哲學體系。有別於傳統的東亞哲學三分，即分析哲學、歐陸哲學和中國哲學作為三大範疇，台灣學界開始以「台灣哲學」命名在地的哲學史與當代發展[1]，學者陳瑞麟也在《立場新聞》著文討論台灣哲學的問題[2]。而在二〇二一年年底，在美國加州任教哲學的王偉雄也在論壇中跟台灣學者暢談台灣哲學的種種[3]，足見這新的分類傳統逐漸成型。而在台海另一邊的香港，故人曾瑞明曾在《端傳媒》發表了一篇文章，討論如何有系統地建立香港人的香港哲學[4]。在上一本拙作出版後，也曾跟他在《立場新聞》討論了一下香港哲學作為方法的一點想法[5]。

若然我們明白到政治思想（如改用「政治哲學」一詞不免帶有強烈的自由主義氣息）在觀念史不是一個獨立於政治經濟與物質生產的獨立王國，即是說現行的政治經濟秩序，首先會需要生產相應的觀念來呈現相應的世界觀，令主體服從相應的秩序，從而令秩序得以不斷再生產。但同時觀念卻又有相應的自性，能夠因著不同詮釋而認同或者投射其他的政治想像，質疑與衝擊當下的權力利益分配秩序。也就是說，觀念一如工具，是不可能完全徹底地把握和理解的，它總能溢出其既有的理解，其意義也會不斷改造和豐富。這套形式上的秩序衝突框架，如何放回香港的獨特處境，便是這章需要處理的議題，也是回到思考主權政治的起點。因此我會必須回到香港的處境，也回顧幾位我十分尊敬的香港學者，包括周保松、戴耀廷和羅永生的思想論述，讓我們一瞥當前香港政治思想的群像（容我借用鄂蘭的名作《黑暗時代群像》（*Men in Dark Times*）的講法，畢竟在國安法下的新香港，也確實成了我們的黑暗時代），才能承繼著前人的努力，走出自己的路。

一、民主的樽頸，左翼的失語

從九七主權移交後一直爭取雙普選，到雨傘運動的審議式民主和公民抗命，魚蛋騷亂的主體覺醒與路線之爭，再到反送中運動的主權在民和黃色經濟圈的主張，我所見到的不是一個香港社會民主化運動的線性發展，而是逐漸擺脫由專業中產和英殖思想主導，重新審視和踏上民主共和所必須的思想和實踐嘗試，這樣我們才慢慢看清楚，民主化到底是什麼？又是為了誰的權力和利益？這正是一點一滴地填補過去三十年香港民主運動一直對主權和主權者問題，跟民主的關係諱莫如深的大缺口，使得民主討論只停留在政制上，沒能建立堅實的在地基礎[6]。更不用說帝國批判和東亞反殖民的脈絡，也是香港思考自主自決所必須具備的視野。

這場反送中運動特別在於從水泥地上長出新的主權意識，這在運動早期的種種事件中已經反映出來，如二〇一九年七月一日，示威者衝入香港立法會時宣讀《七一宣言》，或者在各大商場共同宣讀《香港臨時政府宣言》[7]，無不是模仿著一七八九年，法國大革命爆發時民眾代表共同商議並宣讀的《網球場宣言》（*Serment du Jeu de paume*），藉以追求和建立一個真正的憲政國家[8]。只是兩百多年後的香港人，所面對的不是搖搖欲墜的法王路易十六的朝代，而是一個擁有九千五百多萬黨員的黨國體制，手握著兩百萬軍人的龐大國家機器。動人宣言與萬人集會，委實動不了它分毫。一如當年法國革命，如果宣讀宣言後沒有隨後攻打巴士底監獄（Bastille）和控制政治軍事力量，其實也只會成為空話。

話雖如此，但從政治思想的發展角度，香港抗爭者集體地意識和模仿大革命的著名事件，在集會中不斷強調「主權在民」的理念，象徵著民主的爭取不再停留在冷戰思維，只有民主或極權的「正邪二分」。民主不再是自由世界的必然歸宿，人權自由的必然保障。民主有了意志論的面向，有了自主的意識。而這自主不只是個體公民享有《基本法》賦予的種種個人自由和權利，可以完全地成為一個自利的公民。民主更帶有集體的自主性，一種群體共同決定自己未來的能動性，作為民主精神的底蘊。這正是主權在民所帶出來的革命性精神，因為主權在民的意念在於，人民的意志代表著活生生的憲法，這比起任何死的憲法還是核心與根本。因為憲法理應只是人民意志的具體文本，不是高於人民的約束（因此當清華大學法學院前院長王振民振振有詞地宣稱，提港獨即是有違《基本法》，實在是不能更荒謬的主張，只是在黑暗時代，荒誕倒成了現今政法秩序的新精神）。

因此，是憲法需要合乎人民的意願，按著人民的政治意志來規範整個政治法律秩序，而不是倒過來限制人民的意願。因為這主權在民的意志，是整個國家得以統一和秩序的最根本基礎，失去了這意志，這國家便會徹底散開，任何秩序和體制都會崩潰，國家與社會也就不再存在了[9]。因此，德國法學家施密特會稱人民的意志為「絕對憲法」（absolute constitution），只有憲法跟人民的意志是一致，憲法制度才能獲得根本的正當性[10]。這是基於人民擁有制憲權的主權在民觀，並深受法國大革命思想家的盧梭或者西耶斯的影響。這面向在《主權在民論》已有詳細討論，不再贅述[11]。

這種主權在民的想像，相對於回歸後以《基本法》普選承諾為根本的雙普選，以至於其背後的自由主義政治想像，是範式轉移（paradigm shift）的開端。這代表了抗爭運動超越了當代自由主義的想像框架，踏上真正的革命之途（這革命跟暴力與否沒有必然關係，反而在乎政治理念和反思的根本性，而當社會運動從民主體制轉向主權意識，我便會理解為政治革命）。

如果今人設想的主權在民仍然指向國族政治和建國大業，這不過是重複近百年來國家體系的幻想，忽視了帝國與主權國家秩序之間錯綜複雜的關係，忽視了人們在國內與跨國秩序不對等下，自由自主仍然遙不可及。而且，在全球化的世代，一方面在大量移民、難民與流亡潮的趨勢下，連帶民族國家的想像也受到很大衝擊，另一方面如何在這流散成為常態的政治現象裡，重新思考超脫國家中心的政治秩序，在後國家的框架中設想新的國際主義，正是今天極為重要的左翼課題，或許也可避免一些香港左翼學者近年所宣稱的「左翼失語」。在拙作中，我提出的方法之一，便是更新抗爭的語言，使得左翼不致陷入日漸脫離脈絡的理論語言中，愈來愈難對應香港人所熟悉和認同的理念，以致失去動員力而失語。

一如法蘭克福學派哲學家馬庫色（Herbert Marcuse，一八九八－一九七九）的一篇題為〈在繁榮社會中解放〉（Liberation from the Affluent Society）的演說，當中提到一個重要的問題：在現代富足的資本主義社會如美國，我們再談「解放」是什麼意思呢？是不是從資本主義走向社會主義，取消所有財產制，國家推行計畫經濟，並將所有生產工具國有化呢？顯然不是，但這不是因為歷史已經終結，後冷戰的資本主義社會很理想，而是在後資本主義時代（late capitalism），西方社會的需要和感受不同了，不再如十九世紀的工業時代一般，充滿直接的悲慘痛苦，為資本家賣命維生（當然這是從地域性來說的，只是資本家把工業密集生產和低福利剝削遷徙至其他地區而已）。即使社會貧富差距並沒有拉近，但是大多數勞工都獲得前所未見的消費自由和享樂機會，感受到科技的發展和物質豐盛帶來的新生活型態。因此，「解放的基礎和策略也要隨之改變」，因為這已是新式工人階級了，不再是馬克思或者恩格斯念茲在茲的傳統工人[12]。

放回香港的脈絡，自七、八十年代工業外移，城市急促轉型為金融服務業主導的後工業時代。加上近二、三十年新自由主義化，由私有企業到政府工都越發傾向以兼職、零散工、彈性工時來取代全職職位，也大幅削減工作福利和退休金，工人階級的結構出於大幅度改變，使得香港很難再出現類似省港大罷工的大型工業行動，以工會和工運主導的左翼想像也漸漸邊緣化。儘管在近十年也有過不少工業行動，向資本家追討工業的應有待遇，如二〇一一年紮鐵工人追討欠薪[13]、二〇一二年國泰工會罷工[14]、二〇一八年巴士司機罷駛抗議[15]、二〇二一年太古工人罷工抗議減薪[16]之類。但對於一些香港左翼來說，從維基香港電視集會、反國教集會、雨傘運動到二〇一九反送中運動，似乎大型的政治運動爆發都是以「自由主義色彩濃厚」的普世價值、人權自由或者民主法治為目標，同時也是成功動員群眾的主要原因，而組織的意義也大大不同了，更多是從政黨或者專業團體主導，多於傳統工會的運作模式。

因此，香港左翼看似陷入兩難的局面，要不全面投向群眾和運動，令自身的立場和批判性變得模糊，要不抽離運動，孤高地批評運動的意識形態，但兩者皆不可取。只是左翼論述的被動和缺乏動員力，亦是不爭的事實，而全盤攻擊自由主義基本信念或者運動的核心目標也只會離群眾更遠，因此在香港左翼組織「夜貓」曾以左翼的失語理解當下的進步政治危機，並謂這是本地左翼必須接受的弱勢，只能在心性上轉化[17]。

「左翼的失語」的講法，隨即引起不少富啟發性的討論[18]。例如香港嶺南大學文化研究前教授許寶強便會認為，失語未必在於群眾的不理解，也應為左翼朋友所自省的課題，因為左翼理解和溝通的語言理應跟群眾一同學習和修正。「社會運動的其中一個特色，就是從與民眾或（準）抗爭者一起參與和學習的過程中，不斷發展出新的語言」，而不是單向道的教育或者灌輸相關政治知識。

倘若社運「組織者」，暫時未能找到合適語言，可以有效地扣連「左翼」的終極關懷與民眾的情感和認知，那麼可考慮在當前的社會脈絡下，以社會運動作為方法，再次回到根本，叩問什麼是「左翼」的終極關懷，釐清社會運動的願景，尊重（準）抗爭者的能動主體（agency），認真聆聽民眾的情感與想法，於理論傳統和百姓的日常生活中尋找新的語言，思考和尋找「左翼」社運目標與民眾訴求的可能交集，以扣連兩者、「建構多數」，開拓一種不再陷進「失語」或「憂鬱」的左翼政治。[19]

青年法律學者黎恩灝同樣認為，運動的本土面向與及對抗共產中國的位置，都將傳統社運的左翼論述推進末流，因為後者無法回應運動產生的新社會條件，未能吸收新工會運動帶來的新力量，不同於傳統工會著重行業利益和政黨組織，新工會運動的非中心化，高舉身分政治並以奪取議會或建制內的行業代表與政治權力為中心，這些都挑戰著以工運主導的傳統左翼政治想像[20]。

這些想法都是重要的，但同時我也想聚焦在覃俊基另一個提醒上，他提到左翼不應「將左翼鶴立雞群」，跟自由主義的一切主張和信念對立，「因為自由主義式的各種自由不單有其限制，也有其有價值的地方；這也更是無視了左翼、社會主義和自由主義在理論上、歷史上的複雜交錯。」[21]這也跟我在《主權在民論》和這本拙作的觀點不謀而合。左翼思想不僅不應從早期社會契約或者共和政治思想史中分割出來，反而應該在源流中把握左翼出現背後的精神和意義，作為今天重塑左翼思想的方法。

這不禁令我想起過去幾年跟香港著名工運教育者區龍宇的合作，在他組織的「社運無國界」在旺角序言書室的每月一講，跟工友們分享兩場有關主權在民和民主共和的一點想法。畢竟談主權與民主的一般都屬於自由主義者的行列，跟左翼有著清晰的界線，如此跨界的政治思想研究者恐怕不多。

許寶強同樣注意到這個論點，並在其論文中仔細梳理多個相關的問題，我想是很值得思考下去的，於反送中運動「掛帥」的，是自由主義的法治與自由？還是樸素的民間公義訴求？哪一種自由？哪一種法治？應該並能夠與「左翼」的關懷接合嗎？如何接合才能有效「挑戰世界霸權體系」？什麼是「世界霸權體系」？為什麼必須挑戰它？於社會運動中能夠「掛帥」的主體，可以是什麼？是「國際媒體」、「美帝」、「自由主義」？還是願意投身於不確定的公共政治中的具體行動者？由誰「掛帥」是社會運動中最重要的問題嗎？抗爭中的「兵卒」和民間百姓的想法和情感又如何？「反中共識」下真的「空無一物」？意識形態爭論與情感政治無關嗎？在當代的社會脈絡下，「勞動人民」、「社會底層」、「新移民」具體指涉什麼人？他們認同和支持「左翼」或「馬克思主義」的立場和行動嗎？他們都站於反送中運動的對立面嗎？倘不，「左翼」又應如何與他們相處、對話？這跟同樣不認同或支持「左翼」的「中產」或「青年」的相處和對話，又有什麼分別？[22]

所以我在這本著作中，也是一定程度承接著主權理論的資源，並通過思考二〇一九年反送中運動對主權在民的關注，還有左翼的反帝國殖民主義的框架下，重新思考和把握主權思想的革命性想像，如何可以幫助我們擺脫同一性的國族政治形式，建立新的秩序政治觀，重新把握秩序和衝擊的複合關係，應對當前的政治與資本帝國的世界格局，為往後的抗爭運動提供更多的知性資源。我想，這是作為香港哲學，也是為了讓香港哲學成為世界哲學所必需具備的視野和使命。

二、三套香港政治思想的進路

但繼往才能開來，要重新走出新的主權在民政治，突破現代性的既有枷鎖，必須先回顧近十年香港具代表性的政治思想，再在前人的肩上走自己的路。為了簡化討論，以下主要會討論周保松、戴耀庭和羅永生的思想，然後在最後一節點明，我們可以如何批判地承繼這些思想資源，走出香港哲學的新方向。

（一）「自由之夏」與自由主義道路

自從二〇一九年反送中運動爆發後，香港中文大學政治及行政系副教授周保松多次在網誌和演說中，以「自由之夏」形容這次由六、七月開始爆發的大型社會運動[23]，及後《蘋果日報》在九月二十號的特刊封面中重點展示「自由之夏」的字樣，一直到二〇二一年六月在《虛詞》的訪問，「自由之夏」同樣無處不在[24]。而關於這個用詞的具體意義，他在二〇一九年九月七日由公民實踐論壇的演說〈自由之夏，從政治哲學的觀點看〉，才仔細地闡釋他反覆提到的「自由之夏」。

他認為，反送中運動作為以自由為核心的社會運動，是因為三個不同的面向：「第一，我們捍衛一些既有的自由；第二，我們追求一些我們渴求但未能實現的自由；第三，在參與過程本身，我們經歷並實踐了一些自由，而在實踐過程中，你感受到自己是一個自由人。」那麼捍衛著既有的自由是什麼呢？「人身自由、財產自由、免於不公正審訊的自由」，因為《逃犯修訂條例》使得香港疑犯能遞解到中國司法管轄區受審，這可能會導致人身、財產和公平審訊的自由受到威脅。另一方面，在政治運動中我們爭取所沒有的自由，便是政治自由，也便是雙普選。民主選舉體現著主權在民、平等和選擇的自主權，這些正是重要的政治自由。再進一步是，命運自由作為自由的表現，逼現了香港人的共同身分認同，一同在中央政府的壓迫中受到傷害和痛苦。同時，在參與抗爭的過程中，我們經歷到自由的體驗，感覺到自我實現的幸福，感覺到權利不受尊重的痛苦，這便是他所言的自由的經驗[25]。因為這三層運動與自由的關係，所以把運動喚作「自由之夏」。

關於「自由之夏」（Freedom summer），或者讀者一般都會聯想起六十年代起，美國黑人平權運動的重要事件：在一九六四年無數青年男女南下到密西西比州（Mississippi），呼籲美國黑人登記投票的行動，因而遭到3K黨等保守組織的襲擊甚至殺害。這件事引來全國對黑人隔離政策的關注，對後來整個黑人民權運動與多元運動有著直接的影響[26]。周保松在中山大學的講座中曾提及兩者在政治發展史上的相似性，作為理解這次政治抗爭有多重要，只是著墨不多[27]（大概那場美國民運對戴耀庭思想的影響比周保松大得多，下文會再談及）。

但是為何我會認為「主權在民」的主張，會比「自由之夏」更確切地把握到這場運動的時代精神，以至於超越後者的自由主義框架呢？首先，主權在民不一定通過代議民主來實現。周保松認為「主權在民，即是權力並非來自上帝，並非來自某些貴族、某些血統、某些菁英，權力的根本基礎在人民，屬於我們所有人，所以權力只有得到人民的認可，才有一個 legitimacy to rule（管治的正當性），這是民主第一個基本精神[28]。」我認同對主權根源的叩問也是權力合法性的質疑，但指向的民主到底是什麼，恐怕才是真正的大哉問。這兒周似乎是將民主視為政治現代性的體現，有別於傳統王權封建的秩序。但進一步探問，追求民主普選不等於主權在民，追求代議民主不一定認同主權在民，反之亦然[29]。關於觀念史的討論，前作已有詳述，不再贅述[30]。至於主權在民如何不以現代歐美民主國家作為政治想像的終結，如何重塑主權理論跟左翼和當代批判理論的種種連繫，則會是拙作的主要關懷之一。

第二，周保松觀察到雨傘運動中，「命運自主」是常見的口號，到了反送中運動則被「香港人加油」所取代，反映到身分認同在政治運動中愈發重要。而他認為這身分背後預設了冷戰的二元身分對立，即香港作為自由社會對照著中國大陸的極權世界，深圳河之隔尤如東西柏林之鐵幕對立，因此有了對身分的意識和追求[31]。但若果回到主權在民的邏輯中，我們會更能理解到當中的關係。

主權在民指向的是對秩序與統一性根源的詰問，最簡單是體現在主權在民作為自主的精神。「主權在民」與「命運自主」的連結，在於想像一個族群（先不用國族）或者人民作為主體，這人民具有同一意志來建立和維持一個統一的政治體，於是有了主權在民的想像。問題正正在於這「人民」的界線。因為放在如今香港的真實處境，主權早已移交到共產中國手上，所以香港人民也理應成為十三億中國人民之一，那麼我和他的中間界線何在呢？為何這七百萬人有獨立於十三億人的人民意志，以致能獨立自主地決定自身的命運呢？還未算上七百萬人中還有不少「愛國愛港的藍絲」、建制派、中立派、政治冷感派、流亡海外者……如今數以十萬人移民或者逃難，為何這些人仍然會跟在地的民主抗爭者成為同一個群體，擁有同一的政治意志呢？

這不僅是周保松沒有回答，也是過去民主派普選論述一直避而不談的主體論述。而雨傘後期興起的本土論述，甚至是雨傘前的八十後身分政治與本土抗爭[32]，其實正是對思想缺口的種種回應，儘管不總是很理想，但這也在跌宕的過程打開了全新的想像和思考，對於反送中運動時期提出的「主權在民」理念，也有著直接的影響。若然民族主義和民族國家不是當代政治的理想投射，那麼立憲權和主權人民也可以如何重新地設想呢？流散群體與國際主義如何能夠圓融結合，成為革新世界的新跨國政治力量，對抗著既有的地域主權秩序，重新塑造新的主體性，實在是當前極為重要的思考方向。小弟不才，還在思索之中，希望將來另撰新書來研究相關議題。

第三，「自由之夏」強調的是道德上的價值，一如周保松在其他著作中，不斷強調他所做的是政治哲學，而政哲做的是叩問權力的正當性（legitimacy），如在《政治的道德》自序中，他提到「政治必須講道德……當我們思考政治時，最值得我們關心的，不是權力本身，而是權力的行使如何才能具得正當性。而正當性的基礎，必須是公民經過反思後得到合理認可的道德理由。[33]」或是借用錢永祥在《自由人的平等政治》序言中畫龍點睛的題目——「政治哲學作為道德實踐」[34]。一直去到最新的著作《我們的黃金年代》，周保松強調的都是「香港社會運動的組織者和參與者，有必要從道德的觀點去思考社會行動，並盡最大努力在公共領域為自己的行動和理念，作出合理的公共證成（public justification）。我稱此為『抗爭者倫理』。[35]」規範式討論不是問題，畢竟政治和道德總涉及價值和標準的判別。但最大問題是無視了政治哲學的歷史條件，高估了理性的普遍性，忽視了理念生產和行動抗爭必然是對應著一時一地的權力結構和利益關係。如果對後者全不理解，也不深入反省理念和行動與當下歷史脈絡下的角色，那只會令思想變得虛浮。這不禁令人想起希臘喜劇作家阿里斯托芬（Aristophanes / *Ἀριστοφάνης*，四四八－三八〇 BCE）在劇作《雲》（*Νεφέλαι*）對蘇格拉底的嘲笑，因為他只懂在空中行走，追求普遍性的觀念時無視對現實的考察。

畢竟，政治世界不同於抽象的道德世界，前者還存在許多現實的條件，脈絡和衝突。忽視這些「政治性」的權力關係，跟秩序和衝突的種種拉扯，只會容易產生觀念拜物主義，忽視當前生產條件，令個體不自覺地接受了觀念的某些詮釋，服從於某些權威制度塑造意識的工具。

「主權在民」作為一個政治概念，不再只是衝著十七、八世紀保皇派的君權神授論與主權政府論而來，重新將人民放在一個絕對主導的位置。甚至可以說，這啟蒙神話只是某些哲人的一廂情願，其實主權在民由始至終都是政治鬥爭的工具，從古代雅典伯里克利將軍（Pericles，四九五－四二九 BCE），挾著民意打倒傳統貴族政治，到今天的太陽花學運或者反送中運動，無不是在衝突之中彰顯和塑造其意義。馬克思的歷史作為階級鬥爭論，也不過是重複兩千年前阿里士多德在《雅典政制》（*Ἀθηναίων πολιτεία*）的觀察而已。所以觀念的作用或者意義，離不開其時代的衝突和張力。當然在二十一世紀某些地方如泰國，王權或者仍然是衝突源頭之一。但不同地方不同人主張和設想的「主權在民」理念，指向的自然是在不同衝突之中，各自帶有相應的政治經濟秩序想像。因此在拙作中，我選擇以秩序和衝突來統合理解理念詮釋的多樣性，與及對於權力利益的分配差異的不同想像。

同時在二十一世紀，現代政治的支配力量也不再是那麼正邪對立，且跟客觀的科學管理和微觀的社會規訓力量（disciplinary power）融合一起。這意味著主權權力也能通過人口的控制和管理，規範著人的生活與各種社會面向，通過科學知識和官僚體系加以約束人的活動與生命形態[36]，如疫症時期的強制檢測或者隔離、以限聚令控制集會和人流等。這種深入個體的規訓，是規範哲學的應用倫理學忽視的地方。至於剝削便更為複雜，既有生產消費帶來的資源不平等，也有企業內的管理方式和民主化，還有數碼監控和新自由主義下的工作不穩與退休缺乏保障等社會經濟危機，都是個體甚至一個國家也難以單獨處理。

因此，「主權在民」是一個時代危機的診症，揭示著當世的政治支配和權力壓迫，所以不是也不應純然作為道德證成的原則，而是應該成為改變世界的力量，這先要重新理解理念的物質性及其生產關係，理念和現象世界的互動，才能將主權在民的力量從單純書本中解放出來。這是我認為「主權在民」比起「自由之夏」更值得關注和研究的地方，也更有資格定義時代精神的原因。

（二）公民抗命與批判法學

另一個深深影響香港近十年政治抗爭想像的進路，也是貼近周保松自由之夏的自由主義想像的法治理念是公民抗命，是香港大學法律系前教授戴耀廷的「占領中環」的計畫。二〇一四年的占領運動，原本是一場公開計畫目標和內容、籌備逾年準備占領街道的抗爭行動[37]。早在戴耀廷獲邀到學聯週年大會上解釋占中理念時，我亦有幸在會場，親身了解他對公民抗命的早期理念。這是在香港前所未見的政治實踐模式。只是後來因為學生罷課後集會和衝進公民廣場[38]，觸發雨傘運動，占中三子決定更改計畫，把占中行動結合到雨傘運動之中[39]，最終才演變成一場歷經多月的大型政治運動。

其中，戴耀廷的「以愛與和平占領中環」行動，背後的公民抗命理念成為了一個重要的抗爭符號。這符號一直縈繞在香港的政治抗爭想像之中，亦隨即引起諸多的爭議，例如香港大律師公會在二〇一四年便曾就公民抗命理念發表聲明，表明「公民抗命」是一個哲學原則，不能成為刑事檢控時的答辯理由[40]。誰想到只是幾年後，在雨傘運動的案件審理時，卻明明白白地成了在法庭抗辯的理由。例如在二〇一八年「律政司司長訴黃之鋒及其他人」（Secretary for Justice v Wong Chi Fung (2018) 21 HKCFAR 35）一案中，香港終審庭在雨傘運動前夕黃之鋒、周永康等人衝入公民廣場被控的案件，首次討論到關於「公民抗命」的概念。當時在判詞中，主審法官陳仲衡採納了羅爾斯在《正義論》中為公民抗命所下的定義：公民抗命是「一項公開、非暴力、真誠的政治行為，通常是為了導致法律上或社會上的改變，所作出的違法行為」。而在判詞中，法官也引用到終審法院非常任法官賀輔明勳爵（Lennie Hoffmann, Baron Hoffmann）在 R v Jones (Margaret) [2007] 1 AC 136 的說法：「出於真誠理由的公民抗命在這國家（作者按：即是英國）有源遠流長及光榮的歷史。」因此，陳仲衡也認為法庭應該接納公民抗命作為抗辯理由，只是法官不接納被告的行為符合羅爾斯所定義的「公民抗命」，因為被告的行為涉及「暴力」的成分[41]。

大概在香港，許多人提起公民抗命便是聯想起羅爾斯的理論。但是一些香港年輕學者如李敏剛，會回到羅爾斯的憲政觀的脈絡，跟在非民主地區如香港實踐時的落差[42]。畢竟羅爾斯也早在《正義論》當中已申明，其公民抗命論只適用於近乎公義的民主地區，而不應應用到其他未達到這民主程度的地區，以及相應的革命行為[43]。

與此同時，當我回看占中三子的戴耀廷談及公民抗命時，卻發現他並不那麼受羅爾斯的影響。相反，他大概跟羅爾斯相似，都是通過觀察二十世紀一些重要的政治運動，其領袖如馬丁・路德・金恩（Martin Luther King Jr.，一九二九－一九六八）的公民抗命實踐，內化成自身的理論和行動資源。所以他在《結案陳詞》時談到，「約翰・羅爾斯的定義大體只能說出公民抗命的行為部分。在馬丁・路德・金恩博士非常有名關於公民抗命的著作《從伯明罕市監獄發出的信》（*Letter from Birmingham Jail*）中，他道出更多公民抗命的意圖部分或公民抗命的精神。」

那麼對他來說，公民抗命的精神是什麼呢？他引用馬丁・路德・金恩所言，「一個人若不遵守不公義的法律，必須要公開，充滿愛心和願意接受懲罰。個人因為其良心指出某法律是不公義的，而且甘心接受懲處，是要喚起社會的良知，關注到那中間的不公義，這樣其實是對法律表達了最大的敬意。」因此，公民抗命首先是基於法律在實踐上的不公義，但卻無法在內部修正，於是要以道德感召驅使群眾上街，喚起社會對不義的關注。他又指，「面對一個經常拒絕談判的社區，非暴力的直接行動正是為了營造一次危機，以及加強一種具創造力的張力，逼使對方面對問題，也使問題戲劇地呈現出來，讓其不能再被忽略。」[44]因此，他正是以此精神來推動他的「讓愛與和平占領中環」，並且在占領結束時留下來等待被捕。

而公民抗命行動的背後，是預設了他多年來不斷推廣的四層法治觀。按照他在二〇〇五年於明報的一篇題為〈我們要什麼層次的法治〉的文章，他認為法治應該分成四層：「有法可依」、「有法必依」、「以法限權」和「以法達義」。其中「有法可依」是指有著清晰明確的法律規條，可供政府與執法人員遵守；「有法必依」是更進一步，指政府應該視法律作為管治的目標，所有政策和政治決定都通過公開法律來運作執行。第三步是「以法限權」，以法律來限制政府的權力，因此條文必須清楚，也不能把任意的權力授予當權者。最終，最高一層便是「以法達義」，這「義」的目標包括起碼三部分：基本人權、政治權利和經濟平等[45]。二〇二〇年，他再把法治觀加到第五層：「復和之法」，為的是「化解糾紛，令市民和平共處」[46]。

而在二〇一〇年出版的著作《法治心》，戴耀廷進一步闡釋「以法達義」這層次的豐富意涵，終究這厚濃版本（thick concept）的法治觀既然不同於單純形式上的法治觀（thin concept），理應有更多面向的價值關注，從而整體地把握體現公義的政法秩序。他認為當中應該包括程序公義、公民權公義、社會公義和商議式公義[47]，當中的權利也可以在《公民權利和政治權利國際公約》（*International Covenant on Civil and Political Rights*）或者《經濟、社會及文化權利國際公約》（*International Covenant on Economic, Social and Cultural Rights*）等找到，而國際法學家委員會也會認為這些權利的普世適用，視之為公義的多面性[48]。這也解釋了為何占領中環的活動要辦如此多的商討日，將類似德國哲學家哈貝馬斯的商議式民主（deliberative democracy，另譯審議式民主）融入爭取普選的抗爭活動之中[49]。公民抗命便是作為推動以法達義的政治行動，這是為實現第四層厚的法治的信心的一躍。

由此可見，不同於周保松的純粹規範式理論梳理，戴更著緊於將其法治觀緊緊扣連到政治行動之中，並且通過實際地考察香港與中國大陸目前的法律秩序狀況，重新展開諸多法學和政治思想的討論，例如審視香港作為半威權地區，法律如何淪為港式威權政府打壓公民社會與權利的武器[50]；法院為何在半威權社會靠不住，無法作為守護權利的門神[51]；法治為何不能在缺乏民主的政制下獨善其身[52]；甚至有時「法治和秩序」都可以是反法治的，因為一些威權政府如緬甸會利用秩序之名，通過法治來打壓群眾，漠視其他更重要的政治社會價值[53]。這些討論都令得戴的思想更貼近批判法學理論（critical legal studies）的討論，會將殖民、威權政體的因素，作為理解和批判法律實踐的重要部分，而不純粹是從普遍性的政治法學理念出發想像理想的香港或中國。

我在二〇一八年時，曾經就法治四層論的實踐落差與新威權政治時代的來臨，冒昧訪問戴耀廷，看看他有什麼最新想法。「我們過往講法治階段論，由低階走向高階，先有初步法治再追求民主，是因為近二十年來，我們理解自己為類民主法治，一步步民主化。這是回歸前的政制改革狀況，也是基本法的承諾。香港既有初階法治，那麼階段論的法治民主，自然能給予民間方向，也能向政府施壓，繼續朝民主化方向走。」但這顯然是不符現實的發展，也對一國兩制帶著錯誤的期許，中共沒有按著鄧小平的意願，讓香港五十年不變。習近平的強國夢與「總體國家安全觀」[54]，讓中共的高壓與集權再次急速上升，只是這次連帶香港的自治空間也一併消失。「或許未來香港會跟新加坡相近。新加坡的法治排名很高，在商貿、民生上，法治如故，只是公民政治權牢牢不放，政府大權在握。即使北京再干預，也只會扼殺民主運動，不願影響香港金融商業的運作。」[55]

因此，他在二〇一五年的《香港憲政的未來系列：兩制與一國的未來》，提出了幾種後威權時代的應對策略，如權力至上、法律至上、博奕和商談討論，他始終認為在香港公民社會還有活力和生機時，不管是選舉還是社會運動都不能輕言放棄，要在不同位置上周旋，尋求化約為零的博奕可能[56]。在〈如何應對法治的挑戰〉的文章中，他同樣提出多種實質建議，希望讓法治之路已盡的威權社會，能保持著抗爭的動力，當中包括堅持和平抗爭、聰明抗爭去改變法律文化、政治及社會約章、重建抗爭力量的組織、以策略投票突破半威權和做好準備迎接轉變的時機來臨[57]。

但我仍然認為，公民抗命的主張過於傾向在地的政治運動，過於側重《基本法》的雙普選承諾，過於重視喚起良知的道德感召，這些面向都在雨傘運動中得到充分的展現，其限制也同樣一覽無遺。因此，當二〇一九年高舉著主權在民的旗幟時，詢喚著香港作為反帝國支配的後殖群體身分，這種反抗也便不再單純針對特區政權的合法性，也為了揭示北京對香港的赤裸支配，如何作為強國崛起，擠壓周邊政治體自主的帝國擴張壓力。面對著帝國式的跨國政治支配，在地和跨國的抗爭自然需要連成一線。流散群體的國際主義潛力，實在是不容忽視的重要課題。

同時，主權在民的另一面向是經濟自主，作為人民自主權的重要維度。而香港面對的重大支配關係，便是來自中資大舉來港，進占各行各業的生產供應鏈，從而在社會經濟的不同面向上，牢牢控制和主導香港的發展和社會生活，作為全面支配控制的接管方式。這些面向都不是香港獨有的處境，也無法單從香港地方跟政府的角力上得到解決。這些新的元素，使得香港抗爭群體逐漸孕育出新的跨地域抗爭連結，在全世界始起彼落，同時也不斷在黃色經濟圈的行動中互相支援，壯大本土同路者的實力，在政改以外的戰場與帝國力量抗衡。而主權理念的豐富面向，也使得抗爭的面向變得更多面向和深入，改造了傳統以雙普選為中心的政治運動。

（二）解殖政治與主體性

不同於周保松對自由主義的全面擁抱，戴耀廷漸漸意識到英國普通法秩序在不同地區實踐上的威權化與反法治的可能，即使再談法庭的尊嚴、法治或秩序已是徒然，只能夠不斷通過抗爭來尋求變局的可能。這算是突破既有的香港自由世界迷思，開始喚起新的政治抗爭想像嗎？嶺南大學文化研究系前副教授羅永生在二〇一九年九月為《明報》寫了兩篇文，分別題為〈世界視野與重寫香港主體性〉和〈「攬炒」就是一種解殖〉，為反送中運動提出一種新的閱讀進路：二〇一九政治抗爭不是政改運動的延續，也不是自由主義革命的想像，而是香港第二次解殖，是主權移交後的香港終於有機會擺脫「虛擬自由主義」，銳變成後殖民的抗爭主體。這是上接嬰兒潮而來的幾波本土化運動和抗爭反省，下啟香港新一浪的解殖大格局的時代轉捩點。

「虛擬自由主義」是羅永生宏觀地分析香港二戰後政治文化格局的重要觀點。他認為這是在晚殖時代，由中、英雙方共同搭建的政治想像框架，作為理解香港作為一個特定的共同體，發揮著某種主體性的作用[58]。在英國方面，戰後重建的殖民政府沒有長遠建立香港文化身分的政策，這在韓戰時英屬香港所扮演的尷尬位置可見端倪。一方面，英國派軍直接參與韓戰，但同時香港也沒有成為遠東的抗共基地[59]，港英政府刻意「非政治化」殖民（跟英屬印度的殖民地治理方式剛好相反），使得香港成了冷戰下的飛地。直至六七暴動和英國政府準備撤出香港後，港英政府才開始著手積極建立香港的歸屬感和港人身分。這香港身分主要建立在經濟成就，並引伸至基本法治和自由的英治保障上，從而建立有別於大陸人的香港身分認同。

更重要的是，這種殖民性身分優越感的建立，對香港八、九十年代「魚翅撈飯」美好時代的歷史構想，「並非來自這個社群對自身經驗的歷史反思和總結，而是晚殖時期本土中產新一代對香港投射的一種共同體想像。在打造這種晚殖迎向後殖的社會想像中，中產知識分子將自身也同時想像為香港社會的主導階層。將自身的利益看成是全香港的利益。」[60]這呼應著羅永生多年以來一直討論的重要觀點：勾結共謀（collaborative Colonial Power）。這意謂著撇除傳統理解的單向殖民權力操作關係，殖民是帝國民族對殖民民族由上而下的支配壓迫，還應著眼於殖民地內的階級分野，殖民地的本地既得利益階層通過殖民關係獲得相對優厚的待遇，因而成為強化和永續殖民關係的重要助力，亦變成解殖運動的龐大阻力[61]。這自然有別於金耀基所談的「行政吸納政治」，形成英殖善治的論調，而是強調殖民權力關係的複合性和非二元的壓迫關係[62]。

同一時期，香港也萌生羅永生稱為第一波嬰兒潮的本土思潮，既承繼了火紅年代的社會派，將中文運動和保釣運動後的社會熱情注入改善居民權益的本土運動，同時也把六、七十年代歐美學生運動與反戰運動的「反文化」運動引入香港，影響到本地民運分子對中國的態度，從「認中關社」[63]的民族運動傾向，部分變為以一種批判和區隔的態度，看待中港之間的關係[64]，這使得八十年代初的中英談判，他們開始孕育出民主回歸的想法[65]。只是羅永生認為，英國小心經營香港去政治身分計畫的成功，使得香港社會只從有限度的範圍內建立身分認同與歸屬感，並且會被動接受英國殖民者的離開。即使在香港前途談判問題上，香港人始終排除在談判桌之中，有違聯合國的殖民地自決原則，命運任由中英兩國左右，但是香港社會的反抗聲音極微，失去自發參與的行動力，這正是非政治化操作下的結果[66]。所以這種有限度的身分認同，在九七前後的香港貫穿了身分認同和共同體的自豪和集體想像的，便是「虛擬自由主義」的載體。

在題為〈公民社會與虛擬自由主義的解體：兼論公民共和的後殖主體性〉的文章，羅永生仔細談及何謂「虛擬自由主義」的想法：

> 這套共同體的想像是建基於新自由主義主體，配合了香港高度流動的城市特質，但也騰空和延擱了香港的文化傳統、民族歸屬和國家認同問題，將香港這個共同體的自我想像高度地管理主義化。這套以管理主義為基柢的社群想像，也迎合了香港在急速經濟發展過程，分享了向上流動利益的中產菁英。這批以戰後嬰兒一代為骨幹的中產階級，也是中英協力安排主權過渡，承諾以「港人治港」來建立後殖民特區的最大利益分享者。他們一方面站在專業、科管階層的利益出發，努力以中產者作為香港中堅的角度，盡量擴大科管階層的利益，維持專業支配地位，並以中產階級的價值觀和世界觀，充當整體香港的主流價值觀和世界觀。然而，他們也非常害怕社會轉型的大格局，會動搖到自身分享因新舊殖民交接而創造出來的新機會。於是，他們只能從管治主義的科管階層價值觀引伸出一套半調子的，謹小慎微的自由主義政治想像，並按此而發展一套實踐方式和潛規則，形成一種政治文化，筆者名之

為「虛擬自由主義」。

「虛擬自由主義」並不意謂是一套實行者並不相信的「虛偽」，而是「半假當真」，畫餅充飢式的自由主義實踐。它意指那套明知遊戲是假，但仍當作為真的一種循規蹈矩精神，也包含對遊戲的虛幻性質，周期地施行象徵性和儀式性破壞的習慣。港式自由主義實踐，不斷仿擬著西方自由民主制度的運作，終日與海市蜃樓的，作為一種「擬象物」的「半／假自由／民主體制」打交道。但是，這種高度儀式性、象徵性和仿擬性的實踐，也成為「半假當真」的政治劇場上被展演、被消費的符碼，難逃自身也成為「擬象物」的一部分。因此，「虛擬自由主義」也並非赤裸裸的專制主義，而是把對它的反抗也事先包容吸納在內，終日不會停止演出的狂想戲劇[67]。

這種虛擬的西方議會民主與自由主義體制，終究被港共政權率先打破。在二〇一九年政治抗爭幾個月內，全港各地都輪流上演「催淚彈放題」，甚至橡膠子彈和水炮車也漸漸成為基本鎮壓裝備。「不僅因為抗爭者的意志愈來愈堅決、和平抗爭與勇武行動之間互不牴牾，也因為特區政府竟然是可以如此冥頑不靈地，以暴力鎮壓作為其唯一可靠後盾」，那麼主權移交後的和平理性與繁榮穩定的神話可謂一掃而空，羅永生認為這是印證了法國思想家法農（Frantz Fanon，一九二五－一九六一）的想法，帝國既依靠暴力，也得在文化心理上製造殖民主和被殖民者的二者對立，且深入到整個殖民體制和生活經驗之中，也不會因統治者或者宗主國改變而有所變更。因此，「（中國）民族主義資產階級完成了統治者的更換，由舊的遊戲規則改換成新的遊戲規則，但階級力量懸殊，殖民權力與資本共謀的實質卻沒有變化」，「實質上和心理上，大部分香港人都仍舊是『被殖民者』」，「主權移交免卻暴力，卻掩蔽了一個體制暴力的結構」[68]。因此，殖民的帝國壓迫仍然存在，只是在上者轉為中國政府，整個殖民結構並沒有改變。甚至，當政權試圖不斷利用英殖時代的陳年嚴苛法典作為打壓抗爭運動的普通法工具時，更是進一步印證了殖民體制的一致性。

因此，二〇一九年社會運動的重要性，正是在於全面揭破殖民體制的不堪，遠離回歸神話，直面其暴力的體制原貌，重新尋求新的解殖政治出路，而不是取代舊殖民者成為新的殖民主。羅永生借用文化研究學者 Samira Kawash 的講法，這才是「追求真正存在意義的動盪」（authentic upheaval）。其中，他觀察到運動中有幾個明顯的特質，是有別於先前從雨傘到後雨傘的香港政治文化生態。第一點是意識形態分歧的擱置，帶來的新的實用主義式統合，不管是和平理性派跟勇武派和好的「和勇不分」口號；尋找行動或者意識形態共因數，所以「兄弟爬山，各自努力」或者「流水」抗爭等口號或信念，都是承認差異下盡量不去否定不同路線的存在價值，爭取最多的同路人。這跟雨傘前後的諸多山頭各自為政甚至互相攻訐的情況相去甚遠。

另一個面向是對中國議題不再如此一刀切的抗拒，或者對內地人如此仇視。有別於在後雨傘時期，許多香港本土派試圖高舉中港文化民族區隔，並對內地人民多有攻擊，到了一九年的運動策略則多了實用主義的考慮，如提倡「革命輸出」的抗爭目標，行動包括向內地旅客高呼平反六四、聲援武漢被鎮壓的抗爭社群等。另外，香港抗爭的「打國際線」行動也發展十分迅速，不管是香港人在海外不斷組織紀念活動和示威；接受採訪講述香港故事；支援流亡海外的香港人；籌辦組織和雜誌出版（像是《如水》或者《流傘》）、海外電影放映或者活動組織、還有成立諸如 Hong Kong Democracy Council

的政策遊說或者智庫組織之類，充分體現香港曾在近十年本土運動中失落的國際主義想像，不再單向地等待中國政府承認，而是在世界建立香港的記憶和身分，同時更著重於自身歷史經驗的對話，這些元素都使得二〇一九反送中運動帶來重要而富歷史性的解殖抗爭可能，以至通過這種新的視野，可以帶來香港哲學和抗爭運動的重新想像[69]。

我十分認同這次反送中運動的突破在於不再依循舊有的基本法原則循序漸進地爭取雙普選的訴求，而是更深層地喚醒後殖民主體的重要，而今次運動的國際主義或者摒除意識形態之爭的統一戰線，也一定程度地吸收了雨傘運動後的反抗力量分裂教訓，尤其是注重排外的本土主義，終究會缺乏海內外的廣泛支持。但同一時間，這種談後殖而不高舉反帝國主義，仍然可說是狹隘的處理。

例如在《殖民家國外》，羅永生提到二戰後前殖民地紛紛獨立，可能意味著殖民主義的終結，但他指出現代的後殖民思想針對的是殖民主義作為「一種管治方式、一種制度、一種心態和一種思想視野」。因此在建立主權國家仍然需要文化上的解殖。而在香港問題上，中國共產黨先將香港從殖民地名單剔出，再以「回歸」、「統一」等術語為香港主權問題定性，羅永生認為在政治主權的角度而言，「這種處理容或無過」，只是在文化和歷史經驗上無助人們了解香港情況[70]。不同於陳光興著重批判帝國思維作為擺脫冷戰的方式，羅永生希望回到在地的冷戰經驗，跳出反美去冷戰的宏觀格局來深入剖析東亞民族意識與殖民主義的特殊性[71]。

但拙作會更偏向陳光興的進路，將解殖和反帝國支配連成一氣來思考，因此拙作重點會放在二十世紀下半葉至今的帝國主義發展，作為東亞甚至全球主權的神話與失落。正正是因為二戰後的主權國林立，聯合國頒布一連串權利宣言，也不代表這些主權國的人民便擁有主權政治所許諾的主權權力，如國家在領土內絕對自主的所謂西伐利亞主權理念。一如政治學者 Stephen Krasner 所言，司法獨立的主權義跟西伐利亞主權理念往往是集體的虛偽，在現實的實踐上落差極大[72]。看看戰後美蘇兩國在世界各地的頻繁戰爭，策動親美獨裁政變、暗殺、資助叛軍，還有千禧年後美國前總統布殊推行的新型反恐全球戰，或者歐盟和世銀對不同國家的財金與匯率政策的干涉，更不用說那些全球監控的稜鏡計畫如何有系統地獲得各種通訊數據[73]，跨國科技公司如何肆無忌憚獲取全球用戶私隱資訊和各樣數據，作商業或軍事用途等[74]。這些都是使得殖民或者帝國主義有著全新的模樣。

只是當今的帝國主義通過跟主權國家的合作，展現網絡型的力量[75]，故不需要像從前大英帝國般需要倫敦空降外籍總督到殖民地管治。通過先進的通訊技術、軍事技術和金融經濟力量，帝國中心擁有極為集中的主權力量，相對而言幾乎全球的主權國家都沒有相應的國家自主性，更不用說是連特首普選也沒有的香港，連行禮如儀的特首競選也成了奢想。而帝國秩序的中心再分裂成至少政治軍事力量和經濟金融力量的拉扯，作為宛如普世主權（global sovereignty）的不同全球秩序相互衝突[76]。而中國國家資本主義的崛起，似是要同時挑戰這隻雙頭鷹的兩端，重塑後冷戰的新帝國政經秩序。

因此，我既認同羅永生對香港虛擬自由主義的分析，以及對於解殖政治的必要，但同時我也希望可以參與和重塑二〇一九年社會運動中，主權在民背後的自主理念，重新釋放其原有摧枯拉朽的革命性。跳出自由主義的國族國家或者施壓型公民社會的政治想像，在當前秩序炸出一片新天地，讓我們一瞥當前全球主權的不對等分配，如何使得絕大多數人，不管是生活在香港、東南亞、英美還是第三世界，都沒法真正得到政治經濟的自主性，真正能夠從各種支配壓迫和剝削關係中解放出來。只有跳出國家主權的框架，才能真正克服虛擬自由主義的國族公民觀，真正能夠與全世界受苦者聯合起來，對抗帝國既得利益的權力秩序。

三、立足世界的香港哲學

拙作通過秩序與衝突的政治概念，重塑國家、主權與帝國之間的互倚關係，以便揭示出以民族國家體現公民自主，實不可行。對於周邊的邊陲政治體和全球南方的人民，如何重建一套新的國際主義，超越國族邊界來抗衡新的帝國主義秩序，藉此在對抗行動中產生新的政治想像和可能，這正是我在第七章所稱的烏托邦辯證。

如果香港仍然有政治思想，如果香港的政治思想仍然值得追求，是因為它不再是只著眼於講述普遍性的真理，在頭腦上建構公義理想世界的模樣，然後祈求現實的政經條件必然會服膺於知性的觀念之中。如果香港作為哲學方法仍然值得追求，是因為哲學的批判得以擺脫觀念史的框限，在新的高度把握觀念生產和秩序支配的關係，當前政治經濟如何產生相應的觀念生產制度和機構，令觀念淪為意識形態，牢牢地困住人的頭腦，令既有的政經安排如同自然法一般永存而不能挑戰。這秩序和壓迫，衝突和解放的關係，都不是以香港作為絕對的中心，香港只是這些關係中的一個交叉點，既發揮著一定作用卻又不是秩序的全貌。從黃色經濟圈到如今的移民甚至流亡潮，雖然不免帶有無可奈何的悲哀和無力，但是散落全球的香港新流散社群，其實也是打開了國際主義的新開端，讓政治得以重新面向跨國性的支配和壓迫，集結不同地域的群體和思想，對抗帝國的秩序。在秩序衝突的抗爭之中重新塑造新的政治可能。

因此，如果我試圖提倡香港的哲學，那麼這香港哲學也是特定的哲學進路，帶有特殊的政治性概念（Concept of the Political）。不同於柏拉圖主義（我不認為柏拉圖對哲學應該以同樣方式理解，詳看第七章）以降，我不認為哲學應該視為對總體的把握，作為一種超然性的理論語言，指導著其他的學科或者範疇，社會和政治的安排。這有點像鄂蘭有關政治理論和哲學的分野，即後者是理解人作為思考生命，前者則是視人為行動生命[77]，我也認為政治思想不可能割除行動的部分，行動為政治帶來的無限可能性，使得創造性（natality）得以可能[78]。但這種對政治性的理解，仍然是過分流於理論層面，令行動的可能性，跟觀念的關係變得空泛和模糊。

我認為香港哲學理應回到政治經濟的批判上，視觀念作為在物質活動中生產出來，並在其中產生相關的效果。而觀念並不是一個人的成果，而應視作為集體的勞動成果，如同工具或者技術一般，既能有助維持當前的生產消費與管治關係，但亦可以對抗既有政治秩序。

正如蘇聯思想家波格丹諾夫（Alexander Bogdanov，一八七三－一九二八）所言，「所謂永恆而絕對的哲學真理是不存在的……一切人類意識的、系統化被認證的觀念都是集體經驗，通過集體發展的技術方式生產出來。」[79]這正是當下我們需要的唯物思想，將哲學重新理解為一個集體經驗和勞動的活動，通過不同時代地域的人，將各種知識、觀念生產出來，同時按著時代的歷史條件和政經需要，生產出符合當下需要的政治思想，推動著新的抗爭運動，拉扯著既有的權力支配關係。哲學不再是從上而下，神諭般的地上拯救，哲學只是某種生產和串連觀念知識的活動，一種有限的，應對特定處境的，整合性的理論（low theory）[80]。

而我更希望把波格丹諾夫的想法推進一步，即哲學的政治性代表著觀念必須是對抗性或者服從性，激進或者保守，端乎其如何對應著當前的政經安排和權力分配關係。香港政治哲學指向的往往是某種特定的權力利益分配的可能，撞擊或者認可當時的秩序。這種想像受限於思想家的政治經濟處境，甚至是認受和再生產觀念的機構和制度，這涉及到大學、教育體制、稅收系統、法律司法體制、社會福利，以至於技術和文化的條件，都會使得某些觀念需要生產出來，並在官方或者民間的組織機構中再生產出來，以達致其所需要的秩序維護或者衝擊的結果。尼采曾嘲諷過，「學者還相當大量地懷著要發現某一些『真理』的衝動，目的是向權貴、金錢、輿論、教會、政府獻媚，因為他相信，如果主張『真理』在它們那裡，對他自己是有好處的」，皆因那是「有利可圖的真理」[81]。政治觀念的生產，「真理」的主張若不揭穿當前的權力分配關係，若不是指向惠及大多數苦難的人的新秩序，便是自利的知識生產，維護甚至美化著既有的不義秩序。觀念總是戰鬥性的，問題只是戰鬥的對象誰屬。

然而追求一個非國家導向的政治理論，是否等於以無政府主義作為絕對的政治綱領呢[82]？無可否認，無政府主義在左翼思想史中提供了相當豐富的知性資源，以至於抗爭組織的經驗，在觀念的生產和行動的意識中留下重要的貢獻。許多無政府主義的主張，如抗拒官僚體制的單向管治、主張以友愛社群的連結取代壓迫的政治體系，追求跨地域的國際主義連結合作，都是非國家導向的政治思想所包含的。但正如拙作所不斷重複的觀點，「國家」跟任何政治概念和形式，都是在歷史中不斷變化，一如無政府主義，甚至「非國家」的想像和理解[83]。因此，我們不用也不應以某種政治理想作為絕對的目標，因為那便反過來令觀念拜物主義成為新的主權思想。政治理想和投射既是行動的前提，也是持續地變動，使組織、行動和實踐的經驗，得以回饋觀念的演變中，令政治理念得以完善甚至修正。

套用當代批判思想家唐娜・哈拉維（Donna Jeanne Haraway，一九四四－）的想法，「我只想知道如何建構一個持續進行的故事，而不是早已完結的歷史。因此，戰友們都在努力讓故事延續下去，即使可能令其他人不再熟悉故事的面貌，尤其當單一的線變成網，單一的樹化成海濱大道，將系譜發展成一個龐大的家族。」[84]因此，馬克思主義沒有祕密警察或者正統的學說，只有一大堆不同質的理論、方法學和論述和結果，而這才是生產觀念的哲學所需要的視野，也是重建香港作為政治哲學方法所必要的高度。

1 洪子偉編，《存在交涉：日治時期的台灣哲學》（台北：聯經出版，二〇一六）。洪子偉和鄧敦民合編，《啟蒙與反叛：台灣哲學的百年浪潮》（台北：臺大出版社，二〇一九）。

2 陳瑞麟，〈何謂台灣哲學？〉，《立場新聞》，二〇二一年九月十四日。（立場新聞已經結業）

3 李姍，〈LMPST Taiwan 主辦論壇　台港學者暢談「台灣哲學」〉，《立場新聞》，二〇二一年十一月十六日。（立場新聞已經結業）

4 曾瑞明，〈香港時勢火熱，哲學能勾勒什麼？〉，《端傳媒》，二〇一九年九月二十九日，https://theinitium.com/article/20190929-opinion-shks-hk-conscious-philosophy/。

5 李宇森，〈試論香港哲學作為方法－兼覆曾瑞明兄書評「踏浪的政治哲學著作」〉，《立場新聞》，二〇二一年三月八日。（立場新聞已經結業）

6 在二〇一九年時我寫了篇網誌〈光復甚麼，為何革命：香港反送中運動的政治理念芻議〉，被 Jon Solomon 質疑以同一性為想像的政治主體性，最終不免也得墮進國族形式的框架。這點確實道破了當時我還未能跳出施密特的哲學體系，重新將主權理念解放出來的困窘。兩年過去，這本書對主權在民的重新閱讀，算是我對 Solomon 批評的一點回應。詳見蘇哲安，〈香港反送中運動：劃界，翻譯和轉型〉，《文化研究》第三十一期（二〇二〇秋季），頁一九七註十。李宇森，《主權在民論》（香港：蜂鳥出版，二〇二〇），頁二四一－二六五。

7 李宇森，《主權在民論》，頁一九－二〇。

8 Georges Lefebvre, *The Coming of the French Revolution* (New Jersey: Princeton University Press, 2015), 81-2.

9 這是德國法學家施密特所談的三層憲法論，詳看 Carl Schmitt, *Constitutional Theory*, trans. Jeffery Seitzer (Duke University Press, 2008), 59-61.

10 Carl Schmitt, *Constitutional Theory*, 101-3.

11 李宇森，《主權在民論》，頁八八－九三。

12 Herbert Marcuse, "Liberation from the Affluent Society," in *The Dialectics of Liberation*, David Cooper (ed.) (Baltimore: Penguin, 1968), 175-192.

13 〈紮鐵工人遭欠薪七十萬工會發起工業行動成功討回〉，《香港職工盟聯盟》，二〇二一年十二月二十三日。（職工盟已經解散）

14 陳昭偉，〈終審法院裁定國泰航空歧視工會　確認參加工業行動應受保障〉，《香港職工盟聯盟》，二〇二一年十二月七日。（職工盟已經解散）

15 梁寶龍，〈從巴士罷駛縱論工業行動〉，《社運無國界》，二〇一八年三月十六日，https://borderless-hk.com/2018/03/16/從巴士罷駛縱論工業行動。

16 〈太古可樂工人續罷工抗議減薪　工會批管理層剝削前線自肥〉，《香港獨立媒體》，二〇二一年五月二十九日，https://rb.gy/kprfen。

17 覃俊基，〈左翼的失語——當運動和世界和你有所距離時應該如何自處〉，《夜貓媒體》，二〇一九年六月十八日，https://rb.gy/04a6tq。

18 例如《國際》雜誌便認為左翼失語是基於無法指導本土帝國主義的運動，失去在小資政治秩序中的位置。《懷火 Reignite》則在訪問中，將焦點放在左翼不能理解和論述抗爭者在中港矛盾中的感受，也沒法做到有效的組織。詳看趙平復，〈香港「左翼」「失語」的虛實〉，《國際》，二〇一九年十月二十六日，https://international-online.org/2019/10/26/fake-left-aphasia/；懷火，〈訪談 Ruben：組織與組織工作的貧乏下，反送中的左翼失語與分散〉，《國際》，二〇一九年七月一日，https://rb.gy/irqyug。

19 許寶強，〈左翼失語，還是被消聲的抗爭主體？〉，《台灣社會研究季刊》第一一五期（二〇二〇年四月），頁二三七–二五八。

20 黎恩灝，〈膠化還是失語，香港「左翼」為何不討好？〉，《端傳媒》，二〇二〇年十一月十七日，https://theinitium.com/article/20201117-opinion-hk-leftwing-dilimma/。

21 覃俊基，〈左翼的失語——當運動和世界和你有所距離時應該如何自處〉。

22 許寶強，〈左翼失語，還是被消聲的抗爭主體？〉。

23 例如他七月在網誌 Matters 寫了篇題為〈關於香港自由之夏的七點思考〉，提及「自由之夏」的講法，之後九月二十六號在中研院的講座和三十號在國立中山大學政治學研究所的講座，都是以「香港自由之夏運動——過程與反思」作為題目。詳看周保松，〈關於香港自由之夏的七點思考〉，Matter，二〇一九年七月二十四日。https://matters.news/@pochungchow/7339-關於香港自由之夏的七點思考-

24 李卓謙，〈我們的自由之夏——專訪周保松〉，虛詞，二〇二一年六月二十四日，https://p-articles.com/heteroglossia/1029.html。

25 周保松，〈香港人的自由之夏〉，《香港獨立媒體》，二〇一九年九月二十八日，https://www.inmediahk.net/node/1067524。

26 道格．麥亞當，黃克先譯《自由之夏》（台北：群學，二〇一一）。Bruce Watson, *Freedom Summer: The Savage Season of 1964*

That Made Mississippi Burn and Made America a Democracy (London: Penguin, 2011).

27 這大概是他取名自那場運動的原因之一，但他在文章著述中沒有提及這點。另見周保松，〈香港自由之夏運動——過程與反思〉，二〇一九年九月三十日，https://ips.nsysu.edu.tw/research/page/1/161。

28 周保松，〈香港人的自由之夏〉。

29 正如憲政主義如會主張制約民意，保守主義會視社會傳統高於一時的人民意願，反過來盧梭嘲笑行代議民主的英國人四年才做一次公民；英國思想家穆勒（John Stuart Mill，一八〇六－一八七三，另譯彌爾）或者法國思想家托克維爾（Alexis de Tocqueville，一八〇五－一八五九）倒過來認為高舉群眾意志的多數人暴政（tyranny of the majority），反而會威脅和摧毀代議政府。另一方面，施密特也談及民主作為選舉形式能搭配不同意識形態，如菁英主義、保守主義、無政府主義或者社會主義，變成不同型態的政治體。在劍橋學派討論主權在民論史的一文十分重要的論文合集中，英國內戰時期的討論中並無討論洛克的文章，因為他並沒有人民主權的理念，作為跟政府的對揚。Richard Tuck 只認為霍布斯的「沉睡主權者」觀點隱含了盧梭式的主權思想。反而同期的 Henry Parker（一六〇四－一六五二）的議會主權論便得到格外的重視。詳見 Richard Tuck,"Democratic sovereignty and democratic government: the sleeping sovereign", in *Popular Sovereignty in Historical Perspective*, Richard Bourke and Quentin Skinner (eds,) (Cambridge: Cambridge University Press, 2017), 115-141. Alan Cromartie,"Parliamentary sovereignty, popular sovereignty, and Henry Parker's adjudicative standpoint,"in *Popular Sovereignty in Historical Perspective*, Richard Bourke and Quentin Skinner (eds,) (Cambridge: Cambridge University Press, 2017), 142-163.

30 李宇森，《主權在民論》，頁四〇－六三。

31 周保松，〈香港人的自由之夏〉。

32 除了二〇一五年興起的本土派和城邦派外，其實八十後青年在天星、皇后抗爭帶來的種種新的政治想像和實踐經驗，還有兩傘運動後成王的本土派，往後許多光復本土的行動，還有二〇一六年發生的「魚旦革命」，無不塑造著近年愈發不能忽視的政治力量，同時不容於傳統議會中產民主派和建制派的新興政治主體。曾任立場新聞記者，後來因參與初選被國安法拘留至今的何桂藍，曾在《立場新聞》發表了幾篇長篇專訪，題為〈本土休止符？〉，另參鄒崇銘，韓江雪，《這一代的鬱悶：從消失中的香港到世代之戰》，（香港：印象文字，二〇一五）。Iam-chong Ip, *Hong Kong's New Identity Politics: Longing for the Local in the Shadow of China* (London: Routledge, 2019). Wai-man Lam and Luke Cooper (eds.), *Citizenship, Identity and Social Movements in the New Hong Kong: Localism after the Umbrella Movement* (London: Routledge, 2019).

33 周保松，《政治的道德》（香港：中文大學出版社，二〇一五），頁 xvi。

34 周保松，《自由人的平等政治》（北京：三聯，二〇一〇），頁一。

35 周保松，《我們的黃金時代》（香港：牛津，二〇一九），頁一五四。

36 Michel Foucault, *The Birth of Biopolitics: Lectures at the Collège de France, 1978-1979*, trans. Graham Burchell (New York: Picador, 2010)

37 戴耀庭，〈公民抗命的最大殺傷力武器〉，《信報》，二〇一三年一月十六日，https://www1.hkej.com/dailynews/article/id/654855。

38 〈重奪廣場密議數天　百人打頭陣〉，《明報》，二〇一四年九月二十八日，https://rb.gy/hfvmq5。

39 〈戴耀廷：占領中環正式啟動！〉，《蘋果日報》，二〇一四年九月二十八日，https://web.archive.org/web/20140930055227/http://hk.apple.nextmedia.com/realtime/news/20140928/52951682。

40 香港大律師公會，〈香港大律師公會就法治和公民抗命發表的聲明〉，二〇一四年十月八日，https://www.hkba.org/。

41 李宇森，〈從占中九子案判詞，再思考「公民抗命」還有甚麼可能性？〉，《端傳媒》，二〇一九年四月十一日。https://theinitium.com/article/20190411-opinion-how-the-judge-understand-civil-disobedience/。

42 李敏剛，〈法治的條件與主權在民：羅爾斯的憲政觀與香港經驗的對話〉，《二十一世紀》，二〇二一年六月號，頁二一－三二。

43 "Since I assume that a state of near justice requires a democratic regime, the theory concerns the role and the appropriateness of civil disobedience to legitimately established democratic authority. It does not apply to the other forms of government nor, except incidentally, to other kinds of dissent or resistance." 詳見 John Rawls, *A Theory of Justice* (Cambridge: Harvard University Press, 1999), 319-20.

44 〈戴耀廷的結案陳詞：公民抗命的精神〉，《香港獨立媒體》，二〇一八年十二月十二日，https://rb.gy/wpnlpc。

45 戴耀廷，〈法治心：超越法律條文與制度的價值〉（香港：香港教育圖書公司，二〇一〇），頁四。

46 戴耀廷，〈法治不止於維持社會秩序〉，《明報》，二〇二〇年十二月三十一日，https://rb.gy/fn9qqh。

47 戴耀廷，〈法治心：超越法律條文與制度的價值〉，頁二〇－二二。

48 戴耀廷，〈為何公民抗命可與法治兼容？甚至對法治有益？〉，《端傳媒》，二〇一七年八月二十五日，https://theinitium.com/article/20170825-notes-bennytai-ruleoflaw/。

49 Jürgen Habermas, *Between Facts and Norms: Contributions to a Discourse Theory of Law and Democracy*, trans. W. Rehg (Cambridge, MA: MIT Press, 1996).

50 戴耀廷，〈港式威權的三道板斧〉，《思考香港系列》，於二〇二二年五月十七日擷取自 https://bennytai.github.io/

HongKongReflections/ 思考香港 3/4-- 港式威權的三道板斧 .html。

51 戴耀廷，〈守護法治：靠法院不如靠自己〉，《思考香港系列》，於二〇二二年五月十七日擷取自 https://reurl.cc/9GvyNV。

52 戴耀廷，〈法治話語權之戰〉，《思考香港系列》，於二〇二二年五月十七日擷取自 https://bennytai.github.io/HongKongReflections/ 思考香港 3/10-- 法治話語權之戰 .html。

53 戴耀廷，〈「法律與秩序」是反法治〉，《思考香港系列》，於二〇二二年五月十七日擷取自 https://reurl.cc/55vaxz。

54 〈習近平：堅持總體國家安全觀　走中國特色國家安全道路〉，《新華網》，二〇一四年四月十五日，http://www.xinhuanet.com//politics/2014-04/15/c_1110253910.htm。

55 李宇森，〈什麼人訪問什麼人：做好邊緣人——林鄭時代的威權打壓與頑抗〉，《明報》，二〇一八年二月十一 11日，https://rb.gy/vd9uaa

56 戴耀廷，《香港憲政的未來系列之三：兩制與一國的未來》（香港：進一步多媒體，二〇一五）。

57 戴耀廷，〈如何應對法治的挑戰〉，《思考香港系列》，於二〇二二年五月十七日擷取自 https://bennytai.github.io/HongKongReflections/ 思考香港 3/31-- 如何應對法治的挑戰 .html。

58 羅永生，〈公民社會與虛擬自由主義的解體：兼論公民共和的後殖民主體性〉，《思想香港》Vol. 1 (2017)，頁五。

59 羅永生，《思想香港》，（香港：牛津大學出版社，二〇二〇），頁三〇－五。

60 羅永生，〈公民社會與虛擬自由主義的解體：兼論公民共和的後殖民主體性〉，頁五。

61 羅永生，《勾結共謀的殖民權力》（香港：牛津大學出版社，二〇一五）。

62 羅永生，《殖民無間道》（香港：牛津大學出版社，二〇〇七），頁九七－一〇一。

63 「認中關社」即為認識中國，關心社會的口號，乃是七十年代火紅年代在香港極為流行的社會運動標語。詳參左翼21，〈六七後的抗爭：由火紅年代到過渡期〉，《香港獨立媒體》，二〇一〇年十一月十二日，https://reurl.cc/VDzebn

64 托派的區龍宇可說是其中的代表，詳見鍾耀華，〈特立獨行的反對者——區龍宇（上）〉，《端傳媒》，二〇一五年八月十四日，https://theinitium.com/article/20150815-opinion-auloongyu-a/

65 羅永生，〈香港本土意識的前世今生〉，載於《香港：本土與左右（思想26）》（台北：聯經，二〇一四），頁一二四－五。

66 羅永生，〈香港本土意識的前世今生〉，頁一二七－八。

67 羅永生，〈公民社會與虛擬自由主義的解體：兼論公民共和的後殖主體性〉，《思想香港》創刊號（二〇一三年八月）「七一大遊行」十周年回顧（頁一九－二六）。

68 羅永生，〈「攬炒」就是一種解殖〉。

69 羅永生，〈世界視野與重寫香港主體性〉。

70 羅永生，《殖民家國外》（香港：牛津大學出版社，二〇一四），頁三一四。

71 羅永生，《殖民家國外》，頁六九－七二。另參陳光興，《去帝國：亞洲作為方法》（台北：行人，二〇〇六）。

72 Stephen Krasner, *Sovereignty: Organized Hypocrisy* (New Jersey: Princeton University Press, 1999).

73 Glenn Greenwald, *No Place to Hide: Edward Snowden, the NSA, and the U.S. Surveillance State* (New York: Metropolitan Books, 2014), 73-8. WikiLeaks, *The WikiLeaks Files: The World According to US Empire* (London: Verso, 2016).

74 Shoshana Zuboff, *The Age of Surveillance Capitalism: The Fight for a Human Future at the New Frontier of Power* (New York: PublicAffairs, 2020).

75 Michael Hardt and Antonio Negri, *Multitude: War and Democracy in the Age of Empire* (London: Penguin, 2005), 60-61.

76 Michael Hardt and Antonio Negri, *Empire* (Cambridge: Harvard University Press, 2000), 183-204, 325-8.

77 Hannah Arendt, *The Last Interview and Other Conversations* (Melville House, 2013).

78 Hannah Arendt, *The Human Condition* (Chicago: University Of Chicago Press, 1998), 175-247.

79 McKenzie Wark, *Molecular Red: Theory for the Anthropocene* (London: Verso, 2015), 14-5.

80 McKenzie Wark, *Molecular Red*, 18.

81 Friedrich Nietzsche,"Schopenhauer as Educator", trans. Adrian Collins, *Wikisource*, https://en.wikisource.org/wiki/Schopenhauer_as_Educator. 中譯本取自周國平的譯法，詳看尼采著，周國平譯，《作為教育家的叔本華》（譯林出版社，二〇一四）。

82 當然，無政府主義也是一個甚為異質的區分，當中有著諸多不同的派別和主張。這兒無法一一細述，詳參 Noam Chomsky, *On Anarchism* (The New Press, 2013). Peter Marshall, *Demanding the Impossible: A History of Anarchism* (PM Press, 2010).

83 國家從不是政治的唯一載體或者型態，近年也有愈來愈多相關研究，詳看 Eric Hobsbawm, *Primitive Rebels* (Abacus, 2017). Mira L. Siegelberg, *Statelessness: A Modern History* (Cambridge: Harvard University Press, 2020).

84 Donna Haraway,"Introduction,"*The Haraway Reader* (New York: Routledge, 2004), 1.

鳴謝

能夠在疫症陰霾下出版第二本書，實在是無比的幸運。只因在路漫漫其修遠的尋索路上，有幸得到許多人的鼓勵和錯愛，幫助和啟迪，才能不斷突破舊有的局限和成見，把更多的想法與全世界分享。在此感謝曾瑞明博士對前作的用心書評，駱穎佳博士、陳錦輝、梁敬皓博士不吝參與新書討論。另外也有幸得到一拳書館的龐一鳴，才能夠遠在紐約都能在網路上跟書店朋友交流互動，反省自己思考的不足，對主權理念有更深刻的反思。同時也感謝中大通識部的小西的邀請，劉保禧博士、江啟明博士和盧駿揚博士的協助，令我得以跟中大通識部同仁分享拙作觀點，砥礪學問。獨學而無友，則孤陋而寡聞，很慶幸能在書寫的路上，得蒙許多友人的支持和幫助，確實是三世修來的福分。

往後書寫拙作時的一些見解和觀點，也曾在民間學院的課程〈主權在民思想入門〉和學識課程《主權國家的由來》加以闡述檢討，感謝李達寧的邀請和幫助，還有參與這兩個課程的同學，你們的想法和見解令我受益匪淺。同時我也得感謝王慧麟教授、區龍宇、周永康慷慨賜序，令拙作生色不少。感謝蜂鳥出版的 Raina，雖然作品終究基於各種原因無法在香港出版，但仍然願意無償進行校對排版的工作，也感謝台灣出版社秀威的主任編輯尹懷君，包容我這位麻煩的作者，經常對文稿諸多修改，才令拙作得以順利在台灣面世。

拙作的思想進路，很大程度受紐約讀書時的一眾老師的影響，他們使我看到過往觀念史訓練的局限，對於主權的把握過於狹窄，也缺乏了真正的批判性和後殖視野。例如紐約社會研究新學院（NSSR）的 Prof. Rafi Youatt、Prof. Andreas Kalyvas、Prof. Mark Frazier、Prof. Quentin Bruneau、Prof. Andrew Arato、Prof. Nancy Fraser、Prof. Jay Bernstein、Prof. Chiara Bottici、Prof. Benoit Challand、哥倫比亞大學的 Prof. Étienne Balibar 和 Prof. Axel Honneth、紐約市立大學的 Prof. David Harvey 等等，恩師眾多，難以一一盡列。他們的教學和課後的指導傾談，對我的影響十分巨大，以至大大改變了我治學的方式和態度。不論求學與為人，他們都堪為表率，是後輩效法的理想對象。我也感謝《明報》黎佩芬容讓我自由採訪英美各地的傑出學者，在對話中令我學習成長了許多，不論是 Prof. Richard Kearney、Prof. Stephanie Luce、Prof. Simon Critchley、Prof. Richard Bernstein、Prof. Judith Butler、Prof. Stuart Elden、Prof. Bernard Harcourt、Prof. Eric Nelson、Prof. Miguel Vatter、Prof. Amy Allen、Prof. Craig Wright 等等，在訪問中逼使我認真檢視自身思想的盲點，理解前人的經驗和嘗試，也得到諸多思想巨人的鼓勵和建議，在此感謝再三。

能夠在紐約求學的路途上，讀書教學的忙碌工作中仍能著述書寫，讓點滴的想法和疑問得以跟讀者分享，家人和內子的默默支持是至關重要。在這段風雨飄搖的日子，情緒和思路往往隨之而波動。山河破碎風飄絮，在每天的新聞和資訊轟炸下，沉思彷若成了奢侈的事。感謝家人的體諒和理解，在各樣大小事上的幫忙，才能使我得以在亂世專心讀書，專心書寫。內子一直是我最忠實的讀者，最嚴厲的書評家，每次都不辭勞苦，為書稿不斷校對和提出寶貴意見。我在暑假把整本書重寫了三次，才能寫出令她滿意的作品。跟她手拖手走過的這十年，每天都令彼此不斷進步，在愛裡成為更好的人，也令我更深刻地理解到，當日婚禮布景板上那句來自柏拉圖在《會飲篇》的說話——「愛是對永恆擁有美善的欲求」（ἔρως τοῦ τὸ ἀγαθὸν αὐτῷ εἶναι ἀεί）。拙作得以面世，她是居功至偉的。

最後，許多朋友因各樣打壓而身陷囹圄，或流亡異地，或惶惶終日，但終究無悔當天的勇氣，無悔貢獻和犧牲。我希望能以拙作向香港無數有名無名的英雄致意，是你們啟發了我，鼓勵了我，成全了我，用筆墨繼續探尋香港的未來，世界的未來。

新・座標38 PF0321

新銳文創
INDEPENDENT & UNIQUE

主權神話論：
秩序和衝突

作　　者	李宇森
責任編輯	尹懷君
圖文排版	黃莉珊
封面設計	蔡瑋筠

出版策劃	新銳文創
發 行 人	宋政坤
法律顧問	毛國樑　律師
製作發行	秀威資訊科技股份有限公司 114 台北市內湖區瑞光路76巷65號1樓 電話：+886-2-2796-3638　傳真：+886-2-2796-1377 服務信箱：service@showwe.com.tw http://www.showwe.com.tw
郵政劃撥	19563868　戶名：秀威資訊科技股份有限公司
展售門市	國家書店【松江門市】 104 台北市中山區松江路209號1樓 電話：+886-2-2518-0207　傳真：+886-2-2518-0778
網路訂購	秀威網路書店：https://store.showwe.tw 國家網路書店：https://www.govbooks.com.tw

出版日期	2022年7月　BOD一版
定　　價	490元

讀者回函卡

Printed in Taiwan

國家圖書館出版品預行編目

主權神話論 : 秩序和衝突 / 李宇森作. -- 一版.
-- 臺北市 : 新銳文創, 2022.07
面 ;　公分. -- (新.座標 ; 38)
BOD版
ISBN 978-626-7128-25-1(平裝)

1.CST:國家主義 2.CST:主權 3.CST:國際政治

571.19　111008544